The Way to the Heaven

문자 해석으로 본 성경 속의

천로역정

| 문강주 지음 |

天 路 歷 程

쿰란출판사

문자 해석으로 본 성경 속의

천로역정

추천의 글

본서는 성경을 정확무오한 하나님의 말씀으로 받도록 돕는다. 그래서 모든 그리스도인은 물론 신학자가 아니거나 혹은 아직 복음을 받아들이지 못한 사람이라 할지라도 성경에 대해 알기를 원하는 사람이라면 누구에게나 권할 만하다. 그만큼 성경신학과 그 교리를 바탕에 두고 하나님의 말씀을 일상 가운데 탐독하게 한다.

저자는 이 책에서 신구약성경 66권을 각 권별로 명료하게 정리했고 기독교 교리의 골자를 알기 쉽게 설명하고 있다. 무엇보다 하나님의 말씀에 대한 깨달음이 단회적으로 완성되지 않는다는 진솔한 고백을 통해 성경에 대해 독자마다 동일하게 공감할 만한 말씀 앞에서의 겸손을 일깨워준다.

2023년 8월

권순웅 목사

대한예수교장로회 합동총회 총회장

주다산교회 담임목사

본 책자에 들어가기 전에

본서에서의 각주는 하나님께서 말씀하신 하나님의 계시와 하나님께서 음성으로서 또는 영상화면으로 보여주시는 것과 그리고 하나님 되신 예수님께서 직접 말씀하셨거나 음성으로나 영상화면으로 보여주신 계시, 하나님과 예수님으로부터 보내어진 거룩한 영인 성령의 감화를 받은 내용인 성경의 말씀만 인용되어 있습니다.

그러므로 하나님과 예수님께서 우리 죄를 사하기 위해 십자가에서 몸이 찢기시고 피 흘리신 것을 믿는 크리스천이 아닌 다른 믿음을 가진 분들에게는 그분들께서 보시는 경전들을 인용하지 않았기 때문에 공감하지 않을 수도 있을 것이라 생각됩니다.

같은 성경이라도 신약성경을 금서로 여기고 있는 이스라엘 국민이나 신구약의 동일한 성경을 가지고 있더라도 가톨릭 신자이거나 정교회 신자들에게는 공감하지 못하는 견해가 있을 수 있음을 말씀드립니다. 그러나 '오직 성경, 오직 믿음, 오직 하나님의 은혜'를 기치로 내세운 1517년 종교개혁 이후의 대부분의 개신교 성도들에게는 교파에 관계없이 대부분 공감하는 견해가 될 것으로 생각합니다.

필자는 평소 성경을 다른 모든 경전들이나 다른 모든 책들과는 근본적으로 다르다고 생각해 왔습니다. 그것은 성경 속의 어떤 부분은 하나님께서 그리고 예수님께서 열어 주시지 않으면 깨달을 수 없다는 것인데, 이것은 필자는 물론 성경을 연구하는 학자들도 예외가 될 수 없다는 것입니다.

이러한 점에서 성경은 다른 믿음을 가진 분들이 보시는 경전들과는 근본적으로 다르고 일반적인 책들과도 바탕으로부터 전혀 다른 책이라고 생각합니다.

또한 필자는 성경 말씀을 바탕으로 본 책자를 쓰면서도 최대한 하나님의 존재를 믿지 않는 사람들도 가급적 이해할 수 있도록 노력하였습니다.

2023년 8월

문강주

차/례/

3. 삼위일체에 대하여

4. 천국 복음 계시에 대하여

5. 성령 받기를 사모해야 함에 대하여

6. 예수님의 이 땅에 다시 오심에 대하여
(재림에 대하여)

7. 하나님 존재에 대한 믿음에 대하여

구약성경 약어표

창세기 .... 창
출애굽기 .... 출
레위기 .... 레
민수기 .... 민
신명기 .... 신
여호수아 .... 수
사사기 .... 삿
룻기 .... 룻
사무엘상 .... 삼상
사무엘하 .... 삼하
열왕기상 .... 왕상
열왕기하 .... 왕하
역대상 .... 대상
역대하 .... 대하
에스라 .... 스
느헤미야 .... 느
에스더 .... 에
욥기 .... 욥
시편 .... 시
잠언 .... 잠
전도서 .... 전
아가 .... 아
이사야 .... 사
예레미야 .... 렘
예레미야애가 .... 애
에스겔 .... 겔
다니엘 .... 단
호세아 .... 호
요엘 .... 욜
아모스 .... 암
오바댜 .... 옵
요나 .... 욘
미가 .... 미
나훔 .... 나
하박국 .... 합
스바냐 .... 습
학개 .... 학
스가랴 .... 슥
말라기 .... 말

신약성경 약어표

마태복음 .... 마
마가복음 .... 막
누가복음 .... 눅
요한복음 .... 요
사도행전 .... 행
로마서 .... 롬
고린도전서 .... 고전
고린도후서 .... 고후
갈라디아서 .... 갈
에베소서 .... 엡
빌립보서 .... 빌
골로새서 .... 골
데살로니가전서 .... 살전
데살로니가후서 .... 살후
디모데전서 .... 딤전
디모데후서 .... 딤후
디도서 .... 딛
빌레몬서 .... 몬
히브리서 .... 히
야고보서 .... 약
베드로전서 .... 벧전
베드로후서 .... 벧후
요한일서 .... 요일
요한이서 .... 요이
요한삼서 .... 요삼
유다서 .... 유
요한계시록 .... 계

1.

성경을 읽어야 하는 이유에 대하여

가. 성경의 핵심 줄거리

우리가 성경을 읽다 보면 유대인이 아닌 우리에게는 이러한 의문이 들 때가 있을 것이다. 왜 우리가 이스라엘 백성들의 법과 제사 제도와 절기 행사들, 이스라엘 백성들의 역사와 역사 속 인물들의 행적을 읽어야 하는지 의문이 들 것이다. 그것은 이스라엘 백성들의 법과 제사제도, 절기 행사, 그리고 이스라엘 역사 속 인물들의 행적을 모형으로 사용해서 즉 모델로 사용하여 우리에게 전해주려고 하는 하나님의 뜻을 알 수 있으므로 성경을 읽는 것이다.

예수님께서 이 땅에 초림(처음으로 오시는 것)으로 오시는 의미와 그 모습을 제사 제도와 절기 행사 중에서 봄 절기 행사를 통해 알 수 있다. 그리고 다시 이 땅에 재림하시는 이유와 지구 인류 역사의 마지막 때의 모습을 절기 행사의 가을 절기 행사 중에서 발견해 낼 수 있다. 천국 시민권자가 된 신실한 그리스도인들인 성령 받은 크리스천들에게는 이 땅에서의 삶이 그림자이다. 초림의 예수님께서 부활해서 승천하신 이후에 우리에게 성령을 보내 주셔서 성령의 인도하심으로 이 땅에 살다가 잠든 크리스천들은 예수께서 재림하실 때 하나님의 인도로 부활하여 홀연히 이 땅에 살 때의 가장 멋진 모습으로 변화되어 살아 있는 성령 받은 크리스천들과 함께 공중 재림하시는 예수님을 맞이한다. 그리고 천 년 왕국을 거쳐 새 하늘과 새 땅인 하늘에서 내려오는 거룩한 성 새 예루살렘에 들어가서 영원히 예수님과 하나님과 함께 살게 되기 때문에[1], 이 지구 행성에서의 삶은 예수님의 부활 후 승천하시고 다시 오실 때 살게 되는 새 예루살렘 성의 모형이다.[2] 그리고 이스라엘 백성들이 2,000여 년 전까지 행해 왔던 하나님에 대한 동물 제사제도[3]는 2,000여 년 전 성취된 예수님의 초림 때의 대속 제물로서의 행적(십자가에 달리심)을 깨닫게 하려는 하나님의 뜻이 담겨 있었다.

이스라엘 백성들이 지키고 있는 절기 행사는 아직도 성취되지 않은 심판주로 오시는[4] 예수님의 재림을 깨어서 맞이하도록 모세 이후 3,500여 년을 지켜오게 하시는 것이다. 그런데 가장 오랫동안 성취되지 않은 예수님의 재림을 대비하는 훈련 즉 이스라엘의 절기 행사는 예수님의 재림이 그만큼 중요하고 엄중하기에 지금까지 지켜지고 있는 것이다. 근래에 와서 그 의미를 깨닫는 이스라엘 사람들이 점차 늘어난다고 하니, 이는 예수님을 마음속에 받아들이는 것이므로 그만큼 예수님의 재림도 가까워오고 있는 것이다.

---

1) 초림의 예수님께서 승천하신 그 모습 그대로 재림하심. 사도행전 1:11, 고린도전서 15:51-54, 고린도후서 5:1, 하늘에 있는 영원한 집 즉 본향으로 가는 것, 데살로니가전서 4:14-17
2) 고린도후서 5:1, 히브리서 11:13-16, 요한계시록 21:10-27, 22:1-5
3) 이스라엘 백성들이 소와 양 등 동물들을 잡아서 자기들이 지은 죄를 그 동물들에게 뒤집어 씌워 희생시켜 피를 흘려 하나님께 자기들의 죄를 용서받기 위해 행한 제사제도(레위기)
4) 마태복음 13:30, 13:39-43, 요한계시록 6-20장

창세기, 출애굽기, 레위기, 민수기, 신명기 모세오경과 뒤이은 여호수아서에 이르기까지 하나님께서 인류의 조상 아담과 하와(이브)를 창조하시고 동산에 선악과를 두고 이것은 따 먹지 말라 하셨는데, 하와가 이를 따 먹고 남편에게도 주어 먹게 하였다.

인류가 사탄 마귀의 꾐을 이기지 못하고 하나님께 범죄한 이래 그 자손들이 늘어 가면서 계속 범죄하였고, 하나님은 노아 때 홍수를 통해 심판하셨다. 그리고 하나님은 갈대아 우르에서 살던 아브라함을 불러내어 이스라엘 민족을 이루게 하시고 그 손자 야곱 때에는 기근으로 이집트 땅으로 이주하면서 이에 앞서 그 아들 요셉을 통하여 이를 준비하셨다. 그 후 약 430년이 지나 요셉을 알지 못하는 이집트의 파라오가 나타나서 이스라엘 민족을 핍박하므로 모세를 불러 그동안 70명이었던 사람들이 200만 명으로 불어난 이스라엘 민족을 이끌어내어 홍해를 건너 광야생활을 거쳐 적들과의 전쟁을 통해 마침내 젖과 꿀이 흐르는 가나안 땅으로 들어가서 그곳에서 야곱의 열두 지파에게 땅을 분배했다.

창세기에서 아브라함이 아들 이삭을 제물로 바치는 모습은, 이천년 이후 이 땅에 초림으로 오시는 예수님의 피 흘리심이 우리 인류의 죄악을 담당한 것이라는 믿음을 통하여 구원을 받는다는 모델을 만드신 것이다.

광야와 같은 우리들의 삶은 하나님께서 공급해주시는 물과 만나와 메추라기는 일용한 양식을 위하여 걱정하지 말고 하나님의 나라와 그 의를 구하면서 살라고 하신 주님의 말씀을 마음에 새기게 된다. 그리고 거룩한 삶으로 사탄 마귀와의 투쟁 속에서 이를 이겨나가면서 하나님의 말씀에 긍정으로 반응하고 순종함으로써 끝내 젖과 꿀이 흐르는 가나안에 도착하여 땅을 분배 받는 모습을 보게 된다. 이를 통해 궁극적으로 우리 크리스천들이 예수 안에 잠들거나 살아서 공중 재림하시는 예수님을 영접하고 천 년 왕국을 거쳐 새 예루살렘 성(새 하늘과 새 땅)에 들어가서 우리가 이 땅에서 행한 대로 상급을 받아 영원히 살아가게 되는 모델의 모습이 나타나 있다.

그래서 적어도 몇 번 정도는 조금 지겹더라도 창세기부터 출애굽기, 레위기, 민수기, 신명기, 그리고 여호수아서에서 이스라엘의 12지파에 대한 가나안 땅의 분배, 영적으로 어두웠던 시기였던 사사기, 이방 여인을 통한 구속사(예수님께서 피흘려 몸값을 지불하고 얻은 인류 구원의 역사)의 흐름이 이어지는 짧은 룻기, 이스라엘 역사에 등장하는 많은 주요 인물들에 대하여 사사 시대에서 왕정 시대로 넘어가면서 등장하는 선지자 사무엘과 엘리 제사장, 이스라엘 초대 왕 사울과 2대 왕 다윗, 그 아들 솔로몬 등등 왕들과 제사장들의 행적들과 선지자들의 행적들을 역사서들인 사무엘상·하, 열왕기상·하, 역대기상·하에서 살펴볼 수 있다.

또한 솔로몬왕 이후 북 이스라엘과 남 유다 왕국의 멸망과 바벨론 포로생활 그리고 본토 귀환 후의 파괴된 예루살렘 성전 재건 등의 모습을 에스라, 느헤미야, 바벨론 포로 이후 페르시아 통치하에서도 그곳에 남아 있었던 유대 백성을 위하여 일하시는 하나님의 역사를 에스더에서 살펴볼 수 있다.

그 다음으로 시가서와 지혜서인 욥기, 시편, 잠언, 전도서, 아가서, 그리고 선지자들이 하나님의 말씀을 받은 것과 계시로 보여주신 것을 기록한 선지서들 이사야, 예레미야, 에스겔, 다니엘, 호세아, 요엘, 아모스, 오바댜, 요나, 미가, 나훔, 하박국, 스바냐, 학개, 스가랴, 말라기까지 구약성경을 끝까지 읽어보아야 한다. 선지서 앞쪽에 기록되어 있는 역사서들에서는 등장하는 주요 인물들의 행적들 속에서 하나님께서 우리에게 전달하고자 하는 메시지를 읽어내야 한다. 시가서와 지혜서들에서는 하나님으로부터 오는 감동, 감사, 지혜와 하나님과의 관계에 대하여 그리고 선지서들에서는 하나님의 존재하심과 인류 역사에 개입하시고 이끌어 가시는 모습을 깨달아 알 수 있어야 한다. 그러므로 좀 지루하더라도 최소한 몇 번 정도는 성경을 꼼꼼하게 읽어보아야 한다.

예수님께서 이 땅에 오신 이후의 기록인 신약성경 가운데 4복음서인 마태, 마가, 누가, 요한복음에서는 예수님의 3년 반의 공생애(公的인 생활) 사역 기간 중의 행적들이 집중적으로, 그리고 같은 사건이 두 번, 세 번에 걸쳐서 다른 저자의 손을 빌려서 기록되어 있다. 그리고 자세하게 살펴서 기록한(누가복음) 그 내용에서 예수님의 하나님 되심 즉 하나님께서 육신을 입고 이 땅에 오셔서 우리 모든 인류에게 전하고자 하셨던 메시지를 읽어내야 한다. 그리고 4복음서와 예수님의 말씀 속에서 그리고 그 행적 속에서 육신을 입고 이 땅에 오신 예수님의 하나님 되심 즉 신성을 깨달아야 한다.

사도행전에서는 오순절 성령 강림 사건 이후 초기 사도 베드로와 사도 요한 그리고 사도 바울을 통해 전 세계로 퍼져나간 복음의 전파 과정과 성령의 역사를 읽어내야 한다.

이어서 바울 서신 13권인 로마서, 고린도전·후서, 갈라디아서, 에베소서, 빌립보서, 골로새서, 데살로니가전·후서, 디모데전·후서, 디도서, 빌레몬서를 개략적으로 살펴보면 로마서에서 율법을 지켜야 구원을 받는다는 생각을 가진 유대인들을 포함하여 이 세상 모든 사람이 믿음으로 구원을 받는다는 이신득의(以信得義) 사상 즉 믿음으로 의롭게 된다는 교리를 설명하고 있다. 구원받고 죄 사함 받는 길은 율법을 지키는 것이 아니라 하나님을 믿음으로 구원을 받는 하나님의 은혜라는 것이다.

고린도전·후서에서는 세상 교회의 모습(분쟁과 제 문제들에 대하여), 교훈, 규율, 갈라디아서에서는 잘못된 교리 즉 율법을 지켜야 구원받는다는 것에 대한 반박으로 로마서와 함께 믿음으로 의롭게 되고[이를 칭의(稱義)라고 한다] 구원받는다는 것을 강조하였다. 에베소서에서는 하나님의 예정과 선택, 믿음으로 성령으로 인(印) 치신 구원받은 성도의 자세에 대하여 말씀하고 있다. 빌립보서는 구원의 확신에서 오는 기쁨에 대하여 환난과 핍박이 와도 이겨낼 수 있는 하늘의 시민권자 된 기쁨을 말하고 있다.

골로새서는 헬라주의(그리스 문화를 따르는), 유대주의, 동양의 신비주의적 요소가 혼합된 이단 영지주의적 요소 즉 육신을 입고 오신 예수님을 받아들이지 않고 천사를 숭배하는 사상 등을 반박하고, 예수님은 육신을 입고 오셨고 육체의 죽음으로 화목 제물이 되셨고 교회의 머리가 되시고 하나님과 인간 사이의 중보자(중재하고 도우시는 분) 되심을 말하고 있다.

데살로니가전서에서는 바울이 개척한 데살로니가 교회 교인들에게 바른 신앙생활을 하도록 말하고 있고, 데살로니가후서에서는 교회 내에 거짓 교리를 퍼트리는 자들을 대항해서 진리를 설파하고 재림에 대한 잘못된 견해를 바로잡고 위로와 권면의 말씀을 하고 있다.

디모데전·후서에서는 에베소 교회를 디모데에게 맡기고 디모데가 목회를 잘할 수 있도록, 교리(거짓 교리와 사상을 배격하고)와 교회의 제반 업무를 강하고 담대하게 잘 할 수 있도록 권면하기 위하여 기록하였다.

디도서 역시 또 다른 사도 바울의 동역자인 디도에게 목회 현장에서 야기되는 문제들에 대한 지침들을 제시하고 있다.

빌레몬서는 그리스도 안에서 지위나 신분에 관계 없이 용서하고 차별 없이 사랑해야 함을 언급하고 있다.

히브리서는 유대인 성도들에게 초대교회 시대 때 확고히 자리 잡지 못하고 있는 성도들의 신앙관을 견고하게 하기 위하여 예수 그리스도의 우월성과 믿음의 위대함을 설파하고 있다.

야고보서는 육신으로는 예수님의 동생으로서 예수님께서 육신으로 살아 있을 때는 믿지 않았으나(메시아[구세주]로서 믿지 않았다는 말씀임) 부활하신 이후에는 예수님께서 일반 사람들의 관계에서 느끼는 형제간의 형님과는 다르다는 것을 깨달은 야고보가 자신을 하나님과 주 예수 그리스도의 종 야고보로 고백하고, 믿음은 행위가 따르지 않으면 죽은 것이라 하면서 참 믿음은 삶의 현장에서 행위로 나타나야 함을 강조하였다.

베드로전서에서는 저자 베드로 사도가 유대인 신자들에게 다가올 기독교 박해를 예견하고 그리스도에 대한 소망을 굳게 잡아 임박한 핍박을 이겨내도록 소망을 불어넣어 준다. 베드로후서에서는 교회 내의 거짓 교사들로 인해 발생하는 문제까지 이겨낼 수 있도록 믿음이 장성한 분량에 이르도록 권면하고 있다.

요한일서·이서·삼서는 사도 요한의 저작으로 교회에 가만히 들어온 영지주의 이단[5]들에 대항하여 진리에 터를 잡고 신앙과 생활

5) 영지주의 그노시스파(Gnosticism): 동방 신비주의의 영향을 받은 이단 사상. 플라톤 철학

이 분리되지 않도록 권면한다. 예수께서 육체를 입고 오셨음을 부인하는 이단들이 육체는 무가치한 것으로 여겨 심지어 방탕해도 상관없다고 주장하는 거짓 교사들에 대한 경고와 그들을 배척하라는 교훈을 주고 사랑 안에 거하라고 권면한다.

유다서는 또 다른 예수님의 육신의 동생인 유다가 예수님께서 부활 승천하신 후 야고보처럼 예수님께서 여느 가족 간의 관계에서 느끼는 형님과는 다른 분(메시아)이심을 깨닫고 복음 전도자로 활동하면서 초대교회 내에 만연해 있었던 영지주의 이단을 공격하고 있다. 사도 바울과 사도 요한은 신학적으로 분석하여 반박한 반면, 유다는 이단자들의 비윤리적인 행위를 공격하면서 사도들이 전하는 가르침을 떠나지 말도록 권면한다. 그는 야고보와 함께 예수님의 육신의 동생이었으므로 누구보다 육신을 입고 오셨던 예수님을 더욱 잘 알고 있었을 것이다.

요한계시록은 성경 66권의 마지막으로 사도 요한이 복음을 전파하다가 밧모섬으로 귀양을 가서 거기서 계시를 받은 내용을 기록하고 있다. 심판주로 오시는 예수님의 재림 때에 일어나게 될 무시무시한 내용들과 궁극적으로 구원받은 백성들이 들어가게 되는 천 년 왕국과 새 하늘과 새 땅(새 예루살렘 성)의 모습이 나타나 있다.

하나님을 믿는 신실한 크리스천들은 예수님께서 재림하실 때 하나님으로부터 하늘에서 내려 보내지는 거룩한 성 새 예루살렘에 들어가 영원히 하나님과 예수님과 성경에 기록된 수 많은 천국 백성된 인물들 즉 성경책에도 기록되어 있고 어린양 예수님의 생명책에

에 기초한 이원론 주장(악한 물질계와 선한 영계로 구분), 예수의 육신으로 오신 것 부인, 구원은 믿음이 아니라 지식을 통해서 얻을 수 있다고 하였다.

도 기록된 많은 사람과 성경에는 기록되어 있지 않지만 예수님의 생명책에는 기록된 주기철 목사님과 같은 분들과 함께 영원토록 살게 되는 기쁨을 항상 가슴속에 그리면서[6] 이 땅에서 살아가야 한다. 그리고 아직까지 천국에 데려가지 않고 있는 하나님의 뜻을 잘 살펴서 우리에게 남은 시간을 하나님께서 주신 달란트(재능)를 잘 활용하여 남은 사명을 잘 감당한 후 천국에 들어가야 한다. 뿐만 아니라 이왕이면 이 땅에서는 초라한 집에서 살지만 천국에서는 영원히 살아야 하는 만큼 예수님의 열두 제자들처럼 최고 요지에 대저택을 지어 사는[7] 정도는 되지 못해도 변두리 지역이라도 조그만 텃밭이 딸린 단독주택 정도의 집을 장만해서 살아야 할 것이다. 다시 말하면 이왕이면 이 땅에 살면서 예수님께서 4복음서에서 말씀하신 것들을 기쁜 마음으로 행하면서 보물을 하늘에(천국에) 쌓아두며 심은 대로 거두며 행한 대로 갚으시는 주님으로부터 너무 초라하지 않은 상급을 받고서 천국을 가는 것이 좋겠다는 생각이 든다.

나. 성경을 읽기 위하여 필요한 관점들

성경을 읽을 때 짝을 찾아서 읽는 것이 필요하며 또 중요하다. 하나님께서 행하시고자 하는 것들을 선지자들에게 미리 예언 계시하고, 그 예언 계시가 미래의 어느 시점에서 성취되었는지 살펴보아야 한다. 특히 역사서와 선지서를 이러한 관점으로 읽게 되면 하나님의 존재하심과 하나님께서 인류 역사에 개입하고 간섭하셔서 이끌어

---

6) 요한계시록 21:10-27, 22:1-5

7) 하나님과 예수님이 계신 근처에 사도 베드로를 위시하여 가룟 유다를 대신한 맛디아까지 열두 제자들과 사도 바울이 거처하고 있을 것으로 생각되어 이렇게 표현해 본 것이다(요 14:2-3).

가시는 모습을 발견할 수 있게 된다.

예언 계시가 있고 수시간, 수일, 수개월, 수년 후 더러는 수십 년 후 그리고 천 수백 년이 지나서 성취된 것도 있고, 2000여 년이 지난 2023년 현재까지도 성취되지 않은 것도 있다. 현재까지 성경에서 언급된 모든 예언 계시는 다 성취되었지만 예수님께서 다시 오신다는 재림만은 아직 성취되지 않았다. 예를 들어 예수님의 초림은 2022년 현시점에서 보면 2,720여 년 전 이사야 선지자에게 예언 계시가 내려진 후 그리고 그 전후 많은 선지자들의 예언 계시가 있었다. 족장시대에 살았던 욥이 계시를 받을 때로부터 약 이천 년 후 모세가 자기와 같은 선지자 하나를 일으킨다는 말씀을 받은 후로부터는 1,500여 년이 지나서, 그리고 이사야 선지자가 예언 계시를 받은 때로부터는 700여 년이 흐른 후, 그 이후 예레미야, 미가, 스가랴 선지자들이 예언 계시를 받은 후로부터는 수백 년이 흘러 예수님께서 초림하심으로 성취되었다.

구약과 신약을 크게 보면 짝으로 볼 수 있다.

예수님의 오실 것에 대한 예언 계시와 초림으로 오신 이후의 성취된 기록과 같이 짝으로 볼 수 있으며, 예수님이 오시기 이전 구약 시대 즉 모세 이래 율법 시대와 우리의 죄를 대속하기 위해 십자가를 지시고 피흘리신 예수님을 통해 값 없이 믿음으로 구원받는 하나님의 은혜 시대가 짝을 이루는 것으로 볼 수도 있다.

특히 마지막 때에 관하여 구약성경의 다니엘서와 신약성경의 요한계시록을(물론 전체 성경 말씀 속에서 그리고 특히 선지서들에서) 함께 살펴보아야 한다.

구원이란 단어는 영육 간 두 가지 의미로 쓰였다.

성경에 기록된 '구원'이란 단어는 육체가 죽음에서 벗어나 살게 되거나 임박한 위험을 벗어나는 것과 같이 살아 있는 육신에 대해서도 쓰였고 영혼이 멸망하지 않고 영원히 천국에 들어가서 살게 되는 영혼 구원 즉 천국 백성이 되는 것 이 두 가지 의미로 쓰였다. 성경을 읽을 때 그 상황에서 생각해보면 자연스럽게 이 두 가지 측면에서 어떤 의미로 쓰였는지 알 수 있다.

예언 계시가 성경에서 성취된 사례들을 살펴보면 모세 시대 때 모세가 이스라엘 백성들에게 예언한 바대로 "이스라엘 백성들이 하나님 여호와의 말씀을 청종하지 않으면 적군에게 에워싸이고 맹렬한 공격을 받아 네 몸의 소생의 살을 먹을 것"[8]이라고 예언하였다. 그것이 성취된 것은 이로부터 수백 년이 흐른 후 이스라엘 왕정 시대 북 이스라엘 아합 왕의 아들 여호람(요람) 시대 때 아람 왕 벤하닷의 침공으로 사마리아성이 에워싸이고 성 안의 이스라엘 백성들이 극심한 굶주림으로 인해 인간의 상상력을 넘어서는 참극이 빚어진 것을 예로 들 수 있다.[9]

하나님께서 우리에게 하고 싶은 말씀을 이스라엘 백성들을 모형으로(모델로) 삼아서 하나님의 입장에서는 참으로 단순하고 쉽게 이해시키려고 구약성경은 당시의 이스라엘 백성들의 관습과 시대적 배경과 문화 그리고 주변국들의 생활습관과 관습, 지리적 특성과 기후 등을, 신약성경은 당시의 헬라문화와 로마문화를 염두에 두고 말씀

8) 신명기 28:45-53

9) 열왕기하 6:24-29

하신 것을 생각하고 읽으면 된다. 그 성경 속의 말씀들을 통해서 오늘을 살아가는 우리에게 하시는 말씀을 듣는 것이 하나님의 음성을 듣는 것이다.

이러한 하나님의 음성을 듣기 위해서 성경을 여러 번 읽는 것이 필요하다.

하나님께서 우리에게 하시고자 하는 말씀을 듣는 것이 "사무엘아, 사무엘아" 하고 음성으로 부르시는 경우도 있지만[10] 그렇게 부르시는 경우는 매우 드문 편이다. 하나님의 말씀인 성경 말씀은 시공을 초월해서 존재하시는 하나님과 예수님의 말씀임을 염두에 두고 읽어야 한다. 최소한 성경 전체를 열몇 번 이상은 읽어야 신구약 전체가 연결되고 예언 계시가 주어지고 그 주어진 예언 계시가 성취되는 것을 깨닫고 짝으로 이해하면서 성경의 앞뒤 전체가 연결되어 읽어지는 것이다. 그리고 성령을 받은 후 쉬지 말고 기도하면서 읽어야 하나님의 깊은 마음까지도 읽을 수 있는 것이다.[11]

기도도 일방적으로 무엇을 요구하면서 끝내는 형식이 아니라 깊은 교제를 갖는, 즉 "하시고 싶은 말씀을 해 주세요. 듣겠습니다" 하는 자세로 평소 하나님과의 쌍방 소통하는 자세로 기도하면서 성경을 읽어 나가게 되면 언젠가는 성경 말씀 가운데서 우리에게 하고 싶은 말씀을 떠오르게 하는 방법으로 그동안 여러 번 읽었던 내용 가운데에서 성경 말씀의 어떤 부분이 마음속에 꽂히는 것이다. 그것을 하나님이 주신 마음이라 하기도 하고 하나님의 음성이라 하기도 한다.

---

10) 사무엘상 3:10

11) 고린도전서 2:10

그러므로 성경을 여러 번 읽어두는 일이 도움이 되는 것이다. 그 떠오른 말씀이 성경 어디에 있는 말씀인지는 알 수 있어야 성경 속에서 그 떠오른 말씀을 찾아볼 수 있고, 실제로 찾아서 앞뒤를 포함하여 세밀하게 읽어보아서 그 말씀에 담긴 의미와 전하고자 하시는 메시지를 정확하게 읽어낼 수 있는 것이다. 틈나는 대로 성경을 읽게 되면 5년, 게으르면 10년 정도 걸려야 열몇 번은 읽을 수 있을 것이다.

불교 경전은 평생 1독도 할 수 없다. 불교 경전 중의 하나인 팔만대장경 하나만 해도 평생 1독이 불가능하다. 누군가 팔만대장경을 일체유심조(一切唯心造)를 목판에 새겨둔 것이라 말했는데, 모든 것은 마음이 만들어 내는 것이라는 말씀이다. 그래서 스님 중 마음공부를 10년 이상을 하신 분도 있다고 들었는데, 필자가 생각하기로는 100년 이상이 걸려 공부를 해도 아는 것이 불가능할 것이라 생각된다. 마음이란 조석(朝夕)으로 바뀔 수도 있고 눈 깜짝할 사이에도 변할 수 있기 때문이다.

꾸란도 한번 읽어보는 것이 좋을 것이다. 다만 필자는 성경을 최소한 열 번 이상은 읽고 성령을 받은 후에 불교 경전들이나 꾸란을 읽는 것이 좋을 것이라 생각한다. 그것은 진리 위에 터 잡고 사는 것이 얼마나 기쁘고 자유로운 일인가를 알 수 있기 때문이다.

그렇게 하지 않으면(성경을 많이 읽고 성령을 받은 후에 다른 종교의 경전들을 읽어보는 것) 잘못하면 악한 영에 이끌려 미혹되어 진리 아닌 거짓에 붙잡혀 헤맬 수 있기 때문이다. 즉 하나님을 믿은 후에라야 어떤 부분에서 다른지를 깨닫을 수 있기 때문이다. 성경에서 보는 대로 수많은 선지자들에게 내린 예언 계시와 그것이 실제 역사에 투영되어 성취된 기록들은 하나님의 존재하심과 하나님께서 인류 역사와 개인의 삶에 개입하고 관여하신다는 것을 깨닫게 한다. 그리고 성경을 여러 번 읽고 묵상과 깊은 통찰력을 통하여 하나님께서 나에게 무엇을 하기 원하시는지, 내가 어떻게 살아야 하는지를 알 수 있는 것이다.

그래서 우리는 성경을 여러 번 읽는 것이 필요하다. 성령을 받아 성경 말씀 속에서 하나님의 깊은 부분까지도 통달하게 되면 불경들에서, 꾸란에서 기록된 것들이 성경 말씀에 대비해서 무엇이 다른지 이해할 수 있는 것이다. 그리고 세상에는 거짓 선지자들이 많이 설치고 있다. 더구나 예수님께서 다시 오시는(재림의) 때가 오면 더더욱 거짓 선지자들이 많이 일어난다고 예수님께서도 말씀하신 것처럼, 오늘을 살고 있는 우리 주변에는 꽤 많이 보이고 더러는 설치고 있는 것을 보게 된다.

하나님을 믿는다고 하면서 거짓을 전파하는 그들의 말에 속지 않으려면 적어도 그들보다는 성경을 더 많이 읽어야 속지 않을 수 있는 것이다. 그중에서 특히 예수님께서 다시 오시는 재림에 관하여 속이려고 하는 무리가 많다. 그들 중에는 자기들이 성령을 받지 않은 채 여러 번 읽지도 않은 성경 말씀들로 인하여 잘 알지도 못한 채로 여러 번 듣고 세뇌 되어 굳이 속이려는 생각도 없이 전파하는 사람들도 꽤 많이 있을 것이다.

성령 받은 진실한 크리스천들은 어느 하루도 기도하지 않고 보내는 날이 거의 없을 것이다. 그 기도는 본인과 가족의 건강과 재정에 관한 것일 수도 있고 크게는 나라를 위하여 기도하는 때도 있을 것이다. 개인적으로 힘든 어려움을 당해서 그 해결책을 하나님께 매달려 간구하여 참으로 절절한 기도 가운데에서 문득 성경에서 언젠가 읽었던 말씀이 떠오를 것이다. 그 떠오른 말씀을 성경 말씀 속에서 찾아보고 면밀하게 해석하여 얻어진 결론은 하나님을 믿지 않는 사람들이 같은 문제에 직면하여 자기 삶의 경험이나 이성적인 판단으로 온갖 궁리를 해서 짜낸 해결책과 동일할 수도 때로는 다를 수도 있을 것이다.

인간의 이성은 불완전하므로 아무리 여러 가지 변수를 고려하고 연구해서 도출한 결과라도 잘못될 수 있지만 성령을 받은 크리스천이 간절한 기도 가운데 하나님께서 주신 해답은 오류가 있을 수 없는 것이다. 그러므로 때에 따라 간절한 기도 가운데 응답받기 위해서라도 하나님을 믿는 온전한 크리스천이라면 성경을 많이 읽어두어야 한다. 그리고 성경 말씀 속에서 하나님의 깊은 것까지도 통달하려면 성령을 받아야 한다.

성령이 임하는 것은 은혜로운 찬양을 할 때, 깊은 기도 가운데, 더러 성경 말씀에 심취하여 읽을 때, 뜨거운 집회 가운데 임하는 경우가 많다. 특히 성령은 깊은 회개 가운데 임하는 경우가 많이 있다. 성경 읽고 기도하면서 성령의 인도를 받아 살아가게 되면 대부분 순탄한 삶을 살아가게 되지만 그렇다 하더라도 살아가면서 어려운 문제가 전혀 발생하지 않는 것은 아니다. 그럴 때 하나님을 믿는 진실한 크리스천들은 그 해결책을 하나님께 기도하면서 구하는 것이다.

즉 같은 동일한 어려운 문제에 봉착하더라도 하나님을 믿는 사람과 믿지 않는 사람의 대응 방법이 같지 않다는 것이다.

그럴 때 하나님께서 보여주신 그 응답이 성취되고 그것이 반복되면서 믿음이 더 자라게 된다. 그 응답으로 인하여 하나님을 믿지 않았을 때의 이성적인 방법으로는 언제나 상황이 종료될 때까지 마음 졸이면서 살아가는 수 밖에 없지만, 진실한 크리스천들은 하나님께서 보여주신 그 응답 때문에 그때부터 하나님께서 해결해 주셨다는 믿음으로 마음을 졸이지 않고 살아갈 수 있게 되는 것이다.

하나님께 해결책을 구하고 응답받고 그 이후에는 마음을 졸이지 않고 지내는 것이 그렇지 못한 삶보다 더 나은 것은 두말 할 필요가 없을 것이다. 그러므로 기도하기 위해서라도 성경을 많이 읽어두어야 한다.

2.
핵심 관점에서 본 성경 요지

가. 구약성경 39권

창세기 (3500년 전 모세의 저작)

하나님은 모든 창조의 근원, 인류의 기원, 죄와 심판 그리고 구원의 시작(창 3:3-6, 3:15)

하나님께서 말씀으로 천지 만물을 창조하셨다.

태초에 하나님이 천지를 창조하시니라 땅이 혼돈하고 공허하며 흑암이 깊음 위에 있고 하나님의 영은 수면 위에 운행하시니라 하나님이 이르시되 빛이 있으라 하시니 빛이 있었고(창 1:1-3)

선악과의 의미

선악과를 따 먹는 것과 따 먹지 않는 것을 스스로 선택하게 하셨다(비록 하나님의 명령은 따 먹지 말라 하신 것이지만…).

노아시대의 심판과 방주사건은 심판(물로서) 속에 구원(방주에 들어가는 것)이 있음을 보여준다.

하나님께서는 현재의 이라크 남부 갈대아 우르에서 살았던 아브라함을 현재의 팔레스타인 땅으로 이주하도록 하셨다. 그리고 아브라함이 백 세에 낳은 아들 이삭을 번제로 드리게 한 사건(실제로는 하나님께 곁에 있던 숫양을 제물로 드렸지만)은 예수님께서 우리 죄를 대속하기 위해 십자가에서 피 흘리신 대속 사건의 모델이다. 하나님은 하나님을 믿는 것을 의롭다 하신다(창 15:6). 예수님은 남자로 인하여 이 세상에 오시지 않은 유일한 분이시다(창 3:15).

아담과 이브는 하나님께서 직접 창조하셨다. 창세기에서 하와(이브)가 사탄 마귀의 꾐을 이기지 못하고 하나님께서 따 먹지 말라고 하신 선악과를 따 먹고 남편에게도 먹게함으로써 자유의지로서 타락한 첫 인류가 되었다. 하나님께서는 노아의 시대에 홍수 심판과 그 후 아브라함 때에 소돔과 고모라를 유황과 불로 심판하셨고, 갈대아 우르에서 살고 있던 아브라함을 선택하여 젖과 꿀이 흐르는 가나안 땅으로 가는(나중에 궁극적으로 가게 되는 새 하늘과 새 땅의 모델) 과정에서 이스라엘 민족을 형성하고 이삭을 번제로 드리는 사건으로 온 인류가 예수님의 보혈을 통한 믿음으로 구원을 받는 모델의 모습을 보여주고 있다.

출애굽기 (3500년 전 모세의 저작)

이집트 신들에 대한 하나님의 심판, 하나님의 능력(구원)과 율법, 성막(하나님과 만나는 장소)에 대하여. 요셉을 알지 못하는 새 왕이 이집트에서 일어나 이스라엘 자손이 강성하게 될 것을 두려워하여 이스라엘 사람 중 아들이 태어나면 죽이고 딸이면 살려두도록 할 때 모세가 태어났다. 그의 부모는 모세를 석 달 동안 숨겨 기르다가 갈대상자에 넣어 나일강에 띄워 보낸다. 마침 이집트의 파라오의 딸이 이를 발견하고 자기 아들로 삼았다. 이 역시 예수님께서 태어날 때 주의 사자가 요셉에게 현몽하여 예수와 그 모친 마리아를 데리고 당시의 헤롯 왕을 피하여 이집트로 피신하여 살게 된 것의 모형이다(당시의 헤롯은 예수님이 태어난 베들레헴과 그 지경 안에 있는 두 살 아래의 사내아이들을 다 죽였다).

3,500여 년 전 모세가 이집트에서 종살이하던 이스라엘 백성들 약 200여만 명을 이끌고 탈출하여 홍해를 건너 젖과 꿀이 흐르는 가나안으로 이동하였다. '이집트 종살이 → 홍해 → 젖과 꿀이 흐르는 가나안(현 팔레스타인) 땅으로 간 것'은 '이 세상 힘든 곳(잠시 사는 그림자인 이 세상)에서 → 회개를 하고 하나님을 믿음(성령받음) → 본향(영원히 사는 곳)으로 가는 것'의 모형이다.

잠시 사는 그림자인 이 세상은 영원히 사는 본향(새 하늘과 새 땅)의 모형이다.

동물 제사 제도는 이스라엘 백성들이 동물들(양과 소 등)을 잡아 자기들의 죄를 그 동물들에게 뒤집어씌워 자기 대신 피를 흘려 속죄하는 것이다. 이것은 예수님께서 이 땅에 오셔서 우리들의 죄를 사하기 위해 십자가에 달려서 피 흘리시고 돌아가신 것을 예표하는 것이다.

이집트를 탈출할 때 어린양의 피를 뿌린 이스라엘 백성들의 집은(어린양을 잡아 문 인방과 설주에 피를 바른 집) 죽음이 넘어가게 하고, 이를 바르지 않은 이집트의 파라오와 종들, 심지어 가축의 처음 난 것까지 죽게 된 사건은 예수님이 십자가에서 피 흘리신 대속사건의 모델이다. 즉 구원은 예수님의 피 흘리신 대속사건을 통과해서 얻을 수 있다는 것을 예표한다.

모세는 하나님으로부터 십계명을 받는다.

이스라엘 백성들이 이집트를 빠져나와 홍해를 건넌 것은 우리가 회개를 통하여 하나님을 믿고 나중에 궁극적으로 새 하늘과 새 땅으로 가는 과정에서 광야에서의 모습은 하나님만을 의지한 채 살아가는 모습이고, 레위기에서는 거룩한 삶을 살아가는 모습을, 민수기에서는 이스라엘 민족이 가나안으로 가는 것을 저지하는 적들(세상의 사탄 마귀)과의 투쟁을 통해서 나아가는 모습을 보여준다. 신명기에서는 하나님 말씀에 순종함으로 나아가야 함을 모델로 보여주고 있다.

출애굽기에 나타나는 열 가지 재앙과 파라오는 마지막 때 7년 대환난기 때에 일어나게 되는 재앙들과 적 그리스도의 모형으로 보인다.

레위기 (3500년 전 모세의 저작)

제사법과 성결법에 대하여, 거룩한 예배와 구별된 삶에 대하여, 여호와 하나님의 임재와 교제, 거룩한 것과 속된 것에 대하여

이스라엘 백성들의 성결을 위해 제정된 제사 제도와 절기 행사

대속죄일은 1년에 한번 대제사장이 지성소에 나아간(백성들의 죄사함을 위해) 날이다. 1500여 년이 지난 뒤 예수님께서 우리 인류의 죄사함을 위해 십자가에 달리시고 피흘리시고(성소의 휘장이 위에서 아래로 찢겨) 모든 인류가 바로 하나님께 나아가는 모습을 모델로 나타낸 것이다.

제사 제도는 예수님 초림(피 흘려 우리 죄를 사하신 대속사건)을, 절기 행사는 봄절기는 초림을, 가을절기는 예수님의 재림을 예표하는 모델이다.

"네 이웃 사랑하기를 네 자신과 같이 사랑하라(레 19:18)"는 예수님께서 가장 강조하신 말씀이다.

이는 우리가 이 세상의 삶에서 구원을 받아 궁극적으로 새 하늘과 새 땅에 들어가기 위해서는 구별되고 거룩한 삶을 필요로 한다는 것을 나타내는 모델로서의 기록이라고 볼 수 있다.

민수기 (3500년 전 모세의 저작)

광야생활을 거쳐 약속의 땅 가나안으로 나아가는 과정

약 40년간에 걸친 광야 생활을 끝내고 가나안 땅으로 가기 위하여 그 땅을 정탐하면서 믿음으로 긍정으로 반응하는 여호수아와 갈렙의 정탐 보고와 그리고 끝내 여호수아와 갈렙은 가나안 땅 입성을 하게 된다. 그러나 불신앙과 부정적으로 반응한 사람들은 가나안 땅으로 입성하지 못하였다.

약속의 땅에 들어가는 것은 순종으로 나아가야 되고 불순종을 선택한 백성들은 약속의 땅에 들어가지 못함을 보여준다. 젖과 꿀이 흐르는 가나안 땅은 마지막 때 예수님의 재림 후에 도래하는 새 하늘과 새 땅의 모델이다.

젖과 꿀이 흐르는 가나안 땅은 그냥 입성하는 것이 아니라 그곳 원주민들과의 전쟁을 통해 입성한다. 그림자에 불과한 이 세상에서 영원한 천국 본향을 향해 나아가는 모습과 그 과정에서의 마음 자세, 그리고 약속에 대한 믿음과 훈련, 투쟁을 통해서 나아가는 모습이 나타나 있다. 이 모습은 우리가 이 세상의 삶을 살아가는 과정과 최종적으로 이 땅에서의 삶을 끝내고 천국에 입성하게 되는 것을 나타내는 모델이다. 즉 하나님을 믿고 예수 그리스도를 믿고 긍정적인 자세로 악한 자들과의 투쟁과 사탄 마귀와의 투쟁을 거치면서 이 세상을 살아간 후 끝내 천국에 입성하게 되는 것이다.

이스라엘 백성들이 모세의 인도로 이집트를 탈출한 이후 가나안 땅으로 입성하는 여정에서 광야에서의 고통으로 인하여 하나님 여호와와 모세를 원망함으로 범죄하게 된다. 이로 인하여 죽게 되어 모세가 여호와께 기도하자 "불뱀을 만들어 장대 위에 매달아라 물린 자마다 그것을 보면 살리라"는 말씀에 모세가 놋뱀을 만들어 장대 위에 다니 뱀에게 물린 자들이 이를 쳐다보고 낫게 된 사건(민 21:4-9)이 등장한다. 이것은 우리들의 죄 때문에 예수님께서 십자가에 달리시고 돌아가신 것(그 후 약 1,500여 년 이후에 일어나게 되는)에 대한 예표이다(요 3:14). 민수기 21장 5절에서는 하나님으로 6절에서는 여호와로(킹제임스 성경에서는 주께서로) 나타낸 것은 여호와를 예수님을 나타내기 위한 것이다.

신명기 (3500년 전 모세의 저작)

하나님 말씀에 순종하면 복을 주시고, 하나님 말씀을 거역하고 불순종하면 재앙을 내린다

광야세대에서 가나안 땅에 들어가지 못했던 1세대를 거울삼아 하나님의 계명을 되풀이해서 자세하게 설명

신명기는 우리가 이 땅에서의 삶에서 구원을 받아 최종적으로 새 하늘과 새 땅에 들어가기 위하여 하나님의 음성에 순종하고 긍정적으로 반응하면서 살아나가야 하는 모습을 보여주고 있다.

일시적으로라도 하나님 말씀에 불순종했던 모세, 미리암, 아론은

가나안 땅에 입성하지 못하였다.

하나님을 경외하고 사랑하고 마음과 뜻을 다하여 섬기고 명령과 규례를 지키라, 순종하라는 메시지가 핵심이다.

여호수아 (3400년 전 여호수아의 저작)

모세오경이 하나님의 가나안 땅에 대한 약속이라면 여호수아서에서 약속의 땅 가나안에 입성하는 것은 약속의 성취이다.

강하고 담대하라

장차 들어가게 되는 젖과 꿀이 흐르는 가나안 땅은 그냥 입성하는 것이 아니다. 지난 40년간의 광야 생활에서의 훈련을 거쳐 그 곳 거주 세력 원주민들과 끝없는 선생을 통해서 들어가는 모습을 본다. 전쟁은 하나님께 속한 것이다. 그래서 전쟁을 하기 전에 하나님께 물어보고 전쟁하면서 전쟁에 개입하시는 하나님을 체험하게 된다.

여호수아가 이스라엘 12지파에게 가나안 땅 분배를 끝내고 나이가 많아 맡은 사명을 끝내면서 마지막으로 부탁하는 말은 그 곳 가나안 땅 족속들이 섬기는 신을 따르지 말고 오직 여호와 하나님만을 섬기라고 하였다. 그리고 자유의지로 선택하라는 것이다. 여호와를 섬기는 것과 이방 신을 섬기는 것 중에서 선택하라는 것이다. 여호수아는 "나와 내 집은 여호와를 섬기겠다"라고 하였다.

이스라엘 백성들이 이집트를 빠져나와 홍해를 건넌 것은 죄의 노예가 된 삶을 벗어나 회개를 통하여 하나님을 믿고 젖과 꿀이 흐르는 가나안 땅으로 가는 과정을, 장차 들어가게 될 새 예루살렘성(새 하늘과 새 땅)으로 가는 과정을 예표한다.

출애굽기에 기록된 아말렉과의 전쟁을 통해 나아가는 모습은 우리가 세상을 살면서 사탄 마귀와의 투쟁을 통해서 이를 이겨나가는 것을 의미한다. 광야에서 하나님께서 공급해 주시는 만나와 메추라기는 우리들의 삶을 전적으로 하나님께 맡기고 하나님께서 주시는 양식으로 살아가야 함을 나타내 준다.

레위기에서는 우리들의 삶의 모습이 하나님 앞에 구별되고 거룩해야 함을, 민수기에서는 역시 가나안으로 가는 여정에서 적들과의 전쟁을 통해 나아가는 모습에서 이 세상의 사탄 마귀와의 투쟁에서 이겨나가야 함을, 그리고 신명기에서는 하나님 말씀에 순종함으로써 나아가야 함을 모형으로 보여주고 있다. 그리고 뒤이어 여호수아서에서는 적들과의 전쟁에서 이겨서 가나안 땅에 들어가고, 그 곳에서 받게 되는 땅 분배는 우리가 궁극적으로 들어가게 되는 새 하늘과 새 땅에서도 우리가 이 땅에 살면서 행한 대로 갚음을 받게 되는 모델로서의 모습을 보여주고 있다. 그것도 우리들의 자유의지에 따른 스스로의 선택으로 새 하늘과 새 땅에 들어가게 되는 모형으로 볼 수 있다.

사사기 (3100년 전 사무엘의 저작)

사사는 이스라엘 여호수아 이후 왕정시대 이전까지의 정치, 사회, 종교의 지도자를 말하며 전쟁시에는 군사지도자의 역할을 담당했다.

여호수아가 죽은 후 약 350여 년간의 이스라엘 백성의 영적 암흑기
이스라엘 백성들의 하나님을 떠난 삶

백성들의 우상숭배-이민족의 압제와 고통으로 부르짖음-사사를 보내어 압제에서 해방 그리고 또 영적으로 어두웠던 백성들의 우상숭배가 여러번

동일하게 반복

사사 입다가 경솔하게 하나님께 맹세함으로 인하여 무남독녀를 잃게 된 사건이 있었다. 모세는 하나님께 맹세한 것은 지키라 하였으나, 예수님은 우리 인간이 마음대로 할 수 있는 것은 아무것도 없다고 하시면서 하나님에 대하여 맹세하지 말라 하시면서 모세의 규례를 고치셨다. 이 부분에서 예수님께서는 우리 인간 수준 이상의(모세를 뛰어넘는) 존재이심을, 즉 신성 하나님 되심을 발견할 수 있다. 실제로 이로 인하여 2,000여 년 전 당시 이스라엘 백성들에게는 절대적 존재였던 모세의 가르침을 바꿈으로 인하여 엄청난 반발에 부딪혀야 했다.

모세 이래 1,500여 년을 지나면서 이스라엘 백성들에게는 거의 신적인 권위를 가졌던 모세의 가르침을 바꾸는 젊은 선지자를 대했을 때 그늘은 아마도 엄청나게 당황했을 것이다.

그저 그러한 삶을 산 사사들의 기록들은 하나님은 그저 그러한 삶을 살아가는 사람들에게는 관심이 없으시다는 것을 보여준다. 이 시기는 영적으로 깨어 있었던 선지자와 지도자와 백성들이 별로 없었고 또 왕이 없어 각기 자기의 소견에 옳다고 생각되는 대로 행하였던 시기이다(삿 21:25).

룻기 (BC 1070년 경 사무엘의 저작)

하나님은 이방 여인(모압) 룻을 통해서 인류의 구세주 예수님께서 이 땅에 오시는 통로를 열게 하셨다(보아스는 장차 오실 예수님을 예표한다)

룻은 다윗의 증조모가 된다. 다윗 왕의 후손으로 이 땅에 오신 예수님의 육신의 계보가 예수님의 육신의 아버지 요셉까지 이어졌다.

사무엘상·하 (BC 1060년 경 사무엘의 저작, 뒷부분[사무엘하]은 다른 사람이 저작한 것으로 보이며 나단 혹은 갓이라고 하는 학자도 있다)

이스라엘 백성들이 지파 중심의 사사 시대를 끝내고 최초로 왕정 시대로 들어간 후 세 사람의 주요 인물들이 등장한다. 사무엘 선지자, 이스라엘 초대 왕 사울, 2대 왕 다윗이 바로 그들이다.

사무엘 선지자

사사 시대에서 왕정 시대로 넘어갈 시기에 '한나'라는 여인에게는 자식이 없었다. 그녀가 간절히 하나님께 기도하였다. 하나님께서 아들을 주시면 하나님께 드리겠다고 서원하여 사무엘이 태어났고, 하나님께서는 어린 사무엘을 음성으로 부르셨다.

당시 제사장으로 있었던 엘리 제사장 가문에 내린 저주와 그 이유를 보면, 행실이 나빴던 두 아들 징계에 소홀했던(회막문에 수종 드는 여인들과 동침) 것 때문에 저주가 임하였다.

왕정 시대를 열어가는 마지막 사사이면서 선지자였던 사무엘은 하나님께 물어서 사울을 초대 왕으로, 두 번째로 다윗을 왕으로 세우게 된다. 그는 기도하기를 쉬는 죄를 범하지 않겠다고 하였다. 순종이 제사보다 낫다. 그러나 사무엘의 아들들은 그의 스승이었던 엘리 제사장의 아들들처럼 사무엘과 같지 않고 백성들의 신망을 얻지 못하였다(자녀 교육이 얼마나 어려운지 가정 교육의 중요성을 일깨워준다).

순종하지 않는 것은(거역하는 것은) 점치는 죄와 같다. 완고한 것은 우상에게 절하는 죄와 같다. 사람은 외모를 보거니와 하나님은 중심을 보신다. 우리는 하나님께서 우리에게 하시는 음성을 듣는가?

그 음성에 순종함으로 나아가는가? 혹시 버티며 완고한 모습을 보이는 것은 아닌지 스스로 돌아보아야 한다.

사무엘이 삶의 끝자락에서 회고하면서 당시 최고 권력자로서 다른 사람을 압제하지도 않았고 다른 사람의 재물을 빼앗은 일도 없고 백성들을 속인 일도 없다는 고백을 한 것은 현재의 권력자들과 지배층의 사람들에게 교훈이 되는 삶의 모습이다. 그러나 아들들을 사사로 삼은 것은 잘못된 결정이었다(삼상 8:1-3). 최근 우리나라 수도권 대형교회 여러 곳에서 세습하는 것에 대하여 경종이 된다.

이스라엘 초대 왕 사울

처음에는 정치를 잘하였으나 얼마 지나지 않아서 하나님께 묻지 않았고 하나님 앞에 회개가 없었다. 다윗이 왕권을 위협한다고 느끼고 자기 딸을 주어서 다윗을 사위로 삼았다. 다윗이 두 번이나 자기를 죽이려는 사울을 살려주었어도 살려준 당시에는 고마움은 느끼는 듯했으나 마음 중심에 깊이 회개한 것이 아니었다.

2대 왕 다윗

하나님 마음에 합한 자였고, 왕을 보필하는 제사장과 선지자가 하나님 말씀을 대언하는 것에 귀를 기울였다. 그는 하나님께 묻고 기도하였다. 살인과 간음을 한 큰 죄악에 대해서는 눈물의 회개가 있었다. 다윗의 잘못에 대한 하나님의 징벌과 다윗의 치적이 나타나 있다. 다윗은 시에 능하고 노래 잘하는 자였으며 고난받은 예수님의 모습이 나타나 있는 시편 22편의 저자이고, 또한 반이 넘는 시편의 저자이기도 하다. 그 속에 예수님에 대한 모습이 많이 나타난다.

📚 열왕기상·하 (BC 600년 경 예레미야 혹은 에스라가 기록, 열왕기하는 BC 580년경 기록)

솔로몬 왕의 초기의 삶은 하나님께서 기뻐하는 모습이었고 솔로몬 성전을 건축하였다. 이스라엘 왕은 말과 병거를 많이 두지 말도록 하였으나(하나님은 전쟁은 하나님께 속한 것이어서 사람과 병마의 많고 적음에 달려 있지 않다는 것을 깨우치기 위해서), 즉 하나님께 의지해서 묻고 기도하면서 전쟁을 하도록 하였으나 그는 말과 병거를 많이 두었다.

솔로몬 왕은 탁월한 재능을 가졌으며 잠언, 전도서, 시편 일부의 저자이며, 지혜를 달라고 하나님께 구하였다. 하나님께서는 솔로몬이 노후에 처첩들이 이방 우상 섬기는 것을 방치한 죄로 남 유다 왕국의 한 지파만 남기고 열 지파는 솔로몬의 대적에게 주었다. 스바 여왕이 솔로몬의 지혜에 대한 명성을 듣고 방문하였고, 성전을 건축한 후의 솔로몬의 기도가 기록되어 있다.

탁월한 선지자 엘리야의 등장

엘리야가 사르밧 과부의 아들을 살렸고, 바알 선지자 450명과의 대결에서 이긴다. 바알과 아세라 선지자들의 후원세력이었던 아합 왕비 이세벨의 협박에 낙심한 호렙산 로뎀나무 아래의 엘리야의 모습이 그려져 있다.

엘리야의 승천과 엘리야의 제자 엘리사가 등장하고, 구약 시대 성령의 역사가 나타난다. 당시 가나안 원주민들인 농경민들이 섬겼던 바알은 풍요와 다산을 가져다 준다는 비와 우레의 이방신이었다(주인, 소유자라는 뜻).

엘리사와 과부의 기름 그릇

엘리사가 수넴 여인의 죽은 아이를 살렸고, 아람 왕의 군대 장관 나아만의 나병을 고친다. 나아만은 나병을 고침받고 엘리사에게 예물을 주었으나 엘리사는 받지 않고 사양한다. 그런데 엘리사의 제자 게하시가 그 재물을 탐하다가 나병이 든다.

북 이스라엘 아합 왕의 아들 여호람 왕(요람) 때의 참극

아람 왕 벤하닷의 침공으로 사마리아 성이 포위되고 굶주림으로 자식을 잡아먹는 참극이 벌어진다(수백 년 전 모세가 예언한 것이 응함). 왕과 백성이 하나님을 거역하는 삶을 계속한다면 가혹한 징벌이 내려질 수 있음을 보게 된다. 여호와 보시기에 악을 행한 왕들과 하나님의 징벌, 그리고 여호와 보시기에 정직하게 행한 왕들과 하나님의 보상이 나타난다.

남 유다 왕국 히스기야 왕의 기도

히스기야 왕이 병들어 죽게 되자 눈물의 기도와 그 응답으로 15년 생명 연장을 받고 그 징표로 해 그림자를 10도 물러가게 하신 사건이 나온다(즉 일월성신의 변칙운행마저 한 개인의 눈물의 기도에 그 징표로서 반응하시는 하나님이심). 이러한 사건은 하나님의 존재하심을 깨달을 수 있게 해준다.

바벨론으로부터 온 사자(Messenger)들에게 왕궁의 보물을 보임으로서 그 보물들이 바벨론 땅으로 옮겨질 것이라고 이사야 선자자가 예언하였고 히스기야 자손들도 바벨론으로 끌려가게 될 것을 예언하였다.

요시아 왕의 선정과 남 유다 왕국의 마지막 시기

요시아 왕은 이방 예배를 없애고 유월절을 지키게 하고 신접한 자와 점쟁이와 드라빔[12]과 우상과 모든 가증한 것을 다 제거하는 개혁을 단행하였다. 요시아 왕 이후에는 남 유다 왕국이 바벨론에 멸망할 때까지 외세에 시달리면서도 왕과 백성들이 하나님 앞에 겸비하지 않고 회개의 기도도 없고 목이 곧고 완악한 모습을 보였다. 여호아하스, 여호야김, 여호야긴, 시드기야 왕(마지막 남 유다 왕국의 왕) 등 남 유다 왕국의 멸망하기 전 마지막 왕들과 백성들의 영적으로 어둡고 무능한 모습들을 보게 된다.

마지막 부분에서 여호야긴 왕의 석방은 남 유다 왕국의 씨가 살아 남아 다윗 자손으로 오시는 예수님이 살아 있음을 나타내준다.

역대기상·하 (BC 450년 경 에스라가 저작)

남 유다 왕국의 다윗 왕의 성전 건축 준비와 솔로몬 왕의 성전 건축에 초점이 맞추어져 있다.

역대기상에서 바벨론 포로생활에서 돌아온 사람들에게 하나님께서 인도하신 선조들의 역사를 회고하고 있다. 유다의 역사를 제사장적 관점에서 서술하고 있다.

야베스의 기도

야베스가 이스라엘 하나님께 아뢰어 이르되 주께서 내게 복을 주시려거든 나의 지역을 넓히시고 주의 손으로 나를 도우사 나로 환난을 벗어

---

12) 사람의 형상을 하고 있으며 가정 수호신으로 여기는 우상

나 내게 근심이 없게 하옵소서 하였더니 하나님이 그가 구하는 것을 허락하셨더라[13)]

이스라엘 초대 왕 사울은 여호와께 범죄하고 그의 말씀을 지키지 아니하고 또 신접한 자에게 가르치기를 청하고 여호와께 묻지 아니하였으므로 여호와께서 그를 죽이시고(팔레스타인과의 전투에서 그의 아들들과 함께 전사함) 그 나라를 다윗에게 넘겨주셨다.[14)] 다윗은 하나님께 물었다.[15)]

다윗의 인구조사

하나님은 다윗의 인구조사를 악하게 여기시고 그 징벌로 이스라엘 백성들에게 전염병을 돌게 하셨다.

다윗의 감사기도(주의 손에서 받은 것으로 주께 드렸을 뿐이라는 고백)

사무엘서와 열왕기서가 선지자적 관점에서 다루고 있는 반면 역대기에서는 제사장적 관점에서 언급하고 있다.

역대하에서는 솔로몬의 통치로부터 남 유다 왕국의 멸망 당시의 시드기야 왕까지의 역사를 제사장적인 관점에서 언급하고 있다.

성전 건축을 마친 후의 솔로몬의 기도

기도를 마치매 불이 하늘에서 내려와서 그 번제물과 제물들을 사르고 여호와의 영광이 그 성전에 가득하니.[16)]

---

13) 역대상 4:10
14) 역대상 10:13-14
15) 역대상 14:10
16) 역대하 7:1

여호사밧 왕이 모압 자손과 암몬 자손들과의 전쟁에서 "이 큰 무리를 우리가 대적할 능력이 없고 어떻게 할 줄도 알지 못하옵고 오직 주만 바라보나이다"라고 기도할 때 여호와의 영이 야하시엘에게 임하여 "이 전쟁은 너희에게 속한 것이 아니요 하나님께 속한 것"[17] 이라는 말씀과 함께 전술을 전해받고 승리하게 되었다.

웃시야 왕은 하나님의 묵시를 밝히 아는 스가랴가 사는 날에는 하나님을 찾았고 그가 여호와를 찾을 동안에는 하나님이 형통하게 하셨다.[18] 그러나 그가 강성해지자 마음이 교만하여 악을 행하였다. 즉 제사장이 해야 하는 직분을 행한 것이다. 여호와의 성전에 들어가서 향단에 분향하려 할 때 그의 이마에 나병이 생겼다.[19](현대에서는 대통령이 사법부를 손에 넣으려 하면 하나님의 징벌을 받을 수 있다고 하는 교훈)

히스기야 왕의 개혁

그는 그의 하나님 여호와 보시기에 선과 정의와 진실함으로 행하였다.[20]

요시야 왕의 개혁

율법책을 발견하고 유월절을 지켰다.

마지막 왕 시드기야는 그의 하나님 여호와 보시기에 악을 행하고 선지자 예레미야가 여호와의 말씀으로 일러도 그 앞에서 겸손하지

17) 역대하 20:12-15
18) 역대하 26:5
19) 역대하 26:16-19
20) 역대하 31:20

않았다.[21)]

📚 에스라 (BC 450년 경 에스라의 저작)

스룹바벨과 에스라에 의해 주도된 바벨론으로부터의 두 차례의 포로귀환 사건과 성전 재건 그리고 영적 부흥운동을 기술

바벨론 포로 생활에서의 1차 귀환(페르시아 초대 왕 사이러스[키루스]의 칙령으로 유대인들이 귀환)과 다리우스 왕의 명령에 따른 성전 공사 재개, 그리고 아닥사스다 왕의 조서에 따른 2차 귀환이 이루어진다. 이방 여자들과 결혼한 사람들이 그 아내들과 그 소생들을 내쫓기로 하였다.

📚 느헤미야 (BC 430년 경 느헤미야의 저작)

느헤미야는 바벨론 포로에서 3차로 귀환하면서 유다의 총독으로 세움을 받게 된다.

예수님께서 이 땅에 오시기 약 430년 전 말라기 선지자와 함께 구약 역사의 마지막 부분를 이룬다. 느헤미야는 유대 총독으로서 예루살렘 성벽 재건과 영적 부흥운동을 주도하였다. 그는 하나님의 부르심에 순종하였고 담대함과 헌신과 열정을 보였다.

그는 예루살렘 성전 재건을 방해하는 세력들 때문에 한 손에 병기를 잡고 옷도 벗지 못하고 절반은 일하고 절반은 갑옷을 입고 활

---

21) 역대하 36:12

과 방패를 가지고 성전을 재건하였으며[22] 일부의 귀족들은 공사를 분담하지 않았다.[23]

포로기 이후 이스라엘 백성들이 바벨론 포로생활이 한참 지난 후였으므로 영적으로 깨어 있지 못해 율법책을 낭독하고 백성들을 가르쳤다(이방 여인들과의 결혼도 영향이 컸을 것이다).

우리는 하나님께서 세계 역사에 개입하셔서 미리 선지자를 통하여 경고하시고 그 예언의 경고가 실제 역사에 투영되어 나타나는 시점과 나라와 심지어 인물의 이름까지 특정되면서 한 치의 오차도 없이 실현되는 모습을 읽어내야 한다. 그리고 이 기록들 속에서 하나님의 존재하심과 그 간섭하시는 모습과 결과를 현재의 나와 가족의 상황 그리고 나와 우리 가족이 속해 있는 공동체에서 오늘을 살아가는 현재 시점에서 어떻게 판단하고 살아야 하는가에 대한 해답을 하나님과의 깊은 교감을 가진 기도를 통해서 구해야 한다. 하나님의 음성과 응답을 듣고(세미하게라도 음성을 듣거나 아니면 영화처럼 스크린 화면으로 보여주시면 좋지만 대부분은 많이 읽었던 성경 말씀 속에서 떠오르는 방법을 통해서) 그 음성과 응답에 따라 살아가는 지혜를 구하고 발견하는 데 있어서 성경을 세밀하고 꼼꼼하게 그리고 여러 번 읽어 나가면 실제 그 유익이 있는 것이다.

에스더 (BC 500년 경 모르드개의 저작)

페르시아에 의해 멸망한 베벨론 제국의 땅에서 유대 땅으로 귀환

22) 느헤미야서 4:16-23
23) 느헤미야서 3:5

하지 않고 남아 있던 유대민족에 대하여 하나님께서 행하신 일(부림절의 기원)에 대한 내용이 담겨 있다.

페르시아 제국 크세르크세스 1세(성경에는 아하수에로로 나온다) 때에 왕후로 간택된 유대 처녀 에스더가 유대 민족의 말살을 도모하는 왕의 측근 하만의 음모에 대항해서 "죽으면 죽으리이다" 하며 왕에게 나아가 하만의 음모를 깨뜨리고 유대인의 대적들을 물리친다. 이때 에스더의 사촌오빠 모르드개가 에스더에게 "유대 민족이 망하게 되었는데 홀로 왕궁에서 목숨을 건지리라 생각하지 말라" 하면서 "네가 왕후의 자리를 얻은 것이 이때를 위한 것이 아니냐 네가 잠잠하면 유대인은 다른 데로 말미암아 놓일 것이나 너와 네 아버지 집은 멸망할 것이라" 하고 깨우쳐 왕에게 담대히 나아가도록 하였다.

유대 민족에게 역사하시는 하나님의 섭리를 깨닫고 영적으로 깨어 있었던 모르드개의 믿음과 삶 그리고 에스더의 용기를 보게 된다.

욥기 (BC 2200-2100년 경 욥의 저작)

지혜서로서 욥기는 인간에게 다가오는 고난의 문제에 대하여 이야기한다. '의인에게도 고난이 다가오는가?' 하는 문제는 매우 난해한 것이지만 고난을 당한 욥이 어떻게 믿음으로 이겨나갔는지 살펴볼 수 있다.

그가(하나님) 왼쪽에서 일하시나 내가 만날 수 없고 그가 오른쪽으로 돌이키시나 뵈올 수 없구나 그러나 내가 가는 길을 그가 아시나니 그가 나를 단련하신 후에는 내가 순금 같이 되어 나오리라[24)]

24) 욥기 23:9-10

주를 경외함이 지혜요 악을 떠남이 명철이니라[25)]

네 시작은 미약하였으나 네 나중은 심히 창대하리라[26)]

내가 알기에는 나의 대속자가 살아 계시니 마침내 그가 땅 위에 서실 것이라[27)]

이 말씀은 예수님께서 이 땅에 오시는 것을 말씀하고 있다.

지혜로운 자가 자기의 계략에 빠지게 하시며…스스로 지혜롭다 하는 모든 자를 무시하시느니라[28)]

가난한 자가 희망이 있고[29)]…주의 손으로 나를 빚으셨으며 만드셨는데…[30)]

네가 하나님의 오묘함을 어찌 능히 측량하며 전능자를 어찌 능히 완전히 알겠느냐[31)]

하나님은 겸손한 자를 구원하시리라[32)]

---

25) 욥기 28:28
26) 욥기 8:7
27) 욥기 19:25
28) 욥기 5:13, 37:24
29) 욥기 5:16
30) 욥기 10:8
31) 욥기 11:7
32) 욥기 22:29

하나님은 땅을 아무것도 없는 곳에 매다시며 물을 빽빽한 구름에 싸시나 그 밑의 구름이 찢어지지 아니한다. 하나님은 사람의 행위를 따라 갚으사 각각 그의 행위대로 받게 하신다(욥기 26:7-8, 34:11).

시편 (다윗, 아삽, 고라 자손의 시, 솔로몬, 모세, 헤만, 에단의 저작으로 이루어져 있으나 절반은 다윗의 시이다)

천 년에 걸쳐 지어진 시를 모은 것이다.

기도, 찬양, 제왕들의 시, 감사, 축복, 저주, 예언의 시 등이 담겨 있다. 시편의 저자가 인식하지 못했을지라도 많은 시가 예수 그리스도의 생애와 사역을 예언적으로 노래하고 있다.

복 있는 사람은 악인들의 꾀를 따르지 아니하며 죄인들의 길에 서지 아니하며 오만한 자들의 자리에 앉지 아니하고 오직 여호와의 율법을 즐거워하여 그의 율법을 주야로 묵상하는도다 그는 시냇가에 심은 나무가 철을 따라 열매를 맺으며 그 잎사귀가 마르지 아니함 같으니 그가 하는 모든 일이 다 형통하리로다 악인들은 그렇지 아니함이여 오직 바람에 나는 겨와 같도다 그러므로 악인들은 심판을 견디지 못하며 죄인들이 의인들의 모임에 들지 못하리로다 무릇 의인들의 길은 여호와께서 인정하시나 악인들의 길은 망하리로다(시 1:1–6)

여호와께서 내게 이르시되 너는 내 아들이라 오늘 내가 너를 낳았도다(시 2:7)

사람이 회개하지 아니하면 그가 그의 칼을 가심이여 그의 활을 이미 당기어 예비하셨도다(시 7:12)

주의 앞에는 충만한 기쁨이 있고 주의 오른쪽에는 영원한 즐거움이 있나이다(시 16:11)

나의 힘이신 여호와여 내가 주를 사랑하나이다. 여호와는 나의 반석이시요 나의 요새시요 나를 건지시는 이시요 나의 하나님이시요 내가 그 안에 피할 나의 바위시요 나의 방패시요 나의 구원의 뿔이시요 나의 산성이시로다(시 18:1–2)

나의 반석이시요 나의 구속자이신 여호와여 내 입의 말과 마음의 묵상이 주님 앞에 열납되기를 원하나이다(시 19:14)

시편 22편에는 예수님의 고난의 모습이 나타난다(다윗의 시).

여호와는 나의 목자시니 내게 부족함이 없으리로다 그가 나를 푸른 풀밭에 누이시며 쉴 만한 물 가로 인도하시는도다 내 영혼을 소생시키시고 자기 이름을 위하여 의의 길로 인도하시는도다 내가 사망의 음침한 골짜기로 다닐지라도 해를 두려워하지 않을 것은 주께서 나와 함께 하심이라 주의 지팡이와 막대기가 나를 안위하시나이다 주께서 내 원수의 목전에서 내게 상을 차려 주시고 기름을 내 머리에 부으셨으니 내 잔이 넘치나이다 내 평생에 선하심과 인자하심이 반드시 나를 따르리니 내가 여호와의 집에 영원히 살리로다(시 23:1–6)

여호와는 나의 빛이요 나의 구원이시니 내가 누구를 두려워하리요 …내가 여호와께 바라는 한 가지 일 그것을 구하리니 곧 내가 내 평생에 여호와의 집에 살면서 여호와의 아름다움을 바라보며 그의 성전에서 사모하는 그것이라(시 27:1 4)

주의 성도들아 여호와를 찬송하며 그의 거룩함을 기억하며 감사하라 그의 노염은 잠깐이요 그의 은총은 평생이로다 저녁에는 울음이 깃들일지라도 아침에는 기쁨이 오리로다…주께서 나의 슬픔이 변하여 내게 춤이 되게 하시며 나의 베옷을 벗기고 기쁨으로 띠 띠우셨나이다(시 30:4-5 11)

여호와는 마음이 상한 자를 가까이 하시고 충심으로 통회하는 자를 구원하시는도다(시 34:18)

여호와를 의뢰하고 선을 행하라…네 길을 여호와께 맡기라 그를 의지하면 그가 이루시고 네 의를 빛 같이 나타내시며 네 공의를 정오의 빛 같이 하시리로다…의인의 적은 소유가 악인의 풍부함보다 낫도다(시 37:3-6, 16)

주께서 내 귀를 통하여 내게 들려 주시기를 제사와 예물을 기뻐하지 아니하시며 번제와 속죄제를 요구하지 아니하신다 하신지라(시 40:6)

그 때에 내가 말하기를 내가 왔나이다 나를 가리켜 기록한 것이 두루마리 책에 있나이다(시 40:7)

시편 40편 6-7절의 다윗의 시에서 보듯이 다윗은 하나님의 음성을 듣고 이스라엘 백성들이 자기들이 지은 죄를 사함 받기 위해 드리는 동물 제사와 하나님께 드리는 예물을 하나님께서 기뻐하시지 않는다는 것을 느꼈다. 동일하게 선지서에서 보는 선지자들이 하나님의 음성을 듣고 동일한 말씀을 한 것[33]을 볼 때 다윗은 하나님의 음성을

33) 이사야 1:11-13

듣고 예수님에 대한 초림을 느끼고 있었음이 분명한 것 같다.

하나님이여 사슴이 시냇물을 찾기에 갈급함같이 내 영혼이 주를 찾기에 갈급하나이다…내 영혼아 네가 어찌하여 낙심하며 어찌하여 내 속에서 불안해 하는가 너는 하나님께 소망을 두라 그가 나타나 도우심으로 말미암아 내가 여전히 찬송하리로다(시 42:1, 5)

환난 날에 나를 부르라 내가 너를 건지리니 네가 나를 영화롭게 하리로다…감사로 제사를 드리는 자가 나를 영화롭게 하나니 그의 행위를 옳게 하는 자에게 내가 하나님의 구원을 보이리라(시 50:15, 23)

하나님께서 구하시는 제사는 상한 심령이라 하나님이여 상하고 통회하는 마음을 주께서 멸시하지 아니하시리이다(시 51:17)

어리석은 자는 그의 마음에 이르기를 하나님이 없다 하도다 그들은 부패하며 가증한 악을 행함이여 선을 행하는 자가 없도다(시 53:1)

하나님이여 주는 하늘 위에 높이 들리시며 주의 영광이 온 세계 위에 높아지기를 원하나이다 하나님이여 내 마음이 확정되었고 내 마음이 확정되었사오니 내가 노래하고 내가 찬송하리이다 내 영광아 깰지어다 비파야, 수금아 깰지어다 내가 새벽을 깨우리로다…무릇 주의 인자는 커서 하늘에 미치고 주의 진리는 궁창에 이르나이다 하나님이여 주는 하늘 위에 높이 들리시며 주의 영광이 온 세계 위에 높아지기를 원하나이다(시 57:5-11)

주의 집을 위하는 열성이 나를 삼키고 주를 비방하는 비방이 내게

미쳤나이다(시 69:9)

이 다윗의 시에서도 예수님의 모습을 볼 수가 있다.

내가 노래로 하나님의 이름을 찬송하며 감사함으로 하나님을 위대하시다 하리니 이것이 소 곧 뿔과 굽이 있는 황소를 드림보다 여호와를 더욱 기쁘시게 함이 될 것이라(시 69:30-31)

이 다윗의 시에서도 하나님을 깊이 알고 있는 그의 영혼을 살펴볼 수 있다.

하나님의 성소에 들어갈 때에야 그들의 종말을 내가 깨달았나이다(시 73:17)

하나님께 가까이 함이 내게 복이라 내가 주 여호와를 나의 피난처로 삼아 주의 모든 행적을 전파하리이다(시 73:28)

네 입을 크게 열라 내가 채우리라(시 81:10)

주의 궁정에서의 한 날이 다른 곳에서의 천 날보다 나은즉 악인의 장막에 사는 것보다 내 하나님의 성전 문지기로 있는 것이 좋사오니(시 84:10)

주의 목전에는 천 년이 지나간 어제 같으며 밤의 한 순간 같을 뿐임이니이다(시 90:4)

네가 말하기를 여호와는 나의 피난처시라 하고 지존자를 너의 거처로 삼았으므로 화가 네게 미치지 못하며 재앙이 네 장막에 가까이 오지 못하리니 그가 너를 위하여 그의 천사들을 명령하사 네 모든 길에서 너를 지키게 하심이라 그들이 그들의 손으로 너를 붙들어 발이 돌에 부딪히지 아니하게 하리로다(예수님께서 마귀에게 시험 받으실때 마귀가 이 시편의 말씀으로 시험을 하고 예수님도 성경 말씀으로 대적하였다)(마 4:1-10)

하나님이 이르시되 그가 나를 사랑한즉 내가 그를 건지리라 그가 내 이름을 안즉 내가 그를 높이리라 그가 내게 간구하리니 내가 그에게 응답하리라 그들이 환난 당할 때에 내가 그와 함께 하여 그를 건지고 영화롭게 하리라(시 91:9-15)

감사함으로 그의 문에 들어가며 찬송함으로 그의 궁정에 들어가서 그에게 감사하며 그의 이름을 송축할지어다 여호와는 선하시니 그의 인자하심이 영원하고 그의 성실하심이 대대에 이르리로다(시 100:4-5)

여호와는 긍휼이 많으시고 은혜로우시며 노하기를 더디 하시고 인자하심이 풍부하시도다…아버지가 자식을 긍휼히 여김 같이 여호와께서는 자기를 경외하는 자를 긍휼히 여기시나니 인생은 그 날이 풀과 같으며 그 영화가 들의 꽃과 같도다 여호와의 인자하심은 자기를 경외하는 자에게 영원부터 영원까지 이르며 그의 의는 자손의 자손에게 이르리니 곧 그의 언약을 지키고 그의 법도를 기억하여 행하는 자에게로다 (시 103:8-18)

여호와께 감사하라 그는 선하시며 그 인자하심이 영원함이로다…그가 사모하는 영혼에게 만족을 주시며 주린 영혼에게 좋은 것으로 채워 주심이로다 사람이 흑암과 사망의 그늘에 앉으며 곤고와 쇠사슬에 매임은 하나님의 말씀을 거역하며 지존자의 뜻을 멸시함이라(시 107:1, 9-11)

비파야, 수금아, 깰지어다 내가 새벽을 깨우리로다…주의 인자하심이 하늘보다 높으시며 주의 진실은 궁창에까지 이르나이다 하나님이여 주는 하늘 위에 높이 들리시며 주의 영광이 온 땅에서 높임 받으시기를 원하나이다(시 108:2-5)

여호와께서 내 주에게 말씀하시기를 내가 네 원수들로 네 발판이 되게 하기까지 너는 내 오른쪽에 앉아 있으라 하셨도다…여호와는…이르시기를 너는 멜기세덱의 서열을 따라 영원한 제사장이라 하셨도다(시 110:1, 4)

이 시는 다윗의 시로 예수님에 대해 말씀하고 있다.

여호와를 경외함이 지혜의 근본이라(시 111:10)

할렐루야 여호와를 경외하며 그의 계명을 크게 즐거워하는 자는 복이 있도다 그의 후손이 땅에서 강성함이여 정직한 자들의 후손에게 복이 있으리로다 부와 재물이 그의 집에 있음이여 그의 공의가 영구히 서 있으리로다…그가 재물을 흩어 빈궁한 자들에게 주었으니 그의 의가 영구히 있고 그의 뿔이 영광 중에 들리리로다(시 112:1-3, 9)

여호와여 영광을 우리에게 돌리지 마옵소서 우리에게 돌리지 마옵소서 오직 주는 인자하시고 진실하시므로 주의 이름에만 영광을 돌리

소서(시 115:1)

건축자가 버린 돌이 집 모퉁이의 머릿돌이 되었나니 이는 여호와께서 행하신 것이요 우리 눈에 기이한 바로다(시 118:22-23)

예수님에 대한 말씀이다.

내 소유는 이것이니 곧 주의 법도들을 지킨 것이니이다…고난 당한 것이 내게 유익이라 이로 말미암아 내가 주의 율례들을 배우게 되었나이다 내가 주의 법을 어찌 그리 사랑하는지요 내가 그것을 종일 작은 소리로 읊조리나이다 주의 법도들을 지키므로 나의 명철함이 노인보다 나으니이다(시 119:56, 71, 97, 100)

내가 산을 향하여 눈을 들리라 나의 도움이 어디서 올까 나의 도움은 천지를 지으신 여호와에게서로다(시 121:1-2)

눈물을 흘리며 씨를 뿌리는 자는 기쁨으로 거두리로다 울며 씨를 뿌리러 나가는 자는 반드시 기쁨으로 그 곡식 단을 가지고 돌아오리로다(시 126:5-6)

내 형질이 이루어지기 전에 주의 눈이 보셨으며 나를 위하여 정한 날이 하루도 되기 전에 주의 책에 다 기록이 되었나이다(시 139:16, 다윗의 시)

여호와여 내 입에 파수꾼을 세우시고 내 입술의 문을 지키소서(시 141:3, 다윗의 시)

사람은 헛것 같고 그의 날은 지나가는 그림자 같으니이다(시 144:4)

여호와는 은혜로우시며 긍휼이 많으시며 노하기를 더디 하시며 인자하심이 크시도다…주의 나라는 영원한 나라이니 주의 통치는 대대에 이르리이다…여호와께서는 자기에게 간구하는 모든 자 곧 진실하게 간구하는 모든 자에게 가까이 하시는도다(시 145:8, 13, 18)

귀인들을 의지하지 말며 도울 힘이 없는 인생도 의지하지 말지니(시 146:3)

해와 달아 그를 찬양하며 밝은 별들아 다 그를 찬양할지어다 하늘의 하늘도 그를 찬양하며 하늘 위에 있는 물들도 그를 찬양할지어다 그것들이 여호와의 이름을 찬양함은 그가 명령하시므로 지음을 받았음이로다(시 148:3-5)

시편 기자의 노래 속에서 하나님의 존재와 천지 우주만물을 말씀으로 창조하셨음을 나타내 보이고 있다.

시편의 가장 많은 부분을 다윗이 지었으며 다윗은 자기 이후 천 년 뒤에 오시는 예수님을 느끼고 있었다. 다윗은 노래를 잘하고 악기를 잘 다루었던 사람으로 순수한 감성을 지녔다. 간음과 살인을 한 큰 죄악으로 인하여 칼이 다윗의 집에서 떠나지 않은 징벌을 받았음에도 불구하고 눈물로 그 잘못을 회개한 모습이 하나님의 마음에 맞았음을 알 수 있다.

📚 잠언 (BC 970년 경 대부분은 솔로몬이 저작하였고 아굴과 르무엘 왕을 훈계한 잠언이 있다)

여호와를 경외하는 것이 지식의 근본이거늘 미련한 자는 지혜와 훈계를 멸시하느니라…인자와 진리가 네게서 떠나지 말게 하고 그것을 네 목에 매며 네 마음판에 새기라…너는 마음을 다하여 여호와를 신뢰하고 네 명철을 의지하지 말라 너는 범사에 그를 인정하라 그리하면 네 길을 지도하시리라 모든 지킬 만한 것 중에 더욱 네 마음을 지키라 생명의 근원이 이에서 남이니라 나를 사랑하는 자들이 나의 사랑을 입으며 나를 간절히 찾는 자가 나를 만날 것이니라(잠 1:7, 3:3-6, 4:23, 8:17)

하나님은 자신에게 부르짖고 찾는 자에게 나타내 보이신다(비록 하나님을 믿지 않는 사람이라도 하나님이 계시다 하니 찾고 또 찾아보라는 말씀이다. 즉 성경 말씀 속에서 참으로 하나님이 계신지 아니면 안 계신지 연구하고 또 연구해 보라는 것이다). 여호와께서…태초에 일하시기 전에 나를 가지셨으며 만세 전부터, 태초부터, 땅이 생기기 전부터 내가 세움을 받았나니…하나님이 아직 땅도, 들도, 세상 진토의 근원도 짓지 아니하셨을 때에라(우리가 하나님을 선택한 것이 아니라 하나님께서 우리를 선택하셨음, 잠 8:22-26). 여호와를 경외하는 것이 지혜의 근본이다[34](잠 9:10).

눈짓하는 자는 근심을 끼친다(잠 10:10).
입이 미련한 자는 멸망하느니라(잠 10:10).
타인을 위해 보증이 되는 자는 손해를 당한다(잠 11:15).
구제를 좋아하는 자는 풍족해질 것이다(잠 11:25).

34) 경외한다는 것은 두렵고 떨리는 마음으로 공경한다는 뜻(awesome)이다.

악을 더듬어 찾는 자에게는 악이 임하리라(잠 11:27).

입을 지키는 자는 자기의 생명을 보전한다(잠 13:3).

노하기를 더디 하는 자는 크게 명철하여도 마음이 조급한 자는 어리석음을 나타낸다(잠 14:29).

유순한 대답은 분노를 쉬게 한다(잠 15:1).

사람이 마음으로 자기의 길을 계획할지라도 그의 걸음을 인도하시는 이는 여호와시니라(잠 16:9).

교만은 패망의 선봉이다(잠 16:18).

사람의 재앙을 기뻐하는 자는 형벌을 면하지 못할 자니라(잠 17:5).

악인을 의롭다 하고 의인을 악하다 하는 이 두 사람은 다 여호와께 미움을 받느니라(잠 17:15).

미련한 자라도 잠잠하면 지혜로운 자로 여겨진다(잠 17:28).

사연을 듣기 전에 대답하는 자는 미련하여 욕을 당하느니라(잠 18:13).

사람은 입에서 나오는 열매로 말미암아 배부르게 된다(잠 18:20).

가난한 자를 불쌍히 여기는 것은 여호와께 꾸어 드리는 것이니 그의 선행을 그에게 갚아 주시리라(잠 19:17).

처음에 속히 잡은 산업은 마침내 복이 되지 아니하느니라(잠 20:21).

공의와 정의를 행하는 것은 제사 드리는 것보다 여호와께서 기뻐하신다(잠 21:3).

속이는 말로 재물을 모으는 것은 죽음을 구하는 것이다(잠 21:6).

귀를 막고 가난한 자가 부르짖는 소리를 듣지 아니하면 자기가 부르짖을 때에도 들을 자가 없으리라(잠 21:13).

악인은 의인의 속전[35]이 되고 사악한 자는 정직한 자의 대신(몸값).이

35) 속전은 ransom, 대속물, 몸값이라는 뜻

되느니라(잠 21:18).

입과 혀를 지키는 자는 자기의 영혼을 환난에서 보전하느니라(잠 21:23).

겸손과 여호와를 경외함의 보상은 재물과 영광과 생명이니라(잠 22:4).

마땅히 행할 길을 아이에게 가르치라 그리하면 늙어도 그것을 떠나지 아니하리라(잠 22:6).

여호와를 두렵고 떨리는 마음으로 공경하려면 하나님이 어떠한 분이신지를 먼저 알아야 한다. 그러기 위해서는 성경을 여러 번 읽어 보아야 하는 것이다.

노(분노)를 품은 자와 사귀지 말라(잠 22:24).

울분한 자와 동행하지 말지니(잠 22:24).

너는 사람과 더불어 손을 잡지 말며(동업하려는 사람에게는 한 번 더 숙고하는 것이 좋을 것이며 주식회사 형태가 바람직할 것). 남의 빚에 보증을 서지 말라(잠 22:26).

술을 즐겨 하는 자들과 고기를 탐하는 자들과도 더불어 사귀지 말라(잠 23:20).

미련한 자 편에 기별하지 말라(잠 26:6).

자기와 상관 없는 다툼을 간섭하는 자는 개의 귀를 잡는 자와 같으니라(잠 26:17).

온유한 입술에 악한 마음은 낮은 은을 입힌 토기니라(잠 26:23).

사람이 귀를 돌려 율법을 듣지 아니하면 그의 기도도 가증하니라(잠 28:9).

이웃에게 아첨하는 것은 그의 발 앞에 그물을 치는 것이니라(잠

29:5).

어리석은 자는 자기의 노(분노).를 다 드러내어도 지혜로운 자는 그것을 억제하느니라(잠 29:11).

사람을 두려워하면 올무에 걸리게 된다(잠 29:25).

전도서 (BC 970년 경 솔로몬의 저작).

천하만사가 다 때가 있다(전 3:1).

인생들의 혼은 위로 올라가고 짐승의 혼은 땅으로 내려간다(전 3:21).

사람이 자기 일을 즐거워하는 것보다 더 나은 것이 없다(전 3:22).

풍요를 사랑하는 자는 소득으로 만족하지 아니한다(전 5:10).

초상집에 가는 것이 잔칫집에 가는 것보다 낫다(전 7:2).

탐욕이 지혜자를 우매하게 한다(전 7:7).

뇌물이 사람의 명철을 망하게 하느니라(전 7:7).

네 떡을 물 위에 던져라. 여러 날 후에 도로 찾으리라. 일곱에게나 여덟에게 나누어 줄지어다. 무슨 재앙이 임할지 너는 알지 못한다(우리 인생은 내일 일을 모른다. 투자를 할 때도 한 곳에 집중 투자를 하기보다는 여러 부문에 나누어 투자하는 것이 바람직하다). (전 11:1–2).

풍세를 살펴보는 자는 파종하지 못하고 구름만 바라보는 자는 거두지 못한다(전 11:4).

너는 청년의 때에 너의 창조주를 기억하라(전 12:1).

결론적으로 말해서 "하나님을 경외하고 그의 명령들을 지킬지어다 이것이 모든 사람의 본분이니라 하나님은 모든 행위와 모든 은밀한 일을 선악 간에 심판하시리라"고 말씀하고 있다(전 12:13-14).

아가서 (BC 970년경 솔로몬의 저작)

우리 피조물과 하나님과 예수님과의 관계에서 친밀감을 느껴야 바람직한 관계가 되는 것이다. 사랑은 죽음같이 강하다. 모세와 같이 친구 같은 관계에서 더 나아가 신랑 신부의 관계에까지 나아가야 한다.

나의 사랑, 내 어여쁜 자야 일어나서 함께 가자 겨울도 지나고 비도 그쳤고 지면에는 꽃이 피고 새가 노래할 때가 이르렀는데…(아 2:10-12)

이사야서 (BC 740-700년 경 이사야 선지자의 저작)

이사야는 2023년 현재 기준으로 2,720(BC 740-700)여 년 전 탁월한 대선지자였다.

하나님의 말씀을 대언한 내용에서 예수님의 초림에 대한 예언 계시가 많이 있고, 마지막 때의 환난의 모습과 궁극적으로 진실한 크리스천 성도들이 천 년 왕국을 거쳐 들어가게 될 새 하늘과 새 땅의 모습들이 예언 계시되어 있다. 예수님은 고난받는 하나님의 종으로서(전능하신 하나님이시며) 이 땅에 육신으로 처녀의 몸에 잉태되어 오시며, 예수님께서 이 땅에 오시는 의미는 우리들의 죄 사함을 위해 몸 찢고 피 흘려 하나님이 원하시는 뜻을 다 이루시는 것이라는 계시를 받았다(예수님은 십자가에서 "다 이루었다" 하시면서 숨이 끊어짐).

이사야서 가운데에서 7:14, 8:14-15, 9:1-2, 9:6, 11:1-2, 11:10, 16:5, 28:16, 42:1-7, 53장의 예수님에 대한 말씀은, 예언의 말씀을 받은 후 칠백여 년 후 이 땅에 초림으로 성취된다. 45장에서는 이스라엘 백성들이 바벨론에 포로로 잡혀가기 전에 포로로 잡혀간 이후의 유다 백성을 해방시키게 될 페르시아 초대 왕 사이러스가 유다 백성을 해방시키게 되는 모습이 나타나 있는 계시를 받은 내용이 들어 있다(사 45:1, 13).

내가(하나님은) 시초부터 종말을 알리며 아직 이루지 아니한 일을 옛적부터 보이고 이르기를 나의 뜻이 설 것이니 내가 나의 모든 기뻐하는 것을 이루리라 하였노라(사 46:10)

이방의 빛 된 이스라엘에 대하여는 "너를 이방의 빛으로 삼아 나의 구원을 베풀어서 땅 끝까지 이르게 하리라"(사 49:6)고 하였다.

2023년 현재는 예수님이 오신 후 거의 복음이 땅끝까지 전파되어 가고 있는 시점이다.

이사야서에서는 예수님께서 이 땅에 초림으로 오시는 모습이 집중적으로 계시되어 있다. 많은 부분에서 7년 대 환난기 때의 모습이 나타나 있고 천 년 왕국과 새 하늘과 새 땅의 모습이 계시되어 있다.

처녀의 몸에서 태어나시는 모습(사 7:14)

보라 처녀가 잉태하여 아들을 낳을 것이요 그의 이름을 임마누엘이라 하리라(사 7:14)

임마누엘의 뜻은 하나님이 우리와 함께 계신다는 뜻이다.

그가 성소가 되시리라 그러나 이스라엘의 두 집에는 걸림돌과 걸려 넘어지는 반석이 되실 것이며 예루살렘 주민에게는 함정과 올무가 되시리니 많은 사람들이 그로 말미암아 걸려 넘어질 것이며 부러질 것이며 덫에 걸려 잡힐 것이니라(사 8:14-15)

옛적에는 여호와께서 스불론 땅과 납달리 땅이 멸시를 당하게 하셨더니 후에는 해변 길과 요단 저쪽 이방의 갈릴리를 영화롭게 하셨느니라 흑암에 행하던 백성이 큰 빛을 보고 사망의 그늘진 땅에 거주하던 자에게 빛이 비치도다(사 9:1-2)

한 아기가 우리에게 났고 한 아들을 우리에게 주신 바 되었는데 그의 어깨에는 정사를 메었고 그의 이름은 기묘자라, 모사라, 전능하신 하나님이라, 영존하시는 아버지라, 평강의 왕이라 할 것임이라 그 정사와 평강의 더함이 무궁하며 또 다윗의 왕좌와 그의 나라에 군림하여 그 나라를 굳게 세우고 지금 이후로 영원히 정의와 공의로 그것을 보존하실 것이라 만군의 여호와의 열심이 이를 이루시리라(사 9:6-7)

NIV 영어성경에 말씀이 육신을 입고 오시는 예수님을 "A child is born"이라는 현재형으로 표현하고 있고, "To us a son is given"이라는 표현을 통해 아들을 주셨다고 성별을 나타내고 있다. 그리고 예수님을 Wonderful Counselor(훌륭한 조언자), Mighty God(전능하신 하나님)이라고 하고 있다.

이새의 줄기에서 한 싹이 나며 그 뿌리에서 한 가지가 나서 결실할 것이요 그의 위에 여호와의 영 곧 지혜와 총명의 영이요 모략과 재능의 영이요 지식과 여호와를 경외하는 영이 강림하시리니 그가 여호와를 경외함으로 즐거움을 삼을 것이며 그의 눈에 보이는 대로 심판하지 아니하며 그의 귀에 들리는 대로 판단하지 아니하며 공의로 가난한 자를 심판하며 정직으로 세상의 겸손한 자를 판단할 것이며 그의 입의 막대기로 세상을 치며 그의 입술의 기운으로 악인을 죽일 것이며 공의로 그의 허리띠를 삼으며 성실로 그의 몸의 띠를 삼으리라(사 11:1-5)

사 11:1-5에는 예수님의 초림 때의 모습과 마지막 때 재림 때의 심판의 모습이 함께 나타난다.

주 여호와께서 이같이 이르시되 보라 내가 한 돌을 시온에 두어 기초를 삼았노니 곧 시험한 돌이요 귀하고 견고한 기촛돌이라 그것을 믿는 이는 다급하게 되지 아니하리로다(사 28:16)

다급하게 되지 않는다는 뜻은 부끄러움을 당하게 되지 않는다는 뜻이다. 이렇게 해석을 하는 것은 사도 베드로가 이 이사야서의 말씀을 가지고 인용한 베드로전서 2장 6절의 말씀을 따른 것이다.

다윗의 장막에 인자함으로 왕위가 굳게 설 것이요 그 위에 앉을 자는 충실함으로 판결하며 정의를 구하며 공의를 신속히 행하리라(사 16:5)

내가 붙드는 나의 종, 내 마음에 기뻐하는 자 곧 내가 택한 사람을 보라 내가 나의 영을 그에게 주었은즉 그가 이방에 정의를 베풀리라 그는 외치지 아니하며 목소리를 높이지 아니하며 그 소리를 거리에 들리게 하지 아니하며 상한 갈대를 꺾지 아니하며 꺼져 가는 등불을 끄지 아니하고 진실로 정의를 시행할 것이며…나 여호와가 의로 너를 불렀은즉 내가 네 손을 잡아 너를 보호하며 너를 세워 백성의 언약과 이방의 빛이 되게 하리니 네가 눈먼 자들의 눈을 밝히며 갇힌 자를 감옥에서 이

끌어 내며 흑암에 앉은 자를 감방에서 나오게 하리라(사 42:1-3, 6-7)

우리가 전한 것을 누가 믿었느냐 여호와의 팔이 누구에게 나타났느냐 그는 주 앞에서 자라나기를 연한 순 같고 마른 땅에서 나온 뿌리 같아서 고운 모양도 없고 풍채도 없은즉 우리가 보기에 흠모할 만한 아름다운 것이 없도다 그는 멸시를 받아 사람들에게 버림 받았으며 간고를 많이 겪었으며 질고를 아는 자라 마치 사람들이 그에게서 얼굴을 가리는 것 같이 멸시를 당하였고 우리도 그를 귀히 여기지 아니하였도다 그는 실로 우리의 질고를 지고 우리의 슬픔을 당하였거늘 우리는 생각하기를 그는 징벌을 받아 하나님께 맞으며 고난을 당한다 하였노라 그가 찔림은 우리의 허물 때문이요 그가 상함은 우리의 죄악 때문이라 그가 징계를 받으므로 우리는 평화를 누리고 그가 채찍에 맞으므로 우리는 나음을 받았도다 우리는 다 양 같아서 그릇 행하여 각기 제 길로 갔거늘 여호와께서는 우리 모두의 죄악을 그에게 담당시키셨도다 그가 곤욕을 당하여 괴로울 때에도 그의 입을 열지 아니하였음이여 마치 도수장으로 끌려 가는 어린 양과 털 깎는 자 앞에서 잠잠한 양 같이 그의 입을 열지 아니하였도다

그는 곤욕과 심문을 당하고 끌려 갔으나 그 세대 중에 누가 생각하기를 그가 살아 있는 자들의 땅에서 끊어짐은 마땅히 형벌 받을 내 백성의 허물 때문이라 하였으리요 그는 강포를 행하지 아니하였고 그의 입에 거짓이 없었으나 그의 무덤이 악인들과 함께 있었으며 그가 죽은 후에 부자와 함께 있었도다

여호와께서 그에게 상함을 받게 하시기를 원하사 질고를 당하게 하셨은즉 그의 영혼을 속건제물로 드리기에 이르면 그가 씨를 보게 되며 그의 날은 길 것이요 또 그의 손으로 여호와께서 기뻐하시는 뜻을 성취하리로다 그가 자기 영혼의 수고한 것을 보고 만족하게 여길 것이라 나

의 의로운 종이 자기 지식으로 많은 사람을 의롭게 하며 또 그들의 죄악을 친히 담당하리로다 그러므로 내가 그에게 존귀한 자와 함께 몫을 받게 하며 강한 자와 함께 탈취한 것을 나누게 하리니 이는 그가 자기 영혼을 버려 사망에 이르게 하며 범죄자 중 하나로 헤아림을 받았음이니라 그러나 그가 많은 사람의 죄를 담당하며 범죄자를 위하여 기도하였느니라(사 53:1-12)

여호와께서 말씀하시되 너희의 무수한 제물이 내게 무엇이 유익하뇨 나는 숫양의 번제와 살찐 짐승의 기름에 배불렀고 나는 수송아지나 어린 양이나 숫염소의 피를 기뻐하지 아니하노라 너희가 내 앞에 보이러 오니 이것을 누가 너희에게 요구하였느냐 내 마당만 밟을 뿐이니라 헛된 제물을 다시 가져오지 말라 분향은 내가 가증히 여기는 바요 월삭과 안식일과 대회로 모이는 것도 그러하니 성회와 아울러 악을 행하는 것을 내가 견디지 못하겠노라(사 1:11-13)

너희는 스스로 씻으며 스스로 깨끗하게 하여 내 목전에서 너희 악한 행실을 버리며 행악을 그치고 선행을 배우며 정의를 구하며 학대 받는 자를 도와 주며 고아를 위하여 신원하며 과부를 위하여 변호하라 하셨느니라 여호와께서 말씀하시되 오라 우리가 서로 변론하자 너희의 죄가 주홍 같을지라도 눈과 같이 희어질 것이요 진홍 같이 붉을지라도 양털 같이 희게 되리라 너희가 즐겨 순종하면 땅의 아름다운 소산을 먹을 것이요 너희가 거절하여 배반하면 칼에 삼켜지리라 여호와의 입의 말씀이니라(사 1:16-20)

죄로 가득 찬 성읍

신실하던 성읍이 어찌하여 창기가 되었는고…네 은은 찌꺼기가 되었고 네 포도주에는 물이 섞였도다(사 1:21-22)

너희는 인생을 의지하지 말라(사 2:22)

너희는 의인에게 복이 있으리라 말하라 그들은 그들의 행위의 열매를 먹을 것임이요 악인에게는 화가 있으리니 이는 그의 손으로 행한 대로 그가 보응을 받을 것임이니라(사 3:10-11)

내가 또 주의 목소리를 들으니 주께서 이르시되 내가 누구를 보내며 누가 우리를 위하여 갈꼬 하시니 그 때에 내가 이르되 내가 여기 있나이다 나를 보내소서 하였더니 여호와께서 이르시되 가서 이 백성에게 이르기를 너희가 듣기는 들어도 깨닫지 못할 것이요 보기는 보아도 알지 못하리라 하여 이 백성의 마음을 둔하게 하며 그들의 귀가 막히고 그들의 눈이 감기게 하라 염려하건대 그들이 눈으로 보고 귀로 듣고 마음으로 깨닫고 다시 돌아와 고침을 받을까 하노라 하시기로 내가 이르되 주여 어느 때까지니이까 하였더니 주께서 대답하시되 성읍들은 황폐하여 주민이 없으며 가옥들에는 사람이 없고 이 토지는 황폐하게 되며 여호와께서 사람들을 멀리 옮기셔서 이 땅 가운데에 황폐한 곳이 많을 때까지니라 그 중에 십분의 일이 아직 남아 있을지라도 이것도 황폐하게 될 것이나 밤나무와 상수리나무가 베임을 당하여도 그 그루터기는 남아 있는 것 같이 거룩한 씨가 이 땅의 그루터기니라 하시더라(사 6:8-13)

보라 하나님은 나의 구원이시라 내가 신뢰하고 두려움이 없으리니 주 여호와는 나의 힘이시며 나의 노래시며 나의 구원이심이라 그러므로 너희가 기쁨으로 구원의 우물들에서 물을 길으리로다(사 12:2-3)

너 아침의 아들 계명성이여 어찌 그리 하늘에서 떨어졌으며 너 열국을 엎은 자여 어찌 그리 땅에 찍혔는고 네가 네 마음에 이르기를 내가 하늘에 올라 하나님의 뭇 별 위에 내 자리를 높이리라 내가 북극 집회의 산 위에 앉으리라 가장 높은 구름에 올라가 지극히 높은 이와 같아지리라 하는도다 그러나 이제 네가 스올 곧 구덩이 맨 밑에 떨어짐을 당하리로다(사 14:12-15)

대저 여호와께서 깊이 잠들게 하는 영을 너희에게 부어 주사 너희의 눈을 감기셨음이니 그가 선지자들과 너희의 지도자인 선견자들을 덮으셨음이라 그러므로 모든 계시가 너희에게는 봉한 책의 말처럼 되었으니 …주께서 이르시되 이 백성이 입으로는 나를 가까이 하며 입술로는 나를 공경하나 그들의 마음은 내게서 멀리 떠났나니 그들이 나를 경외함은 사람의 계명으로 가르침을 받았을 뿐이라 그러므로 내가 이 백성 중에 기이한 일 곧 기이하고 가장 기이한 일을 다시 행하리니 그들 중에서 지혜자의 지혜가 없어지고 명철자의 총명이 가려지리라(사 29:10-14)

여호와께서 이르시되 패역한 자식들은 화 있을진저 그들이 계교를 베푸나 나로 말미암지 아니하며 맹약을 맺으나 나의 영으로 말미암지 아니하고 죄에 죄를 더하도다 그들이…애굽의 그늘에 피하려 하여 애굽으로 내려갔으되 나의 입에 묻지 아니하였도다(사 30:1-2)

오직 공의롭게 행하는 자, 정직히 말하는 자, 토색한 재물을 가증히 여기는 자, 손을 흔들어 뇌물을 받지 아니하는 자, 귀를 막아 피 흘리려는 뇌물을 듣지 아니하는 자, 눈을 감아 악을 보지 아니하는 자, 그는 높은 곳에 거하리니 견고한 바위가 그의 요새가 되며 그의 양식은 공급되고 그의 물은 끊어지지 아니하리라(사 33:15-16)

하늘의 만상이 사라지고 하늘들이 두루마리 같이 말리되 그 만상의 쇠잔함이 포도나무 잎이 마름 같고 무화과나무 잎이 마름 같으리라(사 34:4)

마지막 때의 모습이 나타나 있다.

너희는 여호와의 책에서 찾아 읽어보라 이것들 가운데서 빠진 것이 하나도 없고 제 짝이 없는 것이 없으리니 이는 여호와의 입이 이를 명령하셨고 그의 영이 이것들을 모으셨음이라(사 34:16)

너희는 약한 손을 강하게 하며 떨리는 무릎을 굳게 하며 겁내는 자들에게 이르기를 굳세어라, 두려워하지 말라, 보라 너희 하나님이 오사 보복하시며 갚아주실 것이라 하나님이 오사 너희를 구하시리라 하라 그 때에 맹인의 눈이 밝을 것이며 못 듣는 사람의 귀가 열릴 것이며 그 때에 저는 자는 사슴 같이 뛸 것이며 말 못하는 자의 혀는 노래하리니 이는 광야에서 물이 솟겠고 사막에서 시내가 흐를 것임이라 뜨거운 사막이 변하여 못이 될 것이며 메마른 땅이 변하여 원천이 될 것이며 승냥이의 눕던 곳에 풀과 갈대와 부들이 날 것이며 거기에 대로가 있어 그 길을 거룩한 길이라 일컫는 바 되리니 깨끗하지 못한 자는 지나가지 못하겠고 오직 구속함을 입은 자들을 위하여 있게 될 것이라 우매한 행인은 그 길로 다니지 못할 것이며 거기에는 사자가 없고…오직 구속함을 받은 자만 그리로 행할 것이며 여호와의 속량함을 받은 자들이 돌

아오되…영영한 희락을 띠고 기쁨과 즐거움을 얻으리니 슬픔과 탄식이 사라지리로다(사 35:3-10)

마지막 때 심판 이후에 도래하는 새하늘과 새 땅에 대한 말씀이다.

네가 어찌하여 듣지 못하였느냐 이 일들은 내가 태초부터 행한 바요 상고부터[36] 정한 바로서 이제 내가 이루어 네가 견고한 성읍들을 헐어 돌무더기가 되게 하였노라(사 37:26)

네가 나를 거슬러 분노함과 네 오만함이 내 귀에 들렸으므로 내가 갈고리로 네 코를 꿰며 재갈을 네 입에 물려 너를 오던 길로 돌아가게 하리라 하셨나이다(사 37:29)

모든 육체는 풀이요 그의 모든 아름다움은 들의 꽃과 같으니 풀은 마르고 꽃이 시듦은 여호와의 기운이 그 위에 붊이라 이 백성은 실로 풀이로다 풀은 마르고 꽃은 시드나 우리 하나님의 말씀은 영원히 서리라 하라(사 40:6-8)

오직 여호와를 앙망하는 자는 새 힘을 얻으리니 독수리가 날개치며 올라감 같을 것이요 달음박질하여도 곤비하지 아니하겠고 걸어가도 피곤하지 아니하리로다(사 40:31)

두려워하지 말라 내가 너와 함께 함이라 놀라지 말라 나는 네 하나님이 됨이라 내가 너를 굳세게 하리라 참으로 너를 도와주리라 참으로

36) 오랜 옛날부터 정하였다는 뜻

나의 의로운 오른손으로 너를 붙들리라…버러지 같은 너 야곱아, 너희 이스라엘 사람들아 두려워하지 말라 나 여호와가 말하노니 내가 너를 도울 것이라 네 구속자는 이스라엘의 거룩한 이이니라 보라 내가 너를 이가 날카로운 새 타작기로 삼으리니 네가 산들을 쳐서 부스러기를 만들 것이며 작은 산들을 겨 같이 만들 것이라 네가 그들을 까부른즉 바람이 그들을 날리겠고 회오리바람이 그들을 흩어 버릴 것이로되 너는 여호와로 말미암아 즐거워하겠고 이스라엘의 거룩한 이로 말미암아 자랑하리라(사 41:10, 14-16)

야곱아 너를 창조하신 여호와께서 지금 말씀하시느니라 이스라엘아 너를 지으신 이가 말씀하시느니라 너는 두려워하지 말라 내가 너를 구속하였고 내가 너를 지명하여 불렀나니 너는 내 것이라(사 43:1)

너희는 이전 일을 기억하지 말며 옛날 일을 생각하지 말라…이 백성은 내가 나를 위하여 지었나니 나를 찬송하게 하려 함이니라(사 43:18, 21)

너는…네 죄짐으로 나를 수고롭게 하며 네 죄악으로 나를 괴롭게 하였느니라 나 곧 나는 나를 위하여 네 허물을 도말하는 자니 네 죄를 기억하지 아니하리라(사 43:24-25)

나의 종 야곱, 내가 택한 이스라엘아 이제 들으라 너를 만들고 너를 모태에서부터 지어 낸 너를 도와 줄 여호와가 이같이 말하노라 나의 종 야곱, 내가 택한 여수룬아[37] 두려워하지 말라 나는 목마른 자에게 물을 주며 마른 땅에 시내가 흐르게 하며 나의 영을 네 자손에게, 나의 복을

37) 의로운 자라는 이스라엘의 애칭

네 후손에게 부어 주리니…나는 처음이요 나는 마지막이라 나 외에 다른 신이 없느니라(사 44:1-3, 6)

여호와께서 그의 기름 부음을 받은 고레스에게[38] 이같이 말씀하시되 내가 그의 오른손을 붙들고 그 앞에 열국을 항복하게 하며 내가 왕들의 허리를 풀어 그 앞에 문들을 열고 성문들이 닫히지 못하게 하리라(사 45:1)

내가 공의로 그를 일으킨지라 그의 모든 길을 곧게 하리니 그가 나의 성읍을 건축할 것이며 사로잡힌 내 백성을 값이나 갚음이 없이 놓으리라 만군의 여호와의 말이니라 하셨느니라(사 45:13)

이 이사야 45장 1절, 45장 13절의 말씀은 이사야가 예언 계시를 받은 후 160-170년 후쯤 되어서 이스라엘 백성들이 하나님 말씀에 불순종함으로써 바벨론에 포로로 끌려가서 70년 포로생활을 하던 중 70년이 차서 페르시아의 초대 왕 사이러스가 BC 539년 바벨론을 멸망시킴으로써 역사를 통해 성취되었다.

페르시아는 그 이전에 엘람이라고 성경에 기록된 셈족의 후손으로서 이스라엘 백성들의 은인이었는데 그 후손들인 2023년 현재의 이란은 이스라엘과 미국을 비롯한 서방세력 특히 이스라엘에 대하여 끝없이 위협을 가하고 있다.

---

38) 70년 동안 바벨론에서 포로생활을 하던 이스라엘 백성들을 해방시킨 페르시아의 초대 왕 사이러스(키루스)

나는 빛도 짓고 어둠도 창조하며 나는 평안도 짓고 환난도 창조하나니 나는 여호와라 이 모든 일들을 행하는 자니라 하였노라 하늘이여 위로부터 공의를 뿌리며 구름이여 의를 부을지어다 땅이여 열려서 구원을 싹트게 하고 공의도 함께 움돋게 할지어다 나 여호와가 이 일을 창조하였느니라(사 45:7-8)

나 외에 다른 신이 없나니 나는 공의를 행하며 구원을 베푸는 하나님이라 나 외에 다른 이가 없느니라 땅의 모든 끝이여 내게로 돌이켜 구원을 받으라 나는 하나님이라 다른 이가 없느니라(사 45:21-22)

내가 시초부터 종말을 알리며 아직 이루지 아니한 일을 옛적부터 보이고 이르기를 나의 뜻이 설 것이니 내가 나의 모든 기뻐하는 것을 이루리라 하였노라(사 46:10)

나는 과부로 지내지도 아니하며 자녀를 잃어버리는 일도 모르리라 하는 자여 너는 이제 들을지어다 한 날에 갑자기 자녀를 잃으며 과부가 되는 이 두 가지 일이 네게 임할 것이라 네가 무수한 주술과 많은 주문을 빌릴지라도 이 일이 온전히 네게 임하리라(사 47:8-9)

그러므로 내가 이 일을 예로부터 네게 알게 하였고 일이 이루어지기 전에 그것을 네게 듣게 하였느니라 그것을 네가 듣게 하여 네가 이것을 내 신이 행한 바요 내가 새긴 신상과 부어 만든 신상이 명령한 바라 말하지 못하게 하였느니라 네가 들었으니 이 모든 것을 보라 너희가 선전하지 아니하겠느냐 이제부터 내가 새 일 곧 네가 알지 못하던 은비한 일을 네게 듣게 하노니 이 일들은 지금 창조된 것이요 옛 것이 아니라 오늘 이전에는 네가 듣지 못하였으니 이는 네가 말하기를 내가 이미 알

았노라 하지 못하게 하려 함이라(사 48:5-7)

"선전하지 아니하겠느냐"는 '인정하지 아니하겠느냐'라는 뜻이다 (영어성경 NIV 번역에 따른 것임).

내 이름을 위하여 내가 노하기를 더디 할 것이며 내 영광을 위하여 내가 참고 너를 멸절하지 아니하리라(사 48:9)

네가 나의 명령에 주의하였더라면 네 평강이 강과 같았겠고 네 공의가 바다 물결 같았을 것이며 네 자손이 모래 같았겠고…(사 48:18-19)

이방의 빛 된 이스라엘에 대하여

너를 이방의 빛으로 삼아 나의 구원을 베풀어서 땅 끝까지 이르게 하리라(사 49:6)

예루살렘의 회복에 대하여

여인이 어찌 그 젖 먹는 자식을 잊겠으며 자기 태에서 난 아들을 긍휼히 여기지 않겠느냐 그들은 혹시 잊을지라도 나는 너를 잊지 아니할 것이라(사 49:15)

너희는 너희의 죄악으로 말미암아 팔렸고 너희의 어미는 너희의 배역함으로 말미암아 내보냄을 받았느니라(사 50:1)

너희는 여호와를 만날 만한 때에 찾으라 가까이 계실 때에 그를 부르라 악인은 그의 길을, 불의한 자는 그의 생각을 버리고 여호와께로 돌아오라 그리하면 그가 긍휼히 여기시리라 우리 하나님께로 돌아오라 그가 너그럽게 용서하시리라 이는 내 생각이 너희의 생각과 다르며 내 길은 너희의 길과 다름이니라 여호와의 말씀이니라 이는 하늘이 땅보다 높음 같이 내 길은 너희의 길보다 높으며 내 생각은 너희의 생각보다 높음이니라 이는 비와 눈이 하늘로부터 내려서 그리로 되돌아가지 아니하고 땅을 적셔서 소출이 나게 하며 싹이 나게 하여 파종하는 자에게는 종자를 주며 먹는 자에게는 양식을 줌과 같이 내 입에서 나가는 말도 이와 같이 헛되이 내게로 되돌아오지 아니하고 나의 기뻐하는 뜻을 이루며 내가 보낸 일에 형통함이니라(사 55:6-11)

또 여호와와 연합하여 그를 섬기며 여호와의 이름을 사랑하며 그의 종이 되며 안식일을 지켜 더럽히지 아니하며 나의 언약을 굳게 지키는 이방인마다 내가 곧 그들을 나의 성산으로 인도하여 기도하는 내 집에서 그들을 기쁘게 할 것이며 그들의 번제와 희생을 나의 제단에서 기꺼이 받게 되리니 이는 내 집은 만민이 기도하는 집이라 일컬음이 될 것임이라(사 56:6-7)

내가 높고 거룩한 곳에 있으며 또한 통회하고 마음이 겸손한 자와 함께 있나니 이는 겸손한 자의 영을 소생시키며 통회하는 자의 마음을 소생시키려 함이라(사 57:15)

입술의 열매를 창조하는 자 여호와가 말하노라(사 57:19)

보라 너희가 금식하면서 논쟁하며 다투며 악한 주먹으로 치는도다 …내가 기뻐하는 금식은 흉악의 결박을 풀어 주며 멍에의 줄을 끌러 주며 압제 당하는 자를 자유하게 하며 모든 멍에를 꺾는 것이 아니겠느냐 또 주린 자에게 네 양식을 나누어 주며 유리하는 빈민을 집에 들이며 헐벗은 자를 보면 입히며 또 네 골육을 피하여 스스로 숨지 아니하는 것이 아니겠느냐 그리하면 네 빛이 새벽 같이 비칠 것이며 네 치유가 급속할 것이며 네 공의가 네 앞에 행하고 여호와의 영광이 네 뒤에 호위하리니 네가 부를 때에는 나 여호와가 응답하겠고 네가 부르짖을 때에는 내가 여기 있다 하리라 만일 네가 너희 중에서 멍에와 손가락질과 허망한 말을 제하여 버리고 주린 자에게 네 심정이 동하며 괴로워하는 자의 심정을 만족하게 하면 네 빛이 흑암 중에서 떠올라 네 어둠이 낮과 같이 될 것이며 여호와가 너를 항상 인도하여 메마른 곳에서도 네 영혼을 만족하게 하며 네 뼈를 견고하게 하리니 너는 물 댄 동산 같겠고 물이 끊어지지 아니하는 샘 같을 것이라(사 58:4, 6-11)

오직 너희 죄악이 너희와 너희 하나님 사이를 갈라 놓았고 너희 죄가 그의 얼굴을 가리어서 너희에게서 듣지 않으시게 함이니라 이는 너희 손이 피에, 너희 손가락이 죄악에 더러워졌으며 너희 입술은 거짓을 말하며 너희 혀는 악독을 냄이라(사 59:2-3)

여호와께서 이르시되 내가 그들과 세운 나의 언약이 이러하니 곧 네 위에 있는 나의 영과 네 입에 둔 나의 말이 이제부터 영원하도록 네 입에서와 네 후손의 입에서와 네 후손의 후손의 입에서 떠나지 아니하리라 하시니라 여호와의 말씀이니라(사 59:21)

주 여호와의 영이 내게 내리셨으니 이는 여호와께서 내게 기름을 부으사 가난한 자에게 아름다운 소식을 전하게 하려 하심이라 나를 보내사 마음이 상한 자를 고치며 포로된 자에게 자유를, 갇힌 자에게 놓임을 선포하며…무릇 시온에서 슬퍼하는 자에게 화관을 주어 그 재를 대신하며 기쁨의 기름으로 그 슬픔을 대신하며 찬송의 옷으로 그 근심을 대신하시고 그들이 의의 나무 곧 여호와께서 심으신 그 영광을 나타낼 자라 일컬음을 받게 하려 하심이라(사 61:1-3)

그러나 여호와여, 이제 주는 우리 아버지시니이다 우리는 진흙이요 주는 토기장이시니 우리는 다 주의 손으로 지으신 것이니이다(사 64:8)

오직 나 여호와를 버리며 나의 성산을 잊고 갓에게[39] 상을 베풀며 므니에게[40] 섞은 술을 가득히 붓는 너희여 내가 너희를 칼에 붙일 것인즉 다 구푸리고 죽임을 당하리니 이는 내가 불러도 너희가 대답하지 아니하며 내가 말하여도 듣지 아니하고 나의 눈에 악을 행하였으며 내가 즐겨하지 아니하는 일을 택하였음이니라(사 65:11-12)

소를 잡아 드리는 것은 살인함과 다름이 없이 하고 어린 양으로 제사드리는 것은 개의 목을 꺾음과 다름이 없이 하며 드리는 예물은 돼지의 피와 다름이 없이 하고 분향하는 것은 우상을 찬송함과 다름이 없이 행하는 그들은 자기의 길을 택하며 그들의 마음은 가증한 것을 기뻐한즉 나 또한 유혹을 그들에게 택하여 주며 그들이 무서워하는 것을 그들에게 임하게 하리니 이는 내가 불러도 대답하는 자가 없으며 내가 말하여도 그들이 듣지 않고 오직 나의 목전에서 악을 행하며 내가 기뻐하지 아니하는 것을 택하였음이라 하시니라(사 66:3-4)

---

39) 길흉을 주관하는 이방신(Fortune)
40) 운명을 주관하는 신(Destiny)

예수님의 재림 후의 모습

보라 내가 새 하늘과 새 땅을 창조하나니…새 하늘과 새 땅 창조에 대하여 이사야 65장 17-25절에 언급하고 있으며 마지막 때의 심판 이후에 도래하는 천 년 왕국의 모습이 나타나 있다.

예레미야서 (BC 600년 경 선지자 예레미야의 저작, 예레미야는 BC 620-590년 남 유다 왕국에서 활동)

하나님께서는 예레미야에게 이스라엘 백성들의 패역과 완악함 그리고 목이 뻣뻣하고 목이 곧고 하나님의 경고 말씀도 듣지 않아 심판이 임박했음을, 이스라엘 백성들을 향해 끊임없이 경고하도록 하신다. 그리고 그로 인하여 핍박받는 선지자 예레미야는 그럼에도 불구하고 끝내 소명을 감당했던 눈물의 선지자였다.

하나님은 토기장이요 이스라엘 백성들은 진흙과 같다. 우리 역시 진흙과 같다. 토기장이 되신 하나님이 어떻게 만들어 가실지 알지 못한다. 만들다가 마음에 드시지 않으면 깨어버릴 수도 있다.

예수님에 대한 계시 예언

여호와의 말씀이니라 보라 때가 이르리니 내가 다윗에게 한 의로운 가지를 일으킬 것이라 그가 왕이 되어 지혜롭게 다스리며 세상에서 정의와 공의를 행할 것이며 그의 날에 유다는 구원을 받겠고 이스라엘은 평안히 살 것이며 그의 이름은 여호와 우리의 공의라 일컬음을 받으리라(렘 23:5-6)

그 날 그 때에 내가 다윗에게서 한 공의로운 가지가 나게 하리니 그

가 이 땅에 정의와 공의를 실행할 것이라(렘 33:15)

예레미야는 BC 610년 경 미래에 오실 예수님의 이름을 여호와 즉 하나님으로 예언 계시를 받았다.

예레미야에게 말씀 곧 음성과 눈으로 볼 수 있게 TV 화면에서 보는 것과 같이 보이심으로 하나님의 뜻을 이스라엘 백성들에게 경고하게 하셨다(렘 1:11-14).

예레미야는 하나님의 종 된 힘든 사역을 감당하면서도 거짓 선지자들과 꾸준히 싸웠다. 거짓 선지자들은 왕의 심기를 생각해서(자기 마음대로 하나님의 뜻과는 상관없이 왕에게 아첨하면서) 바벨론으로 끌려가지 않을 것으로 예언했기 때문에 그야말로 죽을힘을 다하여 왕의 미움을 사면서도 거짓 선지자와 싸우며 하나님의 경고의 메시지를 전했다.

내가 너를 모태에 짓기 전에 너를 알았고 네가 배에서 나오기 전에 너를 성별하였고 너를 여러 나라의 선지자로 세웠노라…내가 너를 누구에게 보내든지 너는 가며 내가 네게 무엇을 명령하든지 너는 말할지니라 너는 그들 때문에 두려워하지 말라 내가 너와 함께 하여 너를 구원하리라 나 여호와의 말이니라 하시고 여호와께서 그의 손을 내밀어 내 입에 대시며 여호와께서 내게 이르시되 보라 내가 내 말을 네 입에 두었노라 보라 내가 오늘 너를 여러 나라와 여러 왕국 위에 세워 네가 그것들을 뽑고 파괴하며 파멸하고 넘어뜨리며 건설하고 심게 하였느니라 하시니라(렘 1:5, 7–10)

여호와의 말씀이 또 내게 임하니라 이르시되 예레미야야 네가 무엇을 보느냐 하시매 내가 대답하되 내가 살구나무 가지를 보나이다 여호와께서 내게 이르시되 네가 잘 보았도다 이는 내가 내 말을 지켜 그대로 이루려 함이라 하시니라 여호와의 말씀이 다시 내게 임하니라 이르시되 네가 무엇을 보느냐 대답하되 끓는 가마를 보나이다 그 윗면이 북에서부터 기울어졌나이다 하니 여호와께서 내게 이르시되 재앙이 북방에서 일어나 이 땅의 모든 주민들에게 부어지리라(렘 1:11-14)

하나님께서는 자신이 하신 말씀을 지켜 그대로 이루려 한다는 것을 알려 주기 위해 예레미야에게 살구나무 가지를 보여주셨다는 것이다. 이것은 하나님께서 설명해 주시지 않으면 인간으로서는 그 의미를 전혀 알 수 없는 방법으로 계시가 주어지기도 하여 인간은 하나님 앞에서 한 없이 겸손한 자세가 필요함을 일깨워 준다.

내가 너희를 기름진 땅에 인도하여 그것의 열매와 그것의 아름다운 것을 먹게 하였거늘 너희가 이리로 들어와서는 내 땅을 더럽히고 내 기업을 역겨운 것으로 만들었으며 제사장들은 여호와께서 어디 계시냐 말하지 아니하였으며 율법을 다루는 자들은 나를 알지 못하며 관리들도 나에게 반역하며 선지자들은 바알의 이름으로 예언하고 무익한 것들을 따랐느니라(렘 2:7-8)

네 악이 너를 징계하겠고 네 반역이 너를 책망할 것이라 그런즉 네 하나님 여호와를 버림과 네 속에 나를 경외함이 없는 것이 악이요 고통인 줄 알라 주 만군의 여호와의 말씀이니라(렘 2:19)

유다여 너의 신들이 너의 성읍 수와 같도다(렘 2:28)

유다인과 예루살렘 주민들아 너희는 스스로 할례를 행하여 너희 마음 가죽을 베고 나 여호와께 속하라 그리하지 아니하면 너희 악행으로

말미암아 나의 분노가 불 같이 일어나 사르리니 그것을 끌 자가 없으리라(렘 4:4)

예루살렘아 네 마음의 악을 씻어 버리라 그리하면 구원을 얻으리라(렘 4:14)

너희는 예루살렘 거리로 빨리 다니며 그 넓은 거리에서 찾아보고 알라 너희가 만일 정의를 행하며 진리를 구하는 자를 한 사람이라도 찾으면 내가 이 성읍을 용서하리라(렘 5:1)

땅이여 들으라 내가 이 백성에게 재앙을 내리리니 이것이 그들의 생각의 결과라 그들이 내 말을 듣지 아니하며 내 율법을 거절하였음이니라(렘 6:19)

너희가 만일 길과 행위를 참으로 바르게 하여 이웃들 사이에 정의를 행하며 이방인과 고아와 과부를 압제하지 아니하며 무죄한 자의 피를 이곳에서 흘리지 아니하며 다른 신들 뒤를 따라 화를 자초하지 아니하면 내가 너희를 이곳에 살게 하리니 곧 너희 조상에게 영원무궁토록 준 땅에니라…너희가 도둑질하며 살인하며 간음하며 거짓 맹세하며 바알에게 분향하며 너희가 알지 못하는 다른 신들을 따르면서 내 이름으로 일컬음을 받는 이 집에 들어와서 내 앞에 서서 말하기를 우리가 구원을 얻었나이다 하느냐(렘 7:5-10)

그런즉 너는 이 백성을 위하여 기도하지 말라 그들을 위하여 부르짖어 구하지 말라 내게 간구하지 말라 내가 네게서 듣지 아니하리라(렘 7:16)

너희는 내 목소리를 들으라 그리하면 나는 너희 하나님이 되겠고 너희는 내 백성이 되리라 너희는 내가 명령한 모든 길로 걸어가라 그리하면 복을 받으리라 하였으나 그들이 순종하지 아니하며 귀를 기울이지도 아니하고 자신들의 악한 마음의 꾀와 완악한 대로 행하여 그 등을 내게로 돌리고 그 얼굴을 향하지 아니하였으며…힌놈의 아들 골짜기에 도벳 사당을 건축하고 그들의 자녀들을 불에 살랐나니 내가 명령하지 아니하였고 내 마음에 생각하지도 아니한 일이니라(렘 7:23-24, 31)

당시 가나안 땅에서 행해진 인신 제사의 모습을 볼 수 있다.

공중의 학은 그 정한 시기를 알고 산비둘기와 제비와 두루미는 그들이 올 때를 지키거늘 내 백성은 여호와의 규례를 알지 못하도다(렘 8:7)

그들의 혀는 죽이는 화살이라 거짓을 말하며 입으로는 그 이웃에게 평화를 말하나 마음으로는 해를 꾸미는도다…자랑하는 자는 이것으로 자랑할지니 곧 명철하여 나를 아는 것과 나 여호와는 사랑과 정의와 공의를 땅에 행하는 자인 줄 깨닫는 것이라 나는 이 일을 기뻐하노라 여호와의 말씀이니라…무릇 모든 민족은 할례를 받지 못하였고 이스라엘은 마음에 할례를 받지 못하였느니라(렘 9:8, 24, 26)

목자들은 어리석어 여호와를 찾지 아니하므로 형통하지 못하며 그 모든 양 떼는 흩어졌도다(렘 10:21)

그러므로 너는 이 백성을 위하여 기도하지 말라 그들을 위하여 부르짖거나 구하지 말라 그들이 그 고난으로 말미암아 내게 부르짖을 때에 내가 그들에게서 듣지 아니하리라(렘 11:14)

네가 마음으로 이르기를 어찌하여 이런 일이 내게 닥쳤는고 하겠으나 네 죄악이 크므로 네 치마가 들리고 네 발뒤꿈치가 상함이니라(렘 13:22)

여호와여 우리의 죄악이 우리에게 대하여 증언할지라도 주는 주의 이름을 위하여 일하소서 우리의 타락함이 많으니이다 우리가 주께 범죄하였나이다…여호와께서 또 내게 이르시되 너는 이 백성을 위하여 복을 구하지 말라 그들이 금식할지라도 내가 그 부르짖음을 듣지 아니하겠고 번제와 소제를 드릴지라도 내가 그것을 받지 아니할 뿐 아니라 칼과 기근과 전염병으로 내가 그들을 멸하리라(렘 14:7, 11-12)

여호와께서 내게 이르시되 모세와 사무엘이 내 앞에 섰다 할지라도 내 마음은 이 백성을 향할 수 없나니 그들을 내 앞에서 쫓아 내보내라(렘 15:1)

내가 너로 이 백성 앞에 견고한 놋 성벽이 되게 하리니 그들이 너를 칠지라도 이기지 못할 것은 내가 너와 함께 하여 너를 구하여 건짐이라 여호와의 말씀이니라 내가 너를 악한 자의 손에서 건지며 무서운 자의 손에서 구원하리라(렘 15:20-21)

하나님의 말씀을 대언하는 예레미야를 지켜 주시겠다고 하셨다.

보라 기뻐하는 소리와 즐거워하는 소리와 신랑의 소리와 신부의 소리를 내가 네 목전, 네 시대에 이 곳에서 끊어지게 하리라(렘 16:9)

그러나 무릇 여호와를 의지하며 여호와를 의뢰하는 그 사람은 복을 받을 것이라 그는 물 가에 심어진 나무가 그 뿌리를 강변에 뻗치고…만물보다 거짓되고 심히 부패한 것은 마음이라…나 여호와는 심장을 살피며 폐부를 시험하고 각각 그의 행위와 그의 행실대로 보응하나니 불의로 치부하는 자는 자고새가 낳지 아니한 알을 품음 같아서 그의 중년에 그것이 떠나겠고 마침내 어리석은 자가 되리라(렘 17:7-11)

이스라엘 족속아 진흙이 토기장이의 손에 있음 같이 너희가 내 손에 있느니라 내가 어느 민족이나 국가를 뽑거나 부수거나 멸하려 할 때에 만일 내가 말한 그 민족이 그의 악에서 돌이키면 내가 그에게 내리기로 생각하였던 재앙에 대하여 뜻을 돌이키겠고 내가 어느 민족이나 국가를 건설하거나 심으려 할 때에 만일 그들이 나 보기에 악한 것을 행하여 내 목소리를 청종하지 아니하면 내가 그에게 유익하게 하리라고 한 복에 대하여 뜻을 돌이키리라…너희는 각기 악한 길에서 돌이키며 너희의 길과 행위를 아름답게 하라 하셨다 하라(렘 18:6-11)

이는 그들이 나를 버리고 이 곳을 불결하게 하며 이 곳에서 자기와 자기 조상들과 유다 왕들이 알지 못하던 다른 신들에게 분향하며 무죄한 자의 피로 이 곳에 채웠음이며 또 그들이 바알을 위하여 산당을 건축하고 자기 아들들을 바알에게 번제로 불살라 드렸나니…내가 이 곳에서 유다와 예루살렘의 계획을 무너뜨려 그들로 그 대적 앞과 생명을 찾는 자의 손의 칼에 엎드러지게 하고 그 시체를 공중의 새와 땅의 짐승의 밥이 되게 하며 이 성읍으로 놀람과 조롱 거리가 되게 하리니 그 모든 재앙으로 말미암아 지나는 자마다 놀라며 조롱할 것이며 그들이 그들의 원수와 그들의 생명을 찾는 자에게 둘러싸여 곤경에 빠질 때에 내가 그들이 그들의 아들의 살, 딸의 살을 먹게 하고 또 각기 친구의 살을 먹게 하리라 하셨다 하고(렘 19:4-5, 7-9)

내가 말할 때마다 외치며 파멸과 멸망을 선포하므로 여호와의 말씀으로 말미암아 내가 종일토록 치욕과 모욕 거리가 됨이니이다 내가 다시는 여호와를 선포하지 아니하며 그의 이름으로 말하지 아니하리라 하면 나의 마음이 불붙는 것 같아서 골수에 사무치니 답답하여 견딜 수 없나이다(렘 20:8-9)

네가 어려서부터 내 목소리를 청종하지 아니함이 네 습관이라…네가 반드시 네 모든 악 때문에 수치와 욕을 당하리라(렘 22:21-22)

내 마음이 상하며 내 모든 뼈가 떨리며 내가 취한 사람 같으며 포도주에 잡힌 사람 같으니 이는 여호와와 그 거룩한 말씀 때문이라…여호와의 말씀이니라 선지자와 제사장이 다 사악한지라 내가 내 집에서도 그들의 악을 발견하였노라…보라 내가 그들에게 쑥을 먹이며 독한 물을 마시게 하리니 이는 사악이 예루살렘 선지자들로부터 나와서 온 땅에 퍼짐이라 하시니라 만군의 여호와께서 이와 같이 말씀하시되 너희에게 예언하는 선지자들의 말을 듣지 말라 그들은 너희에게 헛된 것을 가르치나니 그들이 말한 묵시는 자기 마음으로 말미암은 것이요 여호와의 입에서 나온 것이 아니니라(렘 23:9, 11, 15-16)

내가 그들 중에서 기뻐하는 소리와 즐거워하는 소리와 신랑의 소리와 신부의 소리와 맷돌 소리와 등불 빛이 끊어지게 하리니 이 모든 땅이 폐허가 되어 놀랄 일이 될 것이며 이 민족들은 칠십 년 동안 바벨론의 왕을 섬기리라 여호와의 말씀이니라 칠십 년이 끝나면 내가 바벨론의 왕과 그의 나라와 갈대아인의 땅을 그 죄악으로 말미암아 벌하여 영원히 폐허가 되게 하되 내가 그 땅을 향하여 선언한 바 곧 예레미야가 모든 민족을 향하여 예언하고 이 책에 기록한 나의 모든 말을 그 땅

에 임하게 하리라(렘 25:10-13)

그리하여 여러 민족과 큰 왕들이 그들로 자기들을 섬기게 할 것이나 나는 그들의 행위와 그들의 손이 행한 대로 갚으리라(렘 25:14)

2023년 현재, 폐허가 된 이라크의 모습을 생각해 보라.

내가 너희에게 나의 종 선지자들을 꾸준히 보내 그들의 말을 순종하라고 하였으나 너희는 순종하지 아니하였느니라 보라 나는 너희 손에 있으니 너희 의견에 좋은 대로, 옳은 대로 하려니와 너희는 분명히 알아라 너희가 나를 죽이면 반드시 무죄한 피를 너희 몸과 이 성과 이 성 주민에게 돌리는 것이니라…고관들과 모든 백성이 제사장들과 선지자들에게 이르되 이 사람이 우리 하나님 여호와의 이름으로 우리에게 말하였으니 죽일 만한 이유가 없느니라 그러자 그 지방의 장로 중 몇 사람이 일어나 백성의 온 회중에게 말하여 이르기를 유다의 왕 히스기야 시대에 모레셋 사람 미가가 유다의 모든 백성에게 예언하여 이르되 만군의 여호와께서 이와 같이 말씀하셨느니라 시온은 밭같이 경작지가 될 것이며 예루살렘은 돌 무더기가 되며 이 성전의 산은 산당의 숲과 같이 되리라 하였으나 유다의 왕 히스기야와 모든 유다가 그를 죽였느냐 히스기야가 여호와를 두려워하여 여호와께 간구하매 여호와께서 그들에게 선언한 재앙에 대하여 뜻을 돌이키지 아니하셨느냐(렘 26:5, 14-19)

너희는 내가 사로잡혀 가게 한 그 성읍의 평안을 구하고 그를 위하여 여호와께 기도하라 이는 그 성읍이 평안함으로 너희도 평안할 것임이라…여호와께서 이와 같이 말씀하시니라 바벨론에서 칠십 년이 차면 내가 너희를 돌보고 나의 선한 말을 너희에게 성취하여 너희를 이 곳으로 돌아오게 하리라 여호와의 말씀이니라 너희를 향한 나의 생각을 내가 아나니 평안이요 재앙이 아니니라 너희에게 미래와 희망을 주는 것이니라 너희가 내게 부르짖으며 내게 와서 기도하면 내가 너희들의 기도를 들을 것이요 너희가 온 마음으로 나를 구하면 나를 찾을 것이요 나를 만나리라(렘 29:7, 10-13)

너를 흩었던 그 모든 이방을 내가 멸망시키리라 그럴지라도 너만은 멸망시키지 아니하리라 그러나 내가 법에 따라 너를 징계할 것이요 결코 무죄한 자로만 여기지는 아니하리라(렘 30:11)

다시는 아버지가 신 포도를 먹었으므로 아들들의 이가 시다 하지 아니하겠고 신 포도를 먹는 자마다 그의 이가 신 것 같이 누구나 자기의 죄악으로 말미암아 죽으리라(렘 31:29-30)

보라 날이 이르리니 내가 이스라엘 집과 유다 집에 새 언약을 맺으리라…내가 이스라엘 집과 맺을 언약은 이러하니 곧 내가 나의 법을 그들의 속에 두며 그들의 마음에 기록하여 나는 그들의 하나님이 되고 그들은 내 백성이 될 것이라 여호와의 말씀이니라 그들이 다시는 각기 이웃과 형제를 가리켜 이르기를 너는 여호와를 알라 하지 아니하리니 이는 작은 자로부터 큰 자까지 다 나를 알기 때문이라 내가 그들의 악행을 사하고 다시는 그 죄를 기억하지 아니하리라 여호와의 말씀이니라(렘 31:31, 33-34)

너는 내게 부르짖으라 내가 네게 응답하겠고 네가 알지 못하는 크고 은밀한 일을 네게 보이리라(렘 33:3)

예레미야 애가 (애가는 '어찌하여'라는 뜻이다. BC 590년 경 예레미야의 저작)

그토록 간절한 예레미야의 경고에도 불구하고 끝내 바벨론 포로 생활을 하게 된 유대 민족을 생각하면서 예레미야의 슬픔이 구구절절이 녹아 있다.

사람이 여호와의 구원을 바라고 잠잠히 기다림이 좋도다 사람은 젊었을 때에 멍에를 메는 것이 좋으니 혼자 앉아서 잠잠할 것은 주께서 그것을 그에게 메우셨음이라(애 3:26-28)

주께서 이미 나의 음성을 들으셨사오니 이제 나의 탄식과 부르짖음에 주의 귀를 가리지 마옵소서(애 3:56)

딸 내 백성이 멸망할 때에 자비로운 부녀들이 자기들의 손으로 자기들의 자녀들을 삶아 먹었도다(애 4:10)

에스겔서 (BC 560년 경 선지자 에스겔의 저작)

바벨론 포로생활 초기에 포로로 끌려온 유다 백성들에 대한 메시지

서른째 해 넷째 달 초닷새에 내가 그발 강 가 사로잡힌 자 중에 있을 때에 하늘이 열리며 하나님의 모습이 내게 보이니 여호야긴 왕이 사로잡힌 지 오 년 그 달 초닷새라 갈대아 땅 그발 강 가에서 여호와의 말씀이 부시의 아들 제사장 나 에스겔에게 특별히 임하고 여호와의 권능이 내 위에 있으니라 내가 보니 북쪽에서부터 폭풍과 큰 구름이 오는데 그 속에서 불이 번쩍번쩍하여 빛이 그 사방에 비치며 그 불 가운데 단 쇠 같은 것이 나타나 보이고 그 속에서 네 생물의 형상이 나타나는데 그들의 모양이 이러하니 그들에게 사람의 형상이 있더라 그들에게 각각 네 얼굴과 네 날개가 있고 그들의 다리는 곧은 다리요 그들의 발바닥은 송아지 발바닥 같고 광낸 구리 같이 빛나며 그 사방 날개 밑에는 각각 사람의 손이 있더라 그 네 생물의 얼굴과 날개가 이러하니 날개는 다 서로 연하였으며 갈 때에는 돌이키지 아니하고 일제히 앞으로 곧게 행하며 그 얼굴들의 모양은 넷의 앞은 사람의 얼굴이요 넷의 오른쪽은 사자의 얼굴이요 넷의 왼쪽은 소의 얼굴이요 넷의 뒤는 독수리의 얼굴이니 그 얼굴은 그러하며 그 날개는 들어 펴서 각기 둘씩 서로 연하였고 또 둘은 몸을 가렸으며 영이 어떤 쪽으로 가면 그 생물들도 그대로 가되 돌이키지 아니하고 일제히 앞으로 곧게 행하며 또 생물들의 모양은 타는 숯불과 횃불 모양 같은데 그 불이 그 생물 사이에서 오르락내리락 하며 그 불은 광채가 있고 그 가운데에서는 번개가 나며 그 생물들은 번개 모양 같이 왕래하더라 내가 그 생물들을 보니 그 생물들 곁에 있는 땅 위에는 바퀴가 있는데 그 네 얼굴을 따라 하나씩 있고 그 바퀴의 모양과 그 구조는 황옥 같이 보이는데 그 넷은 똑같은 모양을 가지고 있으며 그들의 모양과 구조는 바퀴 안에 바퀴가 있는 것 같으며 그들이 갈 때에는 사방으로 향한 대로 돌이키지 아니하고 가며 그 둘레는 높고 무서우며 그 네 둘레로 돌아가면서 눈이 가득하며 그 생물들이 갈 때에 바퀴들도 그 곁에서 가고 그 생물들이 땅에서 들릴 때에 바퀴들도 들려서 영이 어떤 쪽으로 가면 생물들도 영이 가려 하는 곳으로 가고 바퀴들도 그 곁에서 들리니 이는 생물의 영이 그 바퀴들 가운데에 있음이니라 그들이 가면 이들도 가고 그들이 서면 이들도 서고 그들이 땅에서 들릴 때에는 이들도 그 곁에서 들리니 이는 생물의 영이 그 바퀴들 가운데에 있음이더라 그 생물의 머리 위에는 수정 같은 궁창의 형상이 있어 보기에 두려운데 그들의 머리 위에 펼쳐져 있고 그 궁창 밑에 생물들의 날개가 서로 향하여 펴 있는데 이 생물은 두 날개로 몸을 가렸고

저 생물도 두 날개로 몸을 가렸더라 생물들이 갈 때에 내가 그 날개 소리를 들으니 많은 물 소리와도 같으며 전능자의 음성과도 같으며 떠드는 소리 곧 군대의 소리와도 같더니 그 생물이 설 때에 그 날개를 내렸더라 그 머리 위에 있는 궁창 위에서부터 음성이 나더라 그 생물이 설 때에 그 날개를 내렸더라 그 머리 위에 있는 궁창 위에 보좌의 형상이 있는데 그 모양이 남보석 같고 그 보좌의 형상 위에 한 형상이 있어 사람의 모양 같더라 내가 보니 그 허리 위의 모양은 단 쇠 같아서 그 속과 주위가 불 같고 내가 보니 그 허리 아래의 모양도 불 같아서 사방으로 광채가 나며 그 사방 광채의 모양은 비 오는 날 구름에 있는 무지개 같으니 이는 여호와의 영광의 형상의 모양이라 내가 보고 엎드려 말씀하시는 이의 음성을 들으니라(겔 1:1-28)

에스겔은 하나님 여호와의 보좌와 하나님의 모습을(그 이미지와 형상을) 가장 상세하게 기술하였다.

그러므로 나 주 여호와가 말하노라 내가 나의 삶을 두고 맹세하노니 네가 모든 미운 물건과 모든 가증한 일로 내 성소를 더럽혔은즉 나도 너를 아끼지 아니하며 긍휼을 베풀지 아니하고 미약하게 하리니(겔 5:11)

선지자를 파수꾼으로 세우시는 하나님은 이스라엘 백성을 깨우치라고 사명을 주신다. 2023년 현재 한국 대형교회 목사님들은 과연 파수꾼의 사명을 감당하고 있는지? 에스겔은 포로의 행장을 꾸려 끌려가는 모습을 보여서 포로가 될 것을 상징 행위로 나타낸다. 하나님께서는 듣든지 듣지 않든지 백성을 깨우치라고 하신다.

비록 노아, 다니엘, 욥이 거기에 있을지라도 나의 삶을 두고 맹세하노니 그들도 자녀는 건지지 못하고 자기의 공의로 자기의 생명만 건지리라 주 여호와의 말씀이니라(겔 14:20)

하나님께서는 "만약 악인을 깨우치지 않아서 악인이 악에서 떠나지 않으면 피 값을 선지자에게서 찾겠다. 그러나 깨우쳐도 듣지 않아 그가 범죄함으로 죄악 중에 죽으면 선지자는 생명을 보존할 것이다. 아들은 아버지의 죄악을 담당하지 않고 아버지는 아들의 죄악을 담당하지 않는다. 각 사람이 행한 대로 심판한다. 회개하고 모든 죄에서 떠날지어다"라고 말씀하신다. 죽을 자가 죽는 것도 하나님은 기뻐하지 않으신다. 스스로 돌이키고(회개하고) 살라는 것이다.

이 땅을 위하여 성을 쌓으며 성 무너진 데를 막아서서 나로 하여금 멸하지 못하게 할 사람을 내가 그 가운데에서 찾다가 찾지 못하였으므로 내가 내 분노를 그들 위에 쏟으며…(겔 22:30-31)

이 부분에서 창세기 18장 24-33절의 소돔성을 멸하려 할 때 아브라함이 조카 롯 때문에 막아선 것과 예레미야 5장 1절에서 예루살렘의 허물 때문에 이를 벌하려 했을 때 정의를 행하며 진리를 구하는 자 한 사람을 찾으면 용서하겠다고 하신 말씀을 대비해 보라.

하나님은 파수꾼 된 선지자가 막아서 하나님께 간절히 간구하거나 중보 기도자가 막아서서 하나님께 간절히 간구하면, 막아서는 선지자와 중보기도자 열 사람이나 그 한 사람 때문에 하나님의 진노를 받을 만한 것도 용서할 수 있다는 것이다.

또 새 영을 너희 속에 두고 새 마음을 너희에게 주되 너희 육신에서 굳은 마음을 제거하고 부드러운 마음을 줄 것이며 또 내 영을 너희 속

에 두어 너희로 내 율례를 행하게 하리니 너희가 내 규례를 지켜 행할 지라(겔 36:26-27)

마른 뼈와 같은 이스라엘 족속

이스라엘 백성들이 이방 나라에 포로로 잡혀갔다. 마른 뼈들에게 생기를 불어넣어 무덤에서 나오는 것과 같이 암울한 현실에서도 이스라엘 백성들을 사방에서 모아 고국 땅으로 돌아가게 한다(겔 37장).

내가 이제 내 거룩한 이름을 위하여 열심을 내어 야곱의 사로잡힌 자를 돌아오게 하며 이스라엘 온 족속에게 사랑을 베풀지라 그들이 그 땅에 평안히 거주하고 두렵게 할 자가 없게 될 때에 부끄러움을 품고 내게 범한 죄를 뉘우치리니 내가 그들을 만민 중에서 돌아오게 하고 적국 중에서 모아 내어 많은 민족이 보는 데에서 그들로 말미암아 나의 거룩함을 나타낼 때라 전에는 내가 그들이 사로잡혀 여러 나라에 이르게 하였거니와 후에는 내가 그들을 모아 고국 땅으로 돌아오게 하고 그 한 사람도 이방에 남기지 아니하리니 그들이 내가 여호와 자기들의 하나님인 줄을 알리라 내가 다시는 내 얼굴을 그들에게 가리지 아니하리니 이는 내가 내 영을 이스라엘 족속에게 쏟았음이라 주 여호와의 말씀이니라(겔 39:25-29)

에스겔이 이 예언의 말씀을 받을 때는 BC 597년 남 유다 왕국이 바벨론의 두 번째 침공으로 바벨론에 포로로 많은 사람이 끌려갈 때 포로 중에 있었다. 그러므로 BC 539년 페르시아의 초대 왕 사이러스가 바벨론을 무너뜨리고 BC 538년 칙령으로 유대인들을 고토로 돌아가게 하고 예루살렘 성전을 건축하게 하였으므로 이때의 상황을 의미할 수도 있겠으나 또한 AD 70-73년 예루살렘이 로마 티투스 장군의 침공으로 유대인들이 세계 곳곳으로 흩어져 살게 되었다. 1948년 5월 서방 진영의 배려로 이스라엘이 독립한 후 전 세계에 흩어져 살고 있던 유대인들이 현재의 이스라엘 땅 팔레스타인으로 돌아오고 있다. 이 두 가지의 상황을 다 가정할 수가 있을 것이나 '만민 중에서 돌아오게 하고'라는 표현과 그들이 사로잡혀 여러 나라에 이르게 하였다는 표현(겔 39:27-28)을 볼 때 후자에 속하는 것으로 보이지만 '그 땅에 평안히 거주하고 두렵게 할 자가 없게 될 때에'라는 표현과(겔 39:26) 그 한사람도 이방에 남기지 아니하리니…(겔 39:28)라는 표현을 보면 에스겔서 39:25-29에서 에스겔이 받은 계시는 필자는 마지막 때 예수님의 재림을 앞두고 알리야 운동(겔 37:21-22)이 이어지면서 7년 대환난기가 오고 예수님 재림 이후에 도래하는 천 년 왕국에서 일어날 상황으로 판단하고 있다.

그가 나를 데리고 성전 문에 이르시니 성전의 앞면이 동쪽을 향하였는데 그 문지방 밑에서 물이 나와 동쪽으로 흐르다가 성전 오른쪽 제단 남쪽으로 흘러 내리더라 그가 또 나를 데리고 북문으로 나가서 바깥 길로 꺾여 동쪽을 향한 바깥 문에 이르시기로 본즉 물이 그 오른쪽에서 스며 나오더라 그 사람이 손에 줄을 잡고 동쪽으로 나아가며 천 척을 측량한 후에 내게 그 물을 건너게 하시니 물이 발목에 오르더니 다시 천 척을 측량하고 내게 물을 건너게 하시니 물이 무릎에 오르고 다시 천 척을 측량하고 내게 물을 건너게 하시니 물이 허리에 오르고 다시 천 척을 측량하시니 물이 내가 건너지 못할 강이 된지라…(겔 47:1–5)

내가 돌아가니 강 좌우편에 나무가 심히 많더라 그가 내게 이르시되 이 물이 동쪽으로 향하여 흘러 아라바로 내려가서 바다에 이르리니 이 흘러 내리는 물로 그 바다의 물이 되살아나리라 이 강물이 이르는 곳마다 번성하는 모든 생물이 살고 또 고기가 심히 많으리니 이 물이 흘러 들어가므로 바닷물이 되살아나겠고 이 강이 이르는 각 처에 모든 것이 살 것이며(겔 47:7-9)

강 좌우 가에는 각종 먹을 과실나무가 자라서 그 잎이 시들지 아니하며 열매가 끊이지 아니하고 달마다 새 열매를 맺으리니…그 잎사귀는 약 재료가 되리라(겔 47:12)

새 하늘과 새 땅에서의 모습이다(계 22:2과 대조).

다니엘서 (BC 600-530년 경 다니엘의 저작)

예수님도 이 책의 저자를 다니엘이라고 인정하였다.

포로생활 초기에 바벨론에 끌려온 유다 백성들에 대한 메시지

다니엘이…전에 하던 대로 하루 세 번씩 무릎을 꿇고 기도하며 그의 하나님께 감사하였더라(단 6:10)

내가 보니 왕좌가 놓이고 옛적부터 항상 계신 이가 좌정하셨는데 그의 옷은 희기가 눈 같고 그의 머리털은 깨끗한 양의 털 같고 그의 보좌는 불꽃이요 그의 바퀴는 타오르는 불이며 불이 강처럼 흘러 그의 앞에서 나오며 그를 섬기는 자는 천천이요 그 앞에서 모셔 선 자는 만만이며 심판을 베푸는데 책들이 펴 놓였더라(단 7:9-10)

단 7:13 인자 같은 이는 예수님을 말하며 7:14 말씀은 예수님 재림

이후의 천 년 왕국과 새 하늘과 새 땅에서 일어날 일에 대한 말씀으로 판단된다.

하나님께서 다니엘에게 은밀한 것을 보이신다. 다니엘의 세 친구와 풀무불 속에서 나타난 신들의 아들과 같은 한 사람, 그의 나라는 영원한 나라요 그의 통치는 대대에 이를 것이다. 선지자 예레미야에게 알려주신 그 연수를 깨달았다. 예루살렘의 황폐함이 칠십 년 만에 그치리라고 하신 예언의 말씀을 읽고 다니엘은 바벨론에 포로로 끌려온 시점을 알기 때문에 언제쯤 이스라엘 백성이 바벨론 포로에서 벗어날 것인지를 가늠할 수가 있었다는 것이다. 즉 다니엘은 영이 깨어 있어 당시 두루마리 형태로 전해 내려오던 구약성경을 꾸준히 읽고 있었다는 것이다(단 9:2).

그리고 그는 당연히 선지자에게 내리는 계시가 성취될 것임을 믿고 있었다.

그 때에 네 민족을 호위하는 큰 군주 미가엘이 일어날 것이요 또 환난이 있으리니 이는 개국 이래로 그 때까지 없던 환난일 것이며 그 때에 네 백성 중 책에 기록된 모든 자가 구원을 받을 것이라 땅의 티끌 가운데에서 자는 자 중에서 많은 사람이 깨어나 영생을 받는 자도 있겠고 수치를 당하여서 영원히 부끄러움을 당할 자도 있을 것이며 지혜 있는 자는 궁창의 빛과 같이 빛날 것이요 많은 사람을 옳은 데로 돌아오게 한 자는 별과 같이 영원토록 빛나리라 다니엘아 마지막 때까지 이 말을 간수하고 이 글을 봉함하라 많은 사람이 빨리 왕래하며 지식이 더하리라(단 12:1-4)

인류의 끝날 시점에 대하여, 다시 말하면 마지막 때 예수님께서 재림하실 때에 관하여 다니엘서에서 퍼즐의 한 부분을 살펴보아야 할 것이다.

특히 주의 깊게 살펴 보아야 할 부분은 단 2장의 느부갓네살의 꿈과 그리고 동일한 메시지를 담고 있는 단 7장의 다니엘에게 내려진 네 짐승 환상, 인류역사의 마지막 때에 나타나게 될 적 그리스도의 이미지와 그 예표의 활동, 단 8장의 숫양과 숫염소의 환상 단 9장에서 유대인과 예루살렘성을 위하여 정해 놓은 일흔 이레의 기한(단 9:24-27)과 적 그리스도의 예표의 활동, 단 11장에서 적 그리스도의 예표의 활동, 마지막 단 12장에서는 마지막 환난의 때의 구원과 마지막 때까지 봉함되어진 다니엘에게 내려진 계시가 열릴 때의 상황(사람들이 빠르게 왕래한다는 것과 인류의 지식이 발달된 주 후 2020년 이후의 시대 모습)은 참으로 마지막 때에 대한 중요한 계시이다.

적 그리스도 활동의 예표 : 단 7:11, 8:9-12, 9:26-27, 11:31-36, 41-45

호세아서 (BC 740년 경 북 왕국 이스라엘의 선지자 호세아의 저작)

호세아서는 하나님의 사랑을 강조하였다. 호세아는 이사야와 동시대에 북 왕국 이스라엘에서 활동하였다.

오라 우리가 여호와께로 돌아가자 여호와께서 우리를 찢으셨으나 도로 낫게 하실 것이요 우리를 치셨으나 싸매어 주실 것임이라…나는 인애를 원하고 제사를 원하지 아니하며 번제보다 하나님을 아는 것을 원하노라(호 6:1, 6)

우상 숭배자는 바람을 심고 광풍을 거둘 것이라 심은 것이 줄기가 없으며 이삭은 열매를 맺지 못할 것이요 혹시 맺을 지라도 이방 사람이 삼키리라(호 8:7).

호세아서 9장 10장에는 이스라엘의 죄와 하나님의 심판 그리고 이에 대한 선지자의 경고가 기록되어 있고 그리고 비록 그러함에도 불구하고 이스라엘 백성을 버리지 않으시는 하나님의 긍휼과 하나님께로 돌아오라는 메시지가 11장과 12장에 담겨 있다.

📚 요엘서 (BC 810년 경 유대 지역에서 살았던 브두엘의 아들 요엘 선지자의 저작)

마지막 때의 심판에 대한 메시지(여호와의 날로 나타남)와 그 이후 도래하는 천 년 왕국과 새 하늘과 새 땅에 대한 메시지가 들어 있다(욜 3:14-21).

너희는 옷을 찢지 말고 마음을 찢고 너희 하나님 여호와께로 돌아올지어다 그는 은혜로우시며 자비로우시며 노하기를 더디하시며 인애가 크시사 뜻을 돌이켜 재앙을 내리지 아니하시나니(욜 2:13)

그 후에 내가 내 영을 만민에게 부어 주리니 너희 자녀들이 장래 일을 말할 것이며 너희 늙은이는 꿈을 꾸며 너희 젊은이는 이상을 볼 것이며 그 때에 내가 또 내 영을 남종과 여종에게 부어 줄 것이며(욜 2:28–29)

내가 이적을 하늘과 땅에 베풀리니 곧 피와 불과 연기 기둥이라 여호와의 크고 두려운 날이 이르기 전에 해가 어두워지고 달이 핏빛 같이 변하려니와 누구든지 여호와의 이름을 부르는 자는 구원을 얻으리

니…(욜 2:30-32)

보라 그 날 곧 내가 유다와 예루살렘 가운데에서 사로잡힌 자를 돌아오게 할 그 때에 내가 만국을 모아 데리고 여호사밧 골짜기에 내려가서 내 백성 곧 내 기업인 이스라엘을 위하여 거기에서 그들을 심문하리니…(욜 3:1-2)

민족들은 일어나서 여호사밧 골짜기로 올라올지어다 내가 거기에 앉아서 사면의 민족들을 다 심판하리로다 너희는 낫을 쓰라 곡식이 익었도다 와서 밟을 지어다 포도주 틀이 가득히 차고 포도주 독이 넘치니 그들의 악이 큼이로다(욜 3:12-13)

마지막 때의 구원과 심판에 대한 요한계시록 14:14-20의 말씀과 대조해 보라.

해와 달이 캄캄하며 별들이 그 빛을 거두도다(욜 3:15)

마지막 때의 모습을 요엘서에서 찾아볼 수 있다.

신약성경 마태복음 24:29-31에서 마지막 때(예수님께서 재림하시기 직전에)에 관하여 하신 말씀 '그 날 환난 후에 즉시 해가 어두워지며 달이 빛을 내지 아니하며 별들이 하늘에서 떨어지며…'와 대조해 보라.

아모스서 (BC 770-760년 경 아모스 선지자의 저작)

아모스서는 하나님의 공의와 정의를 강조하였고 아모스 선지자는 BC 8세기 중엽에 활동하였다.

주 여호와께서는 자기의 비밀을 그 종 선지자들에게 보이지 아니하시고는 결코 행하심이 없으시리라(암 3:7)

너희는 여호와를 찾으라 그리하면 살리라(암 5:6)

"너희가 번제나 소제를 드릴지라도 내가 받지 아니할 것"이라는 말씀은 하나님의 말씀을 듣지 않는 패역한 이스라엘 백성들에게 끊임없이 선지자들을 통해서 해오신 말씀이다.

너희가 힘없는 자를 밟고 그에게서 밀의 부당한 세를 거두었은즉 너희가 비록 다듬은 돌로 집을 건축하였으나 거기 거주하지 못할 것이요 아름다운 포도원을 가꾸었으나 그 포도주를 마시지 못하리라(암 5:11)

너희가 내게 번제나 소제를 드릴지라도 내가 받지 아니할 것이요 너희의 살진 희생의 화목제도 내가 돌아보지 아니하리라 네 노랫소리를 내 앞에서 그칠지어다 네 비파 소리도 내가 듣지 아니하리라 오직 정의를 물 같이, 공의를 마르지 않는 강 같이 흐르게 할지어다(암 5:22-24)

범죄한 나라들은 "바다 밑에 숨을지라도 뱀을 명령하여 물게 할 것이요 그 원수 앞에 사로잡혀 갈지라도 내가 거기에서 칼을 명령하여 죽이게 할 것이라"(암 9:3-4).

이스라엘 백성들에 대하여는 날이 이르면 파종하는 자가 곡식을 추수하는 자의 뒤를 이으며 포도를 밟는 자가 씨 뿌리는 자의 뒤를 이을 것이라고 회복의 말씀을 주셨다(암 9:13).

오바댜서 (BC 590-580년 경 오바댜의 저작)

에서 족속 에돔에 대한 심판, 마지막 때 이스라엘 백성들의 구원에 대한 메시지

교만한 이스라엘의 대적에게는 "네가 독수리처럼 높이 오르며 별 사이에 깃들일지라도 내가 거기에서 너를 끌어내리리라"(옵 1:4).

요나서 (BC 760년 경 아밋대의 아들 요나의 저작)

하나님의 온 인류에 대한 사랑과 자비의 메시지

요나가 물고기 뱃속에서 삼 일 동안 지낸 것은 예수께서 삼 일 만에 부활하실 것을 예표한 것이다(예수님께서도 복음서에서 이 사건을 말씀하셨다, 마 12:39-41).

하나님이 그들이 행한 것 곧 그 악한 길에서 돌이켜 떠난 것을 보시고 하나님이 뜻을 돌이키사 그들에게 내리리라고 말씀하신 재앙을 내리지 아니하시니라(욘 3:10)

하나님께서는 요나에게 이방의 큰 성읍 니느웨의 악독함을 회개하도록 외치라고 명령하셨으나 요나는 이를 탐탁하게 생각하지 않아 도망하려고 다시스로 가는 배에 승선한다. 그러나 풍랑을 만나고 이 재앙에 대한 제비뽑기에 걸려 바다에 던져져 큰 물고기에 삼켜졌고 삼일을 물고기 배 속에 있게 된다.

주께서는 은혜로우시며 자비로우시며 노하기를 더디하시며 인애가 크시사 뜻을 돌이켜 재앙을 내리지 아니하시는 하나님이신 줄을 내가 알았

음이니이다(욘 4:2)

미가서 (BC 730년 경 갓 지파에 속한 모레셋 사람 미가 선지자의 저작)

남 유다 왕국의 지도자와 백성들에게 주신 하나님의 심판과 구원에 대한 메시지가 들어 있다.

베들레헴에서 이스라엘을 다스릴 자가 나올 것이다.

베들레헴 에브라다야 너는 유다 족속 중에 작을지라도 이스라엘을 다스릴 자가 네게서 내게로 나올 것이라.

그의 근본은 상고에[41], 영원에 있느니라…그가 여호와의 능력과 그의 하나님 여호와의 이름의 위엄을 의지하고 서서 목축하니…그가 창대하여 땅 끝까지 미치리라(미 5:2, 4)

예수님께서 베들레헴에서 탄생하실 것을 유대의 2,000여 년 전 당시의 선지자들이나 제사장들이 이 말씀으로 인하여 메시아가 베들레헴에서 탄생할 것을 예언하고 헤롯 왕이 모든 대 제사장과 백성의 서기관들에게 물어보고는 당시 베들레헴에서 태어난 두 살 아래 사내아이를 모두 죽이라고 명령하여 참극이 벌어졌다.

너희가 선을 미워하고 악을 기뻐하여 내 백성의 가죽을 벗기고 그 뼈에서 살을 뜯어 그들의 살을 먹으며 그 가죽을 벗기며 그 뼈를 꺾어 다지기를 냄비와 솥 가운데에 담을 고기처럼 하는도다 그 때에 그들이 여호와께 부르짖을지라도 응답하지 아니하시고…내 백성을 유혹하는

41) 옛날

선지자들은 이에 물 것이 있으면 평강을 외치나 그 입에 무엇을 채워 주지 아니하는 자에게는 전쟁을 준비하는도다 이런 선지자에 대하여 여호와께서 이르시되 그러므로 너희가 밤을 만나리니 이상을 보지 못할 것이요 어둠을 만나리니 점 치지 못하리라…야곱 족속의 우두머리들과 이스라엘 족속의 통치자들 곧 정의를 미워하고 정직한 것을 굽게 하는 자들아 원하노니 이 말을 들을지어다 시온을 피로, 예루살렘을 죄악으로 건축하는도다 그들의 우두머리들은 뇌물을 위하여 재판하며 그들의 제사장은 삯을 위하여 교훈하며 그들의 선지자는 돈을 위하여 점을 치면서도 여호와를 의뢰하여 이르기를 여호와께서 우리 중에 계시지 아니하냐 재앙이 우리에게 임하지 아니하리라 하는도다 이러므로 너희로 말미암아 시온은 갈아엎은 밭이 되고 예루살렘은 무더기가 되고 성전의 산은 수풀의 높은 곳이 되리라(미 3:2-6, 9-12)

여호와께서 네게 구하시는 것은 오직 정의를 행하며 인자를 사랑하며 겸손하게 네 하나님과 함께 행하는 것이 아니냐(미 6:8)

나훔서 (BC 630년 경 엘고스 사람 나훔 선지자의 저작)

이웃나라 유다에 무고하게 압제하고 우상숭배하는 니느웨 (앗시리아)에 대한 하나님의 심판

여호와는 선하시며 환난 날에 산성이시라(나 1:7)

하박국서 (BC 600년 경 하박국 선지자의 저작)

의인은 그의 믿음으로 말미암아 살리라(합 2:4)

오직 여호와는 그 성전에 계시니 온 땅은 그 앞에서 잠잠할지니라 하시니라(합 2:20)

비록 무화과나무가 무성하지 못하며 포도나무에 열매가 없으며 감람나무에 소출이 없으며 밭에 먹을 것이 없으며 우리에 양이 없으며 외양간에 소가 없을지라도 나는 여호와로 말미암아 즐거워하며 나의 구원의 하나님으로 말미암아 기뻐하리로다 주 여호와는 나의 힘이시라 나의 발을 사슴과 같게 하사 나를 나의 높은 곳으로 다니게 하시리로다(합 3:17-19)

스바냐서 (BC 620년 경 히스기야 왕의 현손 선지자 스바냐의 저작)

열방을 향한 하나님의 심판(여호와의 큰날 혹은 여호와의 날로 나타난다)과 구원에 대한 메시지(회개를 촉구하기 위해 기록)

여호와를 배반하고 따르지 아니한 자들과 여호와를 찾지도 아니하며 구하지도 아니한 자들을 멸절하리라(습 1:6)

마음속에 스스로 이르기를 여호와께서는 복도 내리지 아니하시며 화도 내리지 아니하시리라 하는 자를 등불로 두루 찾아 벌하리니(습 1:12)

여호와의 규례를 지키는 세상의 모든 겸손한 자들아 너희는 여호와를 찾으며 공의와 겸손을 구하라 너희가 혹시 여호와의 분노의 날에 숨김을 얻으리라(습 2:3)

너의 하나님 여호와가 너의 가운데에 계시니 그는 구원을 베푸실 전능자이시라 그가 너로 말미암아 기쁨을 이기지 못하시며 너를 잠잠히 사랑하시며 너로 말미암아 즐거이 부르며 기뻐하시리라 하리라(습 3:17)

📚 학개서 (BC 520년 경 학개 선지자의 저작)

바벨론 포로에서 귀환한 유다 백성에게 영적 회복이 먼저다. 하나님의 성전 건축이 최우선이 되어야 한다.

너희는 너희의 행위를 살필지니라(학 1:5)

너희가 많이 뿌릴지라도 수확이 적으며 먹을 지라도 배부르지 못하며 마실지라도 흡족하지 못하며 입어도 따뜻하지 못하며 일꾼이 삯을 받아도 그것을 구멍 뚫어진 전대에 넣음이 되느니라(학 1:6)

내 집은 황폐하였으되 너희는 각각 자기의 집을 짓기 위하여 빨랐음이라(학 1:9)

📚 스가랴서 (BC 520년 경 잇도의 손자이며 베레갸의 아들인 스가랴 선지자의 저작)

바벨론 포로에서 귀환한 유다 백성에게 메시아의 오심에 대한 (초림) 메시지가 이사야 선지자 다음으로 많이 나온다. 마지막 때 메시아의 종말론적인 심판과 구원의 메시지가 들어 있다.

예수님께서 심판을 위해 재림하실 때 구원 받은 성도들이 (부활한 성도들로 보임) 지상에 내려와 예수님의 심판 사역에 동행하는 모습이 나온다(스가랴 14:5, 요한계시록 19:14과 대비해 보라).

너희는 내게로 돌아오라 만군의 여호와의 말이니라 그리하면 내가 너희에게로 돌아가리라(슥 1:3)

너희는 진실한 재판을 행하며 서로 인애와 긍휼을 베풀며 과부와 고아와 나그네와 궁핍한 자를 압제하지 말며 서로 해하려고 마음에 도모하지 말라 하였으나 그들이 듣기를 싫어하여 등을 돌리며 듣지 아니하려고 귀를 막으며…내가 불러도 그들이 듣지 아니한 것처럼 그들이 불러도 내가 듣지 아니하리라(슥 7:9-13)

구원을 베푸실 왕(이신 예수님)은 겸손하여서 나귀 새끼를 타실 것이라고 예언하고 있다(슥 9:9).

이에 은총이라 하는 막대기를 취하여 꺾었으니 이는 모든 백성들과 세운 언약을 폐하려 하였음이라 당일에 곧 폐하매 내 말을 지키던 가련한 양들은 이것이 여호와의 말씀이었던 줄 안지라 내가 그들에게 이르되 너희가 좋게 여기거든 내 품삯을 내게 주고 그렇지 아니하거든 그만두라 그들이 곧 은 삼십 개를 달아서 내 품삯을 삼은지라 여호와께서 내게 이르시되 그들이 나를 헤아린바 그 삯을 토기장이에게 던지라 하시기로 내가 곧 그 은 삼십 개를 여호와의 전에서 토기장이에게 던지고 내가 또 연합이라 하는 둘째 막대기를 꺾었으니 이는…(슥 11:10-14)

내가 다윗의 집과 예루살렘 주민에게 은총과 간구하는 심령을 부어주리니 그들이 그 찌른 바 그를 바라보고 그를 위하여 애통하기를 독자를 위하여 애통하듯 하며 그를 위하여 통곡하기를 장자를 위하여 통곡하듯 하리로다 그날에 예루살렘에 큰 애통이 있으리니…(슥 12:10-11)

여호와의 날이 이르리라 그 날에 네 재물이 약탈되어 네 가운데에서 나누이리라 내가 이방 나라들을 모아 예루살렘과 싸우게 하리니 성읍이 함락되며 가옥이 약탈되며 부녀가 욕을 당하며 성읍 백성이 절반이나 사로잡혀 가려니와 남은 백성은 성읍에서 끊어지지 아니하리라 그 때에 여호와께서 나가사 그 이방 나라들을 치시되 이왕의 전쟁 날에 싸운 것 같이 하시리라 그 날에 그의 발이 예루살렘 앞 곧 동쪽 감람산에 서실 것이요 감람산은 그 한 가운데가 동서로 갈라져 매우 큰 골짜기가 되어서 산 절반은 북으로, 절반은 남으로 옮기고 그 산 골짜기는 아셀까지 이를지라…나의 하나님 여호와께서 임하실 것이요 모든 거룩한 자들이 주와 함께 하리라 그 날에는 빛이 없겠고 광명한 것들이 떠날 것이라 여호와께서 아시는 한 날이 있으리니 낮도 아니요 밤도 아니라 어두워갈 때에 빛이 있으리로다 그 날에 생수가 예루살렘에서 솟아나서 절반은 동해로, 절반은 서해로 흐를 것이라…온 땅이 아라바 같이 되되…예루살렘이 높이 들려 그 본처에 있으리니…사람이 그 가운데에 살며 다시는 저주가 있지 아니하리니 예루살렘이 평안히 서리로다 예루살렘을 친 모든 백성에게 여호와께서 내리실 재앙은 이러하니 곧 섰을 때에 그들의 살이 썩으며 그들의 눈동자가 눈구멍 속에서 썩으며 그들의 혀가 입속에서 썩을 것이요…피차 손을 들어 칠 것이며(슥 14:1-13에 마지막 때의 예수님의 지상 재림과 부활한 성도들이 함께 심판에 참여한다. 최후의 아마겟돈 전쟁의 모습이 기술되어 있다. 계 16장, 슥 14:5-15, 계 19:14-21 참조)

말라기서 (BC 440년 경 말라기 선지자의 저작)

포로기 이후 이스라엘의 제사장과 백성들의 영적 회복을 촉구(회개)하고 있다. 예수님의 초림의 모습이 나타난다.

"눈먼 희생제물, 저는 것과 병든 것을 가져오지 말라 너희 제사장들아 너희가 만일 듣지 아니하며 마음에 두지 아니하여 내 이름을 영화롭게 하지 아니하면 내가 너희에게 저주를 내려…보라 내가 너희의 자손을 꾸짖을 것이요. 너희들 얼굴에 너희 절기의 희생의 똥을 바를 것이라. 심령을 삼가 지켜 어려서 맞이한 아내에게 거짓을 행하지 말라. 이는 경건한 자손을 얻기 위해서이다. 내가 내 사자를 보낼 것이다. 그가 내 앞에서 길을 준비할 것이다"(말 1:8, 13, 2:1-3, 14-16, 3:1) 또 너희가 구하는 바 주가 갑자기 그의 성전에 임하시리니….

이 예언의 말씀에 따라 세례 요한이 예수님 탄생 6개월 전에 태어났다.

또 너희가 구하는 바 주가 갑자기 그의 성전에 임하시리니 곧 너희가 사모하는 바 언약의 사자가 임하실 것이라(말 3:1)

예수님은 이스라엘 백성과 지금의 전 세계 인류의 주로, 여호와로 오신다는 것이다. 즉 하나님으로 오신다는 것이며 세례 요한의 탄생을 통하여 예수님 오심을 준비시켰다.

너희의 온전한 십일조를 창고에 들여 나의 집에 양식이 있게 하고 그것으로 나를 시험하여 내가 하늘 문을 열고 너희에게 복을 쌓을 곳이 없도록 붓지 아니하나 보라(말 3:10)

하나님을 우리 인간이 테스트해 볼 수 있는 유일한 말씀이 이 말씀이다. 사람은 십일조 헌금하는 것을 제외하고는 하나님을 테스트하면 안 된다. 예수님도 공 사역 시작 전에 제일 먼저 성령에게 이끌리어 마귀에게 시험 받으실 때 "주 너의 하나님을 시험하지 말라" 하셨다.

내 이름을 경외하는 너희에게는 공의로운 해가 떠올라서 치료하는 광선을 비추리니 너희가 나가서 외양간에서 나온 송아지 같이 뛰리라 …보라 여호와의 크고 두려운 날이 이르기 전에 내가 선지자 엘리야를 너희에게 보내리니(말 4:2, 5)

예수께서 재림하시기 전 7년 환난기 전에 회개를 선포하는 하나님의 종을 보내겠다는 말씀이다(예수님의 초림 때에 회개를 선포했던 세례 요한[마 3:2]을 생각해 보라).

예수님은 세례 요한을 엘리야로 말씀하셨다. 그리고 세례 요한은 6개월 늦게 태어난 예수님이 이사야가 외친 메시아였음을 깨달았고 본인도 말라기 선지자가 말한 엘리야가 자기임을 깨닫고 있었다.[42]

ㄴ. 신약성경 27권

예수님께서 이 땅에 오신 이후의 행적(4복음서)과 복음전파 과정과 그 내용 그리고 마지막 때에 일어날 일들에 대한 계시

신약성경의 개략적인 내용을 살펴보면 예수님이 공 사역 3년 반의 기간에 하셨던 말씀들과 행적들을 기록한 4복음서인 마태복음, 마가복음, 누가복음, 요한복음에 이어 사도행전에서는 사도 베드로와 사도 요한의 초기 복음전파 과정과 스테반의 순교 그리고 사도 바울의 회심과 세계 복음전파 내용이 기록되어 있다.

예수 믿는 사람들을 잡아가기 위해 서슬이 퍼렇게 날뛰던 회개하기 전의 사울이 예수 믿는 사람들을 잡으려고 시리아 다마스커스로

42) 마태복음 3:1-12

가던 중 승천하신 예수님을 만나서 눈이 멀게 된다. 그로 인하여 회개하고 예수님을 증거하는 위대한 사도의 삶을 살아간 기록이 들어 있다. 복음이 최초로 시리아, 터키, 그리스, 이탈리아 등지로 퍼져 나가면서 전 세계로 전파되게 된다.

사도 베드로가 죽은 다비다를 살린 기록, 스테반의 설교와 순교, 베드로의 설교, 바울의 설교 등이 사도행전에 담겨 있다.

그리고 사도 바울이 쓴 13권의 신약성경 로마서, 고린도전·후서, 갈라디아서, 에베소서, 빌립보서, 골로새서, 데살로니가전·후서, 디모데전·후서, 디도서, 빌레몬서가 이어지고 마지막 때의 성도의 부활과 휴거에 대하여 사도 바울에게 보이신 계시가 고린도전서와 데살로니가전서에 기록되어 있다. 믿음의 장이라 일컫는 히브리서, 예수님의 동생 야고보가 쓴 야고보서, 사도 베드로의 베드로전·후서(마지막 때에 관하여 베드로에게 내린 계시), 사도 요한이 저작한 요한복음에 이어 요한 1,2,3서, 요한계시록(마지막 때에 대하여 사도 요한에게 보이신 계시)이 기록되어 있다. 이밖에 예수님의 또 다른 육신의 동생인 유다가 쓴 유다서가 있다. 요한계시록에는 인류의 마지막 때의 모습과 심판, 예수님의 재림, 장차 성령 받은 진실한 크리스천들이 들어가서 천 년 왕국을 거쳐 영원히 살게 될 천국인 새 예루살렘성의 모습 즉 새 하늘과 새 땅의 모습이 나타나 있다.

마태복음은 예수님의 열두 제자 중 한 사람인 세리였던 마태가 기록하였고, 마가복음은 바나바의 생질인 마가 요한이 기록하였다.

누가복음과 사도행전은 헬라 문화권에서 잘 교육받은 의사인 누가가 기록하였다.

예수님의 제자 중에 예수님이 십자가에 달리시고 시신이 땅에 내려지고 무덤에 안치된 후 제일 먼저 무덤에 간 사람은 막달라 마리아 등 여성들이었다. 그녀들이 예수님께서 살아나셨다는 말씀을 제자들에게 전한 후에 예수님의 제자들 중에서 무덤을 찾은 사람은 성경을 보면 사도 베드로와 사도 요한 밖에는 나오지 않는다.

시몬 베드로와 예수께서 사랑하시던 제자로 나오는 사도 요한이 서로 먼저 가서 보려고 달려갔다는 기록을 볼 때 그나마 예수님 제자들 중에 사도 베드로와 사도 요한이 예수님에 대한 마음이 가장 짙게 배어 있었던 것 같다(마 28:1~8, 요 20:1-10).

예수님께서 시공을 초월해 계시는 것을 읽어내어야 한다. 마태복음 24장에서 예루살렘 성전에 관해서 말씀하실 때 돌 하나도 돌 위에 남지 않고 다 무너뜨려지리라고 하신 것은 AD 70년 경 즉 예수님께서 말씀하신 때로부터 40년 후에 실제로 예루살렘성이 로마군에 함락됨으로써(로마의 티투스 장군의 침략) 그 말씀이 성취된 것이다(마 24:1-2). 그런데 이어서 마태복음 24장 3절부터 예수님께서 감람산 위에 앉으셨을 때 제자들이 "어느 때에 이런 일이 있겠습니까?"라고 물어보았을 때 재림하시기 직전 즉 세상 끝에 관한 말씀을 하신 것(마 24:3-51)을 미루어 생각해 볼 때, 즉 예수님은 시간을 초월해서 존재하시고 시간을 초월해서 말씀하신다는 것을 알 수 있다.

돌 하나도 돌 위에 남지 않고 다 무너뜨려지리라(마 24:2)는 말씀은 마지막 때에 다시 일어나게 될 중첩된 계시로 생각된다(2023년 현재 이스라엘에서는 제3성전을 지을 모든 준비가 끝났다고 한다. 즉 다시 한번 더 성전이 지어지고 다시 한번 더 무너뜨려 질 것으로 보인다. 예수님 재림 직전 아마겟돈 전쟁때 다시 이런 일이 일어날 것으로 생각된다).

또한 공간적으로도 초월해 계신 모습을 볼 수 있다. 요한복음 20장 26절을 보면, "제자들이 집 안에 있을 때 도마도 함께 있고 문들이 닫혔는데 예수께서 오사 가운데 서서 이르시되…"라고 하였다.

피조물인 인간들은 시공간을 초월해서 존재할 수가 없다. 즉 문이 닫혀 있으면 열어야 들어갈 수가 있다. 그러나 예수님은 문을 열지 않고도 지나가실 수 있다. 그리고 4복음서에 나타나 있는 수많은 기적들과 예수님께서 하신 여러 말씀 중에서 피조물인 인간으로서는 할 수 없는 여러 말씀들을 하신 것을 깊이 묵상해 보면 예수님은 하나님께서 육신을 입고 이 땅에 오신 분임을 알 수 있다. 인간은 시공간을 초월하거나 지구의 중력을 거스를 수가 없다. 물 위를 걸으심, 물이 포도주로 바뀌게 하신 사건, 세 명의 죽은 자를 살리심, 각종 병자들과 정신병자를 고치심 등의 기록이 2-3번에 걸쳐 동일한 사건이 다른 사람의 시각에서 기록되어 있는데 거의 동일하다.

4복음서에서 예수님의 하나님 되심을 볼 수 있어야 한다. 처녀 잉태, 본인 자신의 하나님 되신 말씀들과 "옳다 옳다, 아니라 아니라 하라 이에서 지나는 것은 악으로부터 나느니라"(마 5:37)고 하신 말씀, 산상수훈(마 5:1-12)을 통해서도 예수님의 하나님 되심을 알 수 있다.

어느 집을 방문하면 평안을 빌라고 하셨고(마 10:12-13), 천국과 지옥에 관한 말씀 속에서 선지자들의 가르침에 수긍하지 않으면 설사 죽었다가 살아난 사람이 천국과 지옥의 모습을 전한다 해도 받아들이지 않는다고 말씀하셨다(눅 16:19-31). 잔치를 베풀 때 되갚을 수가 없는 가난한 자, 나그네 된 자, 저는 자, 눈먼 자, 고아와 과부, 힘든 삶을 사는 사람들에게 베풀라고 하시며 이것은 의인들의 부활 시에 갚음을 받겠다 하신 것(자기의 의를 드러내기 위해 공표한 것은 이 세상에서 도로 받았으므로 제외하고) 즉 예수님 재림 시에 상급으로 갚아주시겠다고 말씀하셨다(마 6:2-4, 눅 14:12-14).

2,000년 후 다시 오실 수 있는 분은 오직 하나님만 가능하다. 공

사역 3년 반의 기간 중 수많은 기적을 행하신 것들과 예수님께서 다시 오시겠다고 하신 재림의 때가 가까워지면 보이게 될 징조들(2023년 현재 마태복음 24장 등 복음서에 기록된 세상 끝날의 징조들이 많이 보이고 있는 점), 성령을 보내주시겠다는 말씀과 예수님의 제자들이 성령을 받고 예수님의 가르침과 부활을 증거하며 순교한 것(예수님을 판 가룟 유다를 제외한 전원이 순교하였다. 사도 요한은 전승에 의하면 끓는 기름 솥에 던져지는 등 온갖 핍박에도 죽지 않고 장수하였다. 그러나 그것 역시 순교라고 볼 수 있다)에서도 예수님의 하나님 되심을 발견할 수 있다.

오늘을 살아가는 우리에게도 하나님 앞에서 진실로 회개하고 하나님을 믿게 되면 성령을 폭포수처럼 부어주시는 것이다(하나님을 믿는다는 것은 예수님이 2,000여 년 전에 이 땅에 오셔서 몸 찢고 피 흘리신 것이 나의 죄, 우리의 죄를 사하기 위해 오신 것 즉 이사야가 주전 740-700년 경 계시 받은 것을 기록한 이사야 53장 말씀을 믿는 것이며 예수님의 동정녀 탄생과 부활하시고 승천하신 것을 믿는 것을 말함).

성령의 인도를 받을 것에 대해 말씀하신 것(마 10:19-20)과 하나님 나라 천국의 비밀, 생명의 말씀을 비유로 말씀하신 것(예수님이 천국에 입성하기를 원치 않는 영혼은 깨닫지 못하게), "땅에서 무엇이든지 매면 하늘에서도 매일 것이고 땅에서 무엇이든지 풀면 하늘에서도 풀리리라"(마 16:19) 하고 말씀하신 것 등 4복음서에서 예수님의 말씀들과 그 행적들이 피조물인 인간의 수준에서는 할 수 없는 하나님 되심을 읽어내어야 하고 깨달아야 한다. 즉 하나님 나라의 비밀을 깨달아야 하는데 성경 말씀을 읽고 듣고 하나님을 만나고자 하는 열린 마음이 없으면 깨닫는 것이 쉽지 않다. 성경 말씀을 읽지도 않고 듣지도 않고 완악하면 하나님도 하나님을 알도록 계시하시지 않는다. 하나님도 결국 하나님의 품이며 성전인 천국(새 하늘과 새 땅, 새 예루살렘성)

에 들이고 싶지 않은 영혼이기 때문에 성경을 알고 하나님을 알도록 계시하시지 않는다는 것이다. 이와 같이 4복음서(마태복음, 마가복음, 누가복음, 요한복음)에서 예수님의 하나님 되심을 읽어내어야 한다.

📚 마태복음 : AD 65-70년 경, 세리 마태의 저작, 예수 그리스도의 육신의 계보, 성령으로 잉태하심

세례 요한의 등장과 역할이 기록되어 있고, 예수님은 3년 반의 공사역[43] 전에 성령에 이끌리어 마귀에게 시험을 받으셨다. "돌들로 떡덩이가 되게 하라, 성전 꼭대기에서 뛰어내리라, 사탄 마귀인 자기에게 경배하면 천하만국과 그 영광을 주겠다" 하였으나 예수님은 하나님 말씀(구약성경)으로 물리치시고 마지막은 물러가라고 명령하셨다(마 4:1-10).

산상수훈

심령이 가난한 자는 복이 있나니 천국이 그들의 것임이요(마 5:3)

2017년 2월 이전까지는 바램이나 선언적으로 읽었으나 깨닫고(예수님의 하나님 되심) 의지적인 관점으로, 즉 예수님께서 직접 이렇게 하시겠다는 관점으로 필자는 이해하고 있다.

예수님은 율법이나 선지자를 폐하러 온 것이 아니요 완전하게 하려고 오셨다(마 5:17).

43) 3년 반 동안의 공식적인 활동

예물을 제단에 드리려다가 거기서 네 형제에게 원망들을 만한 일이 있는 것이 생각나거든…먼저 가서 형제와 화목하고 그 후에 예물을 드리라…맹세하지 말지니(마 5:23-24, 5:34)

맹세하지 말라는 뜻은 네가 네 마음대로 할 수 있는 것은 아무것도 없다는 것이다. 즉 하나님께서 허락하시지 않으면 너의 의지대로만 되는 것이 아니라는 의미이다.

오직 너희 말은 옳다 옳다, 아니라 아니라 하라 이에서 지나는 것은 악으로부터 나느니라(마 5:37)

옳은 것은 옳다고 하고 아닌 것은 아니라고 해야 한다는 것이다.

너희 원수를 사랑하며 너희를 박해하는 자를 위하여 기도하라(마 5:44)

하늘에 계신 너희 아버지의 온전하심과 같이 너희도 온전하라(마 5:48)

네 구제함을 은밀하게 하라(마 6:4)

그 구제한 것을 떠벌리지 말라는 말씀이다. 떠벌리는 것은 이 세상으로부터 상을 이미 받았다고 하신다(마 6:2).

너는 구제할 때에 오른손이 하는 것을 왼손이 모르게 하여(마 6:3)

주기도문 **(예수님께서 우리들에게 가르쳐 주신 기도 마** 6:9-13)

너희가 사람의 잘못을 용서하면 너희 하늘 아버지께서도 너희 잘못을 용서하시려니와(마 6:14)

너는 금식할 때에 머리에 기름을 바르고 얼굴을 씻으라(마 6:17)

외식으로[44] 금식하지 말라는 것이다.

보물을 하늘에 쌓아두라…네 보물 있는 그 곳에는 네 마음도 있느니라(마 6:20, 21)

한 사람이 두 주인을 섬기지 못한다. 하나님과 재물을 겸하여 섬기지 못한다(마 6:24).

그런즉 너희는 먼저 그의 나라와 그의 의를 구하라 그리하면 이 모든 것을 너희에게 더하시리라(마 6:33)

먼저 예수님께서 말씀하신대로(마 6장) 살아 가면 하나님께서 먹는 것, 마시는 것, 입는 것 등 우리의 삶에서 필요한 것들을 공급하신다는 말씀이다.

비판을 받지 아니하려거든 비판하지 말라…구하라 그리하면 너희에게 주실 것이요 찾으라 그리하면 찾아낼 것이요 문을 두드리라 그리하면

---

44) 남에게 보이려고

너희에게 열릴 것이니…남에게 대접을 받고자 하는 대로 너희도 남을 대접하라 좁은 문으로 들어가라 생명으로 인도하는 문은 좁고 길이 협착하여 찾는 자가 적음이라 거짓 선지자들을 삼가라…그들의 열매로 그들을 알지니…나더러 주여 주여 하는 자마다 다 천국에 들어갈 것이 아니요 다만 하늘에 계신 내 아버지의 뜻대로 행하는 자라야 들어가리라…누구든지 나의 이 말을 듣고 행하는 자는 그 집을 반석 위에 지은 지혜로운 사람 같으리니…나의 이 말을 듣고 행하지 아니하는 자는 그 집을 모래 위에 지은 어리석은 사람 같으리니(마 7:1, 7, 12-16, 21, 24, 26)

죽은 자들이 그들의 죽은 자들을 장사하게 하고 너는 나를 따르라(마 8:22)

바람과 바다를 꾸짖어 잔잔하게 하시다. (마 8:23-26)

중풍병자를 고치시다. (마 9:1-8)

건강한 자에게는 의사가 쓸 데 없고 병든 자에게라야 쓸 데 있느니라 너희는 가서 내가 긍휼을 원하고 제사를 원하지 아니하노라 하신 뜻이 무엇인지 배우라 나는 의인을 부르러 온 것이 아니요 죄인을 부르러 왔노라(마 9:12-13)

맹인들의 눈을 뜨게 하시고 말 못하는 사람을 고치시다. (마 9:27-34)

열두 제자를 부르시다. (마 10:1-4)

전파하여 말하되 천국이 가까이 왔다 하고 병든 자를 고치며 죽은 자를 살리며 나병환자를 깨끗하게 하며 귀신을 쫓아내되 너희가 거저 받았으니 거저 주라…여행을 위하여 배낭이나 두 벌 옷이나 신이나 지팡이를 가지지 말라 이는 일꾼이 자기의 먹을 것 받는 것이 마땅함이라 (마 10:7–10)

어떤 성이나 마을에 들어가든지 그 중에 합당한 자를 찾아내어 너희가 떠나기까지 거기서 머물라 또 그 집에 들어가면서 평안하기를 빌라 그 집이 이에 합당하면 너희 빈 평안이 거기 임할 것이요 만일 합당하지 아니하면 그 평안이 너희에게 돌아올 것이니라(마 10:11–13)(필자는 이 말씀도 예수님께서 길흉화복에 대하여 이와 같은 섭리로 이루어 가겠다는 의지적 관점에서 이해하고 있다.)

내가 너희를 보냄이 양을 이리 가운데로 보냄과 같도다(마 10:16)

너희가 나로 말미암아 총독들과 임금들 앞에 끌려 가리니 이는 그들과 이방인들에게 증거가 되게 하려 하심이라 너희를 넘겨 줄 때에 어떻게 또는 무엇을 말할까 염려하지 말라 그 때에 너희에게 할 말을 주시리니 말하는 이는 너희가 아니라 너희 속에서 말씀하시는 이 곧 너희 아버지의 성령이시니라(마 10:18–20)

참새 두 마리가 한 앗사리온에[45] 팔리지 않느냐 그러나 너희 아버지께서 허락하지 아니하시면 그 하나도 땅에 떨어지지 아니하리라 너희에게는 머리털까지 다 세신 바 되었나니 두려워하지 말라 너희는 많은 참새보다 귀하니라(마 10:29-31)

누구든지 사람 앞에서 나를 시인하면 나도 하늘에 계신 내 아버지 앞에서 그를 시인할 것이요 누구든지 사람 앞에서 나를 부인하면 나도 하늘에 계신 내 아버지 앞에서 그를 부인하리라(마 10:32-33)

자기 십자가를 지고 나를 따르지 않는 자도 내게 합당하지 아니하니라 누구든지 제자의 이름으로 이 작은 자 중 하나에게 냉수 한 그릇이라도 주는 자는 내가 진실로 너희에게 이르노니 그 사람이 결단코 상을 잃지 아니하리라 하시니라(마 10:38, 42)

세례 요한을 가리켜 여자가 낳은 자 중에 세례 요한보다 큰 이가 일어남이 없다고 말씀하셨다(마 11:11). 그러나 천국에서는 극히 작은 자라도 그보다 크니라(마 11:11).

세례 요한의 때부터 지금까지 천국은 침노를 당하나니 침노하는 자는 빼앗느니라(마 11:12)

모든 선지자와 율법이 예언한 것은 요한까지니 만일 너희가 즐겨 받을진대 오리라 한 엘리야가 곧 이 사람이니라 귀 있는 자는 들을지어다 이 세대를 무엇으로 비유할까 비유하건대 아이들이 장터에 앉아 제 동

45) 로마의 화폐단위, 노동자의 하루 품삯인 한 데나리온의 십육 분의 일

무를 불러 이르되 우리가 너희를 향하여 피리를 불어도 너희가 춤추지 않고 우리가 슬피 울어도 너희가 가슴을 치지 아니하였다 함과 같도다(마 11:13-17)

하나님의 나라 천국은 피리를 불면 춤추는 곳이며 슬피 울면 가슴을 치는 곳이다. 즉 공감하는 곳이다.

예수님께서는 회개하지 아니하는 도시들, 고라신과 벳새다를 책망하셨다(마 11:21).

천지의 주재이신 아버지여 이것을 지혜롭고 슬기 있는 자들에게는 숨기시고 어린 아이들에게는 나타내심을 감사하나이다…내 아버지께서 모든 것을 내게 주셨으니 아버지 외에는 아들을 아는 자가 없고 아들과 또 아들의 소원대로 계시를 받는 자 외에는 아버지를 아는 자가 없느니라(마 11:25, 27)

예수님께서는 하나님을 아는 것은 예수님의 소원대로 계시를 받는 자만이 하나님을 알 수 있다고 하셨다.

수고하고 무거운 짐 진 자들아 다 내게로 오라 내가 너희를 쉬게 하리라 나는 마음이 온유하고 겸손하니 나의 멍에를 메고 내게 배우라 그리하면 너희 마음이 쉼을 얻으리니 이는 내 멍에는 쉽고 내 짐은 가벼움이라 하시니라(마 11:28-30)

안식일에 손 마른 사람을 고치시고 안식일에 병 고치는 것을 트집 잡는 바리새인 율법주의자들에게 안식일에도 선을 행하는 것이 옳다고 말씀하셨다(마 12:9-13).

내가 하나님의 성령을 힘입어 귀신을 쫓아내는 것이면 하나님의 나라가 이미 너희에게 임하였느니라…사람에 대한 모든 죄와 모독은 사하심을 얻되 성령을 모독하는 것은 사하심을 얻지 못하겠고 또 누구든지 말로 인자를 거역하면 사하심을 얻되 누구든지 말로 성령을 거역하면 이 세상과 오는 세상에서도 사하심을 얻지 못하리라 나무도 좋고 열매도 좋다 하든지 나무도 좋지 않고 열매도 좋지 않다 하든지 하라 그 열매로 나무를 아느니라(마 12:28, 31-33)

독사의 자식들아 너희는 악하니 어떻게 선한 말을 할 수 있느냐 이는 마음에 가득한 것을 입으로 말함이라(마 12:34)

선한 사람은 그 쌓은 선에서 선한 것을 내고 악한 사람은 그 쌓은 악에서 악한 것을 내느니라 내가 너희에게 이르노니 사람이 무슨 무익한 말을 하든지 심판 날에 이에 대하여 심문을 받으리니 네 말로 의롭다 함을 받고 네 말로 정죄함을 받으리라(마 12:35-37)

누구든지 하늘에 계신 내 아버지의 뜻대로 하는 자가 내 형제요 자매요 어머니이니라(마 12:50)

네 가지 땅에 떨어진 씨 비유

비유로 말씀하신 것은 '천국의 비밀을 아는 것이 너희에게는 허락되었으나 그들에게는 아니되었기 때문'이라고 하신다. 이사야의 예언처럼 듣기는 들어도 깨닫지 못할 것이며, 보기는 보아도 알지 못할 것을 실현시키기 위해 이렇게 하신 것을 보면 예수님은 이사야의 예언 계시로 오신 전능하신 하나님임을 알 수 있다(마 13:11-15, 사 6:9-10).

좋은 땅에 뿌려진 씨처럼 말씀을 듣고 깨달아 결실하여 어떤 것은 백 배, 어떤 것은 육십 배, 어떤 것은 삼십 배의 결실을 보는 사람과 같이 되어야 하겠다(마 13:3-8). 또 천국은 좋은 씨를 제 밭에 뿌린 사람과 같다(마 13:24).

그런데 가라지가 보여 종들이 이를 뽑기를 원하시는지 주인에게 물었으나 주인은 "곡식과 가라지 둘 다 추수 때까지 자라게 두라" 하시고, "추수 때에 내가 추수꾼들에게 말하기를 가라지는 먼저 거두어 불사르게 단으로 묶고 곡식은 모아 내 곳간에 넣으라 하리라"(마 13:26-30) 하고 말씀하셨다. 이와 같이 예수님은 천국에 대하여 가라지 비유를 들어 제자들에게 설명하셨다.

천국에 관한 세 가지 비유

천국은 마치 밭에 감추인 보화와 같으니 사람이 이를 발견한 후 숨겨 두고 기뻐하며 돌아가서 자기의 소유를 다 팔아 그 밭을 사느니라 또 천국은 마치 좋은 진주를 구하는 장사[46]와 같으니 극히 값진 진주 하나를 발견하매 가서 자기의 소유를 다 팔아 그 진주를 사느니라 또 천국은 마치 바다에 치고 각종 물고기를 모는 그물과 같으니 그물에 가득하매 물 가로 끌어 내고 앉아서 좋은 것은 그릇에 담고 못된 것은 내버리느니라 세상 끝에도 이러하리라 천사들이 와서 의인 중에서 악인을 갈라 내어 풀무 불에 던져 넣으리니 거기서 울며 이를 갈리라(마 13:44-50)

---

46) 상인(merchant)

천국(Kingdom of Heaven)은 자기의 소유를 다 팔아 즉 자기의 모든 소유나 재산 보다 값있는 것이라고 말씀하셨다.

떡 다섯 개, 물고기 두 마리로 여자와 어린이 외에 오천 명을 먹이시고 남은 것을 열두 바구니에 차게 거두었다(오병이어의 기적, 마 14:17-21).

예수께서 물 위를 걸으시다(마 14:25). 베드로가 물 위로 걸어서 예수께로 가다가 물에 빠질 때 그를 붙잡으시며 "믿음이 작은 자여, 왜 의심하였느냐" 하고 말씀하셨다(마 14:29-31).

게네사렛에서 병자들을 고치시고(마 14:34-36), 가나안 여자의 귀신 들린 딸을 고치셨다(마 15:21-28). 많은 사람들을 갈릴리 호숫가에서 고치셨다. 다리 저는 사람과 장애인과 맹인과 말 못하는 사람과 기타 여럿을 고치셨다(마 15:29-31). 떡 일곱 개와 작은 생선 두어 마리로 여자와 어린이 외에 사천 명을 먹이고 남은 것을 일곱 광주리에 차게 거두었다(마 15:33-38).

시몬 베드로의 고백

너희는 나를 누구라 하느냐…주는 그리스도시요 살아 계신 하나님의 아들이시니이다 예수께서 대답하여 이르시되 바요나 시몬아 네가 복이 있도다 이를 네게 알게 한 이는 혈육이 아니요 하늘에 계신 내 아버지시니라…너는 베드로라 내가 이 반석 위에 내 교회를 세우리니 음부의 권세가 이기지 못하리라 내가 천국 열쇠를 네게 주리니 네가 땅에서 무엇이든지 매면 하늘에서도 매일 것이요 네가 땅에서 무엇이든지 풀면 하늘에서도 풀리리라 하시고(마 16:15–19)

예수께서 죽음과 부활을 처음으로 말씀하셨다(마 16:21).

예수께서 제자들에게 이르시되 누구든지 나를 따라오려거든 자기를 부인하고 자기 십자가를 지고 나를 따를 것이니라 누구든지 제 목숨을 구원하고자 하면 잃을 것이요 누구든지 나를 위하여 제 목숨을 잃으면 찾으리라(마 16:24-25)

인자가 아버지의 영광으로 그 천사들과 함께 오리니 그 때에 각 사람이 행한 대로 갚으리라(마 16:27)

재림하실 때 의인들이 부활하고 즉 하나님을 믿고 예수 그리스도께서 나의 죄 때문에 십자가에 매달려 피 흘리신 것을 믿고 회개하고 성령 받은 크리스천들이 누가복음 14장 13-14절에서 예수님께서 말씀하신 바와 같이 가난한 자들, 몸 불편한 자들과 저는 자들과 맹인들 즉 대접을 받았어도 도로 갚을 수 없는 힘든 자들에게 베푼 것에 대하여 그리고 그 선행을 떠벌리지 않았을 때(떠벌린 것은 세상 살면서 보상을 받았으므로 제외하고) 그들이 부활하여 행한 대로 상급을 받게 될 것을 말씀하셨다.

예수께서 영광스러운 모습으로 변형되시다(마 17:1-8)

간질로 고생하는 아이에게 귀신을 꾸짖어 나가게 하셨다. 주의 제자들이 이를 고치지 못한 것은 믿음이 작은 까닭이라 하시고, "만일 너희에게 믿음이 겨자씨 한 알 만큼만 있어도 이 산을 명하여 여기서 저기로 옮겨지라 하면 옮겨질 것이요" 하고 말씀하셨다(마 17:15-20).

진실로 너희에게 이르노니 너희가 돌이켜 어린 아이들과 같이 되지 아니하면 결단코 천국에 들어가지 못하리라 그러므로 누구든지 이 어린 아이와 같이 자기를 낮추는 사람이 천국에서 큰 자니라(마 18:3-4)

네 손이나 네 발이 너를 범죄하게 하거든 찍어 내버리라 장애인이나 다리 저는 자로 영생에 들어가는 것이 두 손과 두 발을 가지고 영원한 불에 던져지는 것보다 나으니라 만일 네 눈이 너를 범죄하게 하거든 빼어 내버리라 한 눈으로 영생에 들어가는 것이 두 눈을 가지고 지옥 불에 던져지는 것보다 나으니라 삼가 이 작은 자 중의 하나도 업신여기지 말라 너희에게 말하노니 그들의 천사들이 하늘에서 하늘에 계신 내 아버지의 얼굴을 항상 뵈옵느니라(마 18:8-10)

진실로 너희에게 이르노니 무엇이든지 너희가 땅에서 매면 하늘에서도 매일 것이요 무엇이든지 땅에서 풀면 하늘에서도 풀리리라…너희 중의 두 사람이 땅에서 합심하여 무엇이든지 구하면 하늘에 계신 내 아버지께서 그들을 위하여 이루게 하시리라 두세 사람이 내 이름으로 모인 곳에는 나도 그들 중에 있느니라(마 18:18-20)

용서할 줄 모르는 종의 비유(마 18:21-34)

너희가 각각 마음으로부터 형제를 용서하지 아니하면 나의 하늘 아버지께서도 너희에게 이와 같이 하시리라(마 18:35)

즉 우리가 형제를 용서하지 않으면 하나님께서도 우리를 용서하지 않으신다는 말씀이다. 주인으로부터 일만 달란트 빚을 탕감 받은 종이 자기에게 백 데나리온 빚을 진 동료에게는 빚을 갚도록 옥에 가두었는데 이에 주인이 노하여 그 빚을 다 갚도록 그를 옥졸들에게 넘겼다(마 18:21-35).

결혼에 대하여

하나님이 짝지어 주신 것을 사람이 나누지 못할지니라(마 19:6)

재물이 많은 청년에게

네 소유를 팔아 가난한 자들에게 주라 그리하면 하늘에서 보화가 네게 있으리라 그리고 와서 나를 따르라(마 19:21)

청년이 예수님을 따르지 않는 것을 보시고 제자들에게 낙타가 바늘귀로 들어가는 것이 부자가 하나님의 나라에 들어가는 것보다 쉽다고 말씀하시고, 사람으로는 할 수 없으나 하나님으로서는 다 하실 수 있다고 하셨다. 그리고 또 "내 이름을 위하여 집이나 형제나 자매나 부모나 자식이나 전토를 버린 자마다 여러 배를 받고 또 영생을 상속하리라 그러나 먼저 된 자로서 나중 되고 나중 된 자로서 먼저 될 자가 많으니라" 하고 말씀하셨다(마 19:24-30).

포도원의 품꾼들

천국은 마치 품꾼을 얻어 포도원에 들여보내려고 이른 아침에 나간 집주인과 같다고 하시고 먼저 온 사람이나 나중에 온 사람이나 똑같이 한 데나리온[47]을 준 것을 보고 먼저 온 자들이 포도원 주인

---

47) 로마제국의 은화. 당시 노동자의 하루 품삯이 한 데나리온 정도였다.

을 원망하자 "네가 나와 한 데나리온을 약속한 것인데 나중에 온 사람에게 너와 같이 주는 것이 내 뜻이니라" 하시고 "내 것을 가지고 내 뜻대로 할 것이 아니냐"라고 말씀하셨다(마 20:1-15).

이와 같이 나중 된 자로서 먼저 되고 먼저 된 자로서 나중 되리라(마 20:16)

이는 하나님의 절대 주권을 말씀하신 것이다.

너희 중에 누구든지 크고자 하는 자는 너희를 섬기는 자가 되고 너희 중에 누구든지 으뜸이 되고자 하는 자는 너희의 종이 되어야 하리라 인자가 온 것은 섬김을 받으려 함이 아니라 도리어 섬기려 하고 자기 목숨을 많은 사람의 대속물로 주려 함이니라(마 20:26-28)

너희가 기도할 때에 무엇이든지 믿고 구하는 것은 다 받으리라 하시니라(마 21:22)

대제사장들과 백성의 장로들을 향해 '포도원에 일하라고 말씀하신 두 아들 중에서 가겠다고 하였으나 가지 않은 맏아들과 싫다고 하였으나 뉘우치고 가서 일을 한 둘째 아들 중에서 누가 아버지의 뜻대로 하였느냐'고 하시고 "세리들과 창녀들이 너희보다 먼저 하나님의 나라에 들어가리라" 하고 말씀하셨다(마 21:28-31).

포도원 농부 비유

한 집주인이 포도원을 만들고 농부들에게 세를 주고 타국으로 떠난 후 열매를 거둘 때 열매를 받으려고 종들을 보냈다. 그러나 농부들이 종들을 때리고 죽여서 아들은 존대하리라 생각해서 보냈는데 그 아들도 이는 상속자니 죽이고 그의 유산을 차지하자 하고 죽였다.

예수께서 이르시되 너희가 성경에 건축자들이 버린 돌이 모퉁이의 머릿돌이 되었나니 이것은 주로 말미암아 된 것이요 우리 눈에 기이하도다 함을 읽어 본 일이 없느냐 그러므로…하나님의 나라를 너희는 빼앗기고 그 나라의 열매 맺는 백성이 받으리라(마 21:33-43)

한 율법사에게

네 마음을 다하고 목숨을 다하고 뜻을 다하여 주 너의 하나님을 사랑하라 하셨으니 이것이 크고 첫째 되는 계명이요 둘째도 그와 같으니 네 이웃을 네 자신같이 사랑하라 하셨으니(마 22:37-39)

서기관들과 바리새인들이 모세의 자리에 앉았으니 그러므로 무엇이든지 그들이 말하는 바는 행하고 지키되 그들이 하는 행위는 본받지 말라 그들은 말만 하고 행하지 아니하며 또 무거운 짐을 묶어 사람의 어깨에 지우되 자기는 이것을 한 손가락으로도 움직이려 하지 아니하며 그들의 모든 행위를 사람에게 보이고자 하나니 곧 그 경문[48] 띠를 넓게 하며 옷술을 길게 하고 잔치의 윗자리와 회당의 높은 자리와 시장에서 문안 받는 것과 사람에게 랍비라 칭함을 받는 것을 좋아하느니라(마 23:2-7)

---

48) 특정한 네 군데의 성구를 깨끗한 양피지에 적어 담은 상자로 13세 이상의 유대인 남자들이 아침기도 때 머리 미간이나 왼팔에 매는 것.

화 있을진저 외식하는 서기관들과 바리새인들이여 너희는 천국 문을 사람들 앞에서 닫고 너희도 들어가지 않고 들어가려 하는 자도 들어가지 못하게 하는도다(마 23:13)

화 있을진저 외식하는 서기관들과 바리새인들이여 너희는 교인 한 사람을 얻기 위하여 바다와 육지를 두루 다니다가 생기면 너희보다 배나 더 지옥 자식이 되게 하는도다 화 있을진저 눈 먼 인도자여 너희가 말하되 누구든지 성전으로 맹세하면 아무 일 없거니와 성전의 금으로 맹세하면 지킬지라 하는도다…어느 것이 크냐 그 금이냐 그 금을 거룩하게 하는 성전이냐…누구든지 제단으로 맹세하면 아무 일 없거니와 그 위에 있는 예물로 맹세하면 지킬지라 하는도다…어느 것이 크냐 그 예물이냐 그 예물을 거룩하게 하는 제단이냐(마 23:15-19)

화 있을진저 외식하는 서기관들과 바리새인들이여 너희가 박하와 회향과 근채의 십일조는 드리되 율법의 더 중한 바 정의와 긍휼과 믿음은 버렸도다 그러나 이것도 행하고 저것도 버리지 말아야 할지니라(마 23:23)

이와 같이 너희도 겉으로는 사람에게 옳게 보이되 안으로는 외식과 불법이 가득하도다…내가 너희에게 선지자들과 지혜 있는 자들과 서기관들을 보내매 너희가 그 중에서 더러는 죽이거나 십자가에 못 박고…(마 23:28, 34)(이 말씀 속에서도 예수님의 하나님 되심을 알 수 있다. '보내매'라는 말씀은 예수님께서 이 땅에 계시기 이전에도 보냈고 이 땅에 계신 이후에도 보낼 것을 말씀하시는 것이다)

세상 끝 날에 일어날 징조들

많은 사람이 내 이름으로 와서 이르되 나는 그리스도라 하여 많은 사람을 미혹하리라 난리와 난리 소문을 듣겠으나 너희는 삼가 두려워하지 말라 이런 일이 있어야 하되 아직 끝은 아니니라 민족이 민족을, 나라가 나라를 대적하여 일어나겠고 곳곳에 기근과 지진이 있으리니 이 모든 것은 재난의 시작이니라…너희가 내 이름 때문에 모든 민족에게 미움을 받으리라(마 24:5-9)

마지막 때에는 예수 믿는 것 때문에 모든 민족에게 미움을 받는 일이 일어난다.

그때에 많은 사람이 실족하게 되어 서로 잡아 주고 서로 미워하겠으며 거짓 선지자가 많이 일어나 많은 사람을 미혹하겠으며 불법이 성하므로 많은 사람의 사랑이 식어지리라 그러나 끝까지 견디는 자는 구원을 얻으리라 이 천국 복음이 모든 민족에게 증언되기 위하여 온 세상에 전파되리니 그제야 끝이 오리라(마 24:10-14)

너희가 선지자 다니엘이 말한 바 멸망의 가증한 것이 거룩한 곳에 선 것을 보거든(읽는 자는 깨달을진저) 그 때에 유대에 있는 자들은 산으로 도망할지어다…이는 그 때에 큰 환난이 있겠음이라 창세로부터 지금까지 이런 환난이 없었고 후에도 없으리라 그 날들을 감하지 아니하면 모든 육체가 구원을 얻지 못할 것이나 그러나 택하신 자들을 위하여 그 날들을 감하시리라…거짓 그리스도들과 거짓 선지자들이 일어나 큰 표적과 기사를 보여 할 수만 있으면 택하신 자들도 미혹하리라(마 24:15-24)

번개가 동편에서 나서 서편까지 번쩍임 같이 인자의 임함도 그러하리라…그 날 환난 후에 즉시 해가 어두워지며 달이 빛을 내지 아니하며 별들이 하늘에서 떨어지며 하늘의 권능들이 흔들리리라 그 때에 인자의 징조가 하늘에서 보이겠고 그 때에 땅의 모든 족속들이 통곡하며 그들이 인자가 구름을 타고 능력과 큰 영광으로 오는 것을 보리라 그가 큰 나팔소리와 함께 천사들을 보내리니 그들이 그의 택하신 자들을 하늘 이 끝에서 저 끝까지 사방에서 모으리라 무화과나무의 비유를 배우라 그 가지가 연하여지고 잎사귀를 내면 여름이 가까운 줄을 아나니 이와같이 너희도 이 모든 일을 보거든 인자가 가까이 곧 문앞에 이른 줄 알라(마 24:27-33)

그러나 그 날과 그 때는 아무도 모르나니 하늘의 천사들도, 아들도 모르고 오직 아버지만 아시느니라 노아의 때와 같이 인자의 임함도 그러하리라 홍수 전에 노아가 방주에 들어가던 날까지 사람들이 먹고 마시고 장가들고 시집가고 있으면서 홍수가 나서 그들을 다 멸하기까지 깨닫지 못하였으니 인자의 임함도 이와 같으리라 그 때에 두 사람이 밭에 있으매 한 사람은 데려가고 한 사람은 버려둠을 당할 것이요 두 여자가 맷돌질을 하고 있으매 한 사람은 데려가고 한 사람은 버려둠을 당할 것이니라 그러므로 깨어 있으라 어느날에 너희 주가 임할른지 너희가 알지 못함이니라 이러므로 너희도 준비하고 있으라 생각하지 않은 때에 인자가 오리라(마 24:36-44)

예수님께서 이땅에 다시 오실 때에도 초림 때와 같이 우리들의 일상생활 가운데 오신다고 말씀하고 있으므로 마지막 때에 일어날 이와같은 징조들을 잘 살펴서 깨어 있으면서 그리고 준비하고 있어야 하겠다(필자는 재림 때에도 초림 때와 같이 깨어있는 선지자들로부터 회개하라 천국이 가까이 왔느니라 하는 외침이 있을 것 같은 생각이 들고 이스라엘의 많은 사람들이 회심한 후 찬송하리로다 주의 이름으로 오시는 왕이여…하면서 오실 것 같은 생각이 든다. 말 4:5; 마 3:2; 눅 19:38).

천국에 관한 열 처녀의 비유

미련한 다섯 처녀는 등만 가지고, 슬기로운 다섯 처녀는 등과 기름을 가지고 신랑을 맞이하게 되는데 신랑이 더디 오므로 다 졸면서 잘 때 밤중에 소리가 나며 보라 신랑이로다 맞으러 나오라 하니 그 때 미련한 자들의 등이 꺼져가니 슬기있는 자들에게 기름을 좀 나누어 달라 하였으나 그녀들은 자기들이 쓰기에도 부족할까 하니 차라리 기름을 파는 자들에게서 쓸 것을 사라고 하였다. 그녀들이 사러간 사이에 신랑이 오므로 준비하였던 자들과 함께 혼인잔치에 들어가고 문은 닫히게 되었다. 그 후 기름을 사서 돌아온 처녀들이 문을 열어달라 하니 대답하되 내가 너희를 알지 못하노라 하는 음성을 듣게 된다. 그런즉 깨어 있으라 너희는 그 날과 그 때를 알지 못하느니라(마 25:1-13). 그 날과 그 때는 예수님께서 다시 이 땅에 오실 때를 말하며 슬기로운 다섯 처녀는 진실로 예수님께서 이 땅에 다시 오시는 것을 믿고 깨어서 준비하며 기다리는 진실한 크리스천을 말한다.

달란트 비유

어떤 사람이 각각 재능대로 금 다섯 달란트, 두 달란트, 한 달란트를 종들에게 주고 타국으로 떠나며 자기 소유를 맡겼는데 다섯 달란트 받은 자는 장사하여 다섯 달란트를 남기고, 두 달란트 받은 자는 두 달란트를 남기고, 한 달란트 받은 자는 그 주인의 돈을 땅을 파고 감추어 두었다.

오랜 후 그 주인이 돌아와 종들과 결산할 때 한 달란트 받은 종이 "주인은 굳은 사람이라 심지 않은 데서 거두고 헤치지 않은 데서 모으는 줄 알았으므로 두려워하여 땅에 감추었다"라고 하고 한 달란트를 내놓았다. 그러자 주인은 '악하고 게으른 종'이라 하며 "취리하는 자에게 맡겨 원금과 이자를 받게 해야 할 것 아니냐. 그 한 달란트를 빼앗아 열 달란트 가진 자에게 주라" 하시며 무릇 있는 자는 받아 풍족하게 되고 없는 자는 그 있는 것까지 빼앗기리라고 하셨다. 그리고 "이 무익한 종을 바깥 어두운 데로 내쫓으라 거기서 슬피 울며 이를 갈리라"고 하셨다. 헤치지 않은 데서 모으는 줄 알았다는 뜻은 씨를 뿌리지 않고도 수확하는 분인 줄 알았다는 뜻이다(마 25:14-30).

인자가 자기 영광으로 모든 천사와 함께 올 때에 자기 영광의 보좌에 앉으리니 모든 민족을 그 앞에 모으고 각각 구분하기를 목자가 양과 염소를 구분하는 것 같이 하여 양은 그 오른편에 염소는 왼편에 두리라…그 오른편에 있는 자들에게…창세로부터 너희를 위하여 예비된 나라를 상속받으라 내가 주릴 때에 너희가 먹을 것을 주었고 목마를 때에 마시게 하였고 나그네 되었을 때에 영접하였고 헐벗었을 때에 옷을 입혔고 병들었을 때에 돌보았고 옥에 갇혔을 때에 와서 보았느니라…이에 대하여 예수님께서는 여기 내 형제 중에 지극히 작은 자 하나에게 한 것이 곧 내게 한 것이고 이 지극히 작은 자 하나에게 하지 아니한 것이 곧 내게 하지 아니한 것이라 하시며 그들은 영벌에 의인들은 영생에 들어가리라 하시니라(마 25:31-46)

마지막 만찬

인자는 자기에 대하여 기록된 대로 가거니와 인자를 파는 그 사람에게는 화가 있으리로다…예수께서 떡을 가지사 축복하시고 떼어 제자들에게 주시며 이르시되 받아서 먹으라 이것은 내 몸이니라 하시고 또 잔을 가지사 감사 기도 하시고 그들에게 주시며 이르시되 너희가 다 이것을 마시라 이것은 죄 사함을 얻게 하려고 많은 사람을 위하여 흘리는 바 나의 피 곧 언약의 피니라 그러나 너희에게 이르노니 내가 포도나무에서 난 것을 이제부터 내 아버지의 나라에서 새것으로 너희와 함께 마시는 날까지 마시지 아니하리라 하시니라(마 26:24, 26-29)

예수께서 제자들에게 이르시되 오늘 밤에 너희가 다 나를 버리리라 기록된 바 내가 목자를 치리니 양의 떼가 흩어지리라 하였느니라(마 26:31)

베드로가 '모두 주를 버릴지라도 나는 결코 버리지 않겠나이다' 하니 예수께서 베드로에게 "오늘 밤 닭 울기 전에 네가 세 번 나를 부인하리라" 하고 말씀하셨다. 베드로는 예수를 처음에는 모른다고 부인하다가 두 번째는 맹세하고 부인하였고 세 번째는 저주하며 맹세하여 부인하였다(마 26:33-34, 70-74).

성령을 받기 전의 사도 베드로의 모습은 살기 위해서는 어쩔 수 없었던 한 연약한 인간의 모습이었다.

십자가에 못 박히시고

성소 휘장이 위로부터 아래까지 찢어져 둘이 되고 땅이 진동하며 바위가 터지고 무덤들이 열리며 자던 성도의 몸이 많이 일어나되 예수의 부활 후에 그들이 무덤에서 나와서 거룩한 성에 들어가 많은 사람에게 보이니라(마 27:51-53)

다시 살아나신 예수께서 열한 제자에게 나아와 말씀하셨다.

하늘과 땅의 모든 권세를 내게 주셨으니 그러므로 너희는 가서 모든 민족을 제자로 삼아 아버지와 아들과 성령의 이름으로 세례를 베풀고 내가 너희에게 분부한 모든 것을 가르쳐 지키게 하라 볼지어다 내가 세상 끝날까지 너희와 항상 함께 있으리라 하시니라(마 28:18-20)

4복음서에서 이중 삼중으로 동일한 내용이 중복 기록된 것은 모두 마태복음에 한번 기록하였습니다.

마가복음 (저자는 마가 요한이며 사도행전 15:36-41에 나오는 그 마가 요한이다. 말씀보다 예수님의 행적에 비중을 많이 둔 행위의 복음)

4복음서 중 가장 먼저 기록되었으며 AD 55-60년 경 기록된 것으로 추정된다. 마가는 예수님의 12제자에 속하지 않으며 사도 베드로로부터 들은 것을 기록한 것으로 보인다.

세례 요한이 광야에 이르러 죄 사함을 받게 하는 회개의 세례를 전파하니…예수께서 갈릴리에 오셔서…이르시되 때가 찼고 하나님의 나라가 가까이 왔으니 회개하고 복음을 믿으라 하시더라(막 1:4, 14-15)

예수께서 시몬과 그 형제 안드레, 세베대의 아들 야고보와 그 형제 요한을 부르셨다. 어부들을 부르셨고 그들은 곧 따랐다. 어부들이었던 그들이 모든 것을 버려두고 먼저 따른 것이 아니라 예수님께서 부르셨기에 따랐다는 말씀이다(막 1:16-20).

새벽 밝기 전에 예수께서 일어나 한적한 곳으로 가서 기도하셨다(막 1:35).

한 중풍병자가 지붕을 뜯어 구멍을 내어 누운 상을 달아 내리니 예수께서 그들의 믿음을 보시고 "네 죄 사함을 받았느니라" 하시니… "내가 네게 이르노니 일어나 네 상을 가지고 집으로 가라" 하시니 그가 일어나 곧 상을 가지고 모든 사람 앞에서 나갔다(막 2:4-12).

알패오의 아들 레위를 부르셨다. 그리고 그는 예수님을 따랐다(막 2:14).

안식일이 사람을 위하여 있는 것이요 사람이 안식일을 위하여 있는 것이 아니라고 하셨다(막 2:27). 안식일에 한쪽 손 마른 사람을 고치셨다(막 3:1-5).

자기가 원하는 자들 열둘을 세우셨다. 예수님께서 원하는 자들을 부르신 것이다. 이를 하나님의 절대주권이라 한다. 시몬에게는 '베드로'라는 이름을 더하셨고, 세베대의 아들 야고보와 야고보의 형제 요한에게는 '보아너게' 곧 '우레의 아들'이란 이름을 더하셨다. 안드레, 빌립, 바돌로매, 마태, 도마, 알패오의 아들 야고보와 및 다대오와 가나나인 시몬, 가룟 유다(예수를 판 자) 이렇게 열두 명을 부르셨다(막 3:16-19).

너희의 헤아리는 그 헤아림으로 너희가 헤아림을 받을 것이며 더 받으리니(막 4:24)

거라사 지방에서 군대 귀신들린 자를 고치시고, 회당장 야이로의 딸과 열두 해 동안 혈루증을 앓아온 여자를 고치셨다. "달리다굼"(소녀야 일어나라) 하시면서 회당장의 딸을 살리셨다(막 5:1-15, 25-34, 5:22-24, 35-42).

예수님은 고향에서 배척을 받으셨다. 예수님의 육신의 형제는 야고보, 요셉, 유다, 시몬, 그 누이들이었다(막 6:1-3).

"선지자가 자기 고향과 자기 친척과 자기 집 외에서는 존경을 받지 못함이 없느니라" 하셨다(막 6:4).

헤롯 왕은 자기 생일날 연회를 베풀때 잘못된 맹세를 하게 되어 세례 요한을 처형하게 되었다(막 6:21-28).

예수님께서 물 위를 걸으셨다(막 6:49). 헬라인 수로보니게 족속 여자의 귀신들린 어린 딸을 고치셨고, 귀먹고 말 더듬는 자를 고치셨다. 그를 고치시면서 하늘을 우러러 탄식하시며 "에바다"(열려라)라고 말씀하셨다(막 7:24-35).

누구든지 이 음란하고 죄 많은 세대에서 나와 내 말을 부끄러워하면 인자도 아버지의 영광으로 거룩한 천사들과 함께 올 때에 그 사람을 부끄러워하리라(막 8:38)

예수께서 영광스러운 모습으로 변형되시다(막 9:2-3).

귀신들린 아이를 고치시면서 "할 수 있거든이 무슨 말이냐 믿는 자에게는 능히 하지 못할 일이 없느니라" 하셨다. 제자들이 귀신을 쫓아내지 못하고 예수님이 쫓아낸 것에 대하여 제자들이 자기들은 왜 쫓아내지 못하였는지 물어보았을 때 제자들에게 이르시되 "기도

외에 다른 것으로는 이런 종류가 나갈 수 없느니라" 하고 말씀하셨다(막 9:17-29).

누구든지 나를 믿는 이 작은자들 중 하나라도 실족하게 하면 차라리 연자 맷돌이 그 목에 매여 바다에 던져지는 것이 나으리라.

지옥에서는 구더기도 죽지 않고 불도 꺼지지 아니하며 불로써 소금 치듯 함을 받는다고 말씀하셨다(막 9:42-49).

예수님은 여리고에서 맹인 거지 바디매오의 눈을 열어 보게 하셨다(막 10:46-52).

성전을 깨끗하게 하시다.

예수께서 성전에 들어가사 성전 안에서 매매하는 자들을 내쫓으시며 돈 바꾸는 자들의 상과 비둘기 파는 자들의 의자를 둘러 엎으시며 …기록된 바 내 집은 만민이 기도하는 집이라 칭함을 받으리라고 하지 아니하였느냐 너희는 강도의 소굴을 만들었도다 하시매…(막 11:15-17)

예수님께서 저주하신 무화과나무가 마른 것을 보며 베드로가 이것을 기억하고 지적하였을 때 예수님께서는 "무엇이든지 기도하고 구하는 것은 받은 줄로 믿으라 그리하면 너희에게 그대로 되리라" 하고 말씀하셨다(막 11:20-24).

서서 기도할 때에 아무에게나 혐의[49]가 있거든 용서하라 그리하여야 하늘에 계신 너희 아버지께서도 너희 허물을 사하여 주시리라 하시니라(막 11:25)

49) Anything against anyone, 누군가에 대한 무엇인가 좋지 않은 감정

사람들이 가이사에게[50] 세금을 바치는 것을 두고 예수님을 시험하고자 했다.

예수께서 이르시되 가이사의 것은 가이사에게, 하나님의 것은 하나님께 바치라 하시니…(막 12:17)

부활 논쟁에 대해 예수님은 "사람이 죽은 자 가운데서 살아날 때에는 장가도 아니 가고 시집도 아니 가고 하늘에 있는 천사들과 같으니라"(막 12:18-25) 하고 말씀하셨다.

가장 큰 계명에 대해 "마음을 다하고 지혜를 다하고 힘을 다하여 하나님을 사랑하는 것과 또 이웃을 자기 자신과 같이 사랑하는 것이 전체로 드리는 모든 번제물과 기타 제물보다 나으니이다"라고 한 서기관의 말에 대하여 예수께서 그 지혜로운 대답에 대하여 "네가 하나님의 나라에서 멀지 않도다" 하고 말씀하셨다(막 12:28-34).

한 가난한 과부의 두 렙돈 곧 한 고드란트를[51] 헌금하신 것을 보시고 모든 사람보다 많이 넣었다고 말씀하셨다(막 12:41-44).

예수님께서 마지막 때의 징조에 대하여 말씀하셨다(막 13장).

예수님께서 잡혀서 끌려갈 때이다. 한 청년이 벗은 몸에 베 홑이불을 두르고 예수를 따라가다가 무리에게 잡히매 베 홑이불을 버리

50) Caesar, 로마 황제의 칭호, 원래는 로마의 정치가 가이우스 율리우스 케사르(율리우스 시저, BC 102-44)의 성(姓)이었으나 후에 보통명사화 되었다.

51) 렙돈은 그리스의 화폐 단위로 동전 중에 가장 작은 단위, 고드란트는 로마의 청동 화폐로서 최소 화폐 단위이며, 당시 1회 목욕비에 해당

고 벗은 몸으로 도망하니라(막 14:51-52)

이 청년은 많은 사람이 본 마가복음의 저자인 마가 요한 자신이라고 하고 있다.

예수님께서 부활하신 후 열한 제자가 음식 먹을 때에 그들에게 나타나셔서 이르셨다.

너희는 온 천하에 다니며 만민에게 복음을 전파하라 믿고 세례를 받는 사람은 구원을 얻을 것이요 믿지 않는 사람은 정죄를 받으리라 믿는 자들에게는 이런 표적이 따르리니 곧 그들이 내 이름으로 귀신을 쫓아내며 새 방언을 말하며 뱀을 집어 올리며 무슨 독을 마실지라도 해를 받지 아니하며 병든 사람에게 손을 얹은즉 나으리라 하시더라 주 예수께서 말씀을 마치신 후에 하늘로 올려지사 하나님 우편에 앉으시니라(막 16:15-19)

누가복음 (사도 바울의 신실한 동역자였던 이방인 의사 누가의 저작. AD 62-63년 경 역사적 사실에 근거해서 연대기적으로 기록)

우리 중에 이루어진 사실에 대하여 처음부터 목격자와 말씀의 일꾼된 자들이 전하여 준 그대로 내력을 저술하려고 붓을 든 사람이 많은지라 그 모든 일을 근원부터 자세히 미루어 살핀 나도 데오빌로 각하에게[52] 차례대로 써 보내는 것이 좋은 줄 알았노니(눅 1:1-3)

52) '하나님께 사랑받는 자'라는 뜻의 누가와 친한 이방인 고관으로 보인다.

세례 요한의 출생 예고

아비야 반열의 제사장 사가랴에게 그가 제사장 직무를 행할 때 주의 사자가 나타나 네 아내 엘리사벳에게 아들이 태어날 것이며 그 이름을 요한이라 하라고 예고하였다(눅 1:5-13).

예수의 나심을 예고하다. 천사 가브리엘이…다윗의 자손 요셉이라 하는 사람과 약혼한 처녀 마리아에게 아들이 태어날 것(이름을 예수라 하라고 함)을 예고하였다(눅 1:26-31). 마리아가 세례 요한의 어머니 엘리사벳을 방문하였다(눅 1:39-45).

마리아의 찬가

마리아가 이르되 내 영혼이 주를 찬양하며 내 마음이 하나님 내 구주를 기뻐하였음은 그의 여종의 비천함을 돌보셨음이라 보라 이제 후로는 만세에 나를 복이 있다 일컬으리로다 능하신 이가 큰 일을 내게 행하셨으니 그 이름이 거룩하시며 긍휼하심이 두려워하는 자에게 대대로 이르는도다 그의 팔로 힘을 보이사 마음의 생각이 교만한 자들을 흩으셨고 권세 있는 자를 그 위에서 내리치셨으며 비천한 자를 높이셨고 주리는 자를 좋은 것으로 배불리셨으며 부자는 빈 손으로 보내셨도다 그 종 이스라엘을 도우사 긍휼히 여기시고 기억하시되 우리 조상에게 말씀하신 것과 같이 아브라함과 그 자손에게 영원히 하시리로다 하니라(눅 1:46–55)

세례 요한의 출생과 그 부친 사가랴의 예언

주께서 예로부터 거룩한 선지자의 입으로 말씀하신 바와 같이…그 거룩한 언약을 기억하셨으니…이 아이여 네가 지극히 높으신 이의 선지자라 일컬음을 받고 주 앞에 앞서 가서 그 길을 준비하여 주의 백성에게 그 죄 사함으로 말미암는 구원을 알게 하리니 이는 우리 하나님의 긍휼로 인함이라 이로써 돋는 해가 위로부터 우리에게 임하여 어둠과 죽음의 그늘에 앉은 자에게 비치고 우리 발을 평강의 길로 인도하시리로다 하니라(눅 1:70-79)

예수의 나심

주의 사자인 천사가 전해주어 목자들이 예수 탄생 소식을 들었다(눅 2:8-11).

아기 예수의 정결예식

예루살렘에 시므온이라 하는 사람이 있으니 이 사람은 의롭고 경건하여 이스라엘의 위로를 기다리는 자라 성령이 그 위에 계시더라 그가 주의 그리스도를 보기 전에는 죽지 아니하리라 하는 성령의 지시를 받았더니 성령의 감동으로 성전에 들어가매 마침 부모가 율법의 관례대로 행하고자 하여 그 아기 예수를 데리고 오는지라 시므온이 아기를 안고 하나님을 찬송하여 이르되 주재여 이제는 말씀하신 대로 종을 평안히 놓아 주시는도다 내 눈이 주의 구원을 보았사오니 이는 만민 앞에 예비하신 것이요 이방을 비추는 빛이요 주의 백성 이스라엘의 영광이니이다 하니…그의 어머니 마리아에게 말하여 이르되 보라 이는 이스라엘 중 많은 사람을 패하거나 흥하게 하며 비방을 받는 표적이 되기 위하여 세움을 받았고 또 칼이 네 마음을 찌르듯 하리니 이는 여러 사람의 마음의 생각을 드러내려 함이니라 하더라(눅 2:25-35)

또 아셀 지파 바누엘의 딸 안나라 하는 선지자가 있어 나이가 매우 많았더라 그가 결혼한 후 일곱 해 동안 남편과 함께 살다가 과부가 되고 팔십사 세가 되었더라 이 사람이 성전을 떠나지 아니하고 주야로 금식하며 기도함으로 섬기더니 마침 이 때에 나아와서 하나님께 감사하고 예루살렘의 속량을 바라는 모든 사람에게 그에 대하여 말하니라(눅 2:36-38)

열두 살 시절의 예수

부모가 예수를 잃어버리고 사흘 후 성전에서 만났다.

그가 선생들 중에 앉으사 그들에게 듣기도 하시며 묻기도 하시니 듣는 자가 다 그 지혜와 대답을 놀랍게 여기더라…어찌하여 나를 찾으셨나이까 내가 내 아버지 집에 있어야 될 줄을 알지 못하셨나이까 하시니…예수께서 함께 내려가사 나사렛에 이르러 순종하여 받드시더라 그 어머니는 이 모든 말을 마음에 두니라(눅 2:46-51)

즉 예루살렘 성전을 '아버지 집'이라고 한 것을 유념하였다는 것이다.

요한이 요단 강 부근 각처에 와서 죄 사함을 받게 하는 회개의 세례를 전파하니…나는 물로 너희에게 세례를 베풀거니와 나보다 능력이 많으신 이가 오시나니…그는 성령과 불로 너희에게 세례를 베푸실 것이요(눅 3:3, 16)

백성이 다 세례를 받을새 예수도 세례를 받으시고 기도하실 때에 하늘이 열리며 성령이 비둘기 같은 형체로 그의 위에 강림하시더니 하늘

로부터 소리가 나기를 너는 내 사랑하는 아들이라 내가 너를 기뻐하노라 하시니라(눅 3:21-22)

예수께서 가르치심을 시작하실 때에 삼십 세쯤 되시니라(눅 3:23)

예수의 족보(육신의 아버지 요셉에서 아담 그 위의 하나님까지) (눅 3:23-38)

마귀에게 시험을 받으시다

예수께서 성령의 충만함을 입어 광야에서 사십 일 동안 성령에게 이끌리시며 마귀에게 시험을 받으셨다. 마귀가 예수님에게 "네가 하나님의 아들이면 이 돌들에게 명하여 떡이 되게 하라", 마귀인 자신에게 절하면 천하만국을 주겠다, 성전 꼭대기에서 뛰어내리라는 유혹을 하였으나 이를 모두 뿌리치셨다. 즉 예수님은 먹고 사는 문제 그리고 세상 권세와 이름을 내려는 유혹을 이기셨다(눅 4:1-12).

고향 나사렛에서 배척을 받으시다

안식일에 늘 하시던 대로 회당에 들어가사 성경을 읽으려고 서시매 선지자 이사야의 글을 드리거늘 책을 펴서 이렇게 기록된 데를 찾으시니 곧 주의 성령이 내게 임하셨으니 이는 가난한 자에게 복음을 전하게 하시려고 내게 기름을 부으시고 나를 보내사 포로 된 자에게 자유를, 눈 먼 자에게 다시 보게 함을 전파하며 눌린 자를 자유롭게 하고 주의 은혜의 해를 전파하게 하려 하심이라 하였더라…예수께서 그들에게 말씀하시되 이 글이 오늘 너희 귀에 응하였느니라 하시니 그들이…놀랍게 여겨 이르되 이 사람이 요셉의 아들이 아니냐…진실로 너희에게 이르노니 선지자가 고향에서는 환영을 받는 자가 없느니라 내가 참으로 너희에게 이르노니 엘리야 시대에 하늘이 삼 년 육 개월간 닫히어 온 땅에 큰 흉년이 들었을 때에 이스라엘에 많은 과부가 있었으되 엘리야가 그 중 한 사람에게도 보내심을 받지 않고 오직 시돈 땅에 있는 사렙다의 한 과부에게 뿐이었으며 또 선지자 엘리사 때에 이스라엘에 많은 나병환자가 있었으되 그 중의 한 사람도 깨끗함을 얻지 못하고 오직 수리아 사람 나아만뿐이었느니라(눅 4:16-27)

회당에 있는 자들이 이것을 듣고 다 크게 화가 나서 예수를 배척하였다(복음은 귀한 것임에도) (눅 4:28-30).

모든 사람이 너희를 칭찬하면 화가 있도다 그들의 조상들이 거짓 선지자들에게 이와 같이 하였느니라…너희 원수를 사랑하며 너희를 미워하는 자를 선대하며 너희를 저주하는 자를 위하여 축복하며 너희를 모욕하는 자를 위하여 기도하라…비판하지 말라…정죄하지 말라…용서하라 그리하면 너희가 용서를 받을 것이요 주라 그리하면 너희에게 줄 것이니 곧 후히 되어 누르고 흔들어 넘치도록 하여 너희에게 안겨주리라(눅 6:26-38)

백부장의 종을 고치시다(눅 7:1-10).
나인성 과부의 독자 아들을 살리시다(눅 7:11-15).

바리새인과 율법교사들은 그의 세례(요한의 세례)를 받지 아니함으로 그들 자신을 위한 하나님의 뜻을 저버리니라 또 이르시되 이 세대의 사람을 무엇으로 비유할까…비유하건대 아이들이 장터에 앉아 서로 불러 이르되 우리가 너희를 향하여 피리를 불어도 너희가 춤추지 않고 우리가 곡하여도 너희가 울지 아니하였다 함과 같도다(눅 7:30-32)

한 여자가 예수께 향유를 부었다(눅 7:36-38).

일곱 귀신이 나간 막달라인 마리아와 헤롯의 청지기 구사의 아내 요안나와 수산나와 다른 여러 여자가 함께 자기들의 소유로 예수님과 열두 제자를 섬겼다(눅 8:2-3).

예수님께서 베드로와 요한과 야고보를 데리고 기도하시러 산에 올라가사 기도하실 때에 영광스러운 모습으로 변화되셨다(눅 9:28-29).

구름 속에서 소리가 나서 이르되 이는 나의 아들 곧 택함을 받은 자니 너희는 그의 말을 들으라 하고(눅 9:35)

죽은 자들로 자기의 죽은 자들을 장사하게 하고 너는 가서 하나님의 나라를 전파하라…주여 내가 주를 따르겠나이다마는 나로 먼저 내 가족을 작별하게 허락하소서 예수께서 이르시되 손에 쟁기를 잡고 뒤를 돌아보는 자는 하나님의 나라에 합당하지 아니하니라 하시니라(눅 9:60-62)

칠십 인을 세워서 보내시면서 말씀하셨다.

어느 집에 들어가든지 먼저 말하되 이 집이 평안할지어다 하라 만일 평안을 받을 사람이 거기 있으면 너희의 평안이 그에게 머물 것이요 그렇지 않으면 너희에게로 돌아오리라(눅 10:5-6)

이 말씀에 따라서 현재 대부분의 개신교 크리스천들은 다른 사람의 집이나 사무실을 방문할 때 그 곳의 평안을 빌어주고 있다. 필자는 하나님과 예수님께서 이 말씀대로 하나님을 믿는 방문자와 방문을 받는 자의 길흉화복을 의지적으로 운행해 가고 있다고 생각한다.

너희 말을 듣는 자는 곧 내 말을 듣는 것이요 너희를 저버리는 자는 곧 나를 저버리는 것이요 나를 저버리는 자는 나 보내신 이를 저버리는 것이라 하시니라 칠십 인이 기뻐하며 돌아와 이르되 주여 주의 이름이면 귀신들도 우리에게 항복하더이다 예수께서 이르시되 사탄이 하늘로부터 번개 같이 떨어지는 것을 내가 보았노라(눅 10:16-18)

예수님의 하나님 되심을 알 수 있다. 우리 인간들은 사탄의 움직임을 눈으로 볼 수 없다.

내가 너희에게 뱀과 전갈을 밟으며 원수의 모든 능력을 제어할 권능을 주었으니 너희를 해칠 자가 결코 없으리라 그러나 귀신들이 너희에게 항복하는 것으로 기뻐하지 말고 너희 이름이 하늘에 기록된 것으로 기뻐하라 하시니라(천국 백성 된 것이 얼마나 큰 기쁨인지 일깨워 주심) (눅 10:19-20)

예수님의 감사기도

내 아버지께서 모든 것을 내게 주셨으니 아버지 외에는 아들이 누구인지 아는 자가 없고 아들과 또 아들의 소원대로 계시를 받는 자 외에는 아버지가 누구인지 아는 자가 없나이다 하시고(눅 10:22)

하나님을 알고 전능자를 알고 또 믿는 것은 자기가 알고 또 믿고 싶다고 해서 믿어지는 것이 아니다. 하나님의 절대 주권 아래에 있어 하나님과 예수님의 뜻에 따라 계시로서 열어서 알게 해준 사람만이 하나님을 알 수 있다는 말씀이다.

어떤 율법교사에게

어떤 사람이 예루살렘에서 여리고로 내려가던 중 강도를 만나 거의 죽게 되었는데 한 제사장도 피하여 지나가고 한 레위인도 피하여 지나가고 어떤 사마리아 사람은 그를 불쌍히 여겨 돌보아 주었는데, 누가 강도 만난자의 이웃이 되겠느냐 하니 자비를 베푼 사마리아 사람이라 대답하자 가서 너도 이와 같이 하라고 하셨다(눅 10:30-37).

마르다와 마리아

예수님을 맞이하면서 주의 발치에서 말씀을 듣는 동생 마리아와 준비하는 일이 많아 분주한 마르다에게 말씀하셨다.

마르다야 마르다야 네가 많은 일로 염려하고 근심하나 몇 가지만 하든지 혹은 한 가지만이라도 족하니라 마리아는 이 좋은 편을 택하였으니 빼앗기지 아니하리라 하시니라(눅 10:38–42)

기도를 가르치시다(주기도문)

예수께서 이르시되 너희는 기도할 때에 이렇게 하라 아버지여 이름이 거룩히 여김을 받으시오며 나라가 임하시오며 우리에게 날마다 일용할 양식을 주시옵고 우리가 우리에게 죄 지은 모든 사람을 용서하오니 우리 죄도 사하여 주시옵고 우리를 시험에 들게 하지 마시옵소서 하라 (눅 11:2–4)

간청하는 기도에 대하여

벗이 있는데 밤중에 그에게 가서 말하기를 벗이여 떡 세 덩이를 꾸어 달라 하니…내가 너희에게 말하노니 비록 벗 됨으로 인하여서는 일어나서 주지 아니할지라도 그 간청함을 인하여 일어나 그 요구대로 주리라 내가 또 너희에게 이르노니 구하라 그러면 너희에게 주실 것이요 찾으라 그러면 찾아낼 것이요 문을 두드리라 그러면 너희에게 열릴 것이니…너희 하늘 아버지께서 구하는 자에게 성령을 주시지 않겠느냐 하시니라(눅 11:5-13)

성령을 받지 못한 성도들에게는 성령 받기를 구하는 간청하는 기도가 필요하다는 것을 알 수 있다.

한 여자가 음성을 높여 이르되 당신을 밴 태와 당신을 먹인 젖이 복이 있나이다 하니 예수께서 이르시되 오히려 하나님의 말씀을 듣고 지키는 자가 복이 있느니라 하시니라(눅 11:27-28)

식사하기 전 손 씻지 않은 것을 이상하게 생각하는 바리새인에게 말씀하셨다.

너희 바리새인은 지금 잔과 대접의 겉은 깨끗이 하나 너희 속에는 탐욕과 악독이 가득하도다 어리석은 자들아 겉을 만드신 이가 속도 만들지 아니하셨느냐 그러나 그 안에 있는 것으로 구제하라 그리하면 모든 것이 너희에게 깨끗하리라(눅 11:39-41)

한 부자 비유

한 부자가 풍성한 소출을 보고 곳간을 더 크게 짓고 곡식과 물건을 쌓아두고 "여러 해 쓸 물건을 많이 쌓아두었으니 평안히 쉬고 먹고 마시고 즐거워하자 하리라" 하되 하나님은 이르시되 "어리석은 자여 오늘 밤에 네 영혼을 도로 찾으리니 그러면 네 준비한 것이 누구의 것이 되겠느냐 하셨으니 자기를 위하여 재물을 쌓아 두고 하나님께 대하여 부요하지 못한 자가 이와 같으니라" 하고 말씀하셨다(눅 12:16-21).

깨어 준비하고 있으라

허리에 띠를 띠고 등불을 켜고 서 있으라 너희는 마치 그 주인이 혼인 집에서 돌아와 문을 두드리면 곧 열어 주려고 기다리는 사람과 같이 되라 주인이 와서 깨어 있는 것을 보면 그 종들은 복이 있으리로다(눅 12:35-37)

생각하지 않은 날 알지 못하는 시각에 그 종의 주인이 이르러…주인의 뜻을 알고도 준비하지 아니하고 그 뜻대로 행하지 아니한 종은 많이 맞을 것이요 알지 못하고 맞을 일을 행한 종은 적게 맞으리라 무릇 많이 받은 자에게는 많이 요구할 것이요 많이 맡은 자에게는 많이 달라 할 것이니라(눅 12:46-48)

예수님께서 이 땅에 다시 오실 때에 대한 말씀이다.

어떤 갈릴리 사람들이 해(害) 받은 것과 실로암 망대가 무너져 열여덟 사람이 죽은 것에 대하여 예수님께서는 "이 사람들이 다른 모든 사람보다 죄가 더 있는 줄 아느냐 아니라 너희도 만일 회개하지 아니하면 다 이와 같이 망하리라" 하고 말씀하셨다(눅 13:1-5).

안식일에 열여덟 해 동안이나 귀신 들려 앓으며 꼬부라진 여자를 고치셨다(눅 13:10-16).

좁은 문으로 들어가기를 힘쓰라

내가 너희에게 이르노니 들어가기를 구하여도 못하는 자가 많으리라(눅 13:24)

집주인이 일어나 문을 한 번 닫은 후에 너희가 밖에 서서 문을 두드리며 주여 열어 주소서 하면…나는 너희가 어디에서 온 자인지 알지 못하노라 하리니 그 때에 너희가 말하되 우리는 주 앞에서 먹고 마셨으며 주는 또한 우리를 길거리에서 가르치셨나이다 하나…나는 너희가 어디에서 왔는지 알지 못하노라 행악하는 모든 자들아 나를 떠나 가라 하리라 너희가 아브라함과 이삭과 야곱과 모든 선지자는 하나님 나라에 있고 오직 너희는 밖에 쫓겨난 것을 볼 때에 거기서 슬피 울며 이를 갈리라 사람들이 동서남북으로부터 와서 하나님의 나라 잔치에 참여하리니 보라 나중 된 자로서 먼저 될 자도 있고 먼저 된 자로서 나중 될 자도 있느니라(눅 13:25-30)

예수님께서 이 땅에 다시 오실 때에 대한 말씀이다.

청함을 받았을 때 끝자리에 앉으라(눅 14:10)

무릇 자기를 높이는 자는 낮아지고 자기를 낮추는 자는 높아지리라(눅 14:11)

베풀 때 부한 이웃을 청하지 말라

그 사람들이 너를 도로 청하여 네게 갚음이 될까 하노라 잔치를 베풀거든 차라리 가난한 자들과 몸 불편한 자들과 저는 자들과 맹인들을 청하라 그리하면 그들이 갚을 것이 없으므로 네게 복이 되리니 이는 의인들의 부활시에 네가 갚음을 받겠음이라(눅 14:12-14)

이 말씀은 하나님을 믿는 사람들이 (성경에서는 하나님을 믿지 않는 어떤 사람도 하나님께서 의롭다고 하신 표현이 없다) 이 땅에서의 삶을 마감한 후 혹은 우리가 살아 있을 때 예수님께서 이 세상 심판을 위해 다시 오실 때에 성도들이 부활하고(다니엘 12:2; 이사야 26:19-21; 이사야 66:15-24; 스가랴 14:1-15; 마태복음 24:29-31) 고린도전서 15장 51-54절, 데살로니가전서 4장 14-17절, 요한계시록 19장 11-21절에 기록된 말씀과 같이 예수님이 재림하실 때 부활한 성도들이 예수님을 따라 이 땅에 내려와 심판에 동참하고(스가랴 14:5-15, 요한계시록 19:14-21) 천 년 왕국을 거쳐 새 하늘과 새 땅에서 상급으로 갚아주겠다는 말씀이다.

큰 잔치 비유

어떤 사람이 큰 잔치를 베풀고 많은 사람을 청하였으나 온갖 핑계를 대면서 오지 않았다. 그러자 잔칫집 주인이 노하여 그 종들에게 일러 가난한 자들과 몸이 불편한 자들과 맹인들과 저는 자들을 데려오라고 했다. 그래도 자리가 남게 되자 거리에 나가 사람들을 강권하여 데려다가 내 집을 채우라고 했다. 그리고 "전에 청하였던 그 사람들은 하나도 내 잔치를 맛보지 못하리라" 하였다(눅 14:16-24).

잃은 양을 찾은 목자 비유

죄인 한 사람이 회개하면 하늘에서는 회개할 것이 없는 의인 아흔아홉으로 말미암아 기뻐하는 것보다 더 큰 기쁨이 되는 것이다(눅 15:7).

잃은 아들을 되찾은 아버지 비유

어떤 사람에게 두 아들이 있는데 둘째가 아버지의 재산 중에 자기 몫을 달라 하여 이를 주니 먼 나라로 가서 허랑방탕하여 그 재산을 낭비한 후 그 나라 백성의 돼지를 치며 굶주리다가 아버지를 생각하고 아버지 집의 품꾼의 한 사람으로 여겨달라 하며 집으로 돌아왔다. 아버지는 종들을 시켜 제일 좋은 옷을 입히고 가락지를 끼우고 발에 신을 신기고 살진 송아지를 잡으며 즐거워하였다. 큰 아들은 이를 못마땅하게 생각하였다. 자기는 여러해 아버지를 섬겼으나 염소새끼라도 주어 친구들과 즐기게 하신 일이 없었는데 창녀들과 함께 아버지의 살림을 탕진한 동생이 돌아오니 송아지를 잡았다 하며 서운해 하니 아버지가 이르되 너는 항상 나와 함께 있으니 내 것이 다 네 것이로되 네 동생은 죽었다가 살아났으며 잃었다가 얻었기로 즐거워하고 기뻐하는 것이 마땅하다 하니라(눅 15:11-32).

옳지 않은 청지기 비유

지극히 작은 것에 충성된 자는 큰 것에도 충성되고 지극히 작은 것에 불의한 자는 큰 것에도 불의하니라(눅 16:10)

두 주인을 섬기지 못한다.

너희는 하나님과 재물을 겸하여 섬길 수 없느니라(눅 16:13)

사람 중에 높임을 받는 그것은 하나님 앞에 미움을 받는 것이니라 율법과 선지자는 요한의 때까지요 그 후부터는 하나님 나라의 복음이 전파되어 사람마다 그리로 침입하느니라 그러나 율법의 한 획이 떨어짐

보다 천지가 없어짐이 쉬우리라(눅 16:15-17)

한 부자와 거지 나사로에 대한 말씀

한 부자가 죽어 음부에서 고통 중에 있으면서 아브라함의 품에 있는 나사로를 보고 아브라함에게 긍휼히 여겨 달라고 간청한다. 아브라함은 "너희와 우리 사이에 큰 구렁텅이가 놓여 있어 여기서 너희에게 건너가고자 하되 갈 수 없고 거기서 우리에게 건너올 수도 없게 하였느니라" 하고 말한다. 부자가 "나사로를 보내어 내 형제들에게 증언하게 하여 이 고통받는 곳에 오지 않게 하소서"라고 하니, 이르되 "그들에게 모세와 선지자들이 있으니 그들에게 들을지니라"고 하였다.

그러자 부자는 "그렇지 아니하니이다. 죽은 자에게서 그들에게 가는 자가 있으면 회개하리이다"라고 하였다. "이르되 모세와 선지자들에게 듣지 아니하면 비록 죽은 자 가운데서 살아나는 자가 있을지라도 권함을 받지 아니하리라" 하였다(눅 16:19-31).

천국과 지옥이 왕래가 안 되도록 되어 있는 이유에 대해 성경에서 언급이 없다. 필자가 생각해 볼 때 천주교에서 얘기하듯이 죽어서 영혼이 연옥에 있으면서 남아 있는 가족들이 기도하고 헌금해서 그 영혼이 천국으로 가게 한다거나, 불교에서 처럼 죽어 구천에 떠도는 영혼을 49재나 영가 천도제를 하여 극락으로 인도 한다면 이 땅에 사는 사람들에게 옳지 않게 살아도 된다는 잘못된 메시지를 줄 수 있게 된다. 또 하나님께서는 죽은 영혼을 위해 물질을 쓰지 말고 힘들게 살아가는 살아 있는 형제자매들이나 고아와 과부, 나그네 된 자, 병든 자 등 이웃을 돕는 데 물질을 쓰면서 살아가는 것을 원하시는 것으로 생각된다.

예수님께서는 "너희 중 누구에게 종이 있으면 그 종이 밭에서 돌아오면 주인이 먹고 마시는 동안에 수종을 든 후 그 후에 먹고 마시도록 할 것이 아니냐" 하고 말씀하신 후 "종 된 자는 주인의 명령에 순종하듯이 너희도 명령받은 것을 다 행한 후에 이르기를 우리는 무익한 종이라 우리가 하여야 할 일을 한 것뿐이라 할지니라" 하고 말씀하셨다(눅 17:7-10).

나병환자 열 명이 깨끗함을 받다

예수께서 예루살렘으로 가실 때에 한 마을에 들어가시니 나병환자 열 명이 예수를 만나…깨끗함을 받은지라…그 중의 한 사람(사마리아 사람)이 하나님께 영광을 돌리며 돌아와 예수의 발 아래에 엎드리어 감사하니…이 이방인(한 사람) 외에는 하나님께 영광을 돌리러 돌아온 자가 없느냐 하시고…네 믿음이 너를 구원하였느니라 하시더라(눅 17:11–19)

하나님의 나라는 볼 수 있게 임하는 것이 아니요 또 여기 있다 저기 있다고도 못하리니 하나님의 나라는 너희 안에 있느니라[53](눅 17:20–21)

마지막 때의 모습이 누가복음 17장 22-37절, 20장 27-40절, 21장 5-36절에 기술되어 있다.

항상 기도하고 낙심하지 말아야 할 것을 과부와 옳지 않은 재판장 비유로 말씀하셨다.

어떤 도시에 하나님을 두려워하지 않고 사람을 무시하는 한 재판장

53) 하나님의 나라는 사도 바울이 로마서 14:17에서 말씀한 바와 같이 먹는 것과 마시는 것이 아니요 오직 성령 안에 있는 의와 평강과 희락이라고 보면 될 것이다.

이 있는데 그 도시에 한 과부가 있어 자주 그에게 가서 내 원한을 풀어 주소서 하되…이 과부가 나를 번거롭게 하니 (그 원한을 풀어주지 않으면 늘 와서 괴롭게 할 것이므로) 내가 그 원한을 풀어 주리라…하물며 하나님께서 그 밤낮 부르짖는 택하신 자들의 원한을 풀어주지 아니하시겠느냐…내가 너희에게 이르노니 속히 그 원한을 풀어주시리라 그러나 인자가 올 때에 세상에서 믿음을 보겠느냐 하시니라(눅 18:2-8)

바리새인과 세리 비유

자기를 의롭다고 믿고 다른 사람을 멸시하는 자들에게 이 비유로 말씀하시되…바리새인은 서서 따로 기도하면서 '나는 다른 사람들 곧 토색, 불의, 간음을 하는 자들과 같지 아니하고 이 세리와도 같지 아니함을 감사하나이다 나는 이레에 두번씩 금식하고 또 소득의 십일조를 드리나이다' 하나 세리는 감히 눈을 들어 하늘을 쳐다 보지도 못하고 다만 가슴을 치며 하나님이여 불쌍히 여기소서 나는 죄인이로소이다 하였느니라…이에 저 바리새인이 아니라 세리가 의롭다 하심을 받고…무릇 자기를 높이는 자는 낮아지고 자기를 낮추는 자는 높아지리라 하시니라(눅 18:9-14)

어린아이들이 예수님께 오는 것을 금하지 말라고 하셨다.

진실로 너희에게 이르노니 누구든지 하나님의 나라를 어린 아이와 같이 받아들이지 않는 자는 결단코 거기 (하나님의 나라) 들어가지 못하리라(눅 18:17)

예수께서 열두 제자를 데리시고 예루살렘으로 올라가시면서 죽음과 부활을 말씀하셨다.

선지자들을 통하여 기록된 모든 것이 인자에게 응하리라 인자가 이방인들에게 넘겨져 희롱을 당하고 능욕을 당하고 침 뱉음을 당하겠으며 그들은 채찍질하고 그를 죽일 것이나 그는 삼 일 만에 살아나리라 하시되 제자들이 이것을 하나도 깨닫지 못하였으니 그 말씀이 감취었으므로 그들이 그 이르신 바를 알지 못하였더라(눅 18:31-34)

예수와 삭개오

내 소유의 절반을 가난한 자들에게 주겠사오며…예수께서 이르시되 오늘 구원이 이 집에 이르렀으니…인자가 온 것은 잃어버린 자를 찾아 구원하려 함이니라(눅 19:8-10)

은화 열 므나 비유

어떤 귀인이 왕위를 받아가지고 오려고 먼 나라로 갈 때 그 종 열을 불러 은화 열 므나를 주며 돌아올 때까지 장사하라 하였다. 그런데 돌아와서 보니 한 종은 한 므나로 열 므나를 남겼고, 한 종은 한 므나로 다섯 므나를 만들었는데, 한 종은 그 한 므나를 수건으로 싸두고 주인을 엄한 사람으로 알고 무서워하여 수건에 싸둔 므나를 내놓았다. 열 므나로 만든 종과 다섯 므나로 만든 종에게는 착한 종이라 하면서 각각 열 고을 권세를 그리고 다섯 고을을 차지하라 하면서 그 한 므나를 빼앗아 열 므나 있는 자에게 주라 하시며…한 므나 그대로 돌려 받은 종에게 악한 종이라 하면서…"어찌하여 은행에 맡겨 그 돈을 이자와 함께 찾게 하지 아니하였느냐" 하시며 "무릇 있는 자는 받겠고 없는 자는 그 있는 것도 빼앗기리라 그리고 내가 왕됨을 원하지 아니하던 저 원수들을 이리로 끌어다가 내 앞에서 죽이라 하였느니라" 하고 말씀하셨다(눅 19:12-27).

포도원 농부 비유

한 사람이 포도원을 만들어 농부들에게 세로 주고 타국에 가서 오래 있다가 때가 이르러 소출 얼마를 받으려고 한 종을 보내니 농부들이 종을 몹시 때리고 거저 보냈다. 다른 종을 보내니 또 그렇게 하고 세 번째도 그렇게 하니 포도원 주인이 사랑하는 아들을 보내면 존대하리라 하였더니 농부들이 의논하여 이는 상속자니 죽이고 그 유산을 우리의 것으로 만들자 하고 포도원 밖에 내쫓아 죽여버렸다.

기록된 바 건축자들의 버린 돌이 모퉁이의 머릿돌이 되었느니라… 무릇 이 돌 위에 떨어지는 자는 깨어지겠고 이 돌이 사람 위에 떨어지면 그를 가루로 만들어 흩으리라 하시니라(눅 20:9–18)

이 말씀에서 돌은 예수님을 뜻한다(벧전 2:4-8).

가이사의 것은 가이사에게, 하나님의 것은 하나님께 바치라(눅 20:22-25).

가이사는 로마황제를 말한다.

예수께서 이르시되 이 세상의 자녀들은 장가도 가고 시집도 가되 저 세상과 및 죽은 자 가운데서 부활함을 얻기에 합당히 여김을 받은 자들은 장가 가고 시집가는 일이 없으며 그들은 다시 죽을 수도 없나니 이는 천사와 동등이요 부활의 자녀로서 하나님의 자녀임이라…하나님은 죽은 자의 하나님이 아니요 살아 있는 자의 하나님이시라 하나님에게는 모든 사람이 살았느니라 하시니(눅 20:34–38)

긴 옷을 입고 다니는 것을 원하며 시장에서 문안 받는 것과 회당의 높은 자리와 잔치의 윗자리를 좋아하는 서기관들을 삼가라 그들은 과부의 가산을 삼키며 외식으로 길게 기도하니 그들이 더 엄중한 심판을 받으리라 하시니라(눅 20:46-47)

예루살렘이 파괴되는 환난의 징조와 마지막 때 재림의 모습

예수님께서 말씀하실 때를 기준으로 살펴보면 40년이 지나 AD 70-73년 예루살렘이 로마의 티투스 장군에 의해 파괴되는 모습과 예수님의 재림 때의 모습에 대해 누가복음 21장 5-24절까지와 누가복음 21장 24절 예루살렘이 이방인의 때가 차기까지 이방인들에게 밟히고(주후 73년부터 1948년 5월 이스라엘이 독립할 때까지) 이하 25절에서 36절까지 같은 시간에 예수님의 지상 재림 직전에 일어나게 될 마지막 때의 환난에 관한 말씀을 혼재된 상태로 말씀하신 것을 볼 수 있다. 이 부분에서 우리는 예수님은 시공을 초월해서 말씀하시는 모습을 볼 수 있게 된다.

너희는 장차 올 이 모든 일을 능히 피하고 인자 앞에 서도록 항상 기도하며 깨어 있으라(눅 21:36)

기록된 바 그는 불법자의 동류로 여김을 받았다 한 말이 내게 이루어져야 하리니…예수께서 힘쓰고 애써 더욱 간절히 기도하시니 땀이 땅에 떨어지는 핏방울 같이 되더라(눅 22:37, 44)

예수께서 십자가에 못 박히시고 숨지시다

다른 두 행악자도 사형을 받게 되어 예수와 함께 끌려 갔다. 행악자 중 하나는 예수를 비방하나 다른 한 사람은 이 사람이 행한 것은 옳지 않은 것이 없느니라 하고 예수께 "당신의 나라에 임하실 때에 나를 기억하소서 하니 예수께서 이르시되 내가 진실로 네게 이르노니 오늘 네가 나와 함께 낙원에 있으리라 하시니라 때가 제육시쯤 되어 해가 빛을 잃고 온 땅에 어둠이 임하여 제구시까지 계속하며 성소의 휘장이 한 가운데가 찢어지더라 예수께서 큰 소리로 불러 이르시되 아버지 내 영혼을 아버지 손에 부탁하나이다 하고 이 말씀을 하신 후 숨지시니라"(눅 23:32-46) 아리마대 사람 요셉이 빌라도에게 예수의 시체를 달라하여 세마포로 싸고 사람을 장사한 일이 없는 바위에 판 무덤에 넣어두었다(눅 23:50-53).

부활하신 후 열한 제자에게 나타나셔서 말씀하셨다.

모세의 율법과 선지자의 글과 시편에 나를 가리켜 기록된 모든 것이 이루어져야 하리라 한 말이 이것이라 하시고 이에 그들의 마음을 열어 성경을 깨닫게 하시고 또 이르시되 이같이 그리스도가 고난을 받고 제삼 일에 죽은 자 가운데서 살아날 것과 또 그의 이름으로 죄 사함을 받게 하는 회개가 예루살렘에서 시작하여 모든 족속에게 전파될 것이 기록되었으니 너희는 이 모든 일의 증인이라 볼지어다 내가 내 아버지께서 약속하신 것을 (성령을) 너희에게 보내리니 너희는 위로부터 능력으로 입혀질때까지 이 성에 머물라 하시니라(눅 24:44-49)

제자들은 3년 반 동안이나 예수님을 따라다녔지만 예수님께서 부활하신 후 제자들의 마음을 열었을 때 성경을 깨달을 수 있었다. 즉 성경 말씀을 깨닫는 것은 우리가 성경을 읽는 것만으로는 안 되고 하나님께서 그리고 예수님께서 성경을 깨닫는 마음을 주셔야 된다는 것이다.

이것을 하나님의 절대주권이라 한다.

그리고 예수님의 부활과 예수님의 이름으로 죄 사함을 받는 회개를 통하여 모든 족속에게 복음이 전파되는 것이 구약성경에 기록되어 있다고 말씀하시고 그 증인들은 바로 열한 제자(가룟 유다가 없으므로)라고 말씀하신 것이며, 성령을 받은 후에 이 구약성경에 기록된 예언을 성취하기 위하여 복음전파에 나서게 될 것을 말씀하신 것이다.

요한복음 (사도 요한의 저작. AD 85-90 기간 중 기록된 것으로 추정)

태초에 말씀이 계시니라 이 말씀이 하나님과 함께 계셨으니 이 말씀은 곧 하나님이시니라 그가 태초에 하나님과 함께 계셨고 만물이 그로 말미암아 지은 바 되었으니…세상은 그로 말미암아 지은 바 되었으되 세상이 그를 알지 못하였고 자기 땅에 오매 자기 백성이 영접하지 아니하였으나 영접하는 자 곧 그 이름을 믿는 자들에게는 하나님의 자녀가 되는 권세를 주셨으니 이는…사람의 뜻으로 나지 아니하고 오직 하나님께로부터 난 자들이니라 말씀이 육신이 되어 우리 가운데 거하시매 …율법은 모세로 말미암아 주어진 것이요 은혜와 진리는 예수 그리스도로 말미암아 온 것이라(요 1:1-3, 10-14, 17)

가나 혼인잔치에서의 예수와 어머니

물이 포도주로 바뀌게 하셨다. 갈릴리 가나에 혼례가 있어 예수의 어머니도 거기 계시고 예수와 그 제자들도 청함을 받았는데 포도주가 떨어지자 예수의 어머니가 하인들에게 예수가 무슨 말씀을 하시든지 그대로 하라 하니 예수께서 항아리에 물을 채우라 하시고 떠서 연회장에 갖다 주라 하시매 갖다 주었더니 포도주로 변하였다(요 2:1-10).

성전을 깨끗하게 하시다

예수께서 유대인의 유월절이 가까울 때 예루살렘에 올라가셨다. 성전 안에서 소와 양과 비둘기 파는 사람들과 돈 바꾸는 사람들이 앉아 있는 것을 보시고 노끈으로 채찍을 만들어 양이나 소를 다 성전에서 내쫓으시고 돈 바꾸는 사람들의 돈을 쏟으시며 상을 엎으시고 비둘기 파는 사람들에게 이것을 여기서 가져가라 내 아버지의 집으로 장사하는 집을 만들지 말라 하시니(요 2:13-16)

제자들이 성경 말씀에 "주의 전을 사모하는 열심이 나를 삼키리라" 한 것을 기억하게 되었다(요 2:17).

예수님은 사람의 마음속을 아신다(요 2:24-25).

예수와 니고데모(유대인 지도자)

진실로 진실로 네게 이르노니 사람이 거듭나지 아니하면 하나님의 나라를 볼 수 없느니라…진실로 진실로 네게 이르노니 사람이 물과 성령으로 나지 아니하면 하나님의 나라에 들어갈 수 없느니라…하늘에서 내려온 자 곧 인자 외에는 하늘에 올라간 자가 없느니라 모세가 광야에서 뱀을 든 것 같이 인자도 들려야 하리니(요 3:3, 5, 13–14)

이는 그를 믿는 자마다 영생을 얻게 하려 하심이니라 하나님이 세상을 이처럼 사랑하사 독생자를 주셨으니 이는 그를 믿는 자마다 멸망하지 않고 영생을 얻게 하려 하심이라(요 3:15–16)

하나님이 보내신 이는 하나님의 말씀을 하나니 이는 하나님이 성령을 한량 없이 주심이니라 아버지께서 아들을 사랑하사 만물을 다 그의 손에 주셨으니 아들을 믿는 자에게는 영생이 있고 아들에게 순종하지 아니하는 자는 영생을 보지 못하고 도리어 하나님의 진노가 그 위에 머물러 있느니라(요 3:34–36)

사마리아 여자와 말씀하시다

너희는 알지 못하는 것을 예배하고 우리는 아는 것을 예배하노니 이는 구원이 유대인에게서 남이라…하나님은 영이시니 예배하는 자가 영과 진리로 예배할지니라…예수께서 이르시되 나의 양식은 나를 보내신 이의 뜻을 행하며 그의 일을 온전히 이루는 이것이니라(요 4:22, 24, 34)

왕의 신하의 아들을 고치시다(요 4:46-52)

예루살렘 베데스다 연못가에서 서른여덟 해 된 병자를 고치시다(요 5:2-9)

아들의 권한

아버지께서 아무도 심판하지 아니하시고 심판을 다 아들에게 맡기셨으니…내가 진실로 진실로 너희에게 이르노니 내 말을 듣고 또 나 보내신 이를 믿는 자는 영생을 얻었고 심판에 이르지 아니하나니 사망에서 생명으로 옮겼느니라 진실로 진실로 너희에게 이르노니 죽은 자들이 하나님의 아들의 음성을 들을 때가 오나니 곧 이 때라 듣는 자는 살아나리라(요 5:22, 24–25)

무덤 속에 있는 자가 다 그의 음성을 들을 때가 오나니 선한 일을 행

한 자는 생명의 부활로, 악한 일을 행한 자는 심판의 부활로 나오리라(요 5:28-29)

모세를 믿었더라면 또 나를 믿었으리니 이는 그가 내게 대하여 기록하였음이라(요 5:46)

예수님께서 마지막 때 재림하여 심판하실 때에 예수 안에 잠든 자들을 부활시키는 내용이다.

생명의 떡, 영생하도록 있는 양식

하나님께서 보내신 이를 믿는 것이 하나님의 일이니라 하시니…예수께서 이르시되 나는 생명의 떡이니 내게 오는 자는 결코 주리지 아니할 터이요 나를 믿는 자는 영원히 목마르지 아니하리라…아버지께서 내게 주시는 자는 다 내게로 올 것이요…내가 하늘에서 내려온 것은 내 뜻을 행하려 함이 아니요 나를 보내신 이의 뜻을 행하려 함이니라 나를 보내신 이의 뜻은 내게 주신 자 중에 내가 하나도 잃어버리지 아니하고 마지막 날에 다시 살리는 이것이니라 내 아버지의 뜻은 아들을 보고 믿는 자마다 영생을 얻는 이것이니 마지막 날에 내가 이를 다시 살리리라 하시니라(요 6:29, 35, 37-40)

나를 보내신 아버지께서 이끌지 아니하시면 아무도 내게 올 수 없으니 오는 그를 내가 마지막 날에 다시 살리리라…진실로 진실로 너희에게 이르노니 믿는 자는 영생을 가졌나니 내가 곧 생명의 떡이니라…이 떡을 먹으면 영생하리라 내가 줄 떡은 곧 세상의 생명을 위한 내 살이니라…내가 진실로 진실로 너희에게 이르노니 인자의 살을 먹지 아니하고 인자의 피를 마시지 아니하면 너희 속에 생명이 없느니라 내 살을 먹고 내 피를 마시는 자는 영생을 가졌고 마지막 날에 내가 그를 다시 살리리니 내 살은 참된 양식이요 내 피는 참된 음료로다 내 살을 먹고 내 피를 마시는 자는 내 안에 거하고 나도 그의 안에 거하나니 살아 계신 아버지께서 나를 보내시매 내가 아버지로 말미암아 사는 것같이 나를 먹는 그 사람도 나로 말미암아 살리라(요 6:44, 47–48, 51, 53–57)

이 말씀들 역시 마지막 때 예수께서 재림하실 때 예수 안에 잠든 자들을 부활시켜 영원한 생명을 얻게 하는 내용이다.

너희는 인자가 이전에 있던 곳으로 올라가는 것을 본다면 어떻게 하겠느냐…내 아버지께서 오게 하여 주지 아니하시면 누구든지 내게 올 수 없다 하였노라(요 6:62–65)

예수님의 제자들은 이 말씀을 들은 후 오래지 않아 실제로 사도행전 1장 9-11절에서 보는 것처럼 예수님께서 하늘로 승천하시는 모습을 보게 된다.

형제들도 예수를 믿지 않았다(메시아로서 믿지 않았다는 말씀이며 예수님께서 부활하시고 승천하신 후에 믿게 된다) (요 7:1-5).

누구든지 목마르거든 내게로 와서 마시라 나를 믿는 자는 성경에 이름과 같이 그 배에서 생수의 강이 흘러나오리라 하시니 이는 그를 믿는 자들이 받을 성령을 가리켜 말씀하신 것이라(예수께서 아직 영광을 받지 않으셨으므로 성령이 아직 그들에게 계시지 아니하시더라)(요 7:37–39)

음행 중에 잡혀온 여자와 모세의 율법 그리고 예수님의 처결

"서기관들과 바리새인들이 음행 중에 잡힌 여자를 끌고와서 가운데 세우고 예수께 말하되…모세는 율법에 이러한 여자를 돌로 치라 명하였거니와 선생은 어떻게 말하겠나이까" 하니

예수께서는 "너희 중에 죄 없는 자가 먼저 돌로 치라" 하셨다(먼저 모세의 율법에 따라 말씀하신 것). 죄가 없는 사람은 이 세상에는 없다(요 8:3-7).

나도 너를 정죄하지 아니하노니 가서 다시는 죄를 범하지 말라 하시니라(요 8:11)

이와 같이 서기관들과 바리새인들이 보는 앞에서 공공연하게 예수님은 이 땅에 계실 당시의 지도층 사람들에게는 모세의 출현 이래 1,500여 년을 내려오면서 어느 누구도 거역할 수 없는 권위를 가졌던 모세의 가르침마저 무시하고 새로운 처결을 내렸다. 이러한 젊은 선지자의 모습을 보고 당시의 사회 지도층들은 아마도 무척 당황했을 것으로 여겨진다.

나는 세상의 빛

내가 나를 위하여 증언하여도 내 증언이 참되니 나는 내가 어디서 오며 어디로 가는 것을 알거니와 너희는 내가 어디서 오며 어디로 가는 것을 알지 못하느니라…그들(바리새인들)이 묻되 네 아버지가 어디 있느냐 예수께서 대답하시되 너희는 나를 알지 못하고 내 아버지도 알지 못하는도다 나를 알았더라면 내 아버지도 알았으리라(요 8:14, 19)

예수께서 이르시되 너희는 아래에서 났고 나는 위에서 났으며 너희는 이 세상에 속하였고 나는 이 세상에 속하지 아니하였느니라…너희가 만일 내가 그인 줄 믿지 아니하면 너희 죄 가운데서 죽으리라(요 8:23-24)

진리가 너희를 자유롭게 하리라

예수께서 자기를 믿은 유대인들에게 이르시되 너희가 내 말에 거하면 참으로 내 제자가 되고 진리를 알지니 진리가 너희를 자유롭게 하리라(요 8:31-32)

진실로 진실로 너희에게 이르노니 죄를 범하는 자마다 죄의 종이라 종은 영원히 집에 거하지 못하되 아들은 영원히 거하나니 그러므로 아들이 너희를 자유롭게 하면 너희가 참으로 자유로우리라…하나님께 속한 자는 하나님의 말씀을 듣나니 너희가 듣지 아니함은 하나님께 속하지 아니하였음이로다(요 8:34-36, 47)

진실로 진실로 너희에게 이르노니 사람이 내 말을 지키면 영원히 죽음을 보지 아니하리라…예수께서 이르시되 진실로 진실로 너희에게 이르노니 아브라함이 나기 전부터 내가 있느니라 하시니(요 8:51, 58)

날 때부터 맹인 된 사람을 고치시면서 제자들이 맹인으로 태어난 것이 누구의 죄로 인한 것인가, 자기 아니면 그의 부모의 죄 때문인지 예수님께 물었다. 그때 예수님은 그에게서 하나님이 하시는 일을 나타내고자 하심이라고 말씀하시면서 땅에 침을 뱉어 진흙을 이겨 그의 눈에 바르시고 실로암 못에 가서 씻으라 하셨다(실로암은 번역하면 보냄을 받았다는 뜻이라). 그러자 그가 가서 씻고 밝은 눈으로 왔다 (요 9:1-7).

이는 예수님은 하나님이신 것과 이 땅에 하나님의 뜻을 행하러 오셨다는 것을 말씀하시는 것이다.

예수께서 이르시되 내가 심판하러 이 세상에 왔으니 보지 못하는 자들은 보게 하고 보는 자들은 맹인이 되게 하려 함이라 하시니…너희가 맹인이 되었더라면 죄가 없으려니와 본다고 하니 너희 죄가 그대로 있느니라(요 9:39, 41)

예수님은 선한 목자

진실로 진실로 너희에게 말하노니 나는 양의 문이라…내가 문이니 누구든지 나로 말미암아 들어가면 구원을 받고 또는 들어가며 나오며 꼴을 얻으리라…나는 선한 목자라 나는 내 양을 알고 양도 나를 아는 것이 아버지께서 나를 아시고 내가 아버지를 아는 것 같으니 나는 양을 위하여 목숨을 버리노라(요 10:7, 9, 14-15)

또 이 우리에 들지 아니한 다른 양들이 내게 있어 내가 인도하여야 할 터이니 그들도 내 음성을 듣고 한 무리가 되어 한 목자에게 있으리라(요 10:16)

너희가 내 양이 아니므로 믿지 아니하는도다 내 양은 내 음성을 들으며 나는 그들을 알며 그들은 나를 따르느니라 내가 그들에게 영생을 주노니 영원히 멸망하지 아니할 것이요…나와 아버지는 하나이니라(요

10:26-30)

죽은 나사로를 살리시다

어떤 병자가 있으니 이는 마리아와 그 자매 마르다의 마을 베다니에 사는 나사로라 이 마리아는 향유를 주께 붓고 머리털로 주의 발을 닦던 자요 병든 나사로는 그의 오라버니더라…나사로가 무덤에 있은 지 이미 나흘이라…예수께서 이르시되 네 오라비가 다시 살아나리라 마르다가 이르되 마지막 날 부활 때에는 다시 살아날 줄을 내가 아나이다 예수께서 이르시되 나는 부활이요 생명이니 나를 믿는 자는 죽어도 살겠고 무릇 살아서 나를 믿는 자는 영원히 죽지 아니하리니…네가 믿으면 하나님의 영광을 보리라 하지 아니하였느냐…예수께서 눈을 들어 우러러 보시고 이르시되 아버지여 내 말을 들으신 것을 감사하나이다 항상 내 말을 들으시는 줄을 내가 알았나이다 그러나 이 말씀 하옵는 것은 둘러선 무리를 위함이니 곧 아버지께서 나를 보내신 것을 그들로 믿게 하려 함이니이다…큰 소리로 나사로야 나오라 부르시니 죽은 자가 수족을 베로 동인 채로 나오는데…(요 11:1-44)

내가 진실로 진실로 너희에게 이르노니 한 알의 밀이 땅에 떨어져 죽지 아니하면 한 알 그대로 있고 죽으면 많은 열매를 맺느니라 자기의 생명을 사랑하는 자는 잃어버릴 것이요 이 세상에서 자기의 생명을 미워하는 자는 영생하도록 보전하리라…내가 땅에서 들리면 모든 사람을 내게로 이끌겠노라(요 12:24-25, 32)

내가 온 것은 세상을 심판하려 함이 아니요 세상을 구원하려 함이로라 나를 저버리고 내 말을 받지 아니하는 자를 심판할 이가 있으니 곧 내가 한 그 말이 마지막 날에 그를 심판하리라 내가 내 자의로 말한 것이 아니요 나를 보내신 아버지께서 내가 말할 것과 이를 것을 친히 명령하여 주셨으니 나는 그의 명령이 영생인 줄 아노라(요 12:47-50)

예수께서 제자들의 발을 씻으시다(요 13:5-17)

내가 곧 길이요 생명이니

내가 너희를 위하여 거처를 예비하러 가노니 가서 너희를 위하여 거처를 예비하면 내가 다시 와서 너희를 내게로 영접하여 나 있는 곳에 너희도 있게 하리라…예수께서 이르시되 내가 곧 길이요 진리요 생명이니 나로 말미암지 않고는 아버지께로 올 자가 없느니라(요 14:2-3, 6)

나는 포도나무요 너희는 가지라

나는 참포도나무요 내 아버지는 농부라…나는 포도나무요 너희는 가지라…너희가 내 안에 거하고 내 말이 너희 안에 거하면 무엇이든지 원하는 대로 구하라 그리하면 이루리라…너희가 나를 택한 것이 아니요 내가 너희를 택하여 세웠나니…내가 와서 그들에게 말하지 아니하였더라면 죄가 없었으려니와 지금은 그 죄를 핑계할 수 없느니라(요 15:1-22)

내가 아무도 못한 일을 그들 중에서 하지 아니하였더라면 그들에게 죄가 없었으려니와 지금은 그들이 나와 내 아버지를 보았고 또 미워하였도다(예수님께서는 아무도 못한 일을 한 사람인 예수님을 본 것을 하나님을 보았다고 말씀하신 것이다. 즉 전능한 모습을 본 것은 하나님을 본 것이다) 그러나 이는 그들의 율법에 기록된 바 그들이 이유 없이 나를 미워하였다 한 말을 응하게 하려 함이라(요 15:24-25)

예수님은 성령을 보내실 것에 대하여 말씀하시고(요 16:7), 나를 보내신 이에게로 즉 하나님 아버지께로 가실 것을 말씀하셨다(요 16:28).

내가 너희에게 실상을 말하노니 내가 떠나가는 것이 너희에게 유익이라 내가 떠나가지 아니하면 보혜사[54]가 너희에게로 오시지 아니할 것이요 가면 내가 그를 너희에게로 보내리니 그가 와서 죄에 대하여, 의에 대하여, 심판에 대하여 세상을 책망하시리라…진리의 성령이 오시면 그가 너희를 모든 진리 가운데로 인도하시리니…내가 아버지에게서 나와 세상에 왔고 다시 세상을 떠나 아버지께로 가노라…세상에서는 너희가 환난을 당하나 담대하라 내가 세상을 이기었노라(요 16:7-13, 28-33).

성령이 진리라고 말씀하셨다(요 16:13).

예수님의 기도(십자가에 달리시기 전 열 두 제자들을 위하여)

영생은 곧 유일하신 참 하나님과 그가 보내신 자 예수 그리스도를 아는 것이니이다…세상 중에서 내게 주신 사람들에게 내가 아버지의 이름을 나타내었나이다…내게 주신 아버지의 이름으로 그들을 보전하고 지키었나이다 그 중의 하나도 멸망하지 않고 다만 멸망의 자식뿐이

54) The Counselor, 대문자로 카운슬러, 돕는 자

오니 이는 성경을 응하게 함이니이다…그들을 진리로 거룩하게 하옵소서 아버지의 말씀은 진리니이다…아버지여 내게 주신 자도 나 있는 곳에 나와 함께 있어 아버지께서 창세 전부터 나를 사랑하시므로 내게 주신 나의 영광을 그들로 보게 하시기를 원하옵나이다…(요 17:1-26)

빌라도 앞에서

예수님의 나라는 이 세상에 속한 것이 아니다. 예수님은 "내 나라가 이 세상에 속하였으면 내 종들로 싸우게 했을 것이다. 나는 진리에 대하여 증언하러 이 세상에 왔다. 무릇 진리에 속한 자는 내 음성을 듣느니라"고 하셨다. 십자가에 못 박히시고 군인들이 "속옷을 찢지 말고 누가 얻나 제비 뽑자" 하니 이는 성경에 "그들이 내 옷을 나누고 내 옷을 제비 뽑나이다" 한 것을 응하게 하려 함이러라(요 18:36-37, 19:24; 다윗의 시편 22:18)

다시 살아나신 후 막달라 마리아에게 나타나셔서 말씀하셨다.

예수께서 이르시되 나를 붙들지 말라 내가 아직 아버지께로 올라가지 아니하였노라(요 20:17)

다시 사신 후 제자들에게 나타나시다

제자들이 유대인들을 두려워하여 모인 곳의 문들을 닫았더니 예수께서 오사 가운데 서서 이르시되 너희에게 평강이 있을지어다…그들을 향하사 숨을 내쉬며 이르시되 성령을 받으라 너희가 누구의 죄든지 사하면 사하여질 것이요 누구의 죄든지 그대로 두면 그대로 있으리라 하시니라…여드레를 지나서 제자들이 다시 집 안에 있을 때에 도마도 함께 있고 문들이 닫혔는데 예수께서 오사 가운데 서서 이르시되…도마에게 네 손가락을 이리 내밀어 내 손을 보고 네 손을 내밀어 내 옆구리에 넣어 보라 그리하여 믿음 없는 자가 되지 말고 믿는 자가 되라…보지 못하고 믿는 자들은 복되도다 하시니라(요 20:19-29)

사람들은 문이 닫혀 있는 상태에서는 열지 않고는 안으로 들어올 수가 없다.

요한복음을 기록한 목적

너희로 예수께서 하나님의 아들 그리스도이심을 믿게 하려 함이요 또 너희로 믿고 그 이름을 힘입어 생명을 얻게 하려 함이니라(요 20:31)

예수께서 살아나신 후 세 번째로 일곱 제자들에게 나타나서 베드로에게 "네가 나를 사랑하느냐?"라고 세 번씩이나 물으시면서 "내 양을 먹이라" 하고 말씀하셨다(요 21:15-17).

필자는 선지서들에서 보는 계시와 4복음서의 예수님의 말씀은 적용해야 할 시기를 반드시 바르게 나누어 연구하여 적용해야 한다고 생각한다(하나님은 시공을 초월해서 말씀하시기 때문이다. 킹제임스 성경 딤후 2:15 "너는 진리의 말씀을 바르게 나누어 너 자신을 하나님께 인정받는 자로 부끄러울 것이 없는 일꾼으로 나타내도록 연구하라", 개역개정성경은 약간 다르게 기술되어 있다). 그래야 충성되고 지혜 있는 종이 되어(목회자들은 특히) 때를 따라 양식을 나눠줄 수 있을 것이라 생각한다(마 24:45).

마지막 때(예수님의 재림)

신 4:25-31, 욥 19:25-29, 시 73:17, 전 12:14

계 6-22장, 고전 15:51-54, 살전 4:13-17, 5:23-24, 살후 1:7-12, 2:1-12

빌 3:21, 골 3:4, 벧전 1:5-9, 벧후 3장

마지막 때에 관하여 예수님께서 직접 말씀하신 것

마 24장, 25장, 막 12:25, 13장, 눅 17:20-37, 21:5-36

요 3:16, 36, 5:22, 24-25, 27-29, 6:37, 39-40, 44, 53-57, 9:39, 11:25-26, 12:48, 14:2-3, 6

그리고 행 1:10-11, 겔 37장, 단 2장, 7-12장, 사 2:5-22, 3장, 11:3-5, 24장, 26장, 27장, 34장, 66장, 렘 30장, 욜 2-3장, 합 3장, 암 5장, 9장, 습, 옵, 미 4:9-13, 5:10-15, 슥 12-14장, 말 4장

천 년 왕국

사 2:1-4, 4:2-6, 11:6-9, 65:17-25, 렘 31:31-40, 32:36-44, 겔 40-48장, 미 4:1-8, 슥 14:16-21, 계 20장

새 하늘과 새 땅

사 25:1-8, 35장, 54:11-17, 60-62장, 겔 47:12, 벧후 3:12-13, 계 21장, 22:1-5

선지서에 나타난 계시를 보면 예수님의 초림을 제외하고는 교회 시대에 대한 메시지가 없다.

사도행전 (의사 누가의 저작, AD 60년 경, 예수님께서 약속하신 대로 제자들에게 성령을 보내주신 후 복음을 왕성하게 전파시켜 나간 과정)

예수께서 부활하시고 승천하기 전 40일 동안 사도들에게 보이셨다(행 1:3). 그리고 오백 여 형제에게도 일시에 보이셨다(고전 15:3-6).

그들에게 분부하여 이르시되 예루살렘을 떠나지 말고 내게서 들은 바 아버지께서 약속하신 것을 기다리라…오직 성령이 너희에게 임하시면 너희가 권능을 받고 예루살렘과 온 유대와 사마리아와 땅 끝까지 이르러 내 증인이 되리라 하시니라 이 말씀을 마치시고 그들이 보는데 올려져 가시니 구름이 그를 가리어 보이지 않게 하더라 올라가실 때에 제자들이 자세히 하늘을 쳐다보고 있는데 흰 옷 입은 두 사람이 그들 곁에 서서…너희 가운데서 하늘로 올려지신 이 예수는 하늘로 가심을 본 그대로 오시리라 하였느니라(행 1:4, 8–11)

승천하신 후 예수님의 열한 제자를 포함한 백이십 명이 모인 자리에서 사도 베드로가 제안하여 가룟 유다 대신에 제비를 뽑아 맛디아를 세우고 예수께서 부활하심을 증언하도록 하였다(행 1:15, 22, 26).

오순절 날…그들이 다같이 한 곳에 모였더니 홀연히 하늘로부터 급하고 강한 바람 같은 소리가 있어 그들이 앉은 온 집에 가득하며 마치 불의 혀처럼 갈라지는 것들이 그들에게 보여 각 사람 위에 하나씩 임하여 있더니 그들이 다 성령의 충만함을 받고 성령이 말하게 하심을 따라 다른 언어들로 말하기를 시작하니라(행 2:1–4)

이 모습을 본 어떤 이들은 그들이 새 술에 취하였다고 하였다(행 2:13).

베드로의 오순절 설교

성령에 대하여 요엘 선지자를 통하여 말씀하신 것과 다윗을 통해 말씀하신 것을 일깨웠다.

하나님이 말씀하시기를 말세에 내가 내 영을 모든 육체에 부어 주리니 너희의 자녀들은 예언할 것이요 너희의 젊은이들은 환상을 보고 너희의 늙은이들은 꿈을 꾸리라…누구든지 주의 이름을 부르는 자는 구원을 받으리라…그는(다윗을 말함) 선지자라…그 자손 중에서 한 사람을 그 위에 앉게 하리라 하심을 알고 미리 본 고로 그리스도의 부활을 말하되 그가 음부에 버림이 되지 않고 그의 육신이 썩음을 당하지 아니하시리라 하더니 이 예수를 하나님이 살리신지라 우리가 다 이 일에 증인이로다…베드로가 이르되 너희가 회개하여 각각 예수 그리스도의 이름으로 세례를 받고 죄 사함을 받으라 그리하면 성령의 선물을 받으리니…사도들로 말미암아 기사와 표적이 많이 나타나니 믿는 사람이 다 함께 있어 모든 물건을 서로 통용하고 또 재산과 소유를 팔아 각 사람의 필요를 따라 나눠 주며 날마다 마음을 같이하여 성전에 모이기를 힘쓰고…(행 2:17-46)

"너희가 회개하여 각각 예수 그리스도의 이름으로 세례를 받고 죄 사함을 받으라"고 말씀한 것은 아마도 베드로가 성령의 감동하심으로 말씀하였다고 보기보다는 부활하신 예수님께서 열한 제자에게 나타나서 말씀하신 것을 가지고 말씀한 것으로 보여진다(눅 24:47).

베드로와 요한이 나면서부터 못 걷게 된 이를 고치다

베드로가 이르되 은과 금은 내게 없거니와 내게 있는 이것을 네게

주노니 나사렛 예수 그리스도의 이름으로 일어나 걸으라 하고(행 3:6)

베드로가 솔로몬의 행각에서 설교하다

"이 일을 왜 놀랍게 여기느냐? 우리 개인의 권능과 경건으로 이 사람을 걷게 한 것처럼 왜 우리를 주목하느냐?"(행 3:12) 하며 베드로는 하나님과 예수님을 주목해야 함을 말하고 있다.

예수로 말미암아 난 믿음이 너희 모든 사람 앞에서 이같이 완전히 낫게 하였느니라(행 3:16)

너희가 회개하고 돌이켜 너희 죄 없이함을 받으라…하나님이 영원 전부터 거룩한 선지자들의 입을 통하여 말씀하신 바 만물을 회복하실 때까지는 하늘이 마땅히 그를 받아 두리라 모세가 말하되 주 하나님이 너희를 위하여 너희 형제 가운데서 나 같은 선지자 하나를 세울 것이니 너희가 무엇이든지 그의 모든 말을 들을 것이라 누구든지 그 선지자의 말을 듣지 아니하는 자는 백성 중에서 멸망 받으리라 하였고(행 3:19-23; 신 18:15-22)

베드로와 요한이 잡혀 공회 앞에 서다

예수 안에 죽은 자의 부활이 있다고 백성을 가르치고 전함을 싫어하여 그들을 잡으매…말씀을 들은 사람 중에 믿는 자가 많으니 남자의 수가 약 오천이나 되었더라…베드로가 성령이 충만하여 이르되…이 예수는 너희 건축자들의 버린 돌로서 집 모퉁이의 머릿돌이 되었느니라 다른 이로써는 구원을 받을 수 없나니 천하 사람 중에 구원을 받을 만한 다른 이름을 우리에게 주신 일이 없음이라 그들이 베드로와 요한이 담대하게 말함을 보고 그들을 본래 학문 없는 범인으로[55] 알았다가 이상히 여기며 또 전에 예수와 함께 있던 줄도 알고 또 병 나은 사람이 그들과 함께 서 있는 것을 보고…(행 4:2-4, 8-14)

성령 받기 전의 베드로와 요한과 성령 받은 이후의 모습의 변화를 살펴보면 담대함, 대단한 지식과 지혜, 병 고침의 은사와 기적을 행한 것 등을 알 수 있다.

믿는 무리가 한마음과 한 뜻이 되어 모든 물건을 서로 통용하고 자기 재물을 조금이라도 자기 것이라 하는 이가 하나도 없더라(행 4:32)

아나니아와 삽비라가 성령을 속이고 거슬러서 목숨을 잃게 되었다(행 5:1-10).

사도들이 표적을 일으키다

심지어 병든 사람을 메고 거리에 나가 침대와 요 위에 누이고 베드로가 지날 때에 혹 그의 그림자라도 누구에게 덮일까 바라고 예루살렘 부근의 수많은 사람들도 모여 병든 사람과 더러운 귀신에게 괴로움 받는 사람을 데리고 와서 다 나음을 얻으니라 대제사장과…사두개인의 당파가 시기가 나서 사도들을 옥에 가두었더니 주의 사자가 밤에 옥문을 열고 끌어내어 이르되 가서 성전에 서서 이 생명의 말씀을 다 백성에게 말하라 하매…베드로와 사도들이 대답하여 이르되 사람보다 하

55) Ordinary man, 보통 사람

나님께 순종하는 것이 마땅하니라 너희가 나무에 달아 죽인 예수를 우리 조상의 하나님이 살리시고 이스라엘에게 회개함과 죄 사함을 주시려고 그를 (예수님) 오른손으로 높이사 임금과 구주로 삼으셨느니라 우리는 이 일에 증인이요 하나님이 자기에게 순종하는 사람들에게 주신 성령도 그러하니라(행 5:15-20, 29-32)

순종하지 아니하면 성령을 받지 못하며 성령을 받지 않은 것은 역으로 얘기하면 순종하지 않기 때문이라고 볼 수도 있다.

이러한 하나님 말씀과 예수님 말씀에 따른 사도들의 복음 전파에 대하여 바리새인 가말리엘은 율법 교사로서 모든 백성에게 존경을 받는 자인데 드다와 갈릴리의 유다의 예를 들어 베드로와 사도들이 백성들에게 복음을 전파하는 것을 상관하지 말라 하면서 이 사상과 이 소행이 사람으로부터 났으면 무너질 것이요 만일 하나님께로부터 났으면 너희가 그들을 무너뜨릴 수 없겠고 도리어 하나님을 대적하는 자가 될 것이라고 하였다. 가말리엘은 하나님을 믿었고 지혜로운 사람이었음을 알 수 있다(행 5:34-39).

사도들은 그 이름을 위하여 능욕 받는 일에 합당한 자로 여기심을 기뻐하면서…(행 5:41)

사도들이 기도하는 일과 말씀 사역에 힘쓰기 위해 성령과 지혜가 충만하여 칭찬받는 일곱 일꾼을 택하여 구제와 접대하는 일을 맡겼다(행 6:3-4).

스데반의 설교와 순교

스데반이 설교를 끝내고 돌에 맞아 순교했다.

스데반이 성령 충만하여 하늘을 우러러 주목하여 하나님의 영광과 예수께서 하나님 우편에 서신 것을 보고 말하되 보라 하늘이 열리고 인자가 하나님 우편에 서신 것을 보노라 한대…그들이 돌로 스데반을 치니 스데반이 부르짖어 이르되 주 예수여 내 영혼을 받으시옵소서 하고…주여 이 죄를 그들에게 돌리지 마옵소서 이 말을 하고 자니라(행 7:55-60)

사울(회개하기 이전의 사도 바울)이 교회를 박해하다

사울이…남녀를 끌어다가 옥에 넘기니라(행 8:3)

예루살렘에 있는 사도들이 사마리아도 하나님의 말씀을 받았다 함을 듣고 베드로와 요한을 보내매…그들을 위하여 성령 받기를 기도하니…이에 두 사도가 그들에게(사마리아 사람들) 안수하매 성령을 받는지라 마술사 시몬이 사도들의 안수로 성령 받는 것을 보고 돈을 드려…베드로가 이르되 네가 하나님의 선물을 돈 주고 살 줄로 생각하였으니…(행 8:14-24)

사울이 회개하다

사울이 길을 가다가 다메섹에 가까이 이르더니 홀연히 하늘로부터 빛이 그를 둘러 비추는지라 땅에 엎드려져 들으매 소리가 있어 이르시되 사울아 사울아 네가 어찌하여 나를 박해하느냐 하시거늘 대답하되 주여 누구시니이까 이르시되 나는 네가 박해하는 예수라…같이 가던 사람들은 소리만 듣고 아무도 보지 못하여 말을 못하고 서 있더라 사울이 땅에서 일어나 눈은 떴으나 아무 것도 보지 못하고 사람의 손에 끌려…(행 9:3–8)

사울은 회심 후 위대한 복음 전도자 사도 바울로 변했다.

베드로가 룻다에서 중풍병으로 누운 지 여덟 해 되는 애니아를 고치고 욥바에서 죽은 다비다(도르가)**를 살리다**(행 9:32-34, 36-41)

가이사랴의 이달리아 부대 백부장 고넬료가 베드로를 청하여 베드로가 고넬료의 집에서 설교하다(행 10:1-43)

우리는 유대인의 땅과 예루살렘에서 그가 행하신 모든 일에 증인이라 그를 (예수를) 그들이 나무에 달아 죽였으나 하나님이 사흘 만에 다시 살리사 나타내시되 모든 백성에게 하신 것이 아니요 오직 미리 택하신 증인 곧 죽은 자 가운데서 부활하신 후 그를 모시고 음식을 먹은 우리에게 하신 것이라 우리에게 명하사 백성에게 전도하되 하나님이 살아 있는 자와 죽은 자의 재판장으로 정하신 자가 곧 이 사람인 것을 증언하게 하셨고 그에 대하여 모든 선지자도 증언하되 그를 믿는 사람들이 다 그의 이름을 힘입어 죄 사함을 받는다 하였느니라(행 10:39–43)

이방인들도 성령을 받다

베드로가 고넬료의 집에 방문하기 전에 본 환상에 대하여 베드로가 무슨 뜻인지 의아해 하였다는 것을 볼 때 쉽게 깨닫지 못했다는 것을 말한다. 그 환상은 베드로가 황홀한 중에 하늘이 열리며 보자기 같은 한 그릇이 내려와 땅에 드리워져서 그 안을 보니 땅에 있는 각종 네발 가진 짐승과 기는 것과 공중에 나는 것들이 있었는데 일어나 잡아 먹어라는 소리가 있어 베드로는 속되고 깨끗하지 아니한 것을 결코 먹지 아니하였나이다 하니 두 번째 소리가 있었다. 하나님께서 깨끗하게 하신 것을 네가 속되다 하지 말라 하였다. 이런 일이 세번 있은 후 그 그릇이 하늘로 올려져 간 환상을 보았다(행 10:10-16). 베드로가 그 환상을 생각할 때에 성령께서 그에게 말씀하시되 가이사랴에서 온 사람과 의심하지 말고 함께 가라고 한 것을 볼 때 성령을 통하여 하나님께서 보이신 환상을 깨달을 수 있음을 알 수 있다(행 10:17-20).

하나님이 우리가 주 예수 그리스도를 믿을 때 주신 것과 같은 선물을 그들(고넬료와 그의 친척과 가까운 친구들 등 이방인)에게도 주셨으니 내가 누구이기에 하나님을 능히 막겠느냐…그러면 하나님께서 이방인에게도 생명 얻는 회개를 주셨도다 하니라(행 11:17–18)

베드로는 성령을 하나님과 같은 반열에 두고 있음을 알 수 있다. 제자들이 안디옥에서 비로소 그리스도인이라 일컬음을 받게 되었다(행 11:26).

요한의 형제 야고보의 순교와 베드로의 투옥

헤롯 왕이 교회중에서 몇 사람을 해하려 하여 요한의 형제 야고보를 칼로 죽였다(행 12:1-2).

홀연히 주의 사자가 나타나매 옥중에 광채가 빛나며 또 베드로의 옆구리를 쳐 깨워…천사가 하는 것이 생시인 줄 알지 못하고 환상을 보는가 하니라(행 12:7–9)

주의 사자는 자는 사람의 옆구리를 쳐 깨우며 손에서 쇠사슬을 벗겨낼 수 있다는 것을 알 수 있다.

헤롯이 연설할 때 백성들이 "이것은 신의 소리요 사람의 소리가 아니라" 하거늘 그러나 "헤롯이 영광을 하나님께로 돌리지 아니하므로 주의 사자가 곧 치니 벌레에게 먹혀 죽으니라"(행 12:21-23).

크리스천들은 칭찬받을 일이 있으면 먼저 하나님께 영광을 돌리는 습관을 가져야 할 것이다.

회심한 사도 바울이 총독 서기오 바울을 믿지 못하게 훼방하는 유대인 거짓 선지자 마술사(바예수엘루마)를 향해 성령이 충만하여 말하기를 "보라 이제 주의 손이 네 위에 있으니 네가 맹인이 되어 얼마 동안 해를 보지 못하리라 하니 즉시 안개와 어둠이 그를 덮어 인도할 사람을 두루 구하는지라" 이에 총독 서기오 바울이 믿게 되었다(행 13:6-12).

사도 바울과 바나바가 비시디아 안디옥에서 전도하다

너희가 알 것은 이 사람(예수)을 힘입어 죄 사함을 너희에게 전하는 이것이며 또 모세의 율법으로 너희가 의롭다 하심을 얻지 못하던 모든 일에도 이 사람을 힘입어 믿는 자마다 의롭다 하심을 얻는 이것이라(행 13:38–39)

이신칭의(以信稱義), 즉 믿음으로 의롭다 함을 받는 것을 말씀하고 있다. 바울과 바나바가 담대히 말씀을 전할 때 유대인들이 시기가 가득하여 반박하고 비방하였다. 그러자 "하나님의 말씀을 마땅히 먼저 너희에게(유대인들) 전할 것이로되 너희가 그것을 버리고 영생을 얻기에 합당하지 않은 자로 자처하기로 우리가 이방인에게로 향하노라 하고 주께서 이같이 우리에게 명하시되 내가 너를 이방의 빛으로 삼아 너로 땅끝까지 구원하게 하리라 하셨느니라" 하니 이방인들이 듣고 기뻐하였고 영생을 주시기로 작정된 자는 다 믿더라(행 13:46-48).

사도 바울은 복음을 유대인들에게 전파할 때 그들이 핍박하게 되자 이사야 49장 6절의 말씀을 기억하고 본인이 그 사명을 감당해야 하겠다고 성령의 감동하심으로 깨닫게 된 것 같다(행 13:47).

바울과 바나바가 이고니온에서 그리고 루스드라에서 전도하다

루스드라에서 나면서 걷지 못하게 된 사람이 바울이 말하는 것을 듣게 되었다.

바울이 주목하여 구원받을 만한 믿음이 그에게 있는 것을 보고 큰 소리로 이르되 네 발로 바로 일어서라 하니 그 사람이 일어나 걷는지라 무리가…이르되 신들이 사람의 형상으로 우리 가운데 내려오셨다 하여…제우스 신당의 제사장이 소와 화환들을 가지고 대문 앞에 와서 무리와 함께 제사하고자 하니…(행 14:8–13)

하나님이 지나간 세대에는 모든 민족으로 자기들의 길들을 가게 방임하셨으나 그러나 자기를 증언하지 아니하신 것이 아니니 곧 여러분에게 하늘로부터 비를 내리시며 결실기를 주시는 선한 일을 하사 음식과 기쁨으로 여러분의 마음에 만족하게 하셨느니라 하고(행 14:16–17)

이는 바울이 자연 계시, 일반계시를 말하고 있다.

이와는 달리 문자로 기록된 성경을 통하여 하나님을 알게 되는 것을 신학적으로 특별계시라 한다.

예루살렘 회의

바리새파 중에 어떤 믿는 사람들이 이방인에게 할례를 행하고 모세의 율법을 지키라 명하는 것이 마땅하다고 하니 사도 베드로가 멍에를 예수 믿는 이방인 제자들의 목에 두지 말라 하면서 "그들이 우리와 동일하게 주 예수의 은혜로 구원 받는 줄을 믿노라" 하니라 (행 15:5-11).

야고보가 이방인 중에서 하나님께로 돌아오는 자들을 괴롭게 하지 말고 다만 우상의 더러운 것과 음행과 목매어 죽인 것과 피를 멀리하라고 편지하는 것이 옳으니…바울과 바나바와 함께 유다와 실라 편에 편지를 보내어 "성령과 우리는 이 요긴한 것들 외에는 아무 짐도 너희에게 지우지 아니하는 것이 옳은 줄 알았노니 우상의 제물과 피와 목매어 죽인 것과 음행을 멀리할지니라…"(행 15:13-29)라고 이방인 신자들에게 전했다.

바울과 바나바가 주의 말씀을 전한 각 성으로 다시 가서 형제들이 어떠한가 방문하자 하니 바나바는 마가라 하는 요한도 데리고 가자 하였으나 바울은 밤빌리아에서 자기들을 떠나 함께 일하러 가지 않은 마가 요한과 함께 갈 수 없다고 심히 다투었다. 그리하여 바나바는 마가를 데리고 구브로로 가고 바울은 실라를 데리고 수리아와 길리기아로 다니며 교회들을 견고하게 했다(행 15:36-41).

바울이 디모데를 데리고 가다

성령이 아시아에서 말씀을 전하지 못하게 하시므로 바울이 마게도냐 사람 하나가 마게도냐로 건너와서 우리를 도우라는 환상을 보고 마게도냐로 떠났다(행 16:6-10).

두아디라에 사는 루디아에게 주께서 그 마음을 열어 바울의 말을 따르게 하셨다(행 16:14).

점치는 귀신 들린 여종 하나를 만나니…그가 바울과 우리를 따라와 소리 질러 이르되 이 사람들은 지극히 높은 하나님의 종으로서 구원의 길을 너희에게 전하는 자라 하며…바울이 그 귀신에게 이르되 예수 그리스도의 이름으로 내가 네게 명하노니 그에게서 나오라 하니 귀신이 즉시 나오니라(행 16:16-18)

바울과 실라가 갇히다(행 16:19-24)

한밤 중에 바울과 실라가 기도하고 하나님을 찬송하매…갑자기 큰 지진이 나서 옥문이 열리고…죄수들이 도망한 줄 생각하고 자결하려 하는 간수에게 "주 예수를 믿으라 그리하면 너와 네 집이 구원을 받으리라" 하고(행 16:25-31)

바울이 데살로니가와 베뢰아에서 그리고 아덴에서 전도하다

하나님을 금이나 은이나 돌에다 사람의 기술과 고안으로 새긴 것들과 같이 여길 것이 아니니라 알지 못하던 시대에는 하나님이 간과하셨거니와 이제는 어디든지 사람에게 다 명하사 회개하라 하셨으니 이는 정하신 사람으로 하여금 천하를 공의로 심판할 날을 작정하시고 이에 그를 죽은 자 가운데서 다시 살리신 것으로…(행 17:29-31)

바울이 고린도에서 전도하다

바울이 에베소에서 전도하다

바울이 에베소에 와서 어떤 제자들을 만나 이르되 "너희가 믿을 때에 성령을 받았느냐 이르되 아니라 우리는 성령이 계심도 듣지 못하였노라"(행 19:1-2).

역으로 얘기하면 성령을 받지 못하고 있다면 하나님을 믿지 않고 있다고도 말할 수 있을 것이다. 성령은 진리이므로 이렇게 얘기하는 것이다(요 16:13).

바울이 이르되 요한이 회개의 세례를 베풀며 백성에게 말하되 내 뒤에 오시는 이를 믿으라 하였으니 이는 곧 예수라 하거늘 그들이 듣고 주 예수의 이름으로 세례를 받으니 바울이 그들에게 안수하매 성령이 그들에게 임하시므로 방언도 하고 예언도 하니…하나님이 바울의 손으로 놀라운 능력을 행하게 하시니 심지어 사람들이 바울의 몸에서 손수건이나 앞치마를 가져다가 병든 사람에게 얹으면 그 병이 떠나고 악귀도 나가더라(행 19:4-6, 11-12)

유대의 한 제사장 스게와의 일곱 아들

마술하는 어떤 유대인들이 시험 삼아 악귀 들린 자들에게 주 예수의 이름을 불러 말하되 내가 바울이 전파하는 예수를 의지하여 너희에게 명하노라 하더라 유대의 한 제사장 스게와의 일곱 아들도 이 일을 행하더니 악귀가 대답하여 이르되 내가 예수도 알고 바울도 알거니와 너희

는 누구냐 하며(행 19:13-15)

유두고를 살리다

유두고라 하는 청년이 창에 걸터 앉아 있다가 깊이 졸더니 바울이 강론하기를 더 오래 하매 졸음을 이기지 못하여 삼 층에서 떨어지거늘 일으켜보니 죽었는지라 바울이…엎드려 그 몸을 안고…생명이 그에게 있다 하고…(행 20:9-10)

에베소 장로들에게 고별 설교를 하다

오직 성령이 각 성에서 내게 증언하여 결박과 환난이 나를 기다린다 하시나 내가 달려갈 길과 주 예수께 받은 사명 곧 하나님의 은혜의 복음을 증언하는 일을 마치려 함에는 나의 생명조차 조금도 귀한 것으로 여기지 아니하노라(행 20:23-24)

바울은 아시아에서의 전도여행을 마치고 성령에 매여 예루살렘으로 올라가려고 하는데(예루살렘은 해발고도가 800m 이상이어서 해발고도가 낮은 지역에서 활동하다가 예루살렘을 갈 때는 이렇게 표현한다) 많은 사람이 사도 바울을 해하려는 것을 알고 이를 만류하였으나 사도 바울은 죽을 것도 각오하였다(행 21:13).

바울이 박해받은 이유는 예수라 하는 이가 죽은 것을 살아 있다고 주장(행 25:19)했기 때문인데, 이에 대하여 바울은 아그립바 왕 앞에서 "하나님이 죽은 사람을 살리심을 어찌하여 못 믿을 것으로 여기나이까"(행 26:8)라고 말했다.

아그립바 왕이여 그러므로 하늘에서 보이신 것을 내가 거스러지 아니하고…선지자들과 모세가 반드시 되리라고 말한 것밖에 없으니 곧 그리스도가 고난을 받으실 것과 죽은 자 가운데서 먼저 다시 살아나사 이스라엘과 이방인들에게 빛을 전하시리라 함이니이다(행 26:19-23)

📚 로마서 (사도 바울의 저작, AD 57년, 사도 바울의 비서 역할을 했던 더디오가 기록함)

이신득의(以信得義), 믿음으로 의롭다 함을 얻는다

예수 그리스도께서 십자가에 달리심으로 이룬 의를 믿음으로 받아들임으로써 모든 인간은 죄에서 자유로울 수 있다는 것이다.

예수님의 삶과 죽으심의 의미를 교의적인 것과 실천적인 것을 동시에 설파하고 있다

이 복음은 하나님이 선지자들을 통하여 그의 아들에 관하여 성경에 미리 약속하신 것이라(롬 1:2)

기록된 바 오직 의인은 믿음으로 말미암아 살리라 함과 같으니라(롬 1:17; 합 2:4)

창세로부터 그의 보이지 아니하는 것들 곧 그의 영원하신 능력과 신성이 그가 만드신 만물에 분명히 보여 알려졌나니 그러므로 그들이 핑계하지 못할지니라(롬 1:20)

자연계시와 일반계시에 대하여 이와같이 말하고 있다

모든 불의, 추악, 탐욕, 악의가 가득한 자요 시기, 살인, 분쟁, 사기, 악독이 가득한 자요 수군수군하는 자요 비방하는 자요 하나님께서 미워하시는 자요 능욕하는 자요 교만한 자요 자랑하는 자요 악을 도모하는 자요 부모를 거역하는 자요 우매한 자요 배약하는 자요[56] 무정한 자요 무자비한 자라 그들이 이같은 일을 행하는 자는 사형에 해당한다고 하나님께서 정하심을 알고도 자기들만 행할 뿐 아니라 또한 그런 일을 행하는 자들을 옳다 하느니라(롬 1:29-32)

능욕하는 자란 뜻은 건방진, 무례한이란 뜻이다(NIV 영어성경).

성령의 감동하심으로 표현하면 우리가 지금까지 흔하게 저질러 왔던 잘못된 모습들은 완전하고 거룩하신 하나님의 입장에서 보면 실로 엄청난 잘못과 죄악된 모습(실정법인 형법에 사형에 해당할 정도로)이라는 것을 깨달을 수 있다.

모든 사람이 죄를 범하였으매 하나님의 영광에 이르지 못하더니 그리스도 예수 안에 있는 속량으로 말미암아 하나님의 은혜로 값 없이 의롭다 하심을 얻은 자 되었느니라…우리가 아직 죄인 되었을 때에 그리스도께서 우리를 위하여 죽으심으로 하나님께서 우리에 대한 자기의 사랑을 확증하셨느니라(롬 3:23-24, 5:8)

무릇 하나님의 영으로 인도함을 받는 사람은 곧 하나님의 아들이라 너희는 다시 무서워하는 종의 영을 받지 아니하고 양자의 영을 받았으

---

56) 신의가 없는, 불성실한, 믿지 못할, faithless

므로 우리가 아빠 아버지라고 부르짖느니라 성령이 친히 우리의 영과 더불어 우리가 하나님의 자녀인 것을 증언하시나니(롬 8:14–16).

우리가 알거니와 하나님을 사랑하는 자 곧 그의 뜻대로 부르심을 입은 자들에게는 모든 것이 합력하여 선을 이루느니라(롬 8:28)

예수 그리스도의 하나님 되심(롬 9:5)
하나님의 선택 야곱(롬 9:11-13)

기록된 바(구약성경) 내가 야곱은 사랑하고 에서는 미워하였다 하심과 같으니라(롬 9:13)

하나님께서 하고자 하시는 자를 긍휼히 여기시고 하고자 하시는 자를 완악하게 하시느니라(롬 9:18)

네가 만일 네 입으로 예수를 주로 시인하며 또 하나님께서 그를 죽은 자 가운데서 살리신 것을 네 마음에 믿으면 구원을 받으리라 사람이 마음으로 믿어 의에 이르고 입으로 시인하여 구원에 이르느니라(롬 10:9–10)

입으로 시인한다는 말씀은 사도 바울이 로마서를 저작할 당시에는 적어도 공공연하게 고백할 때에는 사자의 밥이 될 수도 있었다는 시대상황을 인식해야 한다.

누구든지 주의 이름을 부르는 자는 구원을 받으리라…믿음은 들음에서 나며…(롬 10:13, 17)

그런즉 어떠하냐 이스라엘이 구하는 그것을 얻지 못하고 오직 택하심을 입은 자가 얻었고 그 남은 자들은 우둔하여졌느니라 기록된 바 하나님이 오늘까지 그들에게 혼미한 심령과 보지 못할 눈과 듣지 못할 귀를 주셨다 함과 같으니라(롬 11:7-8)

이 신비는 이방인의 충만한 수가 들어오기까지 이스라엘의 더러는 우둔하게 된 것이라 그리하여 온 이스라엘이 구원을 받으리라…(롬 11:25-26)

즉 이 신비는 이방인의 구원이 그 수가 충만하게 이루어지고 난 이후에 이스라엘에 구원의 복음이 전파되는 것을 말한다.

그리스도인의 생활

각 사람은 위에 있는 권세들에게 복종하라 권세는 하나님으로부터 나지 않음이 없나니…피차 사랑의 빚 외에는 아무에게든지 아무 빚도 지지 말라 남을 사랑하는 자는 율법을 다 이루었느니라(롬 13:1, 8)

네가 어찌하여 네 형제를 비판하느냐…우리가 다 하나님의 심판대 앞에 서리라(롬 14:10, 킹제임스 성경에는 그리스도의 심판석으로 되어 있다)

하나님의 나라는 먹는 것과 마시는 것이 아니요 오직 성령 안에 있는 의와 평강과 희락이라…믿음을 따라 하지 아니하는 것은 다 죄니라(롬 14:17, 23)

나의 복음과 예수 그리스도를 전파함은 영세 전부터 감추어졌다가 이제는 나타내신 바 되었으며 영원하신 하나님의 명을 따라 선지자들의 글로 말미암아 모든 민족이 믿어 순종하게 하시려고 알게 하신 바 그 신비의 계시를 따라 된 것이니…(롬 16:25-26)

📚 고린도전서 (AD 55년 경 사도 바울의 저작), 바울이 세운 고린도 교회의 도덕적 타락을 바로잡기 위해 기록

십자가의 도가 멸망하는 자들에게는 미련한 것이요 구원을 받는 우리에게는 하나님의 능력이라(고전 1:18)

기록된 바 하나님이 자기를 사랑하는 자들을 위하여 예비하신 모든 것은 눈으로 보지 못하고 귀로 듣지 못하고 사람의 마음으로 생각하지도 못하였다 함과 같으니라 오직 하나님이 성령으로 이것을 우리에게 보이셨으니 성령은 모든 것 곧 하나님의 깊은 것까지도 통달하시느니라(고전 2:9-10)

육에 속한 사람은 하나님의 성령의 일들을 받지 아니하나니 이는 그것들이 그에게는 어리석게 보임이요, 또 그는 그것들을 알 수도 없나니 그러한 일은 영적으로 분별되기 때문이라(고전 2:14)

우리는 하나님의 동역자들이요(바울, 아볼로) 너희는 하나님의 밭이요 하나님의 집이니라(고린도 교회의 교인들에게, 고전 3:9)

너희가 하나님의 성전인 것과 하나님의 성령이 너희 안에 계시는 것을 알지 못하느냐…이 세상 지혜는 하나님께 어리석은 것이니 기록된 바 하나님은 지혜 있는 자들로 하여금 자기 꾀에 빠지게 하시는 이라 하였고(고전 3:16, 19, 욥 5:13)

그리스도의 일꾼

하나님의 비밀을 맡은 자로 여길지어다 그리고 맡은 자들에게 구할 것은 충성이니라(고전 4:1-2)

불의한 자가 하나님의 나라를 유업으로 받지 못할 줄을 알지 못하느냐 미혹을 받지 말라 음행하는 자나 우상 숭배하는 자나 간음하는 자나 탐색하는 자나 남색하는 자나 도적이나 탐욕을 부리는 자나 술 취하는 자나 모욕하는 자나 속여 빼앗는 자들은 하나님의 나라를 유업으로 받지 못하리라(고전 6:9-10)

탐색하는 자는 남창을 뜻하고 남색하는 자는 동성애자를 말한다(영어성경 NIV).

너희 몸은 너희가 하나님께로부터 받은 바 너희 가운데 계신 성령의 전인 줄을 알지 못하느냐 너희는 너희 자신의 것이 아니라 값으로 산 것이 되었으니 그런즉 너희 몸으로 하나님께 영광을 돌리라(고전 6:19-20)

우리가 다른 사도들과 주의 형제들과 게바와 같이 믿음의 자매 된 아내를 데리고…(고전 9:5)

게바는 사도 베드로를 말한다.

예수님의 열두 제자들과 예수님의 육신의 형제들 중에서는(여동생들을 제외하고) 야고보와 유다(신약성경 야고보서와 유다서의 저작자)가 복음 전파에 나섰고 또 결혼도 한 것으로 보여진다(예수님의 다른 남동생들인 요셉과 시몬은 기록이 없어 복음 전파에 나섰는지 그 여부는 알 수 없다, 고

전 9:5; 마 13:55-56).

내가 복음을 전할지라도 자랑할 것이 없음은 내가 부득불 할 일임이라(고전 9:16)

그런 즉 선 줄로 생각하는 자는 넘어질까 조심하라 사람이 감당할 시험 밖에는 너희가 당한 것이 없나니 오직 하나님은 미쁘사[57] 너희가 감당하지 못할 시험 당함을 허락하지 아니하시고 시험 당할 즈음에 또한 피할 길을 내사 너희로 능히 감당하게 하시느니라(고전 10:12-13)

성만찬의 제정

내가 너희에게 전한 것은 주께 받은 것이니 곧 주 예수께서 잡히시던 밤에 떡을 가지사 축사하시고 떼어 이르시되 이것은 너희를 위하는 내 몸이니 이것을 행하여 나를 기념하라 하시고 식후에 또한 그와 같이 잔을 가지시고 이르시되 이 잔은 내 피로 세운 새 언약이니 이것을 행하여 마실 때마다 나를 기념하라 하셨으니 너희가 이 떡을 먹으며 이 잔을 마실 때마다 주의 죽으심을 그가 오실 때까지 전하는 것이니라(고전 11:23-26)

57) Faithful, 믿을 만한, 신뢰할 만한

성령의 은사에 대하여

어떤 사람에게는 성령으로 말미암아 지혜의 말씀을, 어떤 사람에게는 같은 성령을 따라 지식의 말씀을, 다른 사람에게는 같은 성령으로 믿음을, 어떤 사람에게는 한 성령으로 병 고치는 은사를, 어떤 사람에게는 능력 행함을, 어떤 사람에게는 예언함을, 어떤 사람에게는 영들 분별함을, 다른 사람에게는 각종 방언 말함을, 어떤 사람에게는 방언들 통역함을 주시나니(고전 12:8-10)

사랑에 대하여

사랑은 오래 참고 사랑은 온유하며 시기하지 아니하며 사랑은 자랑하지 아니하며 교만하지 아니하며 무례히 행하지 아니하며 자기의 유익을 구하지 아니하며 성내지 아니하며 악한 것을 생각하지 아니하며 불의를 기뻐하지 아니하며 진리와 함께 기뻐하고 모든 것을 참으며 모든 것을 믿으며 모든 것을 바라며 모든 것을 견디느니라(고전 13:4-7)

그런즉 믿음, 소망, 사랑, 이 세 가지는 항상 있을 것인데 그 중의 제일은 사랑이라(고전 13:13)

그리스도의 부활과 죽은 사람의 부활에 대하여

내가 받은 것을 먼저 너희에게 전하였노니 이는 성경대로 그리스도께서 우리 죄를 위하여 죽으시고 장사 지낸 바 되셨다가 성경대로 사흘 만에 다시 살아나사 게바에게 보이시고 후에 열두 제자에게와 그 후에 오백여 형제에게 일시에 보이셨나니 그 중에 지금까지 대다수는 살아

있고 어떤 사람은 잠들었으며(고전 15:3-6)

만일 그리스도 안에서 우리가 바라는 것이 다만 이 세상의 삶뿐이면 모든 사람 가운데 우리가 더욱 불쌍한 자이리라…육의 몸으로 심고 신령한 몸으로 다시 살아나나니 육의 몸이 있은즉 또 영의 몸도 있느니라…첫 사람은(아담) 땅에서 났으니 흙에 속한 자이거니와 둘째 사람은 하늘에서 나셨느니라(고전 15:19, 44, 47)

보라 내가 너희에게 비밀을 말하노니 우리가 다 잠 잘 것이 아니요 마지막 나팔에 순식간에 홀연히 다 변화되리니 나팔 소리가 나매 죽은 자들이 썩지 아니할 것으로 다시 살아나고 우리도 변화되리라 이 썩을 것이 반드시 썩지 아니할 것을 입겠고 이 죽을 것이 죽지 아니함을 입으리로다 이 썩을 것이 썩지 아니함을 입고 이 죽을 것이 죽지 아니함을 입을 때에는 사망을 삼키고 이기리라고 기록된 말씀이 이루어지리라(고전 15:51-54)

연보[58]에 대하여

"너희 각 사람이 수입에 따라…"(고전 16:2) 하도록 권하였다.

고린도후서 (사도 바울의 저작, AD 56년 후반쯤 기록, 고린도 교회에 몰래 숨어 들어온 거짓 스승들과 이단들이 교인들을 미혹하는 것을 바로잡고자 기록)

그가(하나님) 또한 우리에게 인치시고 보증으로 우리 마음에 성령을

58) 하나님께 드리는 헌금

주셨느니라(고후 1:22)

오늘까지 모세의 글을 읽을 때에 수건이 그 마음을 덮었도다 그러나 언제든지 주께로 돌아가면 그 수건이 벗겨지리라 주는 영이시니 주의 영이 계신 곳에는 자유가 있느니라(고후 3:15-17)

만일 땅에 있는 우리의 장막 집이 무너지면 하나님께서 지으신 집 곧 손으로 지은 것이 아니요 하늘에 있는 영원한 집이 우리에게 있는 줄 아느니라…곧 이것을 우리에게 이루게 하시고 보증으로 성령을 우리에게 주신 이는 하나님이시니라…우리가 다 반드시 그리스도의 심판대 앞에 나타나게 되어…그가(예수 그리스도) 모든 사람을 대신하여 죽으심은 살아 있는 자들로 하여금 다시는 그들 자신을 위하여 살지 않고 오직 그들을 대신하여 죽었다가 다시 살아나신 이를 위하여 살게 하려 함이라…그런즉 누구든지 그리스도 안에 있으면 새로운 피조물이라 이전 것은 지나갔으니 보라 새 것이 되었도다(고후 5:1, 5, 10, 15, 17)

하나님의 뜻대로 하는 근심은 후회할 것이 없는 구원에 이르게 하는 회개를 이루는 것이요 세상 근심은 사망을 이루는 것이니라(고후 7:10)

연보에 대하여

기록된 것 같이 많이 거둔 자도 남지 아니하였고 적게 거둔 자도 모자라지 아니하였느니라…각각 그 마음에 정한 대로 할 것이요 인색함으로나 억지로 하지 말지니 하나님은 즐겨 내는 자를 사랑하시느니라(고후 8:15, 9:7)

기록된 바 그가 흩어 가난한 자들에게 주었으니 그의 의가 영원토록 있느니라 함과 같으니라(고후 9:9)

사탄도 자기를 광명의 천사로 가장하나니 그러므로 사탄의 일꾼들도 자기를 의의 일꾼으로 가장하는 것이 또한 대단한 일이 아니니라(고후 11:14-15)

주께서 보여 주신 환상과 계시

그(사도 바울)가 낙원으로 이끌려 가서 말로 표현할 수 없는 말을 들었으니 사람이 가히 이르지 못할 말이로다…여러 계시를 받은 것이 지극히 크므로 너무 자만하지 않게 하시려고 내 육체에 가시 곧 사탄의 사자를 주셨으니 이는 나를 쳐서 너무 자만하지 않게 하려 하심이라 이것이 내게서 떠나가게 하기 위하여 내가 세 번 주께 간구하였더니 나에게 이르시기를 내 은혜가 네게 족하도다 이는 내 능력이 약한 데서 온전하여짐이라 하신지라 그러므로 도리어 크게 기뻐함으로…주 예수 그리스도의 은혜와 하나님의 사랑과 성령의 교통하심이 너희 무리와 함께 있을지어다(고후 12:4, 7-9, 13:13)

📚 갈라디아서 (AD 55년 경 사도 바울의 저작, 율법과 복음의 문제. 그리스도께서는 율법의 마침이 된다. 오직 믿음으로 구원받는다.)

그리스도께서 하나님 곧 우리 아버지의 뜻을 따라…우리 죄를 대속하기 위하여 자기 몸을 주셨으니…내가 전한 복음은 사람의 뜻을 따라 된 것이 아니니라…오직 예수 그리스도의 계시로 말미암은 것이라…사람이 의롭게 되는 것은 율법의 행위로 말미암음이 아니요 오직 예수 그리스도를 믿음으로 말미암는 줄 알므로…내가 그리스도와 함께 십자가에 못 박혔나니 그런즉 이제는 내가 사는 것이 아니요 오직 내 안에 그리스도께서 사시는 것이라…(갈 1:4, 11-12, 2:16, 20)

성경이 모든 것을 죄 아래에 가두었으니 이는 예수 그리스도를 믿음으로 말미암는 약속을 믿는 자들에게 주려 함이라…너희가 다 믿음으로 말미암아 그리스도 예수 안에서 하나님의 아들이 되었으니…너희가 아들이므로 하나님이 그 아들의 영을 우리 마음 가운데 보내사 아빠 아버지라 부르게 하셨느니라…너희는 성령을 따라 행하라 그리하면 육체의 욕심을 이루지 아니하리라…육체의 일은 분명하니 곧 음행과 더러운 것과 호색과 우상 숭배와 주술과 원수 맺는 것과 분쟁과 시기와 분냄과 당 짓는 것과 분열함과 이단과 투기와 술 취함과 방탕함과…이런 일을 하는 자들은 하나님의 나라를 유업으로 받지 못할 것이요 오직 성령의 열매는 사랑과 희락과 화평과 오래 참음과 자비와 양선과 충성과 온유와 절제니…그리스도 예수의 사람들은 육체와 함께 그 정욕과 탐심을 십자가에 못 박았느니라…스스로 속이지 말라 하나님은 업신여김을 받지 아니하시나니 사람이 무엇으로 심든지 그대로 거두리라 자기의 육체를 위하여 심는 자는 육체로부터 썩어질 것을 거두고 성령을 위하여 심는 자는 성령으로부터 영생을 거두리라 우리가 선을 행하되 낙심하지 말지니 포기하지 아니하면 때가 이르매 거두리라(갈 3:22, 26, 4:6, 5:16-24, 6:7-9)

에베소서 (사도 바울의 저작, 로마 옥중에서 AD 60년 경 기록)

하나님의 예정과 선택 그리고 구원받은 이후의 합당한 삶에 관하여 기록하였다.

창세 전에 그리스도 안에서 우리를 택하사…그 기쁘신 뜻대로 우리를 예정하사 예수 그리스도로 말미암아 자기의 아들들이 되게 하셨으니…그의 피로 말미암아 속량 곧 죄 사함을 받았느니라…모든 일을 그의 뜻의 결정대로 일하시는 이의 계획을 따라 우리가 예정을 입어 그 안에서 기업이 되었으니…구원의 복음을 듣고…또한 믿어 약속의 성령으로 인치심을 받았으니…우리 주 예수 그리스도의 하나님, 영광의 아버지께서 지혜와 계시의 영을 너희에게 주사 하나님을 알게 하시고…(엡 1:4-7, 11-17)

하나님께서 지혜와 계시의 영을 우리에게 부어 주시지 않으면 우리는 하나님을 알 수 없다는 말씀이다.

너희는 그 은혜에 의하여 믿음으로 말미암아 구원을 받았으니 이것은 너희에게서 난 것이 아니요 하나님의 선물이라 행위에서 난 것이 아니니 이는 누구든지 자랑하지 못하게 함이라 우리는 그가 만드신 바라…(엡 2:8-10)

음행하는 자나 더러운 자나 탐하는 자 곧 우상숭배자는 다 그리스도와 하나님의 나라에서 기업을 얻지 못하리니(엡 5:5)

술 취하지 말라 이는 방탕한 것이니 오직 성령으로 충만함을 받으라 시와 찬송과 신령한 노래들로 서로 화답하며 너희의 마음으로 주께 노래하며 찬송하며…우리 주 예수 그리스도의 이름으로 항상 아버지 하나님께 감사하며…(엡 5:18-20)

아내와 남편

아내들이여 자기 남편에게 복종하기를 주께 하듯 하라…너희도 각각 자기의 아내 사랑하기를 자신같이 하고 아내도 자기 남편을 존경하라(엡 5:22, 33)

자녀와 부모

자녀들아 주 안에서 너희 부모에게 순종하라 이것이 옳으니라 네 아버지와 어머니를 공경하라 이것은 약속이 있는 첫 계명이니 이로써 네가 잘되고 땅에서 장수하리라 또 아비들아 너희 자녀를 노엽게 하지 말고 오직 주의 교훈과 훈계로 양육하라(엡 6:1-4)

마귀를 대적하는 싸움에 있어서, 그 마음가짐과 자세에 대하여

하나님의 전신 갑주를 입으라(엡 6:11)

빌립보서 (사도 바울의 저작, AD 61년 경 로마 옥중에서 기록)

폭풍우 속에서도 잔잔한 기쁨을 간직한 모습을 볼 수 있으며 이것은 구원의 확신으로 말미암는 기쁨이다.

그리스도 예수

그는 근본 하나님의 본체시나 하나님과 동등됨을 취할 것으로 여기지 아니하시고 오히려 자기를 비워 종의 형체를 가지사 사람들과 같이 되셨고 사람의 모양으로 나타나사 자기를 낮추시고 죽기까지 복종하셨으니 곧 십자가에 죽으심이라 이러므로 하나님이 그를 지극히 높여 모든 이름 위에 뛰어난 이름을 주사 하늘에 있는 자들과 땅에 있는 자들과 땅 아래에 있는 자들로 모든 무릎을 예수의 이름에 꿇게 하시고 모든 입으로 예수 그리스도를 주라 시인하여 하나님 아버지께 영광을 돌리게 하셨느니라…우리의 시민권은 하늘에 있는지라…주 예수그리스도…그는 만물을 자기에게 복종하게 하실 수 있는 자의 역사로 우리의 낮은 몸을 자기 영광의 몸의 형체와 같이 변하게 하시리라(빌 2:6-11, 3:20-21)

'역사로'라는 뜻은 '능력으로'라는 뜻이다(킹 제임스 흠정역, NIV 영어 성경).

주 안에서 항상 기뻐하라(빌 4:4)

아무 것도 염려하지 말고 다만 모든 일에 기도와 간구로, 너희 구할 것을 감사함으로 하나님께 아뢰라 그리하면 모든 지각에 뛰어난 하나님의 평강이 그리스도 예수 안에서 너희 마음과 생각을 지키시리라…내가…어떠한 형편에든지 나는 자족하기를 배웠노니 나는 비천에 처할 줄도 알고 풍부에 처할 줄도 알아 모든 일 곧 배부름과 배고픔과 풍부와 궁핍에도 처할 줄 아는 일체의 비결을 배웠노라 내게 능력 주시는 자 안에서 내가 모든 것을 할 수 있느니라(빌 4:6-7, 11-13)

📚 골로새서 (사도 바울의 저작, AD 61-63년 경 로마 옥중에서 기록)

헬라주의와 유대주의와 동양의 신비주의적 요소가 혼합된 사상과 영지주의[59] 및 천사 숭배가 혼합된 사상을 배격하고 예수님은 완전한 신성과 완전한 인성으로 완전한 구원자가 되심을 말하고 있다.

그는(예수님) 보이지 아니하는 하나님의 형상이시요 모든 피조물보다 먼저 나신 이시니 만물이 그에게서 창조되되 하늘과 땅에서 보이는 것들과 보이지 않는 것들과 혹은 왕권들이나 주권들이나 통치자들이나 권세들이나 만물이 다 그로 말미암고 그를 위하여 창조되었고 또한 그가 만물보다 먼저 계시고 만물이 그 안에 함께 섰느니라(골 1:15-17)

하나님의 비밀인 그리스도

…그 안에는 지혜와 지식의 모든 보화가 감추어져 있느니라…위의 것을 생각하고 땅의 것을 생각하지 말라(골 2:2-3, 3:2)

우리 생명이신 그리스도께서 나타나실 그 때에 너희도 그와 함께 영광 중에 나타나리라 그러므로 땅에 있는 지체를 죽이라 곧 음란과 부정과 사욕과 악한 정욕과 탐심이니 탐심은 우상 숭배니라 이것들로 말미암아 하나님의 진노가 임하느니라(골 3:4-6)

돈과 권력 그리고 명예에 대한 탐욕은 하나님께서 가장 싫어하시

---

59) 영지주의: 그노시스파(Gnosticism) 동방 신비주의의 영향을 받은 이단 사상. 플라톤 철학에 기초한 이원론 주장. 악한 물질계와 선한 영계로 나누면서 예수께서 육신으로 오신 것 부인. 구원은 믿음이 아니라 지식을 통해서 얻을 수 있다고 함.

는 우상 숭배이다.

📚 데살로니가전서 (사도 바울의 저작, AD 50년 경 기록)

바울이 세운 데살로니가 교회 교인들이 받고 있는 사회적 불이익과 온갖 핍박에 대하여 바른 믿음 생활을 하도록 하기 위해 기록하였다. 주의 강림과 죽은 자들의 부활에 대하여 말씀하고 있다.

우리가 예수께서 죽으셨다가 다시 살아나심을 믿을진대 이와 같이 예수 안에서 자는 자들도 하나님이 그와 함께 데리고 오시리라 우리가 주의 말씀으로 너희에게 이것을 말하노니 주께서 강림하실 때까지 우리 살아 남아 있는 자도 자는 자보다 결코 앞서지 못하리라 주께서 호령과 천사장의 소리와 하나님의 나팔소리로 친히 하늘로부터 강림하시리니 그리스도 안에서 죽은 자들이 먼저 일어나고 그 후에 우리 살아 남은 자들도 그들과 함께 구름 속으로 끌어 올려 공중에서 주를 영접하게 하시리니 그리하여 우리가 항상 주와 함께 있으리라(살전 4:14-17)

예수님께서 재림하실 때에는 예수를 믿는 믿음 안에서 살아 있는 성도들은 그들 즉 먼저 일어난 예수 안에 잠자고 있었던 사람들과 함께 공중에서 예수님의 재림을 맞이하게 된다. 이 부분에서(살전 4:14-17) 사도 바울이 언급한 내용과 관련된 주의 말씀을 살펴보는 것은 예수님께서 다시 이 땅에 오시는 재림에 관련된 것으로 대단히 중요하다고 생각된다.

번개가 동편에서 나서 서편까지 번쩍임같이 인자의 임함도 그러하리라…그 날 환난 후에 즉시 해가 어두워지며 달이 빛을 내지 아니하며 별들이 하늘에서 떨어지며 하늘의 권능들이 흔들리리라 그 때에 인자의 징조가 하늘에서 보이겠고 그 때에 땅의 모든 족속들이 통곡하며 그들이 인자가 구름을 타고 능력과 큰 영광으로 오는 것을 보리라 그가(예수님) 큰 나팔소리와 함께 천사들을 보내리니 그들이(천사들) 그의 택하신 자들을 하늘 이 끝에서 저 끝까지 사방에서 모으리라(마 24:27, 29-31)

민족이 민족을, 나라가 나라를 대적하여 일어나겠고 곳곳에 지진이 있으며 기근이 있으리니 이는 재난의 시작이니라…또 복음이 먼저 만국에 전파되어야 할 것이니라…멸망의 가증한 것이 서지 못할 곳에 선 것을 보거든 (읽는 자는 깨달을 진저) 그 때에 유대에 있는 자들은 산으로 도망할지어다…하나님께서 창조하신 시초부터 지금까지 이런 환난이 없었고 후에도 없으리라…(마지막 때의 환난) 자기가 택하신 자들을 위하여 그 날들을 (환난의 날들) 감하셨느니라 거짓 그리스도들과 거짓 선지자들이 일어나서 이적과 기사를 행하여 할 수만 있으면 택하신 자들을 미혹하려 하리라(막 13:8, 10, 14, 19-22)

노아의 때에 된 것과 같이…(눅 17:26)

롯의 때와 같으리니…하늘로부터 불과 유황이 비오듯하여…(눅 17:28-29)

예루살렘은 이방인의 때가 차기까지 이방인들에게 밟히리라 일월성신에는 징조가 있겠고…사람들이 세상에 임할 일을 생각하고 무서워하므로 기절하리니 이는 하늘의 권능들이 흔들리겠음이라 그 때에 사람들이 인자가 구름을 타고 능력과 큰 영광으로 오는 것을 보리라(눅 21:24-28)

아버지께서 아무도 심판하지 아니하시고 심판을 다 아들에게 맡기셨으니…죽은 자들이 하나님의 아들의 음성을 들을 때가 오나니 곧 이때라 듣는 자는 살아나리라…무덤 속에 있는 자가 다 그의 음성을 들을 때가 오나니 선한 일을 행한 자는 생명의 부활로, 악한 일을 행한 자는 심판의 부활로 나오리라(요 5:22-29)

나를 보내신 이의 뜻은 내게 주신 자 중에 내가 하나도 잃어버리지 아니하고 마지막 날에 다시 살리는 이것이니라 내 아버지의 뜻은 아들을 보고 믿는 자마다 영생을 얻는 이것이니 마지막 날에 내가 이를 다시 살리리라…나를 보내신 아버지께서 이끌지 아니하시면 아무도 내게 올 수 없으니 오는 그를 내가 마지막 날에 다시 살리리라…내 살을 먹고 내 피를 마시는 자는 영생을 가졌고 마지막 날에 내가 그를 다시 살리리니(요 6:39-40, 44, 54)

나를 저버리고 내 말을 받지 아니하는 자를 심판할 이가 있으니 곧 내가 한 그 말이 마지막 날에 그를 심판하리라(요 12:48)

성경에 기록되지 않은 부분이 있다면 우리는 이를 확인할 수가 없을 것이고 오직 성령의 인도를 받아야 할 것으로 생각된다.

삼가 누가 누구에게든지 악으로 악을 갚지 말게 하고…항상 선을 따르라 항상 기뻐하라 쉬지 말고 기도하라 범사에 감사하라 이것이 그리스도 예수 안에서 너희를 향하신 하나님의 뜻이니라 성령을 소멸하지 말며 예언을 멸시하지 말고…너희의 온 영과 혼과 몸이 우리 주 예수 그리스도께서 강림하실 때에 흠 없게 보전되기를 원하노라(살전 5:15-23)

성령을 받은 진실한 크리스천이라 해도 또다시 세상일(땅의 것)에 몰두하게 되면 성령이 소멸될 수 있으니 포도나무에 그 가지가 붙어 있듯이(요 15:4-7) 우리들은 예수 믿는 믿음에서 떨어지지 않도록 해야 하겠다.

데살로니가후서 (AD 50-51년 경 사도 바울의 저작)

그리스도의 재림에 관한 잘못된 견해를 시정하기 위해 기록하였다.

주 예수께서 자기의 능력의 천사들과 함께 하늘로부터 불꽃 가운데에 나타나실 때에 하나님을 모르는 자들과 우리 주 예수의 복음에 복종하지 않는 자들에게 형벌을 내리시리니…우리 주 예수 그리스도의 강림하심과…영으로나 또는 말로나 또는…편지로나 주의 날이 이르렀다고 해서 쉽게 마음이 흔들리거나 두려워하거나 하지 말아야 한다는 것이라 누가 어떻게 하여도 너희가 미혹되지 말라 먼저 배교하는 일이 있고 저 불법의 사람 곧 멸망의 아들이 나타나기 전에는 그 날이 이르지 아니하리니 그는 대적하는 자라 신이라고 불리는 모든 것과 숭배함을 받는 것에 대항하여 그 위에 자기를 높이고 하나님의 성전에 앉아 자기를 하나님이라고 내세우느니라…그 때에 불법한 자가 나타나리니 주 예수께서 그 입의 기운으로 그를 죽이시고 강림하여 나타나심으로 폐하시리라(살후 1:7-8, 2:1-8, 계 19:11-21 참조)

악한 자의 나타남은 사탄의 활동을 따라 모든 능력과 표적과 거짓 기적과 불의의 모든 속임으로 멸망하는 자들에게 있으리니 이는 그들이 진리의 사랑을 받지 아니하여 구원함을 받지 못함이라 이러므로 하나님이 미혹의 역사를 그들에게 보내사 거짓 것을 믿게 하심은 진리를

믿지 않고 불의를 좋아하는 모든 자들로 하여금 심판을 받게 하려 하심이라(살후 2:9-12)

주께서 사랑하시는 형제들아 우리가 항상 너희에 관하여 마땅히 하나님께 감사할 것은 하나님이 처음부터 너희를 택하사 성령의 거룩하게 하심과 진리를 믿음으로 구원을 받게 하심이니…믿음은 모든 사람의 것이 아니니라(살후 2:13, 3:2)

디모데전서 (사도 바울의 저작, 목회서신으로 AD 61-63년 기록으로 추정)

디모데가 능력있게 목회할 수 있도록 거짓 교리를 배격하고 교회의 제반업무를 잘 처리할 수 있게 하기 위해서 기록하였다.

모든 사람을 위하여 간구와 기도와 도고와[60] 감사를 하되 임금들과 높은 지위에 있는 모든 사람을 위하여 하라 이는 우리가 모든 경건과 단정함으로 고요하고 평안한 생활을 하려 함이라…하나님은 모든 사람이 구원을 받으며 진리를 아는 데에 이르기를 원하시느니라…육체의 연단은 약간의 유익이 있으나 경건은 범사에 유익하니 금생과 내생에 약속이 있느니라(딤전 2:1-4, 4:8)

누구든지 자기 친족 특히 자기 가족을 돌보지 아니하면 믿음을 배반한 자요 불신자보다 더 악한 자니라…성경에 일렀으되 곡식을 밟아 떠는 소의 입에 망을 씌우지 말라 하였고 또 일꾼이 그 삯을 받는 것은 마

60) Intercession 다른 사람을 위한 중재, 알선, 중보, 조정의 의미이다(킹 제임스 흠정역, NIV 영어성경).

땅하다 하였느니라…우리가 세상에 아무 것도 가지고 온 것이 없으매 또한 아무 것도 가지고 가지 못하리니 우리가 먹을 것과 입을 것이 있은즉 족한 줄로 알 것이니라(딤전 5:8, 18, 6:7-8)

부하려 하는 자들은 시험과 올무와 여러 가지 어리석고 해로운 욕심에 떨어지나니 곧 사람으로 파멸과 멸망에 빠지게 하는 것이라 돈을 사랑함이 일만 악의 뿌리가 되나니 이것을 탐내는 자들은 미혹을 받아 믿음에서 떠나 많은 근심으로써 자기를 찔렀도다…선을 행하고 선한 사업을 많이 하고 나누어 주기를 좋아하며 너그러운 자가 되게 하라 이것이 장래에 자기를 위하여 좋은 터를 쌓아 참된 생명을 취하는 것이니라(딤전 6:9-10, 18-19)

디모데후서 (사도 바울이 AD 63년 경에 저작한 목회서신)

자신의 순교의 순간이 다가옴을 감지하면서 에베소 교회를 목회하고 있던 디모데를 보다 강하고 담대하게 훈련시켜 만연해 있는 거짓 사도들의 사상에 휘둘리지 않고 진리의 터 위에 확고히 서서 바른 복음을 전하도록 당부하였다.

하나님이 우리를 구원하사 거룩하신 소명으로 부르심은 우리의 행위대로 하심이 아니요 오직 자기의 뜻과 영원 전부터 그리스도 예수 안에서 우리에게 주신 은혜대로 하심이라…우리가 주를 부인하면 주도 우리를 부인하실 것이라…자기를 깨끗하게 하면 귀히 쓰는 그릇이 되어 거룩하고 주인의 쓰심에 합당하며 모든 선한 일에 준비함이 되리라(딤후 1:9, 2:12, 21)

너는 진리의 말씀을 옳게 분별하며 부끄러울 것이 없는 일꾼으로 인정된 자로 자신을 하나님 앞에 드리기를 힘쓰라(딤후 2:15)

킹제임스 흠정역에는 너는 진리의 말씀을 바르게 나누어 너 자신을 하나님께 인정받는 자로 부끄러울 것이 없는 일꾼으로 나타내도록 연구하라고 나온다. 이 두 가지 말씀은 언뜻 비슷한 것 같지만 상당히 다른 의미를 가지고 있다. 필자는 킹제임스 흠정역이 옳다고 판단한다. 그 이유는 본 책자 요한복음 끝부분에 기술한 것처럼 선지서들에서 보는 계시와 예수님의 말씀을 7년 대환난기와 예수님의 재림, 천 년 왕국, 새 하늘과 새 땅에 적용되는 말씀으로 나누어 연구해서 보지 않으면 7년 대환난기 이후 재림하신 이후의 상황에 대한 퍼즐이 맞아 들어가지 않고 그렇게 되면 자칫 상징적으로 해석하기 쉽기 때문이다(하나님은 시공을 초월해서 말씀하심).

주의 종은 마땅히 다투지 아니하고 모든 사람에 대하여 온유하며 가르치기를 잘하며 참으며 거역하는 자를 온유함으로 훈계할지니 혹 하나님이 그들에게 회개함을 주사 진리를 알게 하실까 하며 그들로 깨어 마귀의 올무에서 벗어나 하나님께 사로잡힌 바 되어 그 뜻을 따르게 하실까 함이라(딤후 2:24-26)

회개도 하나님께서 하게 하시는 것이다. 이것을 하나님의 절대 주권이라 한다.

무릇 그리스도 예수 안에서 경건하게 살고자 하는 자는 박해를 받으리라…성경은 능히 너로 하여금 그리스도 예수 안에 있는 믿음으로 말미암아 구원에 이르는 지혜가 있게 하느니라 모든 성경은 하나님의 감동으로 된 것으로 교훈과 책망과 바르게 함과 의로 교육하기에 유익하니 이는 하나님의 사람으로 온전하게 하며 모든 선한 일을 행할 능력을 갖추게 하려 함이라(딤후 3:12, 15-17)

너는 말씀을 전파하라 때를 얻든지 못 얻든지 항상 힘쓰라…나는(바울) 선한 싸움을 싸우고 나의 달려갈 길을 마치고 믿음을 지켰으니 이제 후로는 나를 위하여 의의 면류관이 예비되었으므로 주 곧 의로우신 재판장이 그 날에 내게 주실 것이며 내게만 아니라 주의 나타나심을 사모하는 모든 자에게도니라(딤후 4:2, 7-8)

그 날에 내게 주신다는 말씀은 예수께서 재림하실 때를 말한다.

디도서 (AD 63년 경 사도 바울의 저작으로 목회서신)

지중해에 있는 그레데 섬에서 사역하고 있는 사도 바울의 또 다른 동역자인 디도에게 목회 현장에서 야기되는 문제들에 대한 지침들을 편지로 제시한 목회서신이다.

하나님의 종이요 예수 그리스도의 사도인 나 바울이 사도 된 것은 하나님이 택하신 자들의 믿음과 경건함에 속한 진리의 지식과 영생의 소망을 위함이라 이 영생은 거짓이 없으신 하나님이 영원 전부터 약속하신 것인데 자기 때에 자기의 말씀을 전도로 나타내셨으니 이 전도는 우리 구주 하나님이 명하신 대로 내게 맡기신 것이라(딛 1:1-3)

우리를 구원하시되 우리가 행한 바 의로운 행위로 말미암지 아니하고 오직 그의 긍휼하심을 따라 중생의 씻음과 성령의 새롭게 하심으로

하셨나니(딛 3:5)

이단에 속한 사람을 한두 번 훈계한 후에 멀리하라(딛 3:10)

📚 빌레몬서 (사도 바울이 AD 60-62년 경 로마 옥중에서 기록한 개인서신)

주인 빌레몬에게 죄를 짓고 도망친 노예(오네시모)를 사랑하는 형제로 받아들일 것을 전하는(모든 성도들은 그리스도 안에서 지위, 신분, 성별에 차별 없이 서로 사랑해야 된다는) 감동적이고도 실천적 사랑을 하도록 말씀하고 있다.

📚 히브리서 (저자는 하나님만 아신다고 하나 상당수의 목회자들은 사도 바울이 AD 64-68년 경에 기록한 것으로 추정하고 있다. 필자도 이 견해를 따른다)

그리스도의 위대하심에 대하여 기술하였다.

이 아들을 만유의 상속자로 세우시고 또 그로 말미암아 모든 세계를 지으셨느니라 이는 하나님의 영광의 광채시요 그 본체의 형상이시라…(히 1:2-3)

모든 천사들은 섬기는 영으로서 구원 받을 상속자들을 위하여 섬기라고 보내심이 아니냐(히 1:14).

그도(예수) 또한 같은 모양으로 혈과 육을 함께 지니심은 죽음을 통하여 죽음의 세력을 잡은 자 곧 마귀를 멸하시며 또 죽기를 무서워하므로 한평생 매여 종 노릇 하는 모든 자들을 놓아 주려 하심이니…하나님의 말씀은 살아 있고 활력이 있어 좌우에 날선 어떤 검보다도 예리하여 혼과 영과 및 관절과 골수를 찔러 쪼개기까지 하며 또 마음의 생각과 뜻을 판단하나니(히 2:14-15, 4:12)

네가 영원히 멜기세덱의 반차를 따르는 제사장이라 하셨으니…자기(예수)에게 순종하는 모든 자에게 영원한 구원의 근원이 되시고…(히 5:6, 9)

한 번 빛을 받고 하늘의 은사를 맛보고 성령에 참여한 바 되고 하나님의 선한 말씀과 내세의 능력을 맛보고도 타락한 자들은 다시 새롭게 하여 회개하게 할 수 없나니 이는 그들이 하나님의 아들을 다시 십자가에 못 박아 드러내 놓고 욕되게 함이라 땅이 그 위에 자주 내리는 비를 흡수하여 밭 가는 자들이 쓰기에 합당한 채소를 내면 하나님께 복을 받고 만일 가시와 엉겅퀴를 내면 버림을 당하고 저주함에 가까워 그 마지막은 불사름이 되리라(히 6:4-8)

날이 이르리니 내가 이스라엘 집과 유다 집과 더불어 새 언약을 맺으리라…내 법을 그들의 생각에 두고 그들의 마음에 이것을 기록하리라…또 각각 자기 나라 사람과 각각 자기 형제를 가르쳐 이르기를 주를 알라 하지 아니할 것은 그들이 작은 자로부터 큰 자까지 다 나를 앎이라 내가 그들의 불의를 긍휼히 여기고 그들의 죄를 다시 기억하지 아니하리라 하셨느니라…율법을 따라 거의 모든 물건이 피로써 정결하게 되나니 피흘림이 없은즉 사함이 없느니라…한번 죽는 것은 사람에게 정해진 것이요 그 후에는 심판이 있으리니…율법은 장차 올 좋은 일의 그림자일 뿐이요 참 형상이 아니므로…(히 8:8-12, 9:22, 27, 10:1)

이 뜻을 따라(율법을 따라 드리는 동물제사 등의 예물을 하나님께서 원치 않으심) 예수 그리스도의 몸을 단번에 드리심으로 말미암아 우리가 거룩함을 얻었노라…오직 그리스도는 죄를 위하여 한 영원한 제사를 드리시고 하나님 우편에 앉으사…또한 성령이 우리에게 증언하시되…내 법을 그들의 마음에 두고 그들의 생각에 기록하리라 하신 후에 또 그들의 죄와 그들의 불법을 내가 다시 기억하지 아니하리라 하셨으니 이것들을 사하셨은즉 다시 죄를 위하여 제사 드릴 것이 없느니라(히 10:10-18)

그러므로 형제들아 우리가 예수의 피를 힘입어 성소에 들어갈 담력을 얻었나니 그 길은 우리를 위하여 휘장 가운데로 열어 놓으신 새로운 살 길이요 휘장은 곧 그의 육체니라…원수 갚는 것이 내게 있으니 내가 갚으리라 하시고 또 다시 주께서 그의 백성을 심판하리라 말씀하신 것을 우리가 아노니…너희 소유를 빼앗기는 것도 기쁘게 당한 것은 더 낫고 영구한 소유가 있는 줄 앎이라(히 10:19-20, 30, 34)

너희에게 인내가 필요함은 너희가 하나님의 뜻을 행한 후에 약속하신 것을 받기 위함이라…믿음은 바라는 것들의 실상이요 보이지 않는 것들의 증거니…믿음으로 모든 세계가 하나님의 말씀으로 지어진 줄을 우리가 아나니 보이는 것은 나타난 것으로 말미암아 된 것이 아니니라…믿음이 없이는 하나님을 기쁘시게 하지 못하나니 하나님께 나아가는 자는 반드시 그가 계신 것과 또한 그가 자기를 찾는 자들에게 상 주시는 이심을 믿어야 할지니라…그들이 이제는 더 나은 본향을 사모하니 곧 하늘에 있는 것이라…내 아들아 주의 징계하심을 경히 여기지 말며 그에게 꾸지람을 받을 때에 낙심하지 말라 주께서 그 사랑하시는 자를 징계하시고 그가 받아들이시는 아들마다 채찍질하심이라…돈을 사랑하지 말고 있는 바를 족한 줄로 알라…오직 선을 행함과 서로 나누어 주기를 잊지 말라 하나님은 이같은 제사를 기뻐하시느니라(히 10:36, 11:1-3, 6, 16, 12:5-6, 13:5, 16)

히브리서 기자는 선을 행하는 것과 나누어 주는 것을 하나님에 대한 제사라고 말씀한다.

📚 야고보서 (AD 62년 경 예수님의 육신의 동생 야고보의 저작)

야고보는 예루살렘 총회 회장까지 맡았던 유능한 지도층 인사였고 처음에는 예수님을 믿지 않았지만(요 7:3-5 메시아로서의 예수님을 믿지 않았다는 의미임) 부활하신 후 주님으로 믿었던 것 같다. 믿음에 따르는 행위를 강조하였다.

하나님과 주 예수 그리스도의 종 야고보는…(약 1:1)

오직 각 사람이 시험을 받는 것은 자기 욕심에 끌려 미혹됨이니 욕심이 잉태한즉 죄를 낳고 죄가 장성한즉 사망을 낳느니라…사람이 성내는 것이 하나님의 의를 이루지 못함이라 누구든지 스스로 경건하다 생각하며 자기 혀를 재갈 물리지 아니하고 자기 마음을 속이면 이 사람의 경건은 헛것이라 하나님 아버지 앞에서 정결하고 더러움이 없는 경건은 곧 고아와 과부를 그 환난중에 돌보고 또 자기를 지켜 세속에 물들지 아니하는 그것이니라…사람을 차별하여 대하지 말라…행함이 없는 믿음은 그 자체가 죽은 것이라…행함으로 믿음이 온전하게 되었느니라…사람이 행함으로 의롭다 하심을 받고 믿음으로만은 아니니라…영혼 없는 몸이 죽은 것 같이 행함이 없는 믿음은 죽은 것이니라…만일 말에 실수가 없는 자라면 곧 온전한 사람이라(약 1:14-15, 20, 26-

27, 2:1, 17-26, 3:2)

너희가 얻지 못함은 구하지 아니하기 때문이요 구하여도 받지 못함은 정욕으로 쓰려고 잘못 구하기 때문이라…누구든지 세상과 벗이 되고자 하는 자는 스스로 하나님과 원수 되는 것이니라…너희는 하나님께 복종할지어다 마귀를 대적하라 그리하면 너희를 피하리라…주 앞에서 낮추라 그리하면 주께서 너희를 높이시리라…사람이 선을 행할 줄 알고도 행하지 아니하면 죄니라…무엇보다도 맹세하지 말지니 하늘로나 땅으로나…오직 너희가 그렇다고 생각하는 것은 그렇다 하고 아니라고 생각하는 것은 아니라 하여 정죄 받음을 면하라(약 4:2-4, 7, 10, 17, 5:12)

부활하시고 승천하신 이후에 기록된 야고보서에서 하나님과 주 예수 그리스도의 종(약 1:1)이라는 표현을 보면 적어도 야고보서를 저작할 당시에는 형님 되신 예수가 우리 죄를 사하기 위해 이 땅에 대속 제물로 오셨다는 것을 믿었음이 분명하고(사 53장), 마태복음 5장 33-37절에 나오는 맹세하지 말라는 말씀에 대하여도 모세의 가르침과는 다르기 때문에 예수를 모세를 뛰어넘는 분으로서 인식하고 예수님께서 하셨던 말씀을 기억하고서 이 말씀을 기록하였을 것이라 생각된다.

믿음의 기도는 병든 자를 구원하리니 주께서 그를 일으키시리라 혹시 죄를 범하였을지라도 사하심을 받으리라 그러므로 너희 죄를 서로 고백하며 병이 낫기를 위하여 서로 기도하라 의인의 간구는 역사하는 힘이 큼이니라…죄인을 미혹된 길에서 돌아서게 하는 자가 그의 영혼을 사망에서 구원할 것이며 허다한 죄를 덮을 것임이라(약 5:15-16, 20)

베드로전서 (AD 64년 경 사도 베드로의 저작으로 서신서)

다가올 고난과 핍박(네로에 의해)을 예견하고 그리스도에 대한 소망을 굳게 붙잡아 이겨내라고 격려한다.

우리 주 예수 그리스도의 아버지 하나님을 찬송하리로다 그의 많으신 긍휼대로 예수 그리스도를 죽은 자 가운데서 부활하게 하심으로 말미암아 우리를 거듭나게 하사(Born again) 산 소망이 있게 하시며 썩지 않고 더럽지 않고 쇠하지 아니하는 유업을 잇게 하시나니 곧 너희를 위하여 하늘에 간직하신 것이라 너희는 말세에 나타내기로 예비하신 구원을 얻기 위하여 믿음으로 말미암아 하나님의 능력으로 보호하심을 받았느니라…너희 믿음의 확실함은…금보다 더 귀하여 예수 그리스도께서 나타나실 때에 칭찬과 영광과 존귀를 얻게 할 것이니라…믿음의 결국 곧 영혼의 구원을 받음이라…기록되었으되 내가 거룩하니 너희도 거룩할지어다 하셨느니라 외모로 보시지 않고 각 사람의 행위대로 심판하시는 이를 너희가 아버지라 부른즉 너희가 나그네로 있을 때를 두려움으로 지내라(벧전 1:3-5, 7, 9, 16-17)

세상을 살면서 삼가며 살라는 것이다.

너희 조상이 물려 준 헛된 행실에서 대속함을 받은 것은…그리스도의 보배로운 피로 된 것이니라 그는(예수) 창세 전부터 미리 알린 바 되신 이나 이 말세에 너희를 위하여 나타내신 바 되었으니 너희는 그를 죽은자 가운데서 살리시고 영광을 주신 하나님을 그리스도로 말미암아 믿는 자니 너희 믿음과 소망이 하나님께 있게 하셨느니라 너희가 진리를 순종함으로 너희 영혼을 깨끗하게 하여…마음으로 뜨겁게 서로

사랑하라(벧전 1:18-22)

그러므로 모든 육체는 풀과 같고 그 모든 영광은 풀의 꽃과 같으니 풀은 마르고 꽃은 떨어지되 오직 주의 말씀은 세세토록 있도다 하였으니 너희에게 전한 복음이 곧 이 말씀이니라…성경에 기록되었으되 보라 내가 택한 보배로운 모퉁잇돌을 시온에 두노니 그를 믿는 자는 부끄러움을 당하지 아니하리라 하였으니 그러므로 믿는 너희에게는 보배이나 믿지 아니하는 자에게는 건축자들이 버린 그 돌이 모퉁이의 머릿돌이 되고 또한 부딪치는 돌과 걸려 넘어지게 하는 바위가 되었다 하였느니라 그들이 말씀을 순종하지 아니하므로 넘어지나니…(벧전 1:24-25, 2:6-8)

베드로전서 1장 24-25절의 이 말씀은 사도 베드로가 이사야서 40장 6-8절의 말씀을 인용한 것으로 그는 어부 출신이지만 사도행전의 베드로의 설교에서 보듯이 요엘서의 말씀을 인용한 것(행 2:16), 신명기 18장 15-20절 말씀을 인용한 것(행 3:22-23) 등과 이사야서 8장 14-15절, 28장 16절 그리고 시편 118편 22절의 말씀을 인용해서 베드로전서 2장 6-8절에 기록한 것을 보면 사도 베드로는 구약성경에 상당한 지식을 가지고 있었던 것으로 보인다.

그러나 너희는 택하신 족속이요 왕 같은 제사장들이요 거룩한 나라요 그의 소유가 된 백성이니 이는 너희를 어두운 데서 불러 내어 그의 기이한 빛에 들어가게 하신 이의 아름다운 덕을 선포하게 하려 하심이라(벧전 2:9)

그는 죄를 범하지 아니하시고 그 입에 거짓도 없으시며 욕을 당하시되 맞대어 욕하지 아니하시고 고난을 당하시되 위협하지 아니하시고 오직 공의로 심판하시는 이에게 부탁하시며 친히 나무에 달려 그 몸으로 우리 죄를 담당하셨으니 이는 우리로 죄에 대하여 죽고 의에 대하여 살게 하려 하심이라 그가 채찍에 맞음으로 너희는 나음을 얻었나니 너희가 전에는 양과 같이 길을 잃었더니 이제는 너희 영혼의 목자와 감독되신 이에게 돌아왔느니라(벧전 2:22-25)

아내와 남편

아내들아 자기 남편에게 순종하라…남편들아 이와 같이 지식을 따라 너희 아내와 동거하고 그를 더 연약한 그릇이요 또 생명의 은혜를 함께 이어받을 자로 알아 귀히 여기라 이는 너희 기도가 막히지 아니하게 하려 함이라…그리스도께서도 단번에 죄를 위하여 죽으사 의인으로서 불의한 자를 대신하셨으니 이는 우리를 하나님 앞으로 인도하려 하심이라(벧전 3:1, 7, 18)

물은 예수 그리스도께서 부활하심으로 말미암아 이제 너희를 구원하는 표니 곧 세례라 이는 육체의 더러운 것을 제하여 버림이 아니요 하나님을 향한 선한 양심의 간구니라…무엇보다도 뜨겁게 서로 사랑할지니 사랑은 허다한 죄를 덮느니라…너희 중 장로들에게 권하노니 나는 함께 장로 된 자요 그리스도의 고난의 증인이요 나타날 영광에 참여할 자니라 너희 중에 있는 하나님의 양 무리를 치되 억지로 하지 말고 하나님의 뜻을 따라 자원함으로 하며 더러운 이득을 위하여 하지 말고 기꺼이 하며…너희 염려를 다 주께 맡기라 이는 그가 너희를 돌보심이라 근신하라 깨어라 너희 대적 마귀가 우는 사자 같이 두루 다니며 삼킬 자를 찾나니 너희는 믿음을 굳건하게 하여 그를 대적하라(벧전

3:21, 4:8, 5:1-2, 7-9)

베드로후서 (AD 64년 경 사도 베드로의 저작으로 서신서)

교회 내에 있는 거짓 교사들로 말미암아 많은 문제들과 많은 이단자들이 발생하여 교리적 오류와 도덕적 방종과 교회 분열의 위기까지 초래하게 되자 이것을 바로잡고 재림에 대한 확신을 심어주기 위해 기록하였다.

그러므로 너희가 더욱 힘써 너희 믿음에 덕을, 덕에 지식을, 지식에 절제를, 절제에 인내를, 인내에 경건을, 경건에 형재 우애를, 형제 우애에 사랑을 더하라…이같이 하면 우리 주 곧 구주 예수 그리스도의 영원한 나라에 들어감을 넉넉히 너희에게 주시리라(벧후 1:5-7, 11)

우리 주 예수 그리스도의 능력과 강림하심을 너희에게 알게 한 것이 교묘히 만든 이야기를 따른 것이 아니요 우리는 그의 크신 위엄을 친히 본 자라 지극히 큰 영광 중에서 이러한 소리가 그에게 나기를 이는 내 사랑하는 아들이요 내 기뻐하는 자라 하실 때에 그가 하나님 아버지께 존귀와 영광을 받으셨느니라 이 소리는 우리가 그와 함께 거룩한 산에 있을 때에 하늘로부터 난 것을 들은 것이라(벧후 1:16-18)

먼저 알 것은 성경의 모든 예언은 사사로이 풀 것이 아니니 예언은 언제든지 사람의 뜻으로 낸 것이 아니요 오직 성령의 감동하심을 받은 사람들이 하나님께 받아 말한 것임이라(거짓 선지자들과 거짓 선생들에 대하여는)…이 사람들은 본래 잡혀 죽기 위하여 난 이성 없는 짐승 같아서 그 알지 못하는 것을 비방하고 그들의 멸망 가운데서 멸망을 당하며…바른 길을 떠나 미혹되어 브올의 아들 발람의 길을 따르는도다 그는 불의의 삯을 사랑하다가(벧후 1:20-21, 2:12, 15)

이 사람들은 물 없는 샘이요 광풍에 밀려 가는 안개니 그들을 위하여 캄캄한 어둠이 예비되어 있나니…만일 그들이 우리 주 되신 구주 예수 그리스도를 앎으로 세상의 더러움을 피한 후에 다시 그 중에 얽매이고 지면 그 나중 형편이 처음보다 더 심하리니(벧후 2:17, 20)

참된 속담에 이르기를 개가 그 토하였던 것에 돌아가고 돼지가 씻었다가 더러운 구덩이에 도로 누웠다 하는 말이 그들에게 응하였도다…사랑하는 자들아 주께는 하루가 천 년 같고 천 년이 하루 같다는 이 한 가지를 잊지 말라 주의 약속은 어떤 이들이 더디다고 생각하는것 같이 더딘 것이 아니라 오직 주께서는 너희를 대하여 오래 참으사 아무도 멸망하지 아니하고 다 회개하기에 이르기를 원하시느니라 그러나 주의 날이 도둑 같이 오리니 그 날에는 하늘이 큰 소리로 떠나가고 물질이 뜨거운 불에 풀어지고 땅과 그 중에 있는 모든 일이 드러나리로다…너희가 어떠한 사람이 되어야 마땅하냐 거룩한 행실과 경건함으로 하나님의 날이 임하기를 바라보고 간절히 사모하라 그 날에 하늘이 불에 타서 풀어지고 물질이 뜨거운 불에 녹아지려니와 우리는 그의 약속대로 의가 있는 곳인 새 하늘과 새 땅을 바라보도다 또 그 모든 편지에도 이런 일에 관하여 말하였으되 그 중에 알기 어려운 것이 더러 있으니 무식한 자들과 굳세지 못한 자들이 다른 성경과 같이 그것도 억지로 풀다가 스스로 멸망에 이르느니라(벧후 2:22, 3:8-13, 16)

📚 요한일서 (세베대의 아들 사도 요한, 요한복음 13장 23절에 언급되어 있는 예수께서 사랑하시던 그 제자로 어부였던 사도 요한이 AD 85-95년 경에 저작한 서신서)

영지주의 이단을 공격하고 교회가 진리의 터 위에 굳게 설 것을 권면하며 신앙과 생활에 대하여 하나님 사랑과 형제 사랑이 일치한다는 것을 말씀하였다.

생명의 말씀

태초부터 있는 생명의 말씀에 관하여는 우리가 들은 바요 눈으로 본 바요 자세히 보고 우리의 손으로 만진 바라 이 생명이 나타내신 바 된지라 이 영원한 생명을 우리가 보았고 증언하여 너희에게 전하노니 이는 아버지와 함께 계시다가 우리에게 나타내신 바 된 이시니라…하나님은 빛이시라 그에게는 어둠이 조금도 없으시다…만일 우리가 죄가 없다고 말하면 스스로 속이고 또 진리가 우리 속에 있지 아니할 것이요 만일 우리가 우리 죄를 자백하면 그는 미쁘시고[61] 의로우사 우리 죄를 사하시며 우리를 모든 불의에서 깨끗하게 하실 것이요 만일 우리가 범죄하지 아니하였다 하면 하나님을 거짓말하는 이로 만드는 것이니 또한 그의 말씀이 우리 속에 있지 아니하니라…그는(예수 그리스도) 우리 죄를 위한 화목 제물이니 우리만 위할 뿐 아니요 온 세상의 죄를 위하심이라…이 세상이나 세상에 있는 것들을 사랑하지 말라 누구든지 세상을 사랑하면 아버지의 사랑이 그 안에 있지 아니하니 이는 세상에 있는 모든 것이 육신의 정욕과 안목의 정욕과 이생의 자랑이니 다 아버지께로부터 온 것이 아니요 세상으로부터 온 것이라(요일 1:1-2, 5, 8-10, 2:2, 15-16)

61) Faithful, 믿을 만한, 신뢰할 만한.

적 그리스도와 하나님의 자녀

아버지와 아들을 부인하는 그가 적 그리스도니 아들을 부인하는 자에게는 또한 아버지가 없으되 아들을 시인하는 자에게는 아버지도 있느니라…그가(예수) 우리에게 약속하신 것은 이것이니 곧 영원한 생명이니라…세상이 우리를 알지 못함은 그(예수)를 알지 못함이라…죄를 짓는 자는 마귀에게 속하나니…하나님의 아들이 나타나신 것은 마귀의 일을 멸하려 하심이라(요일 2:22-23, 25, 3:1, 8)

무릇 의를 행하지 아니하는 자나 또는 그 형제를 사랑하지 아니하는 자는 하나님께 속하지 아니하니라(요일 3:10)

행함과 진실함으로 사랑하자

우리가 말과 혀로만 사랑하지 말고 행함과 진실함으로 하자…사랑하는 자들아 만일 우리 마음이 우리를 책망할 것이 없으면 하나님 앞에서 담대함을 얻고 무엇이든지 구하는 바를 그에게서 받나니 이는 우리가 그의 계명을 지키고 그 앞에서 기뻐하시는 것을 행함이라(요일 3:18, 21-22)

그의 계명은 이것이니 곧 그 아들 예수 그리스도의 이름을 믿고 그가 우리에게 주신 계명대로 서로 사랑할 것이니라 그의 계명을 지키는 자는 주 안에 거하고 주는 그의 안에 거하시나니 우리에게 주신 성령으로 말미암아 그가 우리 안에 거하시는 줄을 우리가 아느니라(요일 3:23-24)

하나님의 영과 적 그리스도의 영

예수 그리스도께서 육체로 오신 것을 시인하는 영마다 하나님께 속한 것이요 예수를 시인하지 아니하는 영마다 하나님께 속한 것이 아니니 이것이 곧 적 그리스도의 영이니라…우리는 하나님께 속하였으니 하나님을 아는 자는 우리의 말을 듣고 하나님께 속하지 아니한 자는 우리의 말을 듣지 아니하나니 진리의 영과 미혹의 영을 이로써 아느니라(요일 4:2-3, 6)

하나님은 사랑이시다

사랑하는 자들아 우리가 서로 사랑하자 사랑은 하나님께 속한 것이니 사랑하는 자마다 하나님으로부터 나서 하나님을 알고 사랑하지 아니하는 자는 하나님을 알지 못하나니 이는 하나님은 사랑이심이라…어느 때나 하나님을 본 사람이 없으되 만일 우리가 서로 사랑하면 하나님이 우리 안에 거하시고…그의 성령을 우리에게 주시므로 우리가 그 안에 거하고 그가 우리 안에 거하시는 줄을 아느니라 아버지가 아들을 세상의 구주로 보내신 것을 우리가 보았고 또 증언하노니 누구든지 예수를 하나님의 아들이라 시인하면 하나님이 그의 안에 거하시고 그도 하나님 안에 거하느니라…사랑 안에 거하는 자는 하나님 안에 거하고 하나님도 그의 안에 거하시느니라…사랑 안에 두려움이 없고 온전한 사랑이 두려움을 내쫓나니 두려움에는 형벌이 있음이라 두려워하는 자는 사랑 안에서 온전히 이루지 못하였느니라…누구든지 하나님을 사랑하노라 하고 그 형제를 미워하면 이는 거짓말하는 자니 보는 바 그 형제를 사랑하지 아니하는 자는 보지 못하는 바 하나님을 사랑할 수 없느니라(요일 4:7-8, 12-20)

우리가 이 계명을 주께 받았나니 하나님을 사랑하는 자는 또한 그 형제를 사랑할지니라…하나님을 사랑하는 것은 이것이니 우리가 그의 계명들을 지키는 것이라…무릇 하나님께로부터 난 자마다 세상을 이기느니라 세상을 이기는 승리는 이것이니 우리의 믿음이니라(세상에서는 돈 많이 번 사람과 권력을 쥐게 된 사람을 이겼다고 생각할지 모르지만 복음을 받아들인 자들에게는 우리가 가진 복음을 믿는 것이 세상을 이기는 것이다)(요일 4:21, 5:3-4)

증언하는 이는 성령이시니 성령은 진리니라(요일 5:6) 증언하는 이가 셋이니(요일 5:7) 성령과 물과 피라 또한 이 셋은 합하여 하나이니라… 또 증거는 이것이니 하나님이 우리에게 영생을 주신 것과 이 생명이 그의 아들 안에 있는 그것이니라(요일 5:8, 11)(킹 제임스성경 흠정역에는 요일 5:7이 "하늘에 증언하는 세 분이 계시니 곧 아버지와 말씀과 성령님이시라 또 이 세 분은 하나이시니라"라고 되어 있다)

그를 향하여 우리가 가진 바 담대함이 이것이니 그의 뜻대로 무엇을 구하면 들으심이라 우리가 무엇이든지 구하는 바를 들으시는 줄을 안즉 우리가 그에게 구한 그것을 얻은 줄을 또한 아느니라(요일 5:14-15)

누구든지 형제가 사망에 이르지 아니하는 죄 범하는 것을 보거든 구하라 그리하면 사망에 이르지 아니하는 범죄자들을 위하여 그에게 생명을 주시리라 사망에 이르는 죄가 있으니 이에 관하여 나는 구하라 하지 않노라(성령을 훼방하는 것이 이에 해당한다)(요일 5:16)

예수 그리스도…그는 참 하나님이시요 영생이시라 자녀들아 너희 자신을 지켜 우상에게서 멀리하라(요일 5:20-21)

그리스도인은 마음의 중심이 돈을 버는 것과 권력을 취득하는 것과 명예를 얻는 것에 가 있지 않아야 한다. 그럴 때 세상을 이기며 사망을 이기고 영생을 얻게 될 것이다.

요한이서 (사도 요한이 AD 90년 경 저작한 서신서)

처음부터 들은 사도의 교훈을 순수하게 지키며 실천하라는 것과 거짓 교사에게 동조하거나 사귀지 말라고 말씀하고 있다. 그리고 예수 그리스도께서 육체로 오신 것을 부인하는 거짓 교사들이 육체는 무가치하다고 하며 심지어 방탕해도 상관없다고 하는 것에 대하여 경고하고 있다.

미혹하는 자가 세상에 많이 나왔나니 이는 예수 그리스도께서 육체로 오심을 부인하는 자라 이런 자가 미혹하는 자요 적 그리스도니(요이 1:7)

요한삼서 (사도 요한이 AD 90년 경 저작한 서신서)

거짓 교사들을 배척하라.

사랑하는 자여 네 영혼이 잘됨 같이 네가 범사에 잘되고 강건하기를 내가 간구하노라(요삼 1:2)

유다서 (AD 67년 경 예수의 또 다른 형제인 유다가 저작한 서신서)

유다 역시 형님 되시는 예수를 믿지 않았으나(요한복음 7장 3-5절에서 '형제들'이라는 표현을 보면 또 다른 형제들까지도 메시아로는 믿지 않았던 것 같다) 부활 후 메시아로(구세주로 즉 그리스도로) 믿은 것으로 보인다. 그는 초대교회에 만연한 영지주의 이단을 반박하였다. 바울과 사도 요한은 신학적으로 분석해서 공박한 반면 유다는 이단자들의 비윤리적인 행위를 지적하며 공박하면서 사도들이 전한 도를 떠나지 말 것을 당부하였다.

예수 그리스도의 종이요 야고보의 형제인 유다는…(유 1:1)

형님 되시는 예수를 이렇게 고백하고 있다. 유다는 이 이단자들(영지주의자들)이 무엇이든지 그 알지 못하는 것을 비방한다고 하였고, 마지막 때에 자기의 경건하지 않은 정욕대로 행하며 조롱하는 자들이 있으리라 하였나니 이 사람들은 분열을 일으키는 자, 육에 속한 자, 성령이 없는 자라고 하고 있다(유 1:10, 18-19).

요한계시록 (AD 95-96년 경 사도 요한의 저작)

소아시아 일곱 교회의 성도들에게 주는 메시지, 2023년 현재 세상에 존재하는 교회의 일곱 가지 모습이 이 일곱 교회에 있다고 해석한다(교회가 출현한 이래 2023년 현재까지의 교회시대를 일곱 시기로 구분하는 세대주의적 해석도 있다. 그들은 1900년대 이후를 교회의 마지막 쇠퇴기 라오디게아 교회시대라고 한다).

예수 그리스도의 계시라…이 예언의 말씀을 읽는 자와 듣는 자와 그 가운데에 기록한 것을 지키는 자는 복이 있나니 때가 가까움이라…볼지어다 그가 구름을 타고 오시리라 각 사람의 눈이 그를 보겠고 그를 찌른 자들도 볼 것이요 땅에 있는 모든 족속이 그로 말미암아 애곡하리니 그러하리라 아멘 주 하나님이 이르시되 나는 알파와 오메가라 이제도 있고 전에도 있었고 장차 올 자요 전능한 자라 하시더라…나는 처음이요 마지막이니 곧 살아 있는 자라 내가 전에 죽었었노라 볼지어다 이제 세세토록 살아 있어 사망과 음부의 열쇠를 가졌노니 그러므로 네가 본 것과 지금 있는 일과 장차 될 일을 기록하라(계 1:1, 3, 7-8, 17-19)

일곱 교회에 보내는 말씀

에베소 교회에게

너의 처음 사랑을 버렸느니라…회개하여 처음 행위를 가지라…회개하지 아니하면…네 촛대를…옮기리라…귀 있는 자는 성령이 교회들에게 하시는 말씀을 들을지어다(이 말씀은 일곱 교회에 동일하게 말씀하고 있나). 이기는 그에게는 내가 하나님의 낙원에 있는 생명나무의 열매를 주어 먹게 하리라(계 2:4-5, 7)

서머나 교회에게

내가 네 환난과 궁핍을 알거니와 실상은 네가 부요한 자니라…너는 장차 받을 고난을 두려워하지 말라…네가 죽도록 충성하라 그리하면 내가 생명의 관을 네게 주리라…이기는 자는 둘째 사망의 해를 받지 아니하리라(계 2:9-11)

버가모 교회에게

네게 두어 가지 책망할 것이 있나니 거기 네게 발람의 교훈을 지키는 자들이 있도다…니골라 당의 교훈을 지키는 자들이 있도다 그러므로 회개하라…이기는 그에게는 내가 감추었던 만나를 주고 또 흰 돌을 줄 터인데 그 돌 위에 새 이름을 기록한 것이 있나니 받는 자 밖에는 그

이름을 알 사람이 없느니라(계 2:14-17)

두아디라 교회에게

내가 네 사업과 사랑과 믿음과 섬김과 인내를 아노니 네 나중 행위가 처음 것보다 많도다 그러나 네게 책망할 것이 있노라 자칭 선지자라 하는 여자 이세벨을 네가 용납함이니…또 내가 그에게 회개할 기회를 주었으되 자기의 음행을 회개하고자 하지 아니하는도다…내가 그를 침상에 던질 터이요 또 그와 더불어 간음하는 자들도 만일 그의 행위를 회개하지 아니하면 큰 환난 가운데에 던지고…내가 너희 각 사람의 행위대로 갚아 주리라…다만 너희에게 있는 것을 내가 올 때까지 굳게 잡으라 이기는 자와 끝까지 내 일을 지키는 그에게 만국을 다스리는 권세를 주리니…내가 또 그에게 새벽 별을 주리라(계 2:19-23, 25-29)

사데 교회에게

네가 살았다 하는 이름은 가졌으나 죽은 자로다…내 하나님 앞에 네 행위의 온전한 것을 찾지 못하였노니 그러므로…회개하라…그러나 사데에 그 옷을 더럽히지 아니한 자 몇 명이 네게 있어 흰 옷을 입고 나와 함께 다니리니…이기는 자는 이와같이 흰 옷을 입을 것이요 내가 그 이름을 생명책에서 결코 지우지 아니하고 그 이름을 내 아버지 앞과 그의 천사들 앞에서 시인하리라(계 3:1-6)

빌라델비아 교회에게

네가 작은 능력을 가지고서도 내 말을 지키며 내 이름을 배반하지 아니하였도다…네가 나의 인내의 말씀을 지켰은즉 내가 또한 너를 지켜 시험의 때를 면하게 하리니 이는 장차 온 세상에 임하여 땅에 거하는 자들을 시험할 때라 내가 속히 오리니 네가 가진 것을 굳게 잡아 아무도 네 면류관을 빼앗지 못하게 하라 이기는 자는 내 하나님 성전에 기둥이 되게 하리니 그가 결코 다시 나가지 아니하리라 내가 하나님의 이름과 하나님의 성 곧 하늘에서 내 하나님께로부터 내려오는 새 예루살렘의 이름과 나의 새 이름을 그이 위에 기록하리라(계 3:8, 10-13)

라오디게아 교회에게

네가 차지도 아니하고 뜨겁지도 아니하도다 네가 차든지 뜨겁든지 하기를 원하노라…네가 열심을 내라 회개하라…이기는 그에게는 내가 내 보좌에 함께 앉게 하여…(계 3:15, 19, 21-22)

하늘의 예배(계4장)

책과 어린양(계5장)

일곱 봉인에 담긴 심판(계6장)

내가 보매 어린 양이 일곱 인중의 하나를 떼시는데…흰 말이 있는데 그 탄자가 활을 가졌고 면류관을 받고 나아가서 이기고 또 이기려고 하더라 둘째 인을 떼실 때에…다른 붉은말이 나오더라…여섯째 인을 떼실 때에 큰 지진이 나며 해가 검은 털로 짠 상복같이 검어지고 달은 온통 피 같이 되며 하늘의 별들이…땅에 떨어지며 하늘은 두루마리가 말리는 것 같이 떠나가고 각 산과 섬이 제자리에서 옮겨지매…(계 6:1-17)

마태복음 24장 29절에서 예수님께서 재림하시기 직전에 나타날 하늘의 일월성신의 변동에 대하여 하신 말씀과 대조해보라.

인치심을 받은 십사만 사천 명(계7장)

각 나라에서 온 무리

이 일 후에 내가 보니 각 나라와 족속과 백성과 방언에서 아무도 능히 셀 수 없는 큰 무리가 나와 흰 옷을 입고 손에 종려 가지를 들고 보좌 앞과 어린 양 앞에 서서 큰 소리로 외쳐 이르되 구원하심이 보좌에 앉으신 우리 하나님과 어린 양에게 있도다 하니…이 흰 옷 입은 자들이 누구며 또 어디서 왔느냐…이르되 이는 큰 환난에서 나오는 자들인데 어린 양의 피에 그 옷을 씻어 희게 하였느니라(예수를 믿어 죄 용서함을 받았다는 것) 그러므로 그들이 하나님의 보좌 앞에 있고…보좌에 앉으신 이가 그들 위에 장막을 치시리니 그들이 다시는 주리지도 아니하며 목마르지도 아니하고 해나 아무 뜨거운 기운에 상하지도 아니하리니 이는 보좌 가운데에 계신 어린 양이 그들의 목자가 되사 생명수 샘으로 인도하시고 하나님께서 그들의 눈에서 모든 눈물을 씻어 주실 것임이라(계 7:9-10, 13-17)

일곱째 봉인과 금 향로(계 8장)

일곱째 인을 떼실 때에…일곱 천사가 서 있어 일곱 나팔을 받았더라 …향연이 성도의 기도와 함께 천사의 손으로부터 하나님 앞으로 올라가는지라(사도 요한은 성도의 기도가 하나님 앞으로 상달되는 모습을 보았다)(계 8:1-4)

나팔소리

일곱 나팔을 가진 일곱 천사가 나팔 불기를 준비하더라 첫째 천사가 나팔을 부니 피 섞인 우박과 불이 나와서 땅에 쏟아지매 땅의 삼분의 일이 타 버리고 수목의 삼분의 일도 타 버리고 각종 푸른 풀도 타버렸

더라 둘째 천사가 나팔을 부니 불 붙는 큰 산과 같은 것이 바다에 던져지매…(계 8:6-8)

다섯째 천사가 나팔을 불매…(계 9장)

"하늘에서 땅에 떨어진 별 하나가 있는데 그가 무저갱의 열쇠를 받았더라"에서 땅에 떨어진 별은 사탄을 의미한다. 사람 3분의 1이 죽임을 당한다(계 9:18)는 것은 유브라데 전쟁에 참여한 자들의 3분의 1을 말한다고 하는 견해가 있다(마병대의 수 이만만은 킹제임스 성경에는 2억으로 표기되어 있다).

천사와 작은 책(계 10장)

일곱째 천사가 소리 내는 날 그의 나팔을 불려고 할 때에 하나님이 그의 종 선지자들에게 전하신 복음과 같이 하나님의 그 비밀이 이루어지리라 하더라(계 10:7)

두 증인(계 11장)

두 증인은 모세의 영성을 가진 신실한 크리스천들(말씀과 권능)과 엘리야의 영성을 가진 신실한 크리스천들(회개의 선포) 혹은 유대인 교회의 신실한 하나님의 종들과 이방인 교회의 신실한 하나님의 종들이라고 해석한다.

일곱째 나팔 소리

일곱째 천사가 나팔을 불매 하늘에 큰 음성들이 나서 이르되 세상 나라가 우리 주와 그의 그리스도의 나라가 되어 그가 세세토록 왕 노릇 하시리로다 하니…이에 하늘에 있는 하나님의 성전이 열리니 성전 안에 하나님의 언약궤가 보이며 또 번개와 음성들과 우레와 지진과 큰

우박이 있더라(계 11:15, 19)

여자와 용(계 12장)

하늘에 큰 이적이 보이니 해를 옷 입은 한 여자가 있는데 그 발 아래에는 달이 있고 그 머리에는 열두 별의 관을 썼더라 이 여자가 아이를 배어 해산하게 되매 아파서 애를 쓰며 부르짖더라 하늘에 또 다른 이적이 보이니 보라 한 큰 붉은 용이 있어 머리가 일곱이요 뿔이 열이라 그 여러 머리에 일곱 왕관이 있는데…용이 해산하려는 여자 앞에서 그가 해산하면 그 아이를 삼키고자 하더니 여자가 아들을 낳으니 이는 장차 철장으로 만국을 다스릴 남자라 그 아이를 하나님 앞과 그 보좌 앞으로 올려가더라(계 12:1-5)

'남자아이'라는 말과 '장차 철장으로 만국을 다스린다'는 표현으로 보아 이 남자는 예수님을 말하는 것으로 보이고 따라서 해를 옷 입는 한 여자는 예수님을 태어나게 한 이스라엘을 가리킨다고 보여진다. 구약시대에는 이스라엘이지만 신약시대에는 교회라고 하는 견해가 있다. 여자를 박해하는 용은 사탄을 의미하고(계 12:13) 그 여자의 남은 자손 곧 하나님의 계명을 지키며 예수의 증거를 가진 자들은(계 12:17) 신실한 크리스천들(그들이 모인 교회)을 의미한다.

짐승 두 마리(계 13장)

내가 보니 바다에서 한 짐승이 나오는데 뿔이 열이요 머리가 일곱이라 그 뿔에는 열 왕관이 있고 그 머리들에는 신성 모독 하는 이름들이 있더라…용이 자기의 능력과 보좌와 큰 권세를 그에게 주었더라 그의 머리 하나가 상하여 죽게된 것 같더니 그 죽게 되었던 상처가 나으매 온 땅이 놀랍게 여겨 짐승을 따르고…또 짐승이 과장되고 신성 모독을 말하는 입을 받고 또 마흔 두달 동안 일할 권세를 받으니라 짐승이 입을 벌려 하나님을 향하여 비방하되…또 권세를 받아 성도들과 싸워 이기게 되고…죽임을 당한 어린 양의 생명책에 창세 이후로 이름이 기록되지 못하고 이 땅에 사는 자들은 다 그 짐승에게 경배하리라…내가 보매 또 다른 짐승이 땅에서 올라오니 어린 양 같이 두 뿔이 있고 용처럼 말을 하더라 그가 먼저 나온 짐승의 모든 권세를 그 앞에서 행하고 땅과 땅에 사는 자들을 처음 짐승에게 경배하게 하니…큰 이적을 행하되 심지어 사람들 앞에서 불이 하늘로부터 땅에 내려오게 하고…땅에 거하는 자들을 미혹하며 땅에 거하는 자들에게 이르기를 칼에 상하였다가 살아난 짐승을 위하여 우상을 만들라 하더라 그가 권세를 받아 그 짐승의 우상에게 생기를 주어 그 짐승의 우상으로 말하게 하고 또 짐승의 우상에게 경배하지 아니하는 자는 몇이든지 다 죽이게 하더라 그가 모든 자 곧 작은 자나 큰 자나 부자나 가난한 자나 자유인이나 종들에게 그 오른손에나 이마에 표를 받게 하고 누구든지 이 표를 가진 자 외에는 매매를 못하게 하니 이 표는 곧 짐승의 이름이나 그 이름의 수라…그것은 사람의 수니 그의 수는 육백육십육이니라(계 13:1-8, 11-18)

전통적으로 바다에서 나오는 뿔이 열, 머리가 일곱인 짐승은 적그리스도로 땅에서 올라오는 어린양같이 두 뿔이 있고 용처럼 말을 하는 짐승을 거짓 선지자로 해석한다. 구체적으로 바다에서 나오는 짐승을 교황으로, 땅에서 올라오는 짐승을 미국이라고 보는 견해가 있다. 짐승의 우상(계 13:15)은 말하는 것으로 보아 적 그리스도의 이미지의 AI 인간 형상이 아닐까 생각된다.

십사만 사천 명이 부르는 노래(계 14장)

또 내가 보니 보라 어린 양이 시온 산에 섰고 그와 함께 십사만 사천

이 서 있는데 그들의 이마에는 어린 양의 이름과 그 아버지의 이름을 쓴 것이 있더라(계 14:1)

세 천사가 전하는 말

또 보니 다른 천사가 공중에 날아가는데 땅에 거주하는 자들 곧 모든 민족과 종족과 방언과 백성에게 전할 영원한 복음을 가졌더라…또 다른 천사 곧 둘째가 그 뒤를 따라 말하되 무너졌도다 무너졌도다 큰 성 바벨론이여…셋째가 그 뒤를 따라 큰 음성으로 이르되 만일 누구든지 짐승과 그의 우상에게 경배하고 이마에나 손에 표를 받으면 그도 하나님의 진노의 포도주를 마시리니…거룩한 천사들 앞과 어린 양 앞에서 불과 유황으로 고난을 받으리니…짐승과 그의 우상에게 경배하고 그의 이름 표를 받는 자는 누구든지 밤낮 쉼을 얻지 못하리라 하더라…또 내가 들으니…기록하라 지금 이후로 주 안에서 죽는 자들은 복이 있도다 하시매…(계 14:6-13)

마지막 수확

또 다른 천사가 성전으로부터 나와 구름 위에 앉은 이를 향하여 큰 음성으로 외쳐 이르되 당신의 낫을 휘둘러 거두소서 땅의 곡식이 다 익어 거둘 때가 이르렀음이니이다 하니 구름 위에 앉으신 이가 낫을 땅에 휘두르매 땅의 곡식이 거두어지니라(계 14:15-16)

7년 대 환난기 때의 성도들의 추수(구원) 장면으로 보인다.

마지막 재난을 가지고 온 천사

천사가 낫을 땅에 휘둘러 땅의 포도를 거두어 하나님의 진노의 큰 포도주틀에 던지매…(계 14:17-19)

구원 받지 못한 사람들에 대한 심판을 의미한다.

또 하늘에 크고 이상한 다른 이적을 보매…(계 15장)

또 이 일 후에 내가 보니 하늘에 증거장막의 성전이 열리며 일곱 재앙을 가진 일곱 천사가 성전으로부터 나와…네 생물 중의 하나가…하나님의 진노를 가득히 담은 금 대접 일곱을 그 일곱 천사들에게 주니…(계 15:5-7)

진노의 일곱 대접(계 16장)

첫째 천사가 가서 그 대접을 땅에 쏟으매 짐승의 표를 받은 사람들과 그 우상에게 경배하는 자들에게 악하고 독한 종기가 나더라 둘째 천사가 그 대접을 바다에 쏟으매…또 여섯째 천사가 그 대접을 큰 강 유브라데에 쏟으매 강물이 말라서 동방에서 오는 왕들의 길이 예비되었더라 또 내가 보매 개구리 같은 세 더러운 영이 용의 입과 짐승의 입과 거짓 선지자의 입에서 나오니 그들은 귀신의 영이라 이적을 행하여 온 천하 왕들에게 가서 하나님 곧 전능하신 이의 큰 날에 있을 전쟁을 위하여 그들을 모으더라 보라 내가 도둑 같이 오리니 누구든지 깨어 자기 옷을 지켜 벌거벗고 다니지 아니하며 자기의 부끄러움을 보이지 아니하는 자는 복이 있도다 세 영이 히브리어로 아마겟돈이라 하는 곳으로 왕들을 모으더라 일곱째 천사가 그 대접을 공중에 쏟으매 큰 음성이 성전에서 보좌로부터 나서 이르되 되었다 하시니 번개와 음성들과 우렛소리가 있고 또 큰 지진이 있어…큰 성이 세 갈래로 갈라지고 만국의 성들도 무너지니 큰 성 바벨론이…그의 맹렬한 진노의 포도주 잔을 받으매 각 섬도 없어지고 산악도 간 데 없더라 또 무게가 한 달란트나 되는 큰 우박이 하늘로부터 사람들에게 내리매 사람들이 그 우박의 재앙 때문에 하나님을 비방하니 그 재앙이 심히 큼이러라(계 16:2-3, 12-21)

큰 음녀에게 내릴 심판(계 17장)

많은 물 위에 앉은 큰 음녀가 받을 심판

내가 보니 여자가 붉은 빛 짐승을 탔는데 그 짐승의 몸에 하나님을 모독하는 이름들이 가득하고 일곱 머리와 열 뿔이 있으며 그 여자는 자주 빛과 붉은 빛 옷을 입고 금과 보석과 진주로 꾸미고 손에 금 잔을 가졌는데 가증한 물건과 그의 음행의 더러운 것들이 가득하더라(계 17:3-4)

그의 이마에 이름이 기록되었으니 비밀이라, 큰 바벨론이라, 땅의 음녀들과 가증한 것들의 어미라 하였더라(계 17:5)

전통적으로 큰 음녀는 로마 카톨릭 교황이라고 주장한다(필자도 동의하는 견해이다).

계시록 17장 10절의 망한 다섯은 이집트, 앗시리아, 바벨론, 페르시아, 헬라를 말하고 있는 하나는 로마를 말한다. 아직 이르지 않은 하나는 1945년 세계 2차 대전 이후 여러 왕들의 시대에 나타나게 될 적 그리스도를 의미하고 여덟째 왕은 사탄을 말하며 마지막 때 적 그리스도(일곱째 왕)에게 들어가 예수님 재림 때에 멸망으로 들어간다고 해석한다. 열 뿔은 여러 왕들의 시대에 나라를 얻지 못하였으나(UN의 옵저버 국가와 같은) 한동안 권세를 받은 열 왕(통치자)을 말하며 이들과 적 그리스도 또는 거짓 선지자(짐승)는 마지막 때 교황(음녀)을 미워하여 모욕하고 죽일 것이라고 해석한다.

바벨론의 패망(계 18장)

내 백성아, 거기서 나와 그의 죄에 참여하지 말고 그가 받을 재앙들을 받지 말라…하늘과 성도들과 사도들과 선지자들아, 그로 말미암아

(바벨론을 심판하는 것) 즐거워하라 하나님이 너희를 위하여 그에게 심판을 행하셨음이라 하더라(계 18:4, 20)

바벨론은 하나님을 떠나 사탄 마귀에 매어 종노릇하고 온갖 사치와 부패하고 음란하고 타락한 물질문명에 찌든 세상의 도시들을 말한다. 바벨론을 가톨릭 교회라고 하는 견해가 있다.

어린 양의 혼인 잔치(계 19장)

이 일 후에 내가 들으니 하늘에 허다한 무리의 큰 음성 같은 것이 있어 이르되 할렐루야 구원과 영광과 능력이 우리 하나님께 있도다(계 19:1)

어린 양의 혼인 기약이 이르렀고 그의 아내가 자신을 준비하였으므로 그에게 빛나고 깨끗한 세마포 옷을 입도록 허락하셨으니 이 세마포 옷은 성도들의 옳은 행실이로다 하더라 천사가 내게 말하기를 기록하라 어린 양의 혼인잔치에 청함을 받은 자들은 복이 있도다 하고…(계 19:7-9)

백마를 탄 자

보라 백마와 그것을 탄 자가 있으니 그 이름은 충신과 진실이라 그가 공의로 심판하며 싸우더라 그 눈은 불꽃 같고 그 머리에는 많은 관들이 있고 또 이름 쓴 것 하나가 있으니 자기밖에 아는 자가 없고 또 그가 피 뿌린 옷을 입었는데 그 이름은 하나님의 말씀이라 칭하더라 하늘에 있는 군대들이 희고 깨끗한 세마포 옷을 입고 백마를 타고 그를 따르더라 그의 입에서 예리한 검이 나오니 그것으로 만국을 치겠고 친히 그들을 철장으로 다스리며 또 친히 하나님 곧 전능하신 이의 맹렬한 진노의 포도주틀을 밟겠고 그 옷과 그 다리에 이름을 쓴 것이 있으니 만왕의 왕이요 만주의 주라 하였더라(계 19:11-16)

예수님께서 마지막 때 7년 대환난이 끝나갈 때 지상재림하면서 이전에 공중재림하실 때 부활했던 성도들이 예수님을 따라 내려와 함께 심판에 동참하게 된다는 뜻으로 보인다.

짐승이 잡히고 그 앞에서 표적을 행하던 거짓 선지자도 함께 잡혔으니…이 둘이 산 채로 유황불 붙는 못에 던져지고 그 나머지는 말 탄 자의 입으로부터 나오는 검에 죽으매…(계 19:20-21)

천 년 왕국(계 20장)

또 내가 보매 천사가 무저갱의 열쇠와 큰 쇠사슬을 그의 손에 가지고 하늘로부터 내려와서 용을 잡으니 곧 옛 뱀이요 마귀요 사탄이라 잡아서 천 년 동안 결박하여 무저갱에 던져 넣어 잠그고 그 위에 인봉하여 천 년이 차도록 다시는 만국을 미혹하지 못하게 하였는데 그 후에는 반드시 잠깐 놓이리라 또 내가 보좌들을 보니 거기에 앉은 자들이 있어 심판하는 권세를 받았더라 또 내가 보니 예수를 증언함과 하나님의 말씀 때문에 목 베임을 당한 자들의 영혼들과 또 짐승과 그의 우상에게 경배하지 아니하고 그들의 이마와 손에 그의 표를 받지 아니한 자들이 살아서 그리스도와 더불어 천 년 동안 왕 노릇 하니…이는 첫째 부활이라 이 첫째 부활에 참여하는 자들은 복이 있고 거룩하도다 둘째 사망이 그들을 다스리는 권세가 없고 도리어 그들이 하나님과 그리스도의 제사장이 되어 천 년 동안 그리스도와 더불어 왕 노릇 하리라(첫째 사망은 성경에 언급이 없으나 예수님의 재림 전에 죽은 모든 사람의 육체의 사망일 것이다)(계 20:1-6)

사탄의 패망

천 년이 차매 사탄이 그 옥에서 놓여 나와서 땅의 사방 백성 곧 곡과 마곡을 미혹하고 모아 싸움을 붙이리니…그들이 지면에 널리 퍼져 성도들의 진과 사랑하시는 성을 두르매 하늘에서 불이 내려와 그들을 태워버리고 또 그들을 미혹하는 마귀가 불과 유황 못에 던져지니 거기는 그 짐승과 거짓 선지자도 있어 세세토록 밤낮 괴로움을 받으리라(계 20:7-10)

크고 흰 보좌에서의 심판

또 내가 크고 흰 보좌와 그 위에 앉으신 이를 보니 땅과 하늘이 그 앞에서 피하여 간 데 없더라…죽은 자들이 큰 자나 작은 자나 그 보좌 앞에 서 있는데 책들이 펴 있고 또 다른 책이 펴졌으니 곧 생명책이라 죽은 자들이 자기 행위를 따라 책들에 기록된 대로 심판을 받으니 바다가 그 가운데에서 죽은 자들을 내주고 또 사망과 음부도 그 가운데에서 죽은 자들을 내주매 각 사람이 자기의 행위대로 심판을 받고 사망과 음부도 불못에 던져지니 이것은 둘째 사망 곧 불못이라 누구든지 생명책에 기록되지 못한 자는 불못에 던져지더라(계 20:11-15)

새 하늘과 새 땅(계 21장)

또 내가 새 하늘과 새 땅을 보니 처음 하늘과 처음 땅이 없어졌고 바다도 다시 있지 않더라 또 내가 보매 거룩한 성 새 예루살렘이 하나님께로부터 하늘에서 내려오니 그 준비한 것이 신부가 남편을 위하여 단장한 것 같더라…하나님은 친히 그들과 함께 계셔서 모든 눈물을 그 눈에서 닦아 주시니 다시는 사망이 없고 애통하는 것이나 곡하는 것이나 아픈 것이 다시 있지 아니하리니 처음 것들이 다 지나갔음이러라…보라 내가 만물을 새롭게 하노라 하시고…또 내게 말씀하시되 이루었도다 나는 알파와 오메가요 처음과 마지막이라 내가 생명수 샘물을 목마른 자에게 값없이 주리니 이기는 자는 이것들을 상속으로 받으리라 나는 그의 하나님이 되고 그는 내 아들이 되리라 그러나 두려워하는 자들과 믿지 아니하는 자들과 흉악한 자들과 살인자들과 음행하는 자들과 점술가들과 우상 숭배자들과 거짓말하는 모든 자들은 불과 유황으로 타는 못에 던져지리니 이것이 둘째 사망이라(계 21:1-8)

새 예루살렘

일곱 대접을 가지고 마지막 일곱 재앙을 담은 일곱 천사 중 하나가… 이리 오라 내가 신부 곧 어린 양의 아내를 네게 보이리라 하고 성령으로 나를 데리고 크고 높은 산으로 올라가 하나님께로부터 하늘에서 내려오는 거룩한 성 예루살렘을 보이니…성 안에서 내가 성전을 보지 못하였으니 이는 주 하나님 곧 전능하신 이와 및 어린 양이 그 성전이심이라 그 성은 해나 달의 비침이 쓸 데 없으니 이는 하나님의 영광이 비치고 어린 양이 그 등불이 되심이라…오직 어린 양의 생명책에 기록된 자들만 들어가리라 계 22장 또 그가 수정 같이 맑은 생명수의 강을 내게 보이니 하나님과 및 어린 양의 보좌로부터 나와서 길 가운데로 흐르더라 강 좌우에 생명나무가 있어 열두 가지 열매를 맺되 달마다 그 열매를 맺고 그 나무 잎사귀들은 만국을 치료하기 위하여 있더라…보라 내가 속히 오리니 이 두루마리의 예언의 말씀을 지키는 자는 복이 있으리라 하더라…보라 내가 속히 오리니 내가 줄 상이 내게 있어 각 사람에게 그가 행한 대로 갚아 주리라 나는 알파와 오메가요 처음과 마지막이요 시작과 마침이라 자기 두루마기를 빠는 자들은 복이 있으니 이는 그들이 생명나무에 나아가며 문들을 통하여 성에 들어갈 권세를 받으려 함이로다(계 21:9-10, 22-23, 27, 22:1-2, 7, 12-14)

개들과 점술가들과 음행하는 자들과 살인자들과 우상 숭배자들과 및 거짓말을 좋아하며 지어내는 자는 다 성 밖에 있으리라 나 예수는 교회들을 위하여 내 사자를 보내어 이것들을 너희에게 증언하게 하였노라…내가 이 두루마리의 예언의 말씀을 듣는 모든 사람에게 증언하노니 만일 누구든지 이것들 외에 더하면 하나님이 이 두루마리에 기록된 재앙들을 그에게 더하실 것이요 만일 누구든지 이 두루마리의 예언의 말씀에서 제하여 버리면 하나님이 이 두루마리에 기록된 생명나무와 및 거룩한 성에 참여함을 제하여 버리시리라(계 22:15-16, 18-19)

3.

삼위일체에 대하여

필자는 종종 성도들이 삼위일체에 대하여 헷갈려하거나 하나님을 믿거나 믿지 않거나 불문하고 이에 대하여 "아버지 하나님과 아들 예수와 하나님과 예수님으로부터 나오는 성령이 왜 하나인가?" 하는 질문을 받았을 때 명쾌하게 설명을 하지 못하고 있는 성도들이 많이 있는 것 같아 필자의 생각을 성경 말씀을 바탕으로 해서 피력하고자 한다. 특히 여호와의 증인 쪽 사람들을 만나서 얘기하게 되면 이 문제에 부딪히며 이 문제는 이단성과도 직결되기 때문에 명확히 인식해야 한다.

먼저 우리는 성경 말씀이 설령 모두 이해되지는 않더라도 그 말씀이 하나님 말씀으로 계시를 받거나 하나님의 영 즉 성령으로 감동된 기록으로 오류가 없다는 것을 인정해야만 해답을 구할 수 있다는 것을 인식해야 한다.

가. 성경 말씀의 근거

첫째, 하나님과 예수님의 동일 본질에 대하여

이사야 9장에서 아기(예수)는 전능한 하나님이라는 말씀을 하고 있다(사 9:6).

이는 한 아기가 우리에게 났고 한 아들을 우리에게 주신 바 되었는데 그의 어깨에는 정사를 메었고 그의 이름은 기묘자라, 모사라, 전능하신 하나님이라, 영존하시는 아버지라, 평강의 왕이라 할 것임이라(사 9:6)

그는(예수님은) 근본 하나님의 본체시나 하나님과 동등됨을 취할 것으로 여기지 아니하시고(빌 2:6)

예수님께서는 "나를 알았더라면 내 아버지도 알았으리라" 하고 말씀하셨다(요 8:19).

인자가 이전에 있던 곳으로 올라갈 것을 암시한 것과 부활 승천하셨고(요 6:62; 행 1:9) 예수님께서 "나와 아버지는 하나"라고 말씀하셨다(요 10:30).

예수님께서 '선지자들을 보낸다'는 표현처럼 현재형으로 말씀한 내용에서 "선지자들과 지혜 있는 자들과 서기관들을 보내매…"라는 말씀은 구약 시대 때는 물론 십자가에서 돌아가신 이후에도 보내겠다는 뜻으로 예수님의 하나님 되심을 나타낸 것(마 23:34)이라 볼 수 있다.

하나님이 아니면 할 수 없는 것들을 하신 것과 하나님이 아니면 할 수 없는 말씀들을 하신 것을 볼 때 예수님께서는 아브라함이 나기 전부터 있었다(요 8:58). 이러한 말씀들은 과거에도 있었고 현재도 있고 앞으로도 있을 것을 나타내는 말씀이다.

날 때부터 맹인 된 사람을 고치시면서 본인이나 그의 부모의 죄 때문이 아니라 하나님이 하시는 일을 나타내고자 함이라고 말씀하시며 눈을 뜨게 하셨다(요 9:1-7).

부활 승천한 사건(행 1:9-11), 죽은 자를 살리심(눅 7:11-15; 요 11:17-44), 물 위를 걸으심(마 14:25-26), 물이 포도주로 바뀌게 한 사건(요 2:3-9), 예수님은 안식일의 주인이시다(막 2:28).

예레미야는 다윗에게 한 의로운 가지가 일어나며 그 이름이 여호와 즉 예수님은 여호와 하나님 되심을 계시받았다(렘 23:5-6).

물과 바람을 꾸짖어 파도를 잠잠케 하신 사건(마 8:24-26), 오병이어의 기적(떡 다섯개, 물고기 두 마리로 오천 명을 먹이고 남은 것을 열두 바구니에 차게 거두었다)(요 6:9-13) 그리고 예수님은 "나를 본 자는 아버지를 보았다"라고 하셨다(요 14:9). 즉 예수님을 본 자는 하나님 아버지를 보았다고 하고 "내가 아무도 못한 일을 그들 중에서 하지 아니하였더라면 그들에게 죄가 없었으려니와 지금은 그들이 나와 내 아버지를 보았고 또 미워하였도다"(요 15:24)라고 하셨다. 이와 같이 예수님이 아무도 못한 일을 한 것을 본 것은 하나님을 본 것이라고 말씀하셨다.

둘째, 성령이 하나님과 예수님과 동일 본질 됨에 대하여

성령은 하나님이 보내시는 것(요 3:34)이다.

내가(예수님) 아버지께 구하겠으니 그가 또 다른 보혜사(성령)를 너희에게 주사 영원토록 너희와 함께 있게 하리니(요 14:16)

내가(예수님) 내 아버지께서 약속하신 것을 너희에게 보내리니 너희는 위로부터 능력으로 입혀질 때까지 이 성에 머물라 하시니라(눅 24:49)

예수님께서 성령을 보내신다.

예수님께서 부활하신 후 승천하시기 전에 제자들에게 나타나 그들을 향하사 숨을 내쉬며 이르시되 "성령을 받으라"(요 20:19-23)고 하셨다. 즉 예수님께서 성령을 보내신다.

사도 베드로가 성령의 감동을 입어 말한 것을 살펴보면 성령 받는 것(예수 그리스도를 믿을 때에 주신 것과 같은 선물)을 막는 것은 하나님을 막는 것이라고 표현하고 있다(행 11:17). 즉 성령을 하나님과 동일시한 것을 알 수 있다.

나. 역사적 논쟁 과정을 통해서

초대교회 때부터 아리우스와 아타나시우스의 신학논쟁이 있어 왔다. 아리우스는 예수 그리스도를 성부 하나님과 비슷하고 창조된 피조물이라고 하면서 삼위일체를 부인한 반면 아타나시우스는 동일 본질이며 그리스도는 완전한 하나님 되시는 신이며 육신을 입고 온 완전한 인간으로서 삼위일체를 주장하였다. AD 325년 니케아 회의에서 아타나시우스의 주장을 따른 니케아 신조를 채택하여 예수 그리스도는 하나님과 동일 본질이고 완전한 신이시며 완전한 인간임을 확인하였다.

이 아리우스와 아타나시우스 신학논쟁에 대하여 필자는 아리우스는 혹시 성령을 받지 못하고 하나님의 깊은 진리를 깨닫지 못한 것 아닌가(고전 2:10), 즉 하나님께서 깨닫게 하는 영을 보내주시지 않고 눈을 감기시고 봉한 말씀으로 만들어 버린 것이 아닌가(사 29:10-14) 하는 생각을 갖고 있다. 즉 성경도 하나님께서 열어주시는 데 까지만 즉 계시하는 데 까지만 알 수 있다는 것을 인정하지 않고 다 깨달을 수 있다고 생각하는 것에서 온 것이 아닐까 혹은 하나님 말씀에 순종할 생각이 없거나(불순종하는 것을 선택함) 육신의 생각을 따른 것이 아닌가 생각한다. 현재 여호와의 증인들은 삼위일체를 부인하면서 2023년 현재에까지 이르고 있다.

다. 필자의 비유

필자는 2017년 2월 성경 말씀의 상당 부분을 깨닫게 된 계기가 있었는데 그 때 깨닫게 된 것은 신의 자리와 인간의 자리에 대한 비유를 깨달았다(필자가 깨달은 것을 비유로 설명하는 것임).

그 하나는 숫자 99와 100의 비유이다. 숫자 100을 완전의 자리라고 가정하고 그 이상의 숫자가 없다고 가정하면 하나님은 100의 자리인 데 비하여 인간은 어디까지나 99의 자리 혹은 그 아래라는 것이다. 즉 근접해 있는 것 같지만 그 사이에는 무한대의 숫자가 존재하는 것이다. 인간이 99의 자리라면 99.000001, 99.000002 이렇게… 그래서 혼동하는 경우가 많다는 것이다. 하나님을 인간이 만들어낸 개념이라고 주장하는 사람들이 더러 있는데 이것도 마찬가지로 그렇게 주장하는 사람은 그가 100의 자리에 있다는 것을 깨달아야 하는 것이다. 인간은 결코 완전한 존재가 아니라는 것을 인정해야 한다. 그 사람에게는 신의 자리가 99이거나 100이거나 하게 될 것이다.

또 하나는 IQ(Intelligence Quotient) 지능지수 150과 1000조의 1000조 승의 비유인데 1000조의 1000조 승을 완전한 자리라고 가정하고 그 이상의 숫자가 없다고 가정하면 IQ 150의 인간은 결코 IQ 1000조의 1000조 승 되는 하나님을 완전히 알 수 없다는 것을 알아야 한다는 것이다. 완전히 알 수 있다면 그는 IQ 1000조의 1000조 승이 되거나 하나님의 IQ가 그 보다 아랫자리 즉 불완전의 자리로 내려올 수 밖에 없다. 성경 말씀이 하나님의 계시와 하나님의 영의 감동 즉 성령의 감동으로 기록된 오류가 없는 말씀이라고 인정하지 않거나 하나님은 완전하신 존재라는 성경 말씀을 믿지 않는 불신자일 수밖에 없다는 것이다. 그러므로 본인이 이해가 되지 않는다고 해서, 그래서 믿어지지 않는 것은 하나님께서 멸하기로 작정하셨기 때문에(예수님께서 이땅에 다시오신 이후 천 년 왕국을 거쳐 영원히 살게 되는 새 하늘과 새 땅에 들여 보내지 않으시려고 작정) 깨닫게 하는 영을 보내주시지 않고 성령을 주시지 않아 성경 말씀을 깨닫지 못하고 있기 때문이다(사 29:10-14). 즉 모든 것을 안다고 생각하는 본인이 계명성의 자리(하나님과 비길려고 하는 것, 사 14:12-14)에 앉아 있다고 생각된다.

결론적으로 말해서 예수님께서 육신의 두 동생 야고보와 유다의 고백에서 육신으로 있을 때는 형님 되시는 예수님을 믿지 않았지만(요 7:3-5, 메시아로 구세주로서 믿지 않았다는 의미임) 부활 승천하신 후에 하나님 되심을 믿은 것(약 1:1; 유 1:1)을 자신을 주 예수 그리스도의 종으로 표현하고 있다. 이 모든 것을 종합해보면 성(聖) 삼위는 즉 하나님과 아들 되시는 예수 그리스도 그리고 하나님과 예수님으로부터 보내어지는 성령은 하나임을 알 수 있다.

참고로 여호와의 증인들 왕국회관에 출입하시는 분들(필자는 가급적 그분들과는 한두 번 논쟁을 한 후에는 계속 교리 논쟁을 하지 않는 것이 좋겠다고 생각한다)과 논쟁을 하게 될 때 성령에 관해서 그분들이 성령을 받았는지를 물어보면 대부분 세례받은 것을 가지고 이야기하거나 혹은 사도행전 2장 1-4절의 내용을 가지고 지식적으로 이야기할 뿐 실제로 성령 받은 분을 만나보지 못하였다.

이것을 보면 진리 아닌 것에 성령을 부어 주시는 일이 없다는 것을 체험적으로 느끼게 된다. 혹시 목회를 하시는 목사님들과 장로님들, 성도님들 가운데 아직 성령을 받지 않았다면 하나님께 간절히 성령 받기를 사모하고 구하여 성령을 받으면 그리고 성경을 여러 번 읽어보게 되면 성(聖) 삼위가 하나 됨을 알 수 있고 또한 믿을 수 있을 것이라고 생각된다(요 1:1-3, 킹제임스성경 5:7 하늘에 증언하는 세 분이 계시니 곧 아버지와 말씀과 성령님이시라. 또 이 세 분은 하나이시니라).

계시는 인간의 연구나 노력으로 얻어지는 것이 아니다. 이는 전적으로 하나님께서 인류에게 일방적으로 주시는 것이다. 인류는 지능이 150도 되지 않으면서 IQ 1000조의 1000조승을 넘어서는, 완전하시며 전지 전능하신 하나님을(하나님의 존재 여부 포함) 완전히 안다고 하는 오류를 범하는 데서 이 삼위가 하나 됨을 알지도 못하고 믿지도 못하는 것이다. 성령을 받지 않은 사람들은 더 더욱 알기도 힘들고 믿기도 힘든 것이다.

초대 교회때부터 이어져왔던 역사적 논쟁 가운데에서 2023년 현재 여호와의 증인에게까지 이어져온 삼위일체의 개념에 대하여 필자가 생각하는 것은 아리우스는 예수님의 소원대로 계시를 받은 자가 아니었을 것으로 생각되고(마 11:27, 눅 10:22) 또 예수님께서는 천국의 비밀을 숨기기 위해 4복음서에서 비유의 말씀을 여러번 하셨던 것에서 보는 바와 같이 아리우스에게는 예수님께서 천국의 비밀을 아는 것을 허락하지 않았을 가능성이 크다고 생각한다(마 13:11, 눅 8:10). 즉 하나님 나라의 비밀을 아는 것은 믿음과 마찬가지로 모든 사람의 것이 아니라는 것이다(살후 3:2). 필자는 칼빈의 제한 속죄를 받아들인다.

4.
천국 복음 계시에 대하여

가. 천국 복음의 계시성에 대하여

천국 복음 계시에 대하여 사도 바울이 비밀을 말한다[62]고 말씀한 것처럼 하나님께서 계시해 주시지 않으면 인간으로서는 알 수 없는 영역에 속한다. 예수님의 말씀에 비추어보면 자기의 소유를 다 팔아 기뻐하며 사는(매입), 보화가 감추인 밭의 비유에서 그 보화에 비유한 것처럼, 그리고 극히 값진 진주에 비유한 것처럼[63] 지극히 귀한 것이다.

천국 복음 계시는 회개하고 하나님을 믿는 것 즉 믿음으로 받아들이면 자기 것이 되는 것이다. 그러면 하나님께서 선물로 성령을 주시고 성령님은 일생 동안 우리 마음에 내주하여 계시면서 우리의 카운슬러가 되고 위험에 직면하게 되면 피할 길을 찾아내어 주는 역할을 하시는 것이다. 그림자인 이 세상을 살아가는 동안 잠깐이라도 힘들 때 이 천국 복음 계시가 떠올라야 한다. 그렇기 위해서는

---

62) 고린도전서 15:51
63) 마태복음 13:44-46

우리 마음에 성령님께서 내주해 계셔야 하는 것이다(마 10:19-20).

이 귀한 천국 복음 계시가 교회에 다닌다고, 십일조와 헌금을 많이 한다고, 구제와 봉사를 많이 한다고, 심지어 선교 한다고 자기 것이 되는 것이 아니다. 오직 하나님의 은혜와 믿음으로만 자기 것이 된다. 선교는 예수님께서 나의 죄를 대속하시기 위해 몸 찢고 피 흘리신 것을 믿고 하나님께 다가가고 양자 됨으로 인하여 그 감사함으로 예수님께서 부활하시고 승천하시기 전에 마지막으로 우리에게 부탁하신 것 즉(하나님 은혜에 감사함으로 우리가 예수님이 다시 오실 때까지 한 사람이라도 더 영혼을 구원하기 위하여 무시무시한 지옥에 떨어지지 않도록) 복음을 전파하는 것이다(막 16:15-16; 마 13:40-43).

계시는 전적으로 하나님께서 일방적으로 우리 인류에게 주시는 것이다. 계시는 전지전능하신 분이 주시는 것이므로 우리 인간이 이해할 수 없는 내용도 많이 있지만, 그 때는 하나님께서 그 해석도 같이 주신다.

천국 복음 계시가 자기 것이 되는 것은 단지 거듭나서 회개하고(내가 하나님 앞에 죄인 됨을) 하나님을 믿고 성령을 폭포수처럼 받는, 오직 믿음으로만 갈 수 있는 누구에게나 가장 공평한 길이다. 절대 공평하신 하나님의 품성에서 누구에게나 동일하게 적용되는 오직 믿음으로만 갈 수 있는 길이라는 것이다.

그 믿음은 우리가 교회에 가서 예배를 드리기 전에 제일 먼저 고백하는 사도신경을 생각하면 이해할 수 있다. 처녀의 몸에서 태어나 우리 죄를 사하기 위해 우리 대신 십자가에 달려 몸 찢고 피 흘리시고(사 53장) 한 것을 믿고 받아들이고 진실로 하나님 앞에 회개하면(하나님 앞에 죄인 됨을) 하나님을 믿을 수 있게 되고 부활하신 후 승천하시면서 말씀하신 대로 성령을 보내주신다(교회는 성령을 폭포수처럼 받은 사람과 성령을 받지 않은 사람이 섞여서 예배를 드리고 있다.)

그 성령님께서 예수님이 다시 오실 때까지 우리 마음에 내주해 계시면서 우리를 도와주시고, 또 우리 죄를 사하여 주시고(죄 없으신 분이라야 우리 죄를 사할 수 있는 것이다), 몸이 다시 사는 것(죽어서 예수님께서 다시 오실 때까지 영으로 있다가 예수님께서 다시 오실 때 순식간에 썩지 아니하는 몸으로 부활한다)과 영원히 사는 것(천 년 왕국을 거쳐 시간이 정지된 새 하늘과 새 땅에 들어가서)을 믿을 수 있도록 도와주는 것이다.

믿는 것도 내가 믿어보는 것이 좋겠다고 생각해서 믿어지는 것은 아니다. 지금까지의 나의 삶이 하나님을 믿지 않은 삶이었다면 돌이키고 거듭나서 회개해야 하나님의 존재를 믿을 수 있는 것이다. 실제 하나님의 존재 여부를 필자처럼 성경 말씀을 가지고 연구해서 아는 것은 지식적으로 아는 것인데, 이것은 성경을 열 번 이상 혹은 수십 번 읽고 상당히 많은 노력을 기울여야 한다. 그렇게 해도 진실로 하나님 앞에 회개하고 성령을 받아야 하나님의 깊은 것까지 통달할 수가 있는 데 반하여 주일에 목사님 설교를 들으면서 아멘 하고 믿음으로 받아들이는 아주 쉬운 길도 있는 것이다(고전 2:10).

사실 위대한 천체 물리학자라 하더라도 지식적으로 하나님을 믿는 것은 무척 어렵다고 생각한다. 그리고 그러한 사람 중에도 무신론자들도 많이 있다. 그 이유는 첫째 그 사람들이 성경을 수십 번 읽어보지 않는다는 것이다. 그렇게 몇 년을 연구하고 노력하면 깨달아지는 것이 생기는데 그렇게 하지 않는 것은 그것 자체가 너무 힘들뿐만 아니라 한편으로는 일종의 지식적 교만에서 온 것일 가능성도 있다. 그리고 현대사회는 너무나 모두 바쁘게 살아가면서 시간에 쫓기고 있다. 그렇다 보니 더 더욱 많은 시간을 투자해서 성경을 읽고 연구하는 노력을 하기가 쉽지 않는 시대를 살아간다. 그리고 대부분의 사람들이 자기 영혼을 위해 많은 시간을 투자해서 진리를 찾기 위해 노력하지 않는다.

이 엄청나고 귀한 천국 복음 계시를 사랑하는 나의 형제자매들 그리고 친인척들과 친구들에게 주고 싶은데 설령 10년 이상 걸려 힘들게 연구해서 이 책을 집필하여 준다 하더라도 50년, 60년에 걸쳐서 형성된 고정관념을 깨뜨린다는 것이 무척 어렵다는 것을 안다. 예수님이 다시 오실 때 지구 중력을 박차고 하늘로 올라가는 휴거만 하더라도 이 공중 들림을 가지고 아직 예수님께서 말씀하신 그리고 많은 선지자들에게 계시된 내용이 아직 완전히 충족되기 전부터 예수님이 다시 오시면 재산도 다 필요 없다고 하면서 재산 헌납을 유도한 수많은 이단 거짓 선지자들이 출현하였다. 지금도 수많은 이단 거짓 선지자들은 특히 예수께서 이 땅에 다시 오시는 재림을 가지고 미혹하면서 다른 사람들의 재물을 갈취하고 있다. 예수님 재림 운운하면서 사기를 치는 것이 한두 번이 아니었으니 자꾸만 불신이 쌓여있다 보니 가뜩이나 교회에도 나가지 않는데 천국 복음 계시 운운하면 "어쩌다 그러한 믿음에 빠져버리게 되었는지?" 하면서 필자를 오히려 안타깝게 바라볼 수도 있을 것이다.

그렇게 고정관념을 깨뜨리는 것이 힘든 것이다. 예수님께서도 예수님이 다시 오시기 전에 이러한 거짓 선지자들이 많이 일어난다고 말씀하셨다. 지금은 실제로 예수님께서 말씀하신 그 마지막 때가 다 되었으니 극성을 부리는 것이 당연하다.

더구나 이스라엘이 예수님께로 돌아오고 있는 2023년을 살고 있는 현재는 이방인의 충만한 수가 이미 예수님께로 돌아오고 이방인들의 충만한 수가 들어오기까지 이스라엘 백성들에게 감추어진 천국 복음이 이제 이스라엘 백성들에게도 열려지는 시점을 살고 있으니[64)]

---

64) 로마서 11:25-26 이방인들의 충만한 수가 들어온 후 다시 말하면 많은 이방인들이 먼저

이 또한 예수님 재림 시의 요건을 충족해가고 있다. 그리고 천국 복음이 모든 민족에게 증언되기 위하여 온 세상에 전파되어 가는 것 역시 예수님의 재림의 때가 가까이 왔음을 말해주고 있다(마 24:14). 이제 필자는 형제자매라 해도 자주 만날 수도 없고 만나서도 짧은 만남의 시간을 천국 복음을 전하는 것으로만 얘기하는 것이 쉽지 않아 이 책을 집필하여 주려고 하는 것이다.

글을 쓰는 것이 정말 쉽지 않은데 이 책을 받게 되면 몇 번 정도는 꼭 읽어보아서 왜 필자가 이 천국 복음 계시가 예수님 재림 때에 실현된다고 이렇게 주장하는지, 곰곰이 생각하고 살펴 주었으면 한다. 그렇게 해서 얼마 있지 않아서 잠시 그림자로 살아가는 이 땅에서는 헤어지더라도 예수님께서 재림하신 후의 천 년 왕국부터 새 예루살렘 성인 새 하늘과 새 땅에서 만나 영원히 즐겁게 아픔과 슬픔이 없는 그곳에서 함께 살고 싶어서 여러 번 궁리하던 끝에 그리고 다시 성경 말씀과 신학 서적들과 유대 땅 이스라엘의 현지 소식들과 메시아닉 쥬들의(예수님을 받아들이는 유대인) 생각과 메시아닉 쥬 목사들의 견해와 필자의 70년의 삶과 3년 반의 신학 대학원 연구과정 때의 연구와 유대인들의 절기 행사와 제사 제도 2000여 년 전 유대 땅 갈릴리 지방의 혼인 잔치풍습 등을 참고하여 이 책을 집필하여 전해주는 것이다.

복음을 받아들이고, 그 후에 이스라엘이 팔레스타인 땅으로 돌아가고(1948년 5월 독립 이후의 알리야운동, 겔 37:21-22) 그리고 복음을 받아 들여 구원을 받게 될 것으로 생각된다. 그리고 2023년 현재 이스라엘 백성들 중에서 예수를 받아들이는 사람들이 빠르게 늘어난다고 한다. 이방인들의 충만한 수를 그들에게 죄악이 만연할 때라고 해석하는 견해도 있다.

회개하고 하나님을 만나서(성령을 폭포수처럼 받아서) 그림자인 이 세상에서 잠깐 사는 동안이라도 꼭 성령님의 도움을 받아 살아가다가 나중에 천국에서 만나볼 것을 소망하면서 이 글을 쓴다.

나. 천국 복음 계시의 여러 모습들에 대하여

파편적인 계시와 상황 조건적 계시 그리고 단순 계시와 중첩되는 계시의 모습에 대하여 살펴보고자 한다.

첫째, 파편적인 계시와 상황 조건적 계시 그리고 단순 계시

예수님의 초림과 재림에 대한 하나님의 계시 형태가 약간 다름을 알 수 있다. 그리고 일반적인 사건 계시의 형태가 같지 않다. 그 다름을 살펴보면 예수님의 초림에 대한 계시는 창세기 3장 15절 원시 복음으로부터 약 4,000년 후에 그리고 모세 시대 이후 1,500여 년이 지나서 그리고 그 후에도 BC 740-700년 경 이사야 선지자를 통하여 그리고 또 수백 년을 이어오면서 여러 선지자들에게 파편적으로 시차를 두고 계시 되었다.

대부분의 이스라엘 백성들이 "오리라" 하고 알고 있었던 메시아 대망(待望) 즉 메시아의 오심을 기다렸던 것이 실제로는 하나님의 말씀을 누구보다 잘 알고 잘 지켜 왔다고 생각하는 배운 사람들인 기득권층들과 지배층들인 서기관들과 바리새인들(예수님께서 특히 많이 꾸짖었던)은 예수님께서 막상 초림하셨을 때는 까맣게 모르고 있었다. 오히려 메시아를 알아보았던 사람들은 세례 요한과 들판의 목동들, 동방박사, 예루살렘에 거주했던 시므온, 여선지자 안나(과부이며 성전을 떠나지 않고 주야로 금식하며 기도했던) 정도였다. 그중에 세례 요한은 이사야서를 읽고 알았던 것이고[65], 목자들은 주의 사자(Messenger) 천사가 알려주었고[66], 동방 박사들은 별을 보고 알았다[67]. 시므온은 성령의 지시로[68], 안나는 금식 기도 가운데서[69] 초림의 예수님을 알아보았던 것 같다.

예수님의 초림은 예수님의 재림과 달리 오랜 기간의 시차를 두고 파편적으로 그 시대의 선지자들에게 계시 예언한 것인 반면에, 예수님의 재림이 시차를 두고 선지자들에게 계시한 것은 물론 상황조건적(즉 이러이러한 모습이 나타나면, 혹은 이러이러한 조건이 충족되면 재림할 것이라 하는)으로 예언이 계시되어 있다는 점에서 차이가 있다.

필자는 예수님의 재림은 초림과는 다르게 전혀 복음이 전파되지 않은 상태에서 앞으로 초림하셔서 가르치고 제자 만들어 성령을 부어 주시고 재림할 때까지 성령으로 이끌어 교회 시대를 열어가야 하고 교회 시대에서 도출해 내야 하는 여러 상황 조건들이 전혀 없기에 그 차이가 있는 것이라 생각한다. 무슨 이야기인가 하면 재림 때의 상황 조건적인 것들을 보면 깨닫게 된다.

즉 복음이 전 세계에 전파되어 복음을 받아들이는 이방인의 충만한 수가 차고[70] 이스라엘이 예수님께로 돌아오는 것[71], 그리고 이스라엘 백성들이 2023년 현재의 이스라엘(팔레스타인) 땅으로 돌아오

65) 마태복음 3:3
66) 누가복음 2:8-14
67) 마태복음 2:1-2
68) 누가복음 2:25-35
69) 누가복음 2:36-38
70) 로마서 11:25
71) 로마서 11:25-27, 2023년 현재 이스라엘 백성 중에서 예수님을 메시아로 받아들이는 메시아닉 쥬들이 빠르게 늘어난다고 함

고 또 복음을 받아들이는 것[72]과 같은 상황 조건들이 충족되어야 하기 때문이다.

초림과는 달리 재림의 때에는 예수님이 심판주로 오시기 때문에 이 땅에서 예수님께서 우리들의 죄를 사하기 위해 십자가에 달리시고 몸 찢고 피 흘리셨다는 것을 한 번도 들어 본 일이 없다고 핑계를 댈 수 없는 상황이 필요한 것이다. 즉 온 세상에 복음이 다 전파되어 있는 상황의 차이가 필요하기 때문이라고 생각된다. 그래서 예수님의 초림과 재림은 지구 인류 역사의 가장 중요한 사건이므로 긴 시차를 두고 여러 선지자들에게 계시를 통해서 초림은 파편적으로, 재림은 여러 선지자들에게 파편적이고도 상황 조건적으로 계시를 한 것으로 보인다.

그리고 중요도에 따라서 크지 않은 사건 등은 한 번의 상황 조건적 단순 예언 계시와 그 성취로, 또 중요한 큰 사건일 때는 시간을 두고 여러 번 경고의 계시가 주어지면서 같이 상황 조건적 계시가 주어진다. 여호수아 시대 때 이스라엘 백성들이 이집트를 탈출한 후, 여호수아가 모세의 뒤를 이어 이스라엘 백성을 이끌고 가나안 땅에 입성하여 여리고 성을 허물면서 "다시 여리고 성을 쌓게 되면 성을 건축하는 자는 그 기초를 쌓을 때 맏아들을 잃을 것이며, 그 문을 세울 때 막내아들을 잃으리라고 맹세[73]하며 저주한 것도 일종의 상황 조건적 계시라 볼 수 있다. 이것이 실현된 것은 왕정 시대

---

72) 에스겔 37:21-22, 현재(2023년) 전 세계에 흩어져 살던 유대인들 거의 대부분이 돌아왔으나 미국에 있는 많은 유대인들은 아직 돌아오지 않은 상태임(바벨론 포로기 이후에 전 세계에 흩어져 살던 유대인들이 지금의 팔레스타인 땅으로 돌아오는 것을 알리야운동이라 한다). 그리고 2023년 현재 이스라엘에서는 예수님을 메시아로 받아들이는 유대인들이 빠르게 늘고 있다고 한다(롬 11:25-26).

73) 여호수아 6:26

히엘이 여리고 성을 쌓다가 두 아들을 잃는 사건[74]이 발생하게 됨으로써 그 예언 계시가 성취되었다.

모세가 이스라엘 백성들이 하나님께 불순종하면 네 몸의 소생의 살을 먹을 것이라고 했다.[75] 그 후 왕정 시대 북 이스라엘의 아합 왕의 아들 여호람(요람) 때 아람이 사마리아 성을 에워싸고 봉쇄하면서 사마리아 성 안에서 극심한 굶주림으로 인하여 이러한 참극이 벌어졌다.[76]

그리고 좀 더 중요한 사건 같은 경우, 예를 들면 이스라엘 백성들이 하나님께 불순종함으로 말미암아 징벌을 내릴 때 예레미야 선지자를 통한 여러 번의 경고[77]에도 불구하고 이스라엘 백성들이 이를 무시하고 계속 불순종하여 70년 동안 바벨론에 끌려가 포로생활을 하게 되었다(왕하 25장).

이와 같이 하나님은 사건의 중요도에 따라 이스라엘 백성들 상당수가 바벨론 포로생활을 해야 하는 경우 예레미야를 통해 여러 번 경고 메시지를 보내시는 것이다.

다만 하나님께서 몇 년 몇 월 며칠과 같이 시간을 특정(하나님께서는 이와 같이 시간을 특정할 필요 없이 항상 현재로 계신다)하지 않는 이유는 아주 고약한 피조물인 인간들은 이렇게 상황 조건적으로 계시하지 않고 시간을 특정해서 계시하면 창조주 하나님을 우습게 여길 것이 뻔하기 때문이다. 그러므로 항상 하나님을 경외하고 본인이 스스로 기도하면

---

74) 열왕기상 16:34 여호와께서 눈의 아들 여호수아를 통하여 하신 말씀과 같았다고 하는 것은 계시가 성취되었다고 하는 말씀이다.

75) 신명기 28:20-53

76) 열왕기하 6:24-29

77) 예레미야 22:3-9, 25:1-11, 26:5

서 술 취하지 말고 깨어 있어서 하나님과 동행하는 삶을 살고 좀 부족한 것은 영적으로 깨어서 하나님의 목소리를 대언하는 선지자들의 외침에 항상 귀 기울이도록 하려고 이렇게 하시는 것으로 보여진다.

둘째, 중첩되는 계시의 모습에 대하여

계시 예언이 중첩되어 이루어지는 현상(계시의 중첩성)에 대하여 살펴보는 것도 특히 재림과 관련해서 대단히 중요하다.

선지자가 하나님으로부터 받은 계시의 말씀이나 환상이 시간상으로 멀리 떨어진 시점에서 한 번 더 발생하거나 그 후에 또다시 발생하는 현상을 말하는데, 그 실제 사례를 살펴보면 에스겔은 남 유다 왕국이 멸망을 당하기 직전에 바벨론에 포로로 끌려와서(BC 597년 바벨론의 2차 침공 때) 바벨론에서 선지자로 활동하고 있으면서 BC 586년에는 남 유다가 바벨론에 의해 완전히 멸망하게 되었다. 그는 에스겔서 37장에서와 같이 마른 뼈들이 살아나는 환상을 보았고 그 뼈들은 이스라엘 족속이라고 하나님께서 알려주셨다(겔 37:1-11).

그러므로 너는 대언하여 그들에게 이르기를 주 여호와께서 이같이 말씀하시기를 내 백성들아 내가 너희 무덤을 열고 너희로 거기에서 나오게 하고 이스라엘 땅으로 들어가게 하리라 내 백성들아 내가 너희 무덤을 열고 너희로 거기에서 나오게 한즉 너희는 내가 여호와인 줄을 알리라 내가 또 내 영을 너희 속에 두어 너희가 살아나게 하고 내가 또 너희를 너희 고국 땅에 두리니 나 여호와가 이 일을 말하고 이룬 줄을 너희가 알리라 여호와의 말씀이니라(겔 37:12-14)

너는 그 글 쓴 막대기들을 무리의 눈 앞에서 손에 잡고 그들에게 이르기를 주 여호와께서 이같이 말씀하시기를 내가 이스라엘 자손을 잡혀 간 여러 나라에서 인도하며 그 사방에서 모아서 그 고국 땅으로 돌아가게 하고 그 땅 이스라엘 모든 산에서 그들이 한 나라를 이루어서 한 임금이 모두 다스리게 하리니 그들이 다시는 두 민족이 되지 아니하며 두 나라로 나누이지 아니할지라(겔 37:20-22)

유대 민족이 이스라엘 땅 지금의 팔레스타인 땅에서 떠나 살게 된 것은 4000년 전 족장시대에 야곱이 기근으로 말미암아 이집트로 그의 자손들 70명을 이끌고 가서였으며 430년 이상 그곳에서 살면서 모세가 태어난 때에는 약 200여만 명으로 불어나 있었다. 그 후 모세와 여호수아가 이스라엘 민족을 이끌고 가나안 땅(현재의 팔레스타인)으로 들어간 후에는 영적으로 어두웠던 약 350년의 사사시대를 거쳐 왕정시대로 넘어간 후 3대왕 솔로몬의 아들 여로보암 왕 때에 북 이스라엘과 남 유다로 나뉘게 된다. 그리고 북 이스라엘은 BC 722년 앗시리아에 의해 남 유다는 BC 586년 바벨론에 의해 멸망 당하게 되고 많은 유대인들이 바벨론으로 포로로 끌려가게 된다. 이후에 이스라엘 민족이 다시 유대땅(지금의 팔레스타인)으로 들어가게 되는 것은 바로 이 에스겔서의 계시의 말씀대로, 그리고 예레미야에게 내리신 말씀대로(렘 50:18-19) 바벨론에 끌려간 유대 민족을 BC 539년에 페르시아의 초대 왕 사이러스가 바벨론을 멸망시키고 BC 538년 칙령으로 유대인들을 고토로 돌아가게 해서 성전을 건축하게 함으로써 이 계시가 이루어진 것이다(대하 36:22-23; 스 1:1-4).

그리고 이후 AD 70년에 로마의 티투스 장군이 다시 유대를 침공하여 이스라엘은 AD 73년에 멸망했다. 예루살렘에 있던 성전은 예수님의 말씀처럼 돌 하나도 돌 위에 남지 않고 다 무너지고(마 24:2) 유대 민족은 전 세계로 뿔뿔이 흩어져 살게 되었다.

그 후 1948년 5월 터키가 점령하고 있던 유대 땅을 서방 진영의 도움으로 이스라엘이 독립한 후에 전 세계에 흩어져 살고 있던 유대인들이 다시 지금의 팔레스타인 땅인 유대로 돌아오고 있다(이를 알리야운동이라 한다). 이와 같이 유대 민족이 또다시 유대 땅으로 돌아오는 동일한 현상이 발생한 것이다. 그러나 1948년 5월 이스라엘이 독립한 이후 이스라엘 민족이 세계 곳곳에서 돌아오는 현상은 예레미야에게 보여준 것과는 조금 다른 에스겔서에서 보는 마지막 때에 관한 계시임을 알 수 있다.

바벨론 포로 중에 활동했던 에스겔에게는 세계 곳곳으로부터 유대인들이 돌아오는 것을 환상으로 보여준 계시이고, 예레미야에게는 유대인들이 70년 바벨론 포로 생활이 끝나면 고토로 돌아가게 될 것을 보여준 계시이므로 바벨론 한 나라에서 돌아오게 되는 계시이기 때문이다. 그래서 성경은 정확하게 바벨론 포로 생활 70년 후에 돌아오는 것이 예레미야에게 내린 계시가 응한 것이라고 하는 것이다(스 1:1-3).

또 하나는 다니엘서 11장 28-45절 중에서 발견할 수 있다.

> 군대는 그의 편에 서서 성소 곧 견고한 곳을 더럽히며 매일 드리는 제사를 폐하며 멸망하게 하는 가증한 것을 세울 것이며(31절)…그가 또 영화로운 땅에 들어갈 것이요(41절)…그가 장막 궁전을 바다와 영화롭고 거룩한 산 사이에 세울 것이나 그의 종말이 이르리니 도와줄 자가 없으리라(45절)

이 계시에 등장하는 인물과 나라가 멸망할 것을 말하고 있는데 이때의 상황이 예수님 오시기 전 BC 167년에 역사에 나타나게 된다. 바벨론에 이어 메대와 바사 즉 페르시아가 일어나고 그 후 헬라가 일어나게 되는데 헬라의 초대 왕 알렉산더 대왕이 죽고 네 왕국으로 나누어 진다. 그 중에 유대 이스라엘의 북쪽에서는 네 왕국 중에서 셀류코스 왕조가 시리아 지역을 중심으로 통치하고 있었고, 남쪽 이집트 지역에서는 프톨레미 왕조가 통치하고 있었는데, 이 두 왕조 사이의 침략전쟁이 끊이지 않고 지속되는 장면이 다니엘서 11장에 상세하게 나온다(수백 년 후에 일어날 상황에 대하여).

셀류코스 왕조가 3차 이집트 침공을 하고 다시 시리아 지역으로 귀환하려고 유대 땅을 지날 때 BC 167년 셀류코스 왕조의 안티오쿠스 에피파네스 4세가 예루살렘에 헬라문화의 신인 제우스 신상을 세우고 유대인들이 매일 하나님께 드려 오던 제사인 상번제(항상 드리는 제사)도 지키지 못하게 하고 돼지 피를 뿌려 예루살렘 성전 예배를 훼손하였다. 그래서 유대인들이 극도로 분노하게 되었고 이로 인하여 마카비 혁명이 일어나게 된다.

예수님께서 마지막 때에 대한 말씀을 하시면서 또다시 다니엘에게 보이신 이 계시의 말씀을 하셨다.

그러므로 너희가 선지자 다니엘이 말한 바 멸망의 가증한 것이 거룩한 곳에 선 것을 보거든(읽는 자는 깨달을진저) 그 때에 유대에 있는 자들은 산으로 도망할지어다(마 24:15-16)

너희가 예루살렘이 군대들에게 에워싸이는 것을 보거든 그 멸망이 가까운 줄을 알라 그 때에 유대에 있는 자들은 산으로 도망갈 것이며… (눅 21:20-21)

이 말씀대로 예수님께서 십자가에 달리시고 부활 승천하신 다음 40년 후에 이 상황이 발생하였다. 로마의 티투스 장군의 예루살렘 침공으로 예루살렘이 포위되었을 때 당시 예수님으로부터 이 말씀을 들었던 사람들은 도망가서 생명을 보전할 수가 있었을 것이다. 다니엘에게 내리신 이 계시 내용은 예수님께서 말씀하시고 AD 70-73년에 이 계시 내용이 성취되었지만 예수님께서 재림하시기 직전에 이스라엘이 아마겟돈 전쟁으로 예루살렘이 포위되면서 또다시 이와 같은 일이 다시 일어날 것으로 예상된다(슥 14:1-15).

2023년 3월 현재는 예루살렘에는 성전이 파괴되고 없지만 유대인들은 또다시 파괴된 성전을 다시 건립하기 위해 모든 준비를 마쳤다고 한다. 언제든지 최적의 상황이 오면 제3성전(솔로몬이 지은 성전을 제1성전, 그리고 남 유다 왕국이 바벨론에게 멸망당할 때 파괴된 예루살렘 성전을 바벨론 포로에서 귀환한 스룹바벨과 여호수아 등이 재건한 성전을 예수님 당시의 헤롯이 중건하게 되며 그 성전을 제2성전이라고 하는데 주후 70-73년 로마 티투스 장군의 침공으로 예수님께서 말씀하신대로 돌 하나도 돌 위에 남지 않고 파괴되었다)을 세우려고 하고 있다.

하나님은 마지막 때에 세상의 물질문명, 돈과 권력, 탐욕이 난무하고 음란하고 타락한 세상, 돈을 우상으로 섬기는 이 세상을 심판하려고 하신다. 세상에서 강력한 힘을 가지면서 나타나서 이스라엘 백성을 괴롭히고 금 신상을 세우고 포로로 끌려온 이스라엘 백성들에게까지 거기에 절하게 하였던 느부갓네살 왕의 바벨론 제국을 그 이미지를 빗대어 차용해 와서 요한계시록에는 마지막 때에 하나님의 심판을 받을 타락한 물질 문명의 도시들을 가리켜 바벨론이라 칭하면서 심판을 하려고 하신다(계 18장).

마지막 세상의 끝 7년 환난에 들어가서는 후 3년 반의 극심한 환난에 들어가기 시작하면서부터는 적 그리스도가 나타나서(살후 2:1-12, 계 13장의 짐승 두 마리 중에서 바다에서 나오는 뿔이 열이요 머리가 일곱인 짐승) 또다시 멸망의 가증한 것이 거룩한 곳 예루살렘에 서게 되고 우상을 숭배하게 할 것으로 보인다(이때에는 이미 제3성전이 세워져 있을 것으로 생각된다). BC 167년에 셀류코스 왕조의 안티오쿠스 에피파네스 4세가 행하였던 포악한 모습은 마지막 때 세상의 끝에서 또다시 나타나게 될 적 그리스도의 활동 모습의 예표이며 모델이 될 것으로 보인다.

역사에 나타났던 바벨론 제국이 멸망하는 모습은 선지서 여러 곳에서 선지자들에게 계시로 나타내 보이고 있다. 그 대표적인 모습은 이사야서 47장, 예레미야서 50장과 51장에서 볼 수 있다.

그러므로 보라 날이 이르리니 내가 바벨론의 우상들을 벌할 것이라 그 온 땅이 치욕을 당하겠고 그 죽임 당할 자가 모두 그 가운데에 엎드러질 것이며(렘 51:47)

스라야에게 말하기를 너는 바벨론에 이르거든 삼가 이 모든 말씀을 읽고 말하기를 여호와여 주께서 이 곳에 대하여 말씀하시기를 이 땅을 멸하여 사람이나 짐승이 거기에 살지 못하게 하고 영원한 폐허가 되리라 하셨나이다 하라 하니라 너는 이 책 읽기를 다한 후에 책에 돌을 매어 유브라데 강 속에 던지며 말하기를 바벨론이 나의 재난 때문에 이같이 몰락하여 다시 일어서지 못하리니 그들이 피폐하리라 하라 하니라 (렘 51:61-64)

이 계시들은 BC 539년 페르시아의 초대왕 사이러스가 바벨론을 침공함으로서 역사에 성취되었다. 역사상에 나타난 바벨론 제국은 주변국들을 압제하였던 힘과 영화의 상징이었고 금 신상을 세우고 다니엘의 세 친구들에게 절하게 한 하나님을 대적하는 모델이 되었고 세상에서 하나님으로부터 멸망 당하는 모델이 되었다.

이 바벨론 제국의 이미지는 요한계시록에서 인류의 마지막 때 사탄 마귀가 권세를 잡고 있는 타락한 세상 도시들과 같이 음란하고 돈을 우상으로 섬기면서 세상의 권세들과 상인들과 온갖 보석과 귀한 물건들을 배로 실어 나르면서 부를 쌓아가면서 하나님을 멀리하고 대적하면서 사치스러운 모습을 보이는 것을 역사상에 있었던 멸망 당했던 바벨론 제국의 이미지를 빌려와 모델로서 표현하면서 사도 요한에게 이 타락한 사탄 마귀에 종 노릇 하는 부패하고 음란한 세상 도시들을 향해서 멸망하게 될 모습을 계시하신 것이다(계 18장).

이와 같이 동일한 계시 내용이 역사 속에서 긴 시차를 두고 다시 발생하게 되는 것은 중요한 사건을 단순화하여 이전에 경험했던 학습효과로 인하여 먼 훗날 다시 일어나게 될 사건을 예표하여 구전으로 혹은 기록으로 전하며 동일한 상황에 처했을 때 이에 대하여 대처할 수 있게 하는 것이다. 그리고 그 사건들이 유사성을 띠게 되어 중첩된 것이다. 이것이 특히 인류의 마지막 때의 경우에는 더욱 그리고 너무나 중요하기 때문에 이 계시의 중첩성도 하나님께서 마지막까지 인류를 사랑하셔서 이 악한 사탄 마귀가 지배하고 있는 부패하고 타락한 세상 물질문명의 도시들로부터 빠져나와(계 18:4) 그의 죄에 참여하지 말고 그가 받을 재앙들을 받지 말고 회개하고 하나님을 믿어 성령을 받은 후 끝내는 천 년 왕국을 거쳐 새 하늘과 새 땅에 합류할 수 있도록 하시는 하나님의 배려가 아닌가 생각된다.

다니엘서 9장 20-27절에서도 살펴보면, 26절에서 “기름 부음을 받은 자가 끊어져 없어질 것이며…”라는 말씀에서 예수님의 십자가 처형의 모습이 보이고 “장차 한 왕의 백성이 와서 그 성읍과 성소를 무너뜨리려니와…”라는 말씀은 예수님께서 죽었다가 부활하신 후 40년 후 AD 70년 로마의 티투스 장군이 예루살렘을 침공하여 멸망시킨 것으로 볼 수 있을 것이다. “그의 마지막은 홍수에 휩쓸림 같을 것이며 또 끝까지 전쟁이 있으리니 황폐할 것이 작정되었느니라 그가 장차 많은 사람들과 더불어 한 이레 동안의 언약을 굳게 맺고 그가 그 이레의 절반에 제사와 예물을 금지할 것이며 또 포악하여…"(26-27절)라는 내용이 이어진다.

이와 같이 로마의 티투스 장군의 예루살렘 침공과 멸망사건이 뒤이은 말씀에 연결되지 않는 것이다. 또한 BC 167년의 안티오쿠스 에피파네스 4세의 행적에도 연결되지 않는다(로마의 티투스 장군의 예루살렘 침공 때에도 안티오쿠스 에피파네스 4세도 많은 사람들과 더불어 한 이레 동안의 언약을 굳게 맺은 사실이 없다). 즉 다니엘서 9장 20-27절의 말씀은 예수님의 십자가 처형 사건을 제외하고는 중첩된 계시로서, 필자의 생각으로는 마지막 때에 적 그리스도가 일어나 이스라엘과 7년의 언약을 맺고(서로 평화롭게 지낼 것을 언약하는 내용이 될 것으로 생각된다) 그 후 3년 반 후 이 언약을 파기하면서 포악한 모습으로 돌변할 것으로 보이는 일이 일어날 것으로 생각된다.

이러한 중첩된 계시의 내용은 역사 속에 나타난 과거의 상황과 성경 말씀 속의 계시 예언의 말씀들을 앞뒤 문맥을 잘 살펴서 면밀하게 살펴보아야 한다. 이는 특히 재림과 관련하여 대단히 중요하다고 생각된다.

다니엘서 2장에는 바벨론의 느부갓네살 왕이 꾼 꿈인 한 큰 신상(머리는 순금, 가슴과 두 팔은 은, 배와 넓적다리는 놋, 종아리는 쇠, 발은 얼마는 쇠 얼마는 진흙인)에 대하여 다니엘서 2장 34-35절에 "또 왕이 보신즉 손대지 아니한 돌이 나와서 신상의 쇠와 진흙의 발을 쳐서 부서뜨리매 그 때에 쇠와 진흙과 놋과 은과 금이 다 부서져 여름 타작 마당의 겨 같이 되어 바람에 불려 간 곳이 없었고 우상을 친 돌은 태산을 이루어 온 세계에 가득하였나이다"라고 하였다.

이 돌은 예수님을 말하며(예수님을 산 돌 즉 Living Stone으로 표현한 벧전

2:4-5 성경 말씀을 생각해보라) 그 해석에 대하여 다니엘 2장 44-45절에서 '여러 왕들의 시대'라는 표현과 '영원히 망하지도 아니할 것', '모든 나라를 쳐서 멸망시키고 영원히 선다'는 표현으로 미루어 보아 예수님의 초림이 아니라 재림 때에 심판을 통하여 모든 나라를 멸망시키고 천 년 왕국을 거쳐 새 하늘과 새 땅으로 들어가는 것을 말한다고 생각된다.

필자는 여러 왕들의 시대에 적합한 때는 1945년 세계 제2차대전이 끝나고 많은 나라들이 식민지에서 해방된 시기 이후가 이에 해당한다고 보고 있다.

이 내용은 동일하지만 다른 모습으로 다니엘서 7장에 다니엘이 본 네 짐승 환상에 또다시 나타난다. 다니엘서 7장 10절에 "심판을 베푸는데 책들이 펴 놓였더라", 7장 13-14절에 "인자 같은 이가 하늘 구름을 타고 와서 옛적부터 항상 계신 이에게 나아가 그 앞으로 인도되매 그에게 권세와 영광과 나라를 주고…그의 권세는 소멸되지 아니하는 영원한 권세요 그의 나라는 멸망하지 아니할 것이니라"고 하였다. 이와 같이 마지막 때 예수님께서 하나님으로부터 권세를 받아 심판 이후에 천 년 왕국을 거쳐 새 하늘과 새 땅에 들어가는 모습으로 해석이 되는 장면이 나온다.

다니엘서 7장 17-27절에는 머리에 열 뿔이 있는 짐승에 대하여 "그가 장차 지극히 높으신 이를 말로 대적하며 또 지극히 높으신 이의 성도를 괴롭게 할 것이며 그가 또 때와 법을 고치고자 할 것이며 성도들은 그의 손에 붙인 바 되어 한 때와 두 때와 반 때를 지내리라 그러나 심판이 시작되면 그는 권세를 빼앗기고 완전히 멸망할 것이요 나라와 권세와 온 천하 나라들의 위세가 지극히 높으신 이의 거룩한 백성에게 붙인 바 되리니 그의 나라는 영원한 나라이라"고 하였다.

마지막 때에 적 그리스도가 나타나서 하나님을 대적하며 3년 반 동안 성도들을 괴롭힐 것이나 예수님 재림과 함께 심판으로 멸망하고 천 년 왕국을 거쳐 새 하늘과 새 땅에 들어가는 마지막 때의 모습으로 판단되는 장면이 나온다. 이 중첩되는 계시의 모습은 특히 인류 역사의 마지막 때에 더 많이 나타난다. 인류의 마지막 시점에서 예수님의 공중 재림 그리고 지상 재림이 일어나는 7년 환난 중에 심판하는 모습은 이사야서 2장 5-22절, 3장, 24장, 26장, 27장, 34장, 66장, 예레미야서 30장, 다니엘서 11장 40-45절, 12장 1절, 요엘서 2-3장, 아모스서 5장, 9장, 오바댜서, 미가서 4장 9-13절, 5장 10-15절, 하박국 3장, 스바냐서, 스가랴 12-14장, 말라기 4장, 신약에서는 요한계시록 6-19장에 잘 나타나 있다.

마지막 때에는 목회자의 경우에 만약 성경도 많이 읽지 않고 겸소한 삶을 살지도 않고 하나님께서 기뻐하는 삶에서 떠나 있으면, 자칫 처신을 잘못하면 본인이 거짓 선지자가 될 수 있음을 명심해야 할 것이다.

필자는 그런 의미에서 사람에게 높임을 받지 않으니 감사하고(하나님으로부터 미움을 받지 않으니)[78], 부자가 아니라서 자연스럽게 겸소한 삶을 살 수 밖에 없어 감사하고(그것은 거짓 선지자 역할에서 멀어지는 길이니), 옳은 것을 옳다 하고 그른 것은 그르다 하며 사는 것, 그리고 참 선지자의 외침을 들어보고 스스로 깨어 기도하면서 재림의 때를 준비해야 할 것이라고 다짐해 본다.

---

78) 누가복음 16:15

동일한 사건이 다른 표현으로 나타나 있는 것을 보면 성도들의 부활하는 모습이 구약에서는 이사야서 26장 19절, 다니엘서 12장 2절에 신약에서는 마태복음 27장 51-53절, 고린도전서 15장 51-54절, 데살로니가전서 4장 14-17절에 잘 나타나 있다.

다니엘서 9장 24-27절에 보면 네 백성과 네 거룩한 성을 위하여 일흔 이레를 기한으로 정하였나니…지극히 거룩한 이가 기름 부음을 받으리라…예루살렘을 중건하라는 영이 날 때부터 기름 부음을 받은 자 곧 왕이 일어나기까지 일곱 이레와 예순 두 이레가 지날 것이요(69 이레) 예순두 이레 후에 기름 부음을 받은 자가 끊어져 없어질 것이며 장차 한 왕의 백성이 와서 그 성읍과 성소를 무너뜨리려니와 그의 마지막은 홍수에 휩쓸림 같을 것이며 또 끝까지 전쟁이 있으리니…그가 장차 많은 사람들과 더불어 한 이레 동안의 언약을 굳게 맺고 그가 그 이레의 절반에 제사와 예물을 금지할 것이며 또 포악하여 가증한 것이 날개를 의지하여 설 것이며…"라는 이 말씀에 대한 해석을 구약성경에서 하루를 1년으로 계산하라는 말씀에 따라(민 14:34, 겔 4:6) 69 이레는 483년을 말하며 예루살렘 중건령이 내려진 후 483년이 지나(AD 30년 경) 예수님께서 이땅에 왕으로 오시고(눅 19:38 찬송하리로다 주의 이름으로 오시는 왕이여) 3년 반 정도 공사역 후에 십자가에 달리셨다. 마지막 때 환난 가운데에서 적 그리스도가 나타나 한 이레 즉 7일이지만 7년으로 계산하여 7년 언약(아마도 평화조약)이 체결되는 일이 일어난 후 3년 반(그 한 이레의 절반) 후에는 포악한 모습으로 바뀌고 그때까지는 지어질 것으로 보이는 제3성전에 제사와 예물을 드리는 것을 금지할 것으로 보인다. 7년의 대환란기를 전후하여 예수님의 공중 재림과 관련하여 성도들의 휴거가 환난 전에 휴거 된다고 주장하시는 분들이 많다. AD 70-73년 이스라엘이 로마 티투스 장군의 침략으로 멸망한 뒤 전 세계로 뿔뿔이 흩어진 이후 유대인과 예루살렘성을 위하여 70 이레의 기한 중 69 이레가 지나고 남은 한 이레 즉 7년의 환난은 유대인들의 회개를 위한 환난으로 보고(선지서의 많은 곳에 나타나는 야곱의 환난의 때, 렘 30:7) 그 때까지 미온적으로 진행되어가는 유대인들의 대규모 회개는 그 환난을 통하여 일어날 가능성이 클 것으로 보여진다. 작고하신 여의도 순복음교회 원로목사였던 조용기 목사님도 요한계시록에서 3장 이후(심판에 들어간 이후)에는 교회라는 단어가 나오지 않고 또 성도들은 환난을 당하지 않고 하나님께서 보호 하실 것(살전 1:10; 계 3:10)이기 때문에 이렇게 주장하시는 것 같다.

필자는 굳이 환난전 휴거를 주장하지는 않는다. 일곱 교회 중에서도 환난에 던져지는 교회가 있다(두아디라 교회). 이세벨(하나님의 종들을 가르쳐 꾀어 행음하게 하고 우상의 제물을 먹게 한)과 이세벨과 더불어 간음하는 자들도 회개하지 아니하면 큰 환난에 던지고(계 2:20-22) 그리고 깨어 있으라, 준비하고 있으라, 생각하지 않은 때에 인자가 오리라(마 24:36-44) 장차 올 이 모든 일(대환난)을 능히 피하고 인자 앞에 서도록 항상 기도하며 깨어 있으라(눅 21:36)는 말씀 때문에 필자는 역사적 전천년설주의자이며 7년 환난기 시작점을 전후해서 공중재림과 환난기 마지막 아마겟돈 전쟁 후의 지상 재림, 이와 같이 이중 재림을 수용하며 2023년 현재 이 시점에서는 7년의 기간이 유대인들과 예루살렘 성을 위한 것(필자는 환난을 통한 회개가 필요하기 때문에 남겨둔 것으로 생각하고 있음. 즉 이스라엘의 구원을 위한 야곱의 환난, 렘 30:7)이므로 이 견해에 대체로 동의하고 있다.

다. 천국 복음의 비밀이 가리어지게 된 이유에 대하여

그림자인 이 세상보다 천 배, 만 배의 가치가 있는, 영원히 기쁘게 살 수 있는, 눈물이 없고 고통이 없는 세상이 있다고 하고 우리가 이곳에 들어가 영원히 산다고 하는 이 복음(계 20장, 21장, 22:1-5)이 즉 천국 복음이 가리어지게 된 이유는 무엇일까?

초등학교에 들어가면서부터 위인전을 읽기 시작하는데 예수, 석가모니, 마호메트, 공자 등의 책자에서 예수는 다른 사람과 마찬가지로 위대한 사람 중의 한 사람으로 기술하기 때문이다. 예수님 편에서는 처녀의 몸에서 태어난 것과 부활 승천한 내용이 빠져 있다. 즉 예수님이 다른 위인들과 같은 동일한 한 사람으로 기술되고 있다(아마도 처녀 탄생과 부활 승천이 언급되면 출판이 어렵기 때문일 것이다.)

석가모니의 영향을 받은 곳 중에서는 상당히 넓은 지역에서 어두운 영에 이끌리고 있다. 그리고 한국에서도 무속신앙과도 상당히 가까운 거리에 있다.

오늘날 우리는 서 티벳 지역에서는 '오체투지'라 하여 신체의 다섯 곳을 땅에 닿게 하는 즉 양 무릎과 두 팔꿈치 그리고 이마를 땅에 닿게 하면서 세 걸음마다 이를 반복하며 자기가 사는 집에서 일생에 한 번은 지은 죄업을 소멸하기 위해서 멀리 북 인도 네팔 서쪽 국경지대에 있는 해발 6,656m나 되는 카일라스산 밑자락을 한 바퀴 돌아오는 극한의 고통스러운 삶을 요구받고 있다.

동 티벳 지역에서는 온갖 크고 작은 원통(마니차라고 함)을 돌리면서 그 원통 마니차를 한 번 돌리게 되면 불교 경전 일독의 효과가 있다고 하면서 곳곳에 크고 작은 마니차를 건설해서 어른, 아이 할 것 없이 이를 돌리면서 살아가는 사람들이 많이 살고 있다. 그들은 지구상의 그 어느 누구보다도 경제적으로 힘든 삶을 살아가는 지극히 순박한 영혼들인데 석가모니께서도 전혀 가르치지도 않은 황당한 애기를 지어내고 이를 믿게 해서 그들의 힘든 삶이 더욱 고통스럽게 살아가도록 요구받고 있는데 세상 사람들은 이를 '문화'라는 그럴듯한 제목을 붙여 포장하고 있다. 그러나 그들에게는 가난하고 힘든 삶에 더해서 지고 가야 하는 숙명적인 무거운 등짐 같은 것이 되어 버린 것이다.

초등학교를 지나 중학교에 들어가면서부터는 생물 수업 시간에 정자와 난자 등 생식 교육을 받기 시작하면서부터, 그리고 나이가 들어가면서 남녀가 결혼하지 않으면 자녀가 태어나지 않는다는 사실을 인식하면서부터는 처녀 임신과 부활, 승천을 하나님 앞에 하나님을 믿지 않았던(하나님은 옳지 않게 살았다고 함) 자기의 삶을 눈물로 회개하기 전까지는 믿기 힘들게 되어버린 것이다.

미국 같은 경우 건국 이후 가톨릭 신자 출신인 케네디 대통령 시절까지 학교에서 성경을 교과 과목으로 채택하여 공부했다는데 동양으로부터 이민자들이 유입되면서 성경을 교과 과목에서 제외하였다고 한다.

그리고 또 천국 비밀이 가려지게 된 이유 중의 하나는 세상이 바쁘게 돌아가다 보니 하나님 말씀을 보고 듣지 않는다는 것이다. 즉 성경이 인류의 구원과 각 사람의 구원에 관한 엄청난 책인데도 자기 생각대로 성당 다니고, 교회 다니고, 정교회에 다니고 유대교 회당에 다니는(구약, 토라 등) 사람들이 읽는 경전의 하나로서 즉 불교 경전과 꾸란 등과 같은 하나의 경전으로 인식하기 때문이다. 즉 크리스천들이 읽는 하나의 경전으로 인식하고 있다는 것이다.

즉 천국 복음의 비밀을 계시하고 있는 복음 임을 예수님이 말씀하신 대로 천국 복음의 비밀로 인식하지 않는다는 것이다. 그것은 세상에서는 자꾸만 끝 없이 종교라고 하기에 자기도 모르게 세뇌 되었기 때문이라고 생각된다. 우리나라에서는 대통령 서거 후 4개 종단이라고 해서 기독교, 천주교, 조계종, 원불교 이렇게 4대 종단에서 나와 장례예식을 하는 것을 보면서 성경도 여러 종교 가운데 그 중의 하나인 기독교인들이 읽는 경전 중의 하나라는 인식이 너무나 머리에 공고히 각인되어 버렸다.

천국 복음은 종교가 아니라 복음이다. 그리고 세상에서 바쁘게 살아가다 보니 목사님들이 그처럼 하나님 운운해도 하나님께서 존재하는지에 대하여 필자처럼 정말 존재하는지 연구해 보지도 않고 기독교 목사님들이나 가톨릭 신부님들이 의당 자기 종교에서 하는 이야기 정도로 듣고 있기 때문이다. 그리고 필자처럼 정말 하나님이 계신지, 성경 말씀이 옳은 것인지, 아니면 옳지 않은 것인지 연구해 보지 않는다.

성경을 가지고 5독, 10독 하면서 연구를 하게 되면 점차 조금씩 하나님과 예수님을 알 수 있는데, 연구도 하지 않고 성경도 읽지 않고 교회에 가서 말씀도 듣지 않기 때문에 기독교를 기히 자기 머리에 각인된 종교 중의 하나로 생각한다. 그리고 종교의 자유가 있는 나라에서 살고 있으니 '종교를 갖거나 어느 종교를 선택하더라도 본인의 자유'라는 아주 공고하게 각인된 인식에서 벗어나지 못하기 때문에 천국 복음에 눈을 감고 귀를 막고 있는 것이다. 성경에서 구약의 선지자들을 통해서 그토록 하나님께서 인간들에게 하시는 말씀 그대로 즉 마음을 찢고 순종하라 목을 뻣뻣하게 하지 말고(목을 곧게 하지 말고) 완악하게 하지 말라 하는데도 그 말씀과는 반대로 완악하게 살아가기 때문이다. 마음을 열고 순종하는 마음으로 보고 듣지 않으면 아무런 방법이 없는 것이다.

무신론자들과 불교, 회교, 무속 신앙인들, 심지어는 가톨릭 신자들과 개신교 크리스천들의 일부까지도 성경의 비밀을 잘 모르고 있는 것 같다. 거의 대부분은 성경을 경전으로 인식하고 있다는 것이다. 경전이 아니라 복음이 핵심이다.

불교도들에게 불교 경전, 무슬림들에게 꾸란과 같이 자기들이 믿는 종교의 경전으로 이해하고 그것에서 벗어나는 어떤 생각도 갖지 못하기 때문에 복음이 감추어진 것이다. 사실 교회에 다니는 사람도 그 중 일부는 어마어마한 복음 즉 그림자에 불과한 잠시 세상에 사는 모형으로서의 이 세상과 달리 실체는 하늘에 있다는 것을 잘 모르는 것 같다. 예수님이 재림하시게 되면 천 년 왕국을 거쳐 새 하늘과 새 땅(새 예루살렘 성)이 하늘에서 내려온다. 그 아름답고 찬란한 모습이 요한계시록 21장 22장 1-5절에 기록되어 있고 그 곳에 성령 받은(하나님 믿고 예수님 믿는) 회개한 성도들이 간다고 하는데, 막연하게 예수 믿어서 천국에 간다거나 그리고 천국과 지옥에 대한 신앙 간증 집회에 여러 번 참가하여 천국과 지옥을 보고 온 많은 간증을 들었기 때문에 교회를 다니면, 성당에 다니면 지옥에는 안 갈 것이라 막연하게 생각하고 믿으면서 성당이나 교회를 다니고 있는 성도들도 많이 있을 것으로 생각된다.

그렇게라도 다니고 천국에 입성하면 된다. 회개하고 성령 받았으면 그리고 진실한 크리스천으로 살았으면 그 곳에 간다. 그 어마어마한 곳, 새 예루살렘 성에 우리가 이 땅에 살았을 때의 가장 젊고 멋진 모습이었을 때의 모습으로 가는 것이다(죽게 되면 예수님 재림하실 때까지는 영으로 있다가 예수님 재림하면).

믿지 않는 사람들은 이것이 얼마나 어마어마한 복인지 잘 모르는 것이다. 이것이 복음이다. 종교가 아니라 천국 복음이 핵심이다. 2,000

여 년 전 예수님께서 말씀하신 것 그리고 사도 베드로, 사도 요한, 사도 바울, 구약 시대의 이사야, 다니엘과 같은 선지자들에게 계시하시고 환상으로 보여주신 천국인 것이다. 회개하고 하나님을 믿어 성령 받고 천국에 가는 것보다 더 큰 가치가 있는 것은 이 세상에서는 사실상 없다. 하나님께서 보여주신 계시와 환상은 반드시 이루어진다. 그것은 그 계시와 환상을 하나님이 주셨고 또 주시기 때문이다.

성경에서 언급된 예언이 성취되지 않은 것은 예수님이 다시 오시는 것, 다시 말하면 재림을 제외하고는 없다. 성경에 기록된 그 수많은 예언이 성취된 것은 바로 이 지구 인류 역사의 마지막 심판주로 오시는 예수님의 재림이 확실하다는 것을 말해주고 있다.

필자가 3년 반을 연구하고 25년 이상 교회에 다니면서 신앙생활을 해 오면서 천국과 지옥을 본 사람들의 신앙 간증 집회에도 많이 참석해 보았다. 그러나 성경에서 나타나 있는 천국 복음 계시 내용과 예수님 초림 때를 맞이하도록 준비한 모델로서의 유대인들의 동물 제사 제도, 봄 절기 행사 그리고 예수님 재림 때를 맞이하도록 대비하면서 우리가 살고 있는 이 세상과 재림하게 되면 오는 세상에서 이 세상이 모델 되고 그림자 됨을 유대인들의 절기 행사(가을절기)를 연결한 명확한 설교나 교육이 없었던 것 같다.

이 천국 복음 계시는 어마어마한 것인데, 교회 성도들 일부도 유대인의 절기 행사를 모세 이후 3,500여 년이나 이어오고 있는 하나님의 뜻을 예수님의 재림과 연결해서 명확히 인식하지 못하고 있는 것 같다. 적어도 40 내지 50독 이상 성경을 보고 성지순례도 하고 각종 기독교 관련 서적들도 읽어본 목회자들은 거의 천국 복음 계시를 명확히 알고 있을 텐데, 대부분은 설교나 교육에서 그냥 천국과 지옥으로 단순화하여 메시지를 전할 뿐이다. 교인들의 이해 수준을 생각해서 그런지는 모르겠으나 필자는 성경 말씀대로 연구해서 전해야 옳다고 생각한다.

음성 계시와 환상 계시를 통한 천국 복음 계시는 정말 어마어마한 가치가 있는 복음인 것이다.

유대인들의 동물 제사 제도는 2,000여 년 전 예수님께서 이 땅에 오셔서 우리 죄를 사하기 위해 십자가에 달려 피 흘리심으로 해서 예수님 초림 이후에는 없어졌다.

5.

성령 받기를 사모해야 함에 대하여

가. 성령 받음의 의미

엄밀한 의미에서 성령을 받기 전까지는 하나님을 믿는 유대교도, 가톨릭교도, 정교회 신자, 개신교 크리스천 모두 본인들이 하나님을 믿고 있다고 생각하면서 회당에, 성당에, 정교회에, 그리고 교회에 다니고 있을 가능성도 있다고 생각된다.

필자가 이렇게 생각하는 이유를 말하자면, 그것은 예수님이 이 땅에 오신 이후 AD 100-200년 경 이후부터 즉 예수님 승천 후 많은 시간이 흐르지 않은 시점부터 성령은 하나님과 동일한 반열에 있다는 것을 느끼면서 토론을 거치면서 2023년 현재에까지 이르고 있지만 카톨릭은 물론 대부분의 주류 기독교 내에서는 하나님과 예수 그리스도 그리고 하나님과 예수님으로부터 주시는 성령을 삼위일체[79]라 하여 동등한 반열에 있다고 한다.

---

79) 삼위일체는 성경에는 단어가 나오지 않지만 초대교회 이그나티우스, 클레멘트(AD 160-213) 등으로부터 시작하여 서서히 정립되기 시작한 신학적 용어이다. 아리우스와 아타나시우스의 신학논쟁을 거쳐 AD 325년 니케아 회의에서 아리우스는 그리스도를 성부 하나

예수님께서 말씀하신 바와 같이 사람에 대한 모든 죄와 모독은 사하심을 얻되 성령을 모독하는 것은 사하심을 얻지 못한다[80](이 세상과 오는 세상에서도)고 말씀하신 것처럼 성령의 하나님 되심을 말씀하셨다(성령에 대한 훼방은 인간에 대한 훼방이 아니기 때문이다. 인간에 대한 모든 것은 용서받을 수 있으나 하나님을 모독하는 것은 하나님의 처결에 따를 수밖에 없다). 사도 베드로가 욥바에서 기도 중에 환상을 보고 성령의 명령으로 이방인 고넬료의 집에 들어가 구원받을 만한 말씀을 전할 때 성령이 임함으로 예수 그리스도를 믿을 때 주신 것과 같은 선물을 주셨다 하고 예루살렘에 있는 유대인들이 이방인들과 어울린다고 비난하자 성령의 지시를 어기는 것을 하나님을 막는다고 말씀하였고 그 말씀을 들은 이방인에게도 생명 얻은 회개를 주셨다고 말씀하고 있다.[81] 성령을 성부 하나님과 동일 본질로 보고 있는 것이다.

역으로 이야기하면 사도행전 11장 18절에서 말씀하는 바와 같이 생명을 얻는 천국 백성이 되는 회개를 하면 하나님을 믿고 예수님을 믿게 된다. 즉 예수님께서 2,000여 년 전 이 땅에 오셔서 그 당시 사람들은 물론이고 베드로가 고넬료의 집에서 설교할 때 그리고 2023년을 살고 있는 현재의 우리까지 동일하게 우리들의 죄를 사하기 위해 십자가에 달려서 몸 찢기시고 피 흘려 돌아가셨다는 것을 믿게 된다. (하나님은 시공간을 초월해서 존재하시기 때문에) 성령을 받게 되면 이것

님과 비슷하다, 창조된 피조물이다 하면서 삼위일체를 부인하는 입장을 주장하였고, 아타나시우스는 예수 그리스도는 성부 하나님과 동일 본질이며 그리스도는 완전한 신이요 육신을 입은 완전한 인간이라며 삼위일체를 주장하였는데, 아타나시우스의 입장을 채택함. 여호와의 증인은 아리우스의 입장을 취하고 있어 이단으로 본다.

80) 마태복음 12:31-32

81) 사도행전 11:17-18

은 또한 우리가 하나님에게 순종하는 증거이며[82] 하나님은 성령 받은 성도들에게 천국 백성이 되는 보증으로[83] 성령을 부어 주신 것이다. 우리가 하나님을 믿게 되면(또한 예수를 믿는 것) 하나님은 의롭다[84] 즉 옳다고 하시고 그 선물로써 성령을 우리에게 주시는 것이다.[85]

하나님은 하나님을 믿지 않는 사람들 그 누구에게도 옳은 사람이라고 하신 일이 없다. 오직 하나님을 믿는 사람만, 예수님을 믿는 사람만 옳다고 하시는 것이다.[86] 또한 성령을 하나님이 우리에게 부어주신 것은 하나님을 믿고 자발적으로 순종하여 따르는(믿지 않으면 순종할 수 없기 때문에) 증거가 되는 것이다.[87] '증인'이라는 말은 '사실 그대로를 증언 하는 사람'이라는 말이다. 하나님을 믿지 않는 사람에게 하나님께서 성령을 부어 주신 일이 없다.

우리는 죄 사함을 얻기 위해서는(천국 백성이 되기 위해서는, 지극히 거룩한 영이신 하나님의 품에 들기 위해서는 죄 사함을 받아야 하므로) 먼저 회개를 해야 한다. 회개해야 죄 사함을 받을 수 있다. 사도 베드로는 이 말씀을(행 3:19) 아마도 부활하신 예수님으로부터 들었을 가능성이 크다(눅 24:47).[88]

필자가 이렇게 생각하는 이유는 이 말씀이 구약성경에 기록되어 있고 예수님께서 이 말씀을 인용하여 말씀하셨기 때문이다(눅 24:47).

우리가 하나님을 떠나서 살았다는 사실 즉 하나님을 믿고 사는 삶에서 떠나서 살았다는 것(예를 들어 필자가 한 때 그랬던 것처럼 돈을 전

---

82) 사도행전 5:31-32
83) 고린도후서 1:22
84) 창세기 15:6, 로마서 3:22-26
85) 사도행전 11:17
86) 사도행전 13:39
87) 사도행전 5:32
88) 사도행전 3:19

능한 존재로 생각하고 섬기는 우상 숭배의 삶을 사는 것과 같이)을 마음 중심 깊은 곳에서 진실로 인정하고 그러한 삶에서 돌이키고 거듭나서 새롭게 태어나서(Born again)[89] 회개하게 되면 전능한 존재인 하나님을 믿게 될 수 있는 것이다. 그리하여 성령을 선물로 받고 성령의 인도함을 받으며 살아가면서 우리가 아주 어렸을 때 육신의 아버지와 같은 느낌으로 하나님을 아버지라 부르면서 다가갈 수 있는 것이다.[90] 이와 같이 회개한 후에라야 거룩한 영이신 아버지 하나님께 다가갈 수 있는 것이다. 우리가 하나님을 믿어야, 예수님을 믿어야 선물로써 천국 백성 됨의 증거로써 그리고 천국 가는 보증으로써 우리 마음에 성령을 받는 것이다.[91]

사도 베드로는 순종하는 사람들에게 성령을 주신다고 하였다.[92] 즉 순종하는 마음으로 말씀을 보고 듣고 해야 한다는 말이다. 말씀을 들으려고 하지 않고 보지도 않으려는 데는 어떻게도 할 수가 없는 것이다. 빠르게 변화하고 번거로운 일도 많은 시대를 살아가는 2000년대 이후의 사람들에게는 여유롭게 천천히 성경을 읽어보고 말씀을 듣고자 하는 자세가 더욱 필요하다. 하지만 현실은 먹고 사는 문제로 온통 전력투구하거나 돈 버는 일에 전력투구함으로써 마음을 열어 보고 듣는 순종하는 자세가 더욱 더 부족하게 되었다.

베드로는 신앙고백에서 예수님께서 예수님 본인이 누구인지 묻는 질문에 "주는 그리스도시요 살아 계신 하나님의 아들이시니이다"라고 고백하였는데, 예수님께서는 이를 알게 하신 이가 하나님 아버지

---

89) 거듭남. 새로 태어남, 신학적 용어로는 중생(重生)이라고 함. 요한복음 3:3~5

90) 로마서 8:14-15, 하나님 호적에 입적되는 양자 됨. 신학적 용어로는 '수양'(收養)이라고 함.

91) 고린도후서 1:22, 5:1-5

92) 사도행전 5:32

라고 말씀하셨다.[93] 즉 하나님이 알려 주시지 않으면 인간의 능력으로는 알지 못하고 깨닫지 못한다는 것이다. 계시가 있어야 알 수 있고 이러한 고백을 할 수 있다는 말씀을 하셨다.

베드로가 예수님을 따라 다니면서 보였던 모습은 즉 성령 받기 이전 모습은 하나님께서 계시해 주신 이 신앙고백을 제외하고는 무엇 하나 내세울 행적들도, 감동을 줄 만한 행적들도 없었다. 예수님께서는 곧 십자가에 달리시고 또 부활하시고 곧 승천하시게 될 텐데 예수님의 제자들이 3년 반이나 따라 다녔지만 이 상태에서 증인 된 삶을 살 수가 없는 것을 너무나 잘 아시기 때문에 성령을 받아야 권능을 받고 땅끝까지 복음을 전하는 증인 된 삶을 살 수 있기에, 그래야 목숨까지 바쳐서 증거할 수 있기에 성령이 임하면 땅끝까지 복음을 전하는 전도자로서 증인 된 삶을 살게 될 것이라 하신 것이다.

그리고 부활하신 후 40일 동안 이 땅에 계시면서 500여 명을 만나시고 제자들이 보는 가운데에서 승천하셨다.[94] 성령을 받지도 않았는데 예수님께서 부활하셨다 하고 운운하면서 지난 3년 반 동안 따라 다니면서 보고 들은 것 특히 부활, 승천 등을 얘기하면 세상 사람들은 가히 들어보지도 못했고 생각하지도 못할 풍속을 전한다고 듣는 것을 싫어하고 핍박하게 될 것이다.[95] 심지어 목숨까지 위태로울 것을 내다 보시면서 죽음까지도 담대히 이겨 나갈 수 있도록 성령을 받을 때까지는 덤벙대지 말고 성령이 임할 때까지 기다렸다가 성령이 임하면 증인 된 삶을 살라고 하신 것이다.

이와 같이 성령을 부어 주시고 목숨 바쳐 증거하게 한 이 증인 된

---

93) 마태복음 16:15-17

94) 사도행전 1:3-11, 마가복음 16:14-19, 누가복음 24:46-51, 고린도전서 15:4-8

95) 사도행전 4:2

삶이 하나님이 계신 것과 예수님이 하나님 되신 것과 성령이 존재하는 증거가 되는 것이다. 예수님께서는 전지 전능한 하나님 되시기 때문에 사람의 마음속까지도 다 아신다.[96] 인간에게 있어서는 불가능한 앞으로 일어날 일들, 심지어 인류의 종말까지 예수님께서는 다 현재 상태로 아신다. 시공을 초월해 계시는 하나님이시고 또한 하나님과 동등됨을 버리고 종의 모습으로[97] 육신을 입고 이 땅에 오셨다.

비유를 들자면 IQ 150 된 인간이 IQ 1000조의 1000조 승 되시는 하나님과 육신을 입고 오신 예수님 그리고 하나님과 예수님으로부터 오는 성령을 완전히 이해하는 것은 사실상 불가능한 것이다. 완전히 안다고 한다면 그 사람의 IQ는 1000조의 1000조 승보다 더 높은 것이기 때문이다. 그래서 1000조의 1000조 승 되시는 하나님과 아들 되신 예수님 그리고 성령의 존재에 대하여 알고자 하고 찾아보고자 하는 열린 마음 없이, 순종하는 마음이 없이 성경도 읽어보지도 않는데, 교회에 출석하여 하나님 말씀을 듣지도 않는데, 전도하는 가족과 친구와 전도자의 간곡한 권유도 외면하는데, 하나님은 하나님을 알게 하시는 성경을 열어주고 싶으시겠는가? 하나님을 아는 마음을 주고 싶으시겠느냐는 것이다.

그리고 설사 전도자의 권유를 받고 교회에 출석하여 몇 달을 다닌다고 해서 그리고 6개월 정도 다니고 교회에서 세례를 준다고 해서 심지어 몇 년을 다녀도 마음 깊이 온전히 하나님을 믿지 않을 때는 성령을 부어 주시지 않는 것이다(대부분 하나님 앞에 깊은 회개가 없었을 것이다). 즉 하나님을 믿을 때 성령을 부어 주시는 것이다. 성령 받은 이후에는 우리의 마음 가운데 성령이 내주하고[98] 계셔서 우리가

---

96) 요한복음 2:24-25

97) 이사야 53:11, 빌립보서 2:5-8

98) 우리의 마음속에 거하고 계신다(內住)는 뜻

어려움을 당할 때 도와주시는 역할을 한다.[99] 성령 받은 성도들은 새벽에 일어나서 제일 먼저 하게 되는 것이 보통은 기도이다. 어떤 심각한 문제에 봉착하면 기도도 부르짖는 기도로 바뀌고 때에 따라서는 금식기도도 드리는 것이다. 하나님을 믿지 않는 사람이(성령 받지 않은 사람이) 기도 한 번 안 빠지고 하루를 보낸다는 것과 또한 금식하며 부르짖는다는 것은(다이어트를 위한 것이 아니고 하나님께 부르짖기 위해서) 거의 불가능에 가깝다.

나. 성령의 역할

성령님의 도움은 무오류의 도움이다. 인간은 불완전하나 성령은 완전체 하나님과 동등하기 때문이다. 술과 담배를 끊게 되는 것은 성령 받은 성도들에게는 덤이다. 술, 담배를 끊지 않은 성도가 성령을 받게 되면 성령 하나님은 우리의 몸이 성전이기 때문에 우리의 마음속에서 하나님이 괴로우니까 떠나시는 것이 아니고 그 성도가 술과 담배가 맛이 없도록 해서 끊어 버리게 만드신다. 술, 담배를 끊는 일도 쉽지 않지만, 이렇게 성령 받아서 맛이 딱 떨어지게 하는 것이 가장 확실한 금연 금주의 방법이기도 하다. 성령 받아 금연 금주하는 것은 작심 삼일이란 것이 없고 실패도 없는 점에서 가장 좋은 방법이다.

성령 받은 성도라도 옛 습관에 따라 옛날의 담배 맛을 생각하고 흡연을 하는 경우가 더러 있을 텐데 이상하게 맛은 없고 목만 따갑기에 저절로 끊게 되어 있다. 성령 받지 않으면 교회에 다녀도, 성당에 다녀도 술을 마신다. 분명한 것은 술은 음식물이 지나가는 통로

99) 마태복음 10:18-20

와 그 바로 곁에 있는 장기에 암 발생률을 확실히 높이는 음식이라는 것이다. 예를 들어 식도암, 위암, 췌장암, 대장암, 직장암, 치질 등을 일으킬 수 있는 확률이 커지는 것이다. 그리고 술과 담배는 동물에게는 없는 사람에게만 있는 영이 흐려지게 만든다. 영이 흐려지면 판단력도 흐려진다.

이와 같이 우리의 삶에서 하나님과 동행하면서 사는 것에 따르는 얻는 유익이 너무 크기 때문에 성령을 받아야 한다. 그 어떤 것보다도 마지막 때 천국에 가서 영원히 하나님과 예수님과 함께 사는 것이 가장 기쁜 것이다. 천국은 하나님과 예수님을 믿는 성도들이 가는 곳이고, 성령은 하나님을 믿기 때문에 하나님께서 주시는 선물이고, 하나님 품에 들어가는 보증이요 증거가 되는 것이다. 성경을 읽어라, 교회 다녀라, 또 교회에 다니면서 십일조 빼먹지 말라고 해도 성령을 받지 않으면 사실 잘하지 않는다. 그리고 성경도 잘 읽지 않는다. 그것은 마음을 열지 않고 순종하지 않는 사람들에게는 하나님께서 성경의 비밀을 열어주시지 않기 때문에 성경을 읽어도 재미도 없고 이해되지 않는 것도 너무 많기 때문이다. 성경 말씀이 얼마나 엄청난 말씀인지 그리고 연구하면서 찾고 찾으면 하나님을 만날 수 있는데 그 가치를 잘 모르기에 안 읽게 된다. 조금만 재미있는 솔깃한 것이 있어도 주일날 교회 가는 것도 더러 빠지고, 십일조 하는 것도 아깝게 생각되는 것이다. 하나님은 순종하는 사람들에게 성령을 부어 주신다(행 5:32).

성령을 받지 않으면 당연히 헌금하는 만큼 혹은 그 이상으로 하나님께서 어떻게든 채워주실 것이라는 믿음도 생기지 않는다. 그래서 성령을 받으면 즉 하나님을 믿으면 하나님이 성령을 주셔서 하나님의 비밀을 깨닫게 된다. 그렇게 되니까 성경 읽는 것도 힘이 들지 않고 정말 특별한 일이 없으면 주일 성수[100]하게 되고 십일조를 해도 아깝지 않게 생각된다. 십일조로 드린 금액 이상을 하나님께서 채워주실 것이라는 믿음도 생기게 되는 것이다. 하나님의 말씀을 듣지 않는 것은 하나님께 속하지 않기 때문[101]이라고 예수님은 말씀하셨다. 하나님의 말씀을 듣지 않음은 하나님을 믿지 않으니 순종하는 마음도 없고 하나님 입장에서 보면 선택해서 하나님의 품에 들이고 싶지 않은 영혼이라는 뜻도 된다. 순종하는 마음으로(성경과 천국과 지옥을 보고 온 간증 서적 그리고 간증 유튜브를 보고) 듣고 보고 해야 하나님을 알 수 있고 하나님은 이와 같이 하나님을 간절히 찾는 사람을 만나 주시는 것이다.[102]

하나님을 믿고 성령을 받으면 무엇을 먹을까, 무엇을 마실까 구하지도 말고 근심하지도 말라고 하시고 아버지 되신 하나님은 이런 것이 너희에게 있어야 할 것을 아신다고 하셨다.[103] 전능하시고 전지하신 하나님이므로 당연히 아시는 것이다. "근심 걱정하면서 살지 말고 하나님의 나라를 구하라. 그리하면 이것들을 너희에게 더하시리라." 즉 우리들이 필요한 것은 알아서 다 채워주신다는 것이다.[104]

구체적으로는 마태복음 6장에서 말씀하신대로 구제를 은밀하게 하고 다른 사람의 잘못을 용서하고 금식할 때 외식하는 자들처럼 슬픈 기색을 띠거나 얼굴을 흉하게 하지 말고 머리에 기름을 바르고 얼굴을 씻고 금식하고 보물을 하늘에 쌓아두면서 살고 두 주인(하나님과 재물)을 섬기지 말며 살라는 것이다.

---

100) 일요일에는 교회에 빠지지 않고 다님을 말함

101) 요한복음 8:47

102) 역대하 15:15, 잠언 8:17, 예레미야 29:12-13, 33:3

103) 누가복음 12:29-30

104) 누가복음 12:31

이와 같이 하나님을 믿고 성령을 받은 성도들은 근심 걱정할 일 없이 오로지 하나님 나라를 구현하기 위해 힘쓰면 그것으로 족한 것이다. 그것은 하나님의 뜻이 이 땅에 성취되도록 하는 것인데, 위로는 하나님을 사랑하고 내 이웃을 내 몸과 같이 사랑하는 것 등 구체적으로는 예수님께서 이 땅에 계실 때 하신 말씀들[105]을 살펴보면 알 수가 있다. 하나님을 사랑한다는 것은 하나님께서 주신 계명들을 지키는 것을 말한다.[106]

성령 받기를 사모하는 사람은 겸손해야 한다. 하나님은 조금이라도 교만한 자 즉 스스로 지혜가 있다고 생각하는 사람들에게는 하나님을 알 수 없도록 숨기시고[107] 성경책을 봉한 책으로[108] 만들어 버리신다.

예수님은 한국의 속칭 스카이 대학(서울대, 고려대, 연세대)을 졸업하고 미국 하버드대학을 졸업하고 박사학위 받고 내가 머리에 좀 든 것이 있다, 지혜도 있다 하는 사람들이나 미국에서 하버드대학을 우수한 성적으로 졸업하고 치렁치렁한 검은 긴 옷을 입고 머리를 땋고 검은 모자를 쓰고 무너진 예루살렘 성벽을 향해 중얼거리면서 토라를[109] 읊조리면서 집안 온통 모세 율법을 도배하다시피 붙여놓고 그 토라의 글귀들을 손목에 매고 팔에 칭칭 감고 이제 좀 안다고 자부하는 유대 율법학자들의 모습을 보시면, 그리고 정교회 대주교들의 복장들과 가톨릭 교황이 입고 있는 복장과 추기경들이 입고 있는 복장들[110]을 보시면 그렇게 살지 말라 하면서 호통을 치실 것 같은

105) 마태복음, 마가복음, 누가복음, 요한복음 등 주로 4복음서
106) 요한일서 5:3
107) 마태복음 11:25-26
108) 이사야 29:10-11
109) 유대교 율법, 모세 5경
110) 마태복음 23:5-7

생각이 든다. 당연히 하나님은 하나님을 알게 하는 계시를 주시지 않을 수도 있다고 생각된다.

그들은 하나님을 안다고 착각하고 있을 가능성이 크다. 또한 그렇게 한다고 하나님이 믿어지는 것도 아니다. 즉 하나님을 아는 것과 믿는 것도 모두 다 계시해 주셔야만 가능한 것이다. 찾지도 않고 순종하지도 않고 마음을 열지도 않고 듣지도 않고 보지도 않는 완악하고 고집이 센 사람들에게 하나님은 나타내 보이시지 않는다는 것이고 성경을 열어 깨닫지도 못하게 하시는 것이다.[111]

그와 반대로 눈물로 회개하면 생명을 얻고 성령을 선물로 받고 하나님은 하루 만에라도 하나님을 알 수 있도록 성경을 열어서 깨닫게 해 주시는 것이다. 즉 계시하신다. 하나님과 예수님께서 이렇게 하시는 것을 즉 천국 백성 되는 사람도 하나님께서 정하시고 이끄시는 것을 신학적 용어로 '하나님의 절대 주권'이라고 한다.[112]

성령을 받고 계시를 받아야 성경이 열리고 깨닫게 되며 엄청난 하나님의 비밀을 알게 된다. 하나님 앞에 죄인 된 삶을 눈물로 회개하면 하나님을 믿게 되고 성령을 받게 되며 천국 가는 것이다. 교회 목사라고, 유대교의 율법 학자라고, 교황이나 추기경이라고, 정교회 대주교라고 성령 받고 천국 가는 것은 아니다. 물론 성령 받은 교회 목사, 유대교 율법학자나 교황이나 추기경이면 그리고 정교회 대주교라면 훨씬 더 많은 선한 영향력을 끼칠 수 있을 것임에 틀림없다.

우리가 성령을 받고 성령이 우리 안에 거하게 되면 작고하신 조용기 목사님께서 필리핀 집회를 인도하실 때의 간증과 같이 임박한 위험을 고지해서 피하게 하시는 역할도 한다. 또 김진홍 목사님께서 일

111) 역대하 15:15, 잠언 8:17, 이사야 29:10-14, 예레미야 29:12-13, 33:3

112) 요한복음 6:37, 6:39-40, 6:44, 6:65

본 민단초청으로 집회를 하고 마친 후 조총련계 자금(재일교포 민단에서 모은 돈이라 했지만)을 받지 못하도록 제지하는 역할을 하는 것이다.

성경을 보면 사도 바울도 전도여행 중에 예루살렘에 올라가려고 할 때 성령이 사도 바울을 해할 것을 미리 알려주는 내용이 사도행전에 나온다. 이와 같이 성령은 우리를 임박한 위험에서 그리고 옳지 못한 행위를 할 수 없도록 이끌 뿐만 아니라 우리가 사명을 잊고 낙심할 때 이를 일깨우고 다시 한 번 힘을 내도록 이끄시는 역할을 한다.

잘 우는 품성을 가진 사람은 참 복 받은 품성이라고 생각된다. 젊을 때부터 심지어 어린 아이 때부터 할아버지, 할머니가 될 때까지 배운 사람이건 심지어 무학자이건 잘 우는 품성의 소유자는 하나님 나라에 들어가기가 쉬운 품성이라고 생각된다. 각 교회마다 여성 성도 수가 훨씬 많은 것도 감성적 소유자가 잘 울고 회개하기에 맞는 품성이기 때문일 것이다. 하나님의 나라는 피리를 불면 춤추고 슬피 울면 가슴을 치며 같이 슬퍼하는, 공감하는 곳이기 때문이다(마 11:16-17).

젊은 청년들이 2박 3일 또는 4박 5일 교회 수련회에 참가하여 눈물 흘리면서 회개하고 하나님을 만났다고 하는 이야기들을 들으면 참 귀한 일이라는 생각이 든다.

세상 사람들의 관점에서 보면 세상 많이 살지도 않았는데 뭐 그렇게 회개할 일이 있겠는가? 하지만 어른들이 볼 때 조그만 것을 눈물로 회개한다면 하나님은 얼마나 그것을 귀하게 보시겠는가?

회개도 해야겠다고 생각해서 회개하는 것이 아니다. 회개의 영을 부어 주셔야 회개할 수 있는 것이다.[113] 성령을 폭포수처럼 받게 되

113) 디모데후서 2:25-26

는 것을 하나님을 만났다고 얘기하는데 성령을 받게 되면 자기도 의식하지 못한 채 하나님께 "지난날 너무 잘못 살았습니다" 하면서 뜨거운 눈물이 흐르는 것이다. 성령을 받게 되는 때는 대개 회개와 동시에 일어나는 경우가 많다. 내가 정말 죄인이라고 고백하는 것이다. 하나님을 만나는 것이 에스겔 선지자처럼 하나님의 모습과 이미지를 보여주시는[114] 경우도 있고, 사무엘처럼 음성으로 말씀하시는 것을 듣는 경우도 있다.[115] 하지만 보통은 성령을 부어 주시는 경우에 하나님을 만났다고 이야기한다.

거짓 선지자들은 성령도 받지 않고 즉 한 번도 뜨거운 눈물을 흘리며 하나님 앞에 죄인 된 삶을 살았음을 회개한 일도 없이 선지자 노릇을 하려니 성경 몇 번 읽은 것을 가지고 감동도 없는 이야기를 하거나 성령에 대한 이야기를 하면 아는 척 얘기는 하지만 받은 사실이 없으니 거북해한다. 거짓에는 성령을 부어 주심이 없다.

지극히 거룩한 품성을 가지신 영이신 하나님에게는 우리 인간들의 우매한 죄악 된 품성인 시기, 부모 거역, 약속을 어기는 것, 교만, 자랑, 심지어 수군수군하는 것도 인간 실정법 개념으로는 사형에 해당[116]한다고 사도 바울은 성령의 감동하심을 받아 고백하는데, 과연 수군수군 한 번 안 하고 산 사람이 있겠는가? 아니면 약속을 한 번도 어기지 않고 산 사람이 과연 있겠는가? 이 세상에는 수군수군한다고 해서 시기 질투한다고 해서 잡아가는 것도 아니므로 경찰서에 한 번도 가지 않았던 사람 중에 혹시 죄인이라 한다면 거북스럽게 들릴 수도 있을지는 모르겠으나 지극히 거룩한 영이신 하나님의 관

---

114) 에스겔서 1장
115) 사무엘상 3:10
116) 로마서 1:28-32

점에서 보면 그렇다는 것이다. 성경은 인간의 관점이 아니라 철저히 하나님의 관점에서 쓰여진 책이다.

수군수군하는 것은 영어로는 가십(Gossip)이라고 NIV 영어 성경에서 번역하고, '배약' 즉 '약속 어기는 것'을 영어 성경에서는 Faithless라고 해서 믿음 없는 것, 신뢰할 수 없는 것을 사형에 해당한다고 하는 것이다. 그러니 인간 모두는 하나님 앞에는 하나님의 거룩하심을 가지고 잣대로 삼으면 엄청난 죄를 지으면서 살아가는 큰 죄인인 것이다. 그 모든 죄를 사하는 길은 인도 북서쪽에 있는 카일라스산(6656m)을 오체투지하면서 돌아오는데 있는 것이 아니라(그들은 죄사함을 위해서 그렇게 한다) 2,000여 년 전에 초림으로 오셨던 예수님이 내 죄를 짊어지고 나 대신 내 죄를 사하기 위해 몸 찢고 피 흘리신 것을 받아들이고 회개하고 하나님께 나아가는 길뿐이다.

회개도 본인이 해야겠다고 마음먹는다고 되어지는 것이 아니다. 회개의 영을 하나님께서 보내주셔야 되는 것이다.[117] 이렇게 하나님께서 예수님께서 우리의 삶에 주권적으로 개입하고 간섭하심으로 우리가 우리 마음대로 할 수 있는 것이 아무것도 없다고 하는 것을 신학적으로는 '하나님의 절대 주권'이라 한다. 참새 한 마리도 하나님의 허락이 없이는 땅에 떨어지지 않는다는 것이다.[118]

심지어 하나님은 우리의 머리카락 숫자까지도 다 아신다고 예수님은 말씀하셨다.[119]

하나님은 하나님을 찾는 사람에게 회개의 영을 보내주신다. 악을 더듬어 찾는 사람에게는 악이 임하도록 하신다(잠 11:27).

117) 디모데후서 2:25
118) 마태복음 10:29
119) 마태복음 10:30

이와 같이 우리 삶에 개입하여 절대적 주권으로 관여하시는 하나님, 나의 가정과 친지 그리고 민족과 세계 역사에 주권적으로 관여하여 개입하시는 하나님을 우리는 알아야 한다. 그래서 성경을 읽고 성령을 받아야 하는 것이다. 성령을 받게 되면 성경을 읽지 말라 해도 읽게 되고 1년에 3독, 4독도 할 수 있게 된다. 성령을 폭포수처럼 부어 주시는 것을 보통은 '하나님을 만났다'고 이야기한다. 에스겔서 1장에서 보는 하나님의 모습과 이미지를 보면 참으로 놀랄 것이다. 또한 회개하고 성령을 받아야 하나님을 깊이 알게 되는 것이다(고전 2:10).

성령을 받아야 하는 절대적인 이유는 그림자이고 잠시 머무는 이 땅에서의 나그네의 삶이 아니라 영원히 하나님과 예수님과 함께 사는 천국 본향에 가는 티켓이기 때문에 성령을 받아야 하는 것이다.

예수님께서 재림하실 때 큰 나팔소리와 함께 천사들을 보내어 택하신 자들을 하늘 이 끝에서 저 끝까지 사방에서 모을 때[120] 무엇으로 천사들이 알아보겠는가. 아마도 성령 받은 성도들이 아닐까 필자는 생각해 보았다.

다만 어떻게 모으는지 성경 말씀에 기록이 없어서 성령 받은 성도들을 순식간에 구분하여 불러 모을 수 있을 것 같아서 깨달아진 것을 말하는 것 뿐이다. 그 성령을 하나님께서 그리고 예수님께서 보내 주셨기 때문에 이 땅에 사는 누구에게 성령을 보내 주셨는지를 당연히 아시기 때문이다. 성경 말씀에 없는 것이나 성경 말씀 전체의 취지에서 벗어나는 것을 조심해야 하기에 이렇게 얘기하는 것이다.

120) 마태복음 24:31

6.

예수님의 이 땅에 다시 오심에 대하여(재림에 대하여)

가. 인류 역사의 오메가 되시는 예수님의 재림

예수님의 초림과 재림은 인류 역사의 알파와 오메가이다. 그리고 2023년 현재는 예수님 재림을 맞이해야 하는, 깨어 있어야 할 때이다. 인류 역사에 있어서 예수님의 초림과 재림 만큼 큰 의미를 갖는 사건은 없고 그렇기에 하나님은 이스라엘 백성들을 모형으로 사용하여 BC 2000년 경 아브라함이 100세에 낳은 아들 이삭을 번제단에 올려드려 피 흘리는[121] 모형을, 그리고 BC 1500년 경에는 모세가 이스라엘 백성을 이집트 종살이에서 이끌어 탈출할 때 어린 양을 유월절(PASSOVER) 양으로 잡아서 그 피를 문 인방과 좌우 설주[122]에 뿌려서 죽음이 넘어가게(PASSOVER) 하였고, 이 피를 바르지 않은 이집트 백성들에게는 위로는 파라오로부터 종의 장자들까지, 모든 가축의 처음 난 것까지 죽음에 이른 사건이 있었다. 유월절 어린 양을

121) 창세기 22:1-13 실제로는 번제를 드리기 직전에 하나님께서 멈추게 하고 곁에 준비해 두었던 숫양을 번제로 드렸다.

122) 출애굽기 12:21-24 문 틀과 현관 출입구를 말한다.

잡아 피 뿌린 것을 이때부터 규례로 삼아 유월절 절기 행사로 지키게 하였다.

그 후 BC 740-700년 경 선지자 이사야를 통하여 예수님께서 이 땅에 오시는 것에 대한 의미, 즉 우리들의 죄를 대속하기 위하여 고난받으실 것과 이것이 하나님의 뜻을 성취하기 위한 것이라는 것을 예언 계시하였다(사 53장). 그 뿐 아니라 여러 선지서들과 다윗의 시편에 예수님에 관한 모습이 많이 나온다.

이와 같이 두 번의 모형과 모세 이후 1,500여 년을 이어오면서 이스라엘 백성들이 소를 잡고 양을 잡아서 자기들의 죄를 동물들에게 뒤집어씌워 자기 대신 희생시켜 하나님께 제사를 드렸던 그 동물제사 행위들은 예수님의 초림을 맞이하라고 일깨우기 위해 하나님이 그렇게 하게 하신 것일 뿐 실제로는 하나님께서 이 동물제사를 기뻐하신 것이 아니었다(다윗의 시 시 40:6, 선지서에서 사 1:11-13, 예수님께서도 이를 말씀하셨다. 마 12:7).

두 번의 모형은 BC 740-700년 경에 하나님으로부터 받은 이사야서 53장의 말씀이 확실히 이 땅에 이루어질 것임을 예표한 것인데, 막상 이스라엘 백성들이 실제로 이 땅에 예수님이 초림하셨을 때에는 까맣게 잊어버렸다(두 번의 모형은 예수님의 초림이 이사야서 53장을 성취하는 모습으로 확실하게 이루어질 것을 나타내고 있다. 창 41:32).

이것 또한 이스라엘 백성들에게는 깨닫는 마음을 봉해서 지구의 모든 사람에게(인류의 모든 민족과 족속에게), 마지막 남은 대 사건이며 지구 인류 역사의 마지막이 될 예수님의 재림을 이스라엘 백성들과 이방인 된 지구상의 모든 인류가 함께 맞이하도록 한 하나님의 뜻이 담겨 있었다.

이 재림 역시 이스라엘 백성들을 모형으로 사용해서 모세 이후

3,500여 년을 이어오면서 지키고 있는 절기 행사를 통하여 깨어 있어서 다시 오실 때는 심판주로 오시는(마 13:30, 40-43; 요 5:22-29; 계 6-19장) 예수님을 맞이하여 인류 역사의 끝에서 마지막 천국 입성 열차를 놓치지 말도록 훈련을 시키는 것이다. 그리고 2023년을 살아가는 지금은 예수님 재림의 때가 서서히 가까이 다가오고 있는 것이다.

지금은 지구 인류의 역사가 끝나가는 시점이며 지구 인류는 알곡과 가라지[123], 양과 염소의 비유에서[124] 예수님께서 말씀하신 것처럼 하나님 믿고 예수님 믿고 성령 받아 살아가고 있는 성도들과 그렇지 못한 가라지 되고 염소 된 불신자들을 구분하여 심판하실 때가 다가온 것이다. 세상 모든 사람이 하나님께서 혹은 예수님께서 우리 죄 때문에 그 죄를 속죄하기 위해 이 땅에 오셨다는 말을 들어본 일이 없다는, 그리고 그런 말씀을 기록한 책 성경책이 있다는 말을 들어 본 일이 없다는 핑계가 통하지 않도록 지구상의 모든 민족과 족속에게 복음이 다 전파된 이후에 오신다는 것이다. 그리고 2023년 현재는 지구상의 거의 모든 민족과 족속에게 복음이 거의 다 전파되어 가고 있는 시점이고 약간 만 남아 있는 상태이다.

현재 2023년은 이스라엘 백성들이 3,500여 년을 이어오면서 지키는 절기들을 잘 살펴보면서 영이 깨어 있어서 예수님이 재림하실 때를 잘 대비해야 한다. 현재의 이스라엘 백성들이 깨닫고 있든 아직 깨닫고 있지 못하든 예수님의 재림은 인류 역사의 끝이므로 대단히 중요하기 때문에 모세 이후 3,500여 년을 이스라엘 백성들이 지키는 절기 행사를 통해서 하나님은 예수님 재림을 맞을 준비를 하도록 지켜오게 하시는 것이다. 전 세계 인류들이 이스라엘 백성이 지켜오고

123) 마태복음 13:24-30

124) 마태복음 25:31-46

있는 절기 행사를 보면서 예수님 재림을 잘 맞이 하라는 하나님의 배려인 것이다.

우리 주변에는 예수님의 재림을 가지고 수많은 가짜 선지자들이 일어나고 있다. 이 현상 또한 예수님께서 다시 오실 때에는 가짜 선지자들이 많이 일어난다고 하셨다. 즉 지금부터는 미혹하는 가짜 선지자들도 만만치 않게 설칠 것이다(마 24:5, 24). 예수님의 재림의 중요성이 너무나 크기 때문에 하나님은 3,500여 년을 이어오면서 지금까지 이스라엘 백성들을 모형으로 사용해서 절기를 지켜오게 하셨지만 지구상의 모든 족속에게 복음을 전파해서 예수님에 대하여 얘기를 한 번도 들어보지 못한 민족과 족속이 없도록 하기 위해서 그 때까지 이스라엘 백성들이 그 의미를 깨닫지 못하도록 하나님은 깨닫는 마음을 봉해 버리셨다.[125]

그러나 지금은 지구 인류의 거의 모든 민족과 족속에게 복음이 거의 다 전파되어 가는 시점과 맞물려 한국의 많은 목사님들이 이스라엘에 가서 이스라엘 백성들에게 복음을 전파하면서 "당신들의 조상들이 십자가에 못 박은 그 초림의 예수님이 이사야서 53장의 하나님을 뜻을 실현시키기 위해 이 땅에 오신 메시아"라고 하면서 일깨워 주어서 이제는 예수님을 믿는 이스라엘 백성들이 많이 늘어나고 있다는 얘기를 들었다.

필자는 메시아닉쥬들로부터 이스라엘 백성들이 구약성경 이사야서를 읽을 때 모두가 습관적으로 이사야서 52장을 읽은 다음에 53장은 건너 뛰고 54장을 읽는다는 얘기를 들은 적이 있다.

초림의 예수님이 우리의 죄 때문에 2,000여 년 전 대속제물로 고

---

125) 로마서 11:25-26, 이사야 29:10-14

난당하면서 희생된 그분이 메시아라고 한국 목사님들이 제일 열정적으로 복음을 전파한다는 것이다. 이스라엘 백성들이 예수님께 돌아오는 것[126] 또한 예수님의 재림이 가까워지고 있다는 징조이다.

나. 이스라엘의 절기 속에 숨겨져 있는 예수님의 재림

이스라엘의 절기는 모두 일곱 가지이다. 크게 봄 절기와 가을 절기로 나뉜다. 첫 절기는 유월절이다. 유월절은 모세가 이스라엘 백성들을 이끌고 이집트 종살이에서 탈출하여 가나안 즉 지금의 팔레스타인 땅으로 인도해 들어갈 때 완악한 이집트 파라오의 장자와 몸종의 장자와 모든 가축의 처음 난 것까지 죽이시려고 하나님께서 어린 양을 잡아 그 피를 문지방과 현관에 뿌리게 하시고 이 피를 바른 이스라엘 백성들의 집은 죽음이 넘어가게 하신 것[127]을 기억하도록 규례를 만들어 지키게 한 것인데, 예수님의 초림을 일깨우고자 하는 하나님의 뜻이 그 속에 담겨 있다.

이 시기는 유대력으로 아빕월이라고도 하고 닛산월이라고 하는 월에 지키게 되는데, 태양력으로는 봄의 3월, 4월 기간에 속한다. 유월절은 닛산월 14일 저녁에 시작된다.

그 다음 날 15일은 두 번째 절기로서 무교절이라 하여 이스라엘 백성들이 이집트를 탈출할 때 급히 나가야 하므로 하나님께서 발효되지 않은 반죽으로 무교병을 만들어 먹게 하신 것[128]을 기념한 것

126) 로마서 11:25-26 많은 이방인들이 복음을 받아들인 후에 이스라엘 백성들이 예수님을 메시아로 받아들이고 복음을 받아들인다.

127) 출애굽기 12:21-24

128) 출애굽기 12:39

이고 무교절의 첫날은 안식일로 지키게 하고 일주일 동안 지키게 하셨다.

세 번째 절기는 초실절이라 하여 하나님께 첫 이삭(곡식)을 드리는 날[129]이다. 예수님께서는 십자가에서 돌아가신 지 3일째 되는 초실절 날 부활하셨다. 인류의 첫 열매 되는 예수님의 부활을 기념하게 하신 하나님의 뜻이 반영되어 있다. 유대력으로는 닛산월 16일이다.

유월절 시작부터 8일간이 봄 절기이다. 즉 유월절, 무교절 일주일간 그리고 초실절이 모두 8일간에 들어 있고 봄절기 모두가 이루어지는데 유대인들에게는 영적인 새해로서 집안 대청소를 하고 누룩(이스트)이 든 빵을 찾아서 없앤다. 유대인들은 절기를 지키러 예루살렘에 올라가는 풍습이 있는데 한 번 올라가서 8일간을 보내면 봄절기 모두를 지킬 수 있게 된다. 봄절기는 예수님의 초림을 깨어 있으면서 맞이하라는 하나님의 뜻이 담겨 있다.

네 번째는 오순절이라 하여 초실절 기준으로 일곱 안식일 즉 49일이 지나고 그 다음 날인 50일째 되는 날을 기념하는 날인데 현재의 기독교인들에게는 예수님의 부활 승천 이후 제자들과 사도 바울을 통하여 복음이 전파되어 가는 교회 시대 때에 복음 전파를 하도록 성령을 부어 주신 것을 기념한 것이며[130] 유대교인들에게는 모세가 시내산에서 하나님으로부터 율법을 받은 날을 기념한 것이다.

다섯 번째, 여섯 번째, 일곱 번째는 가을 절기로 아직 성취되지 않

129) 레위기 23:9-14

130) 사도행전 1:8-11, 2:1-4

은 심판주로 오시는 예수님의 재림을 준비하기 위해 하나님께서 유대인들에게 주신 절기들이다. 그 첫째는 나팔절로서 유대력으로는 티쉬리월 1일인데 하나님은 안식일 성회(Sacred Assembly, 거룩한 모임)로 모이라 하셨고 하나님께서 세상을 창조하신 때이며 이스라엘에게는 이 날이 새해이며 나팔을 분다. 닛산월로부터 일곱째 달이 된다.

영적으로는 그림자인 이 세상이 아니라 본체인 새 예루살렘 성(새 하늘과 새 땅, 천국)에 들어가 영원히 살도록 하기 위하여 하나님을 믿는 진실한 크리스천, 정교회 신자, 천주교도, 유대인들 즉 성령 받은 크리스천, 정교회 신자, 천주교도, 유대교도들이 예수님의 재림을 맞이하여 본향인 새 예루살렘 성에 들어가도록 이스라엘 백성들을 통하여 그들의 영혼을 깨우기 위해 나팔을 부는 것이다. 이 나팔절은 지금은 전 세계 모든 민족과 족속들에게 예수님의 재림이 가까이 왔다는 의미로 나팔을 부는 것이다. 이스라엘 백성들이 깨닫든 깨닫지 못하든 예수님께서 재림할 때에는 이스라엘 백성들이 나팔을 부는 때로부터 시작될 것으로 생각된다. 나팔은 경고의 의미이기도 하다. 또한 하나님 앞에서 지은 죄를 회개하도록 하는 속죄의 의미가 있다. 이제 재림이 가까이 왔다, 깨어 있어라, 준비하라, 그리고 회개하라는 의미이다.

그다음 여섯 번째는 유대력으로 티쉬리월 10일이며 욤 키푸르라 하며 대 속죄일이다. 대 속죄일에는 큰 나팔을 분다. '이제는 안식이 왔다. 세상의 끝이 왔다. 문을 닫는다. 성전 문을 닫아라'는 의미로 큰 나팔을 부는데 이것이 회개할 수 있는 마지막 시점이다.

이 큰 나팔을 부는데도 깨닫지 못하고 영이 흐려 있으면 이때까지 성령 받지 못한 유대교도, 정교회 신자, 가톨릭교도 등과 개신교 크리스천들이 마지막으로 회개하고 천국 갈 수 있는 마지막 시점인 것이다. 성전 문이 곧 닫힌다는 것은 새 예루살렘 즉 성전 안 하나님의 품에 들어갈 수 있는, 다시 말하면 천국에 들어갈 수 있는 마지막 순간이 다가왔다는 것을 의미하는 것이다. 회개하고 성령 받고 천국에, 새 하늘과 새 땅에 들어갈 수 있는 마지막 순간인 것이다.

이 나팔절과 대속죄일 사이 열흘 동안은 성전 문을 열어둔다. 하나님은 마지막까지 천국에 들어가는 문을 열어 두신다는 의미이다. 마지막 대 속죄일까지 성전 문을 열어두고 그 열흘이 지나고 성전 문이 닫히면 모든 것이 끝나는 것이다. 더 이상의 회개도 천국에 들어갈 수도 없는 인류 역사의 마지막인 것이다. 그것으로 하나님께서는 인류 역사의 모든 부문에 개입하여 태초에 선택한 영혼을 불러들이는 원대한 계획도 다 끝나는 것이다.

가을 절기의 어느 시점에는 예수님의 공중 재림이 있을 것이다. 그리고 순식간에 홀연히 변화되어[131] 우리 진실한 크리스천들 모두가 예수님의 공중 재림을 맞이하게 될 것이다.

그리고 마지막 남은 초막절은 장막절이라고도 하며 유대력으로 티쉬리월 15일이다. 유대인들은 일주일 간 지킨다.

유대인들 누구나 아무리 궁궐 같은 집에 살아도 초막절 일주일은 자기 집 마당에서 텐트를 치더라도 초막과 같은 임시 처소에서 지낸다.[132] 하나님은 이 땅에서 우리가 사는 것이 나그네의 삶이라는 것을 일깨워 주려고 하시는 것이다. 초막은 임시 처소의 의미를 가지고 있다. 유목민이 사는 방식에서 느끼는 텐트와 같은 이 땅에서의 삶의 의미를 전하기 위해 장차 가야 할 본향을 기억하고 영이 깨어

131) 고린도전서 15:51-54, 데살로니가전서 4:14-17

132) 레위기 23:34

있어서 잊지 않도록 하나님은 모세 이후 3,500여 년을 지나는 지금까지 이스라엘 백성들에게 지키도록 하고 있다. 예수님 재림 이후에 들어가게 될 본향을 잊지 말라고 그렇게 하시는 것이다. 그러나 아직까지 대부분의 유대인들은 그 의미를 깨닫지 못하고 습관적으로 모세의 가르침대로 그렇게 하고 있는 것이다.

초막절은 하나님께서 이스라엘 백성들만을 위한 절기가 아니라 또한 전 세계인 모두 지키게 하신 절기이다. 즉 모든 민족이 구원을 받도록 하는 의미이다(슥 14:16-19). 근래 한국 목사님들이 이스라엘에 가서 그 의미를 깨우치고 많은 유대인이 서서히 그 의미를 깨닫고 예수님을 믿고 있다고 하니 이것 또한 예수님의 재림이 가까워오고 있는 징조이다.

2023년을 살고 있는 우리는 인류 역사의 마지막 때를 살고 있는 만큼 예수님의 재림 이전의 어느 때를 살고 있는지 세밀하게 살펴보고 깨어 준비하고 있어야 한다. 우리가 유대인들처럼 텐트 치고 훈련을 하면서까지 하지는 않더라도 장차 들어가 살게 될 본향을 사모하고 이 땅에서의 삶이 힘들고 고달프더라도 이것은 일시적인 한낮 그림자에 불과한 것임을 잊지 말고 이겨 나가야 할 것이다.

지금 2023년을 지나는 시점은 예수님께서 이 땅에 오셔서 우리 죄를 사하기 위해 몸 찢고 피 흘리시고 부활 승천하시고 하나님을 믿고 예수님을 믿는 성도들을 고아처럼 내버려 두시지 않고 승천하시기 전에 우리에게 약속하신 대로 성령을 보내주셔서 성령 받은 크리스천들은 성령이 우리의 심령에 계시고[133] 예수님의 재림이 무척 가까워지고 있는 교회 시대의 끝자락(교회의 배도의 시점)에 서 있다.

133) 사도행전 1:8, 2:1-4

필자는 최근 한국 수도권 대형교회에서 일어난 거액의 교회 자금 횡령과 관련하여 세상 법정에서의 다툼과 또한 여러 대형교회들이 세습을 하면서 이를 반대하는 많은 성도들이 교회를 떠난 것은 예수님의 재림을 앞두고 일어나는 교회의 배도의 모습으로 판단하고 있다(살후 2:3).

원고를 쓰고 있는 지금 2022년 9월은 유대력으로 5,782년 9월이다.

재림 시점에 대하여는 예수님께서 마지막 때의 징조에 관해서 말씀하신 것을 가지고 판단해야 할 것이다.[134] 예수님께서 말씀한 것에서 벗어나지 않도록 조심해야 하겠다.

우리 성령 받은 크리스천들은 유대인들의 생활 방식 즉 그들의 절기를 지키는 행사와 하나님께서는 그 종 된 선지자들에게 말씀하지 않고는, 즉 필요한 경우 경고하지 않고는 하나님의 계획을 진행하시지 않는 것으로 보아서[135] 하나님과 깊은 교감을 가지고 기도하며 깨어 있는 선지자들의 파수꾼 된 사명을 감당하는 외침에 귀를 기울이고, 본인 자신도 영적으로 깨어 있어서 인류 역사의 마지막 때 오실 예수님의 재림을 맞이하기 위해서 깨어 준비하고 있어야 하겠다. 준비하고 있는 것은 그때까지 성령 받지 못한 크리스천이 있다면 회개하고 하나님으로부터의 인증샷을 즉 성령을 받고 있어야 할 것이다. 그리고 진실한 성도로서 살아가야 할 것이다.

---

134) 마태복음 24장, 마가복음 13장, 누가복음 17:20-37, 21:5-36
135) 아모스 3:7

다. 성경 속에서 마지막 때에 관하여 살펴보아야 할 말씀들

유대인들이 예수님께로 돌아오고 처처에 지진과 기근이 있고 멸망의 가증한 것이 예루살렘에 서게 되고 복음이 땅끝까지 전파되고(그래서 "나는 예수님이 이 땅에 오셔서 우리 죄를 사하기 위해 십자가에 달려 몸 찢고 피 흘려 돌아가셨다는 얘기를 들어본 일이 없다, 그런 얘기를 써 놓은 책이 있다는 얘기를 들어본 적이 없다"라고 주장하는 사람이 없도록 그렇게 하신 것이 아닌가 생각된다.) 거짓 그리스도와 거짓 선지자들이 횡행하고(마지막 때이므로 믿게 할 수 있는 좋은 때이니까) 대환란과 대배교가 일어나고 우주의 대변동과 하늘 권세가 흔들리는 이러한 징조들을[136] 잘 살펴보아야 한다. 파수꾼 된 목사들은 영이 깨어 있어서 준비하면서, 즉 등과 기름을 준비하여 신랑을 맞으려고 깨어 준비하고 기다렸던 슬기로운 다섯 처녀들처럼[137] 파수꾼 된 책무를 다해야 할 것이다.

성도들도 성경을 여러 번 읽어보고 목사님들의 설교를 듣고 깨닫고 회개하고 하나님과 예수님을 진실로 믿어서 성령을 선물로 받고 말씀을 듣고 지켜 인내로 결실을 맺는 진실된 성도가 되어야 할 것이다. 즉 지금은 더이상 입으로만 '주여, 주여' 하는 성도가 아니라 하나님의 뜻대로 행하며 살아가는 열매 맺는 성도로 살아가야 하겠다(천국에서 상급도 받기 위하여).

그리하여 마지막 천국 입성 열차를 놓치지 말아야 할 것이다. 이왕이면 예수님께서 말씀하신 대로, 예수님께서 말씀하신 것을 실천하면서[138] 조금 넓은 평수의 단독 주택이라도 하사받아 천국에 입성

---

136) 마태복음 24장, 마가복음 13장, 누가복음 17:20-37, 21:5-36

137) 마태복음 25:1-13

138) 마태복음, 마가복음, 누가복음, 요한복음 4복음서에서 말씀하신 것

하는 것이 더 좋겠다.[139)]

이 재림에 관하여는 욥이 본 계시(욥 19:25-29 초림과 재림), 시편 73편 17절, 전도서 12장 14절, 사도 요한이 본 계시[140)], 사도 바울이 본 계시[141)], 사도 베드로에게 보인 계시[142)], 예수님께서 직접 말씀하신 것[143)], 사도행전 1장 10-11절, 에스겔에게 보인 계시[144)], 다니엘에게 보이신 계시[145)], 이사야에게 보인 계시[146)], 예레미야에게 보인 계시(렘 30장), 요엘에게 보이신 계시(욜 2-3장), 하박국에게 보이신 계시(합 3장), 아모스에게 보이신 계시(암 5장, 9장), 스바냐에게 보이신 계시(습), 오바댜에게 보이신 계시(옵), 미가에게 보이신 계시(미 4:9-13, 5:10-15), 스가랴에게 보이신 계시[147)], 말라기에게 보이신 계시(말 4장), 재림이 임박해서 파수꾼 된 선지자들에게 하나님께서 계시하는 것에 귀를 기울여 퍼즐을 맞추어 가면 깨어 있고 기도하는 성령 받은 성도들은 예수님의 재림을 확연하게 깨닫고 준비하고 기다릴 수 있게 될 것이다. 번개가 동편에서 나서 서편까지 번쩍임같이(마 24:27-31에서 보듯이) 오실 것이다. 술 취하지 않고 깨어 있으면 알 수 있도록 재림하시는 것을 신학적 표현으로 가견적(可見的) 재림이라고 한다.

우리의 영혼이 깨어 있어야 하는 이유는 가까운 미래에 다가올

---

139) 요한복음 14:2-3, 요한계시록 22:12

140) 요한계시록 6장-22장(계 20장 천 년 왕국, 계 21장, 22:1-5 새 하늘과 새 땅)

141) 고린도전서 15:51-54, 데살로니가전서 4:13-17, 5:23, 데살로니가후서 1:7-12, 2:1-12, 빌립보서 3:21, 골로새서 3:4

142) 베드로전서 1:5-9, 후서 3장

143) 마태복음 24, 25장, 마가복음 12:25, 13장, 누가복음 17:20-37, 21:5-36, 요한복음 3:16, 3:36, 5:22, 24-25, 27-29, 6:37, 39-40, 44, 53-57, 9:39, 11:25-26, 12:48, 14:2-3, 6

144) 에스겔 37장

145) 다니엘 2장, 7-12장

146) 이사야 2:5-22, 3장, 11:3-5, 24장, , 26장, 27장, 34장, 66장

147) 스가랴 12-14장

위험을 미리 예견하고 대비하는 데에 유익이 있다. 영혼이 깨어 있기 위하여 두 가지 방법을 행할 수 있다. 하나는 하나님을 믿는 크리스천, 즉 성령 받은 성도들은 평소 하나님과 깊은 교제의 기도가 이루어지면(그렇게 하기 위해서는 한쪽만의 요청사항을 일방적으로 얘기하고 “예수님의 이름으로 기도합니다. 아멘” 하는 식이 아니라 기도하면서 쉬엄 쉬엄 주님 되시는 하나님 아버지께 “저에게 하시고 싶은 말씀은 없으십니까? 있으시면 말씀해 주세요. 듣겠습니다” 하는 마음으로 천천히 아뢰고 듣고 아뢰고 듣고 점점 나아가서 친구와 대화하는 형태로까지[148] 발전하면) 우리 마음에 내주해 계신 성령께서 임박한 위험을 고지해 줄 것이다(행 21:4). 또 하나는 하나님을 믿지 않는 사람이라도 어느 정도 감지할 수 있는 지나간 역사에서 배울 수 있은 교훈으로서 현재의 정치, 경제, 사회 상황을 지나간 정치, 경제, 사회 상황과 대비해서 면밀히 살펴보면 그 해답을 어느 정도 찾을 수 있는, 즉 지나간 역사에서 배우고 깨닫는 방법이다.

사회 현상을 면밀하게 보는 눈과 빠르게 변화하는 사회 속에서 세밀하게 바뀌는 조그만 징조들을 정확하게 감지하는 능력은 앞으로의 시대를 살아가는 사람들에게 무엇보다 중요한 능력이 될 것이다. 그리고 기술과 시행착오들이 쌓이게 된 축적의 시간(시행착오를 겪으면서 쌓은 지식, knowhow 등)이 다른 사람을 능가하고 다른 국가를 이길 수 있는 중요한 요소가 될 것이다.

깨어 있어라, 준비하고 있어라. 예수님의 재림이 가까워오고 있다. 예수님께서 이 땅에 반드시 오셔야 하는 여러 가지 이유가 있다.

148) 구약성경, 창세기, 출애굽기, 레위기, 민수기, 신명기, 모세오경에서 보는 바와 같이 모세가 하나님께 기도하면서 서로의 영이 교감하면서 하는 기도. 출애굽기 33:11

그 중의 하나는 의인들의 부활 시에 재림하셔서 행한 대로 갚으시기 위해서 반드시 오셔야 하는 것이다.[149] "가난한 자들과 몸 불편한 자들과 저는 자들과 맹인들에게 조건 없이 베풀고 이를 세상에 나타내지 않을 때 네가 갚음을 받겠음이라"고 수동태로 표현되어 있지만 마태복음 6장 1-4절, 요한계시록 22장 12절 말씀과 같이 우리가 행한 대로 예수님께서 이 땅에 다시 오실 때 반드시 갚아주시는 것이다.

성령 받은 진실한 크리스천들은 맑은 정신으로 이 땅에 다시 오시는 예수님을 맞이해야 한다. 사흘이 멀다 하고 술을 마신다면 설사 크리스천이라 해도 예수님이 오실 때가 다 되었는지, 혹은 오셨는데도 알지 못할 수도 있을 것이다. 물론 성령 받은 크리스천이 아니기에 술을 마실 가능성이 크다. 성령을 받게 되면 자연히 하나님이 술을 끊게 만드신다. 어쨌든 예수님께서 다시 오시기 전까지는 예수님께서 나의 죄 때문에 살이 찢기시고 피 흘리신 것을 받아들이고 회개하고 하나님을 믿어 성령 받고 깨어 있어야 하는 것이다. 그래야 임박한 환난을 예견하고 예수님 재림을 대비할 수 있을 것이다. 또 다른 하나는 하나님 아버지께서 맡기신 심판을 행하기 위해서이다(마 13:30, 13:39-43; 요 5:22-29, 12:48; 계 6-22장).

이와 같이 마지막 때 심판하기 위해서 그리고 진실한 크리스천들(예수 안에 잠들었거나 예수님 재림하실 때 살아 있거나)에게 상급으로 행한 대로 갚아 주기 위해(계 22:12) 예수님께서는 반드시 이 땅에 다시 오셔야 하는 것이다. 초대교회 이래 로마시대에는 예수께서 이 땅에 다시 오셔서 우리가 행한 대로 갚아주시겠다고 하신 그 약속 때문에 예수를 믿는 것 때문에(마음으로 믿어 입으로 시인) 사자의 밥이 되었

149) 누가복음 14:12-14

다. AD 7세기 이슬람의 태동과 함께 그들의 태생적 폭력성으로 지금까지 수천만 명이 희생되었고, 중세 암흑기의 교황권이 득세할 때에는 같은 뿌리에서 난 형제자매임에도 불구하고 그들의 무지와 오만으로 또 수천만 명의 진실한 크리스천들이 희생되었다. 근세에 들어오면서 프랑스혁명에 뒤이어 공산주의가 태동하여 그들의 유물론적 가치관(오직 보이는 것만 즉 돈과 권력 등을 추구하면서 정신적인 가치인 목숨까지 내어주는 아가페적인 사랑과 헌신 등은 무시하며 배척하는) 때문에 또 수천만 명의 크리스천이 희생되었다.

지금도 북한에서는 성경을 소지하는 것 때문에 생명을 잃는 상황에 처해 있고 중국 시진핑 치하에서는 유독 크리스천들에 대한 핍박이 계속 자행되고 있다. 이렇게 희생된 수억의 순교자들의 영혼들이 예수께서 이 땅에 다시 오심을 목이 빠지게 기다리고 있다(계 6:10). 그러므로 예수님께서는 그 약속을 지키기 위해 반드시 다시 오셔야 하는 것이다. 그 순교자들의 피가 차게 되면(그 수는 우리 인간들은 알 수 없고 오직 하나님만 알고 계실 것이다) 예수님께서 재림하실 터인데 그 이전에 진실한 성도들의 부활과 휴거가 일어날 가능성이 크다.

예수님의 재림을 기다리는 사람들은 성령 받은 정교회 신자, 예수를 구주로 받아들인 유대교도, 가톨릭교도와 진실한 크리스천들인데 아직도 하나님을 믿고 있지 않다면 우리 살아 생전에 예수님께서 오시지 않을 수도 있기 때문에 살아 있는 동안에 거듭나고 다시 태어나는 회개가 있어야 한다. 그렇게 해서 살아 생전에 성령을 받아야 죽은 이후에 영으로 있다가 예수님께서 재림하실 때 하나님께서 이 땅에 데려오시고 살아남아 있는 자와 함께 예수님께서 하늘로부터 강림하실 때에는 예수님의 호령과 천사장의 소리와 하나님의 나팔소리와 함께 그리스도 예수 안에서 죽은 자들이 먼저 일어나고 그 후에 살아남아 있는 자들도 죽었다가 먼저 일어난 성도들과 함께 구름 속으로 끌어 올려져 공중에서 예수님을 영접하여 항상 예수님과 함께 있을 것이라고 하신 말씀처럼[150] 예수 안에서 잠들어야 한다.

다시 말하면 살아생전에 예수를 믿는(예수를 믿는다는 것은 예수님께서 우리 죄 때문에 그 죄를 사하려 몸 찢고 피 흘려 돌아가신 것을 믿는) 성도가 되어 하나님으로부터 그 선물로 성령을 받은 후 죽어서 영으로 있거나 예수님의 재림 시까지 살아 있게 되면 그때까지는 최소한 회개하고 예수 믿는 진실한 성도로서 성령 받은 크리스천이 되어 있어야 하는 것이다.

예수님 재림 후에는 예수님 있는 곳에 우리도 있도록[151] 하겠다고 하신 말씀에서 보듯이 예수님의 2,000여 년 전 초림 시 3년 반 동안 예수님의 제자들과 당시의 유대인들에게 말씀하셨던 것이 진실한 것임이 드러나게 될 것이다. 그 중에는 천국과 지옥에 관한 말씀이 있고[152] 구름을 타고 능력과 큰 영광으로 오겠다고[153] 하신 말씀도 있다.

그리고 번개가 동편에서 나서 서편까지 번쩍임 같이 오신다고(마 24:27) 예수님께서 말씀하신 것이 있고 해서, 재림하시기 전에 충족되어야 하는 여러 가지들, 예를 들면 복음이 온 세계에 전파되고 유대인들이 예수를 믿고 사람들의 마음에 사랑이 식어지고 노아의 때, 롯의 때 등등 예수님께서 마지막 때의 징조들에 관해서 4복음서에서 말씀하신 내용이 충족되면 틀림없이 다시 오실 것이다.

---

150) 데살로니가전서 4:14-17

151) 요한복음 14:1-3

152) 누가복음 16:19-31

153) 누가복음 21:27

그렇지 않으면 예수님께서 2,000여 년 전에 하셨던 말씀도, 다시 오겠다는 말씀도 전부 거짓말이 될 수밖에 없다. 하나님께서는 또 3,500년 이상 이스라엘 백성들을 재림을 맞이하도록 절기 행사를 통해 훈련하신 것인데, 지극히 아끼고 사랑하는 이스라엘 백성들을 3,500년 이상이나 헛 고생시키고 재미있어 하시는 하나님이 되고, 예수님이 되고 만다. 그러면 전혀 상상할 수 없는 하나님이 되는 것이고 아들 되시는 예수님 본인도 그런 분이 되는 것이며[154] 성령님 또한 그러한 성품의 하나님과 예수님으로부터 내보내어져야 하는 거룩한 영이시므로 전혀 이치에 맞지 않는 궤변이 되어버리기 때문에 예수님은 2,000여 년 전 말씀하신 그대로 그 약속을 지키기 위해 반드시 오시는 것이다.

예수님께서는 잔치를 베풀 때 도로 갚을 능력이 되는 사람에게는 하지 말고 가난한 자들과 몸이 불편한 자들과 저는 자들과 맹인들을 청해서 잔치를 하라고 하셨다. 그들은 갚을 것이 없으므로, 즉 그러한 은혜를 입었어도 도로 청해서 잔치를 베풀 능력이 없기에 그러한 사람들에게 베푼 것이 복이 된다는 말씀이다. 이는 의인들의 부활 시에, 즉 하나님을 믿는 성령 받은 크리스천들이 예수님께서 재림하실 때 그때 설사 죽어서 영으로 있더라도 하나님의 인도로 부활할 때에 그러한 선행에 대하여 갚아 주실 것[155]이라 하였다. 이것은 재림하실 때에 예수님께서 갚아주시겠다는 말씀이다. 즉 하나님

154) 마태복음 6:9

155) 의인들이란 하나님을 믿는 사람을 말한다. 하나님은 하나님을 믿지 않는 사람을 옳은 사람이라 한 적이 없다(창 15:6). 성령 받은 성도들은 하나님을 믿음으로 성령을 부어 주신 것이니 이들이 해당될 것이다. 그리고 가난한 자들과 몸이 불편한 자들과 저는 자들과 맹인들을 청하여 잔치를 베푼 사람은 의인들의 부활 시에 즉 예수님께서 이 땅에 다시 오실 때 그 선행을 나타내지 않은 것(세상에 나타낸 것은 세상에 있을 때 찾아간 것이니 그것은 빼고, 즉 오른손이 한 것을 왼손이 모르게 한 것만)에 대하여 그 상급으로 갚아주시겠다고 하심(눅 14:12-14; 마 6:1-4).

을 믿고 예수님께서 하신 말씀대로 행하면서 살았던, 그리고 2023년 현재 그러한 삶을 살고 있는 성령 받은 성도들에게 예수께서 다시 오실 때 상급을 주시겠다는 말씀이다. 그 약속을 이행하기 위해서 반드시 오셔야 하는 것이다.

그리고 이 말씀을 하신 예수님은 인류 역사와 개개인의 삶에 개입하여 복을 주시고 상급을 주시고 길흉화복을 주관하시는 하나님 되심의 가장 강력한 증거가 되는 말씀이다.

이와 같이 2,000여 년 전 초림 때에 예수님께서 우리에게 말씀하신 대로 예수를 우리 삶의 주인으로 받아들인 우리는 의인들의 부활 시에 하나님의 인도로 부활하여 홀연히 변화되어 예수님의 공중 재림을 맞이하여 영원히 예수님과 함께 새 예루살렘 성인 새 하늘과 새 땅에서 영원히 살게 될 것이다.

그리고 재림 시에는 심판주로 오시기 때문에 이 재림은 지구 인류 역사의 마지막이기 때문에 준비하면서 깨어 있어야 하는 것이다. 그때 우리는 부한 이웃들이나 힘 있는 사람들에게 보인 사랑이나 물질적으로 베푼 것은 세상을 살면서 도로 받았기 때문에(재정적으로 여유 있는 사람들은 받기만 하지는 않기 때문에 계산할 것 없고) 빼고, 또 가난한 자들과 몸이 불편하고 저는 자들과 맹인들에게 베푼 것이라도 세상으로 알게 하거나 베푼 당사자들의 의를 나타내기 위하여 베푼 것은 예수님께서 "너희들이 세상 살면서 도로 다 찾아간 것"이라 하시면서 세상 사람들이 모르게 한 것만 계산해서 천 년 왕국과 새 하늘과 새 땅에서 반드시 갚아주실 것이라 믿는다.

라. 예수님 재림과 갈릴리의 독특한 혼인 잔치 풍습에 대하여

예수님 재림의 때와 그 후에 일어날 일들에 대하여 2,000여 년 전 유대 땅 갈릴리 지방의 독특한 혼인 잔치 풍습이 그 모형이 되고 모델이 된다고 주장하는 학자들이 있다. 흥미롭기도 한 면이 있어서 그 요지를 소개하고자 한다. 참고로 필자는 2,000여 년 전에 유대 땅 갈릴리 지방에서 행해졌던 독특한 혼인 잔치 풍습이 어떠했는지 연구해 본 일도 없고 성경에서 유추해 볼 수 있는 부분도 없고 해서 이에 관하여 저술한 책자를 가지고 간략히 언급하고자 한다. 먼저 2,000여 년 전의 갈릴리 지방에서 행해졌던 독특한 혼인 잔치 풍습은 대략 이러하다고 한다.

신랑과 신부가 결혼하기 위해서 상대가 정해지게 되면 먼저 약혼식을 하게 된다. 이때 신랑은 신부에게 포도주잔을 건네는데 이것은 청혼의 의미이며 신부는 본인의 의사 결정으로 마지막으로 그 잔을 마시지 않고 밀어낼 수도 있었다고 한다. 신부가 그 잔을 마시게 되면 약혼이 성립되었다고 신랑이 큰 소리로 선언한다. 그러고 나서 결혼식을 하기까지 약 1년 여가 걸리고 신랑 집에서 결혼식을 치르게 되며 그 때까지 신부는 언제 신랑이 데리러 올지 모르기 때문에 순결한 마음으로 항상 자기 집에서 기다린다.

그 1년 여 동안 신랑은 아버지 집에서 신부와 함께 평생 같이 살 집을 짓는다고 한다. 그리고 신부를 데려올 모든 준비가 다 되었어도 신랑의 아버지가 신부를 데려 오라고 할 때까지는 궁금해도(또 무슨 준비가 덜 되었는지?) 기다린다. 신부를 데려올 때는 밤에 데려오며 마침내 신랑의 아버지가 신부를 데려 오라고 명하면 신랑은 친구들과 함께 가마를 준비하고 나팔을 준비해서 신부의 집으로 간다.

신부의 집에 도착하면 밤중에 나팔을 불어 동네 사람들을 깨우고, 이를 본 동네 사람들이 신랑이 왔다고 맞으러 나오라 하고 소리친다. 항상 신랑이 오기만을 기다렸던 신부와 초대된 하객들은 신랑 집으로 가는데 신부는 가마를 타고 공중에 들린 채로 일행들과 함께 신랑의 아버지 집으로 향한다.

결혼식 피로연은 모든 일행과 초대된 하객들이 다 도착하면 잔칫집의 문이 닫히고 7일 동안 피로연이 진행되는데 잔칫집 문이 한 번 닫히면 열어주는 일 없이 그 안에서 7일 동안 계속된다고 한다. 이것이 그 당시의 독특한 갈릴리 혼인 잔치 풍습이라고 소개한다. 이 풍습을 예수님 재림과 그 후 도래하게 되는 새 하늘과 새 땅, 천국의 모습과 대비해 본다.

예수님 재림 때까지 교회 시대를 살고 있는 모든 성도는 하나님과 예수님께서 내미는 포도주잔, 즉 함께 영원히 예수님과 함께 아버지 집에 가서 사는 것을 거절할 수 있는 것이다. 복음을 받아들이는 것도 선택이다. 하나님과 예수님께서는 강압적으로 모든 사람을 끌고 새 하늘과 새 땅(천국)으로 가시지는 않는 것이다. 하나님 믿고 예수님 믿고 성령을 받은 신부 된 우리 성도들은 예수님 재림 때까지 항상 깨어 있으면서 준비하고 있으면서 이 땅에서 기다린다. 술 취해 방탕하게 살지 않고 언제 신랑 되신 예수님이 이 땅에 오실지 모르기 때문에 오시는 그 날까지 항상 깨어서 준비하면서 기다린다(마 25:1-13). 신랑이 신부를 데리러 가는 그 날짜는 예수님도 모르고 하늘의 천사들도 모르고 하나님 아버지만 아신다(마 24:36). 예수님께서 다시 오시는 그 날자는 오직 하나님만 아신다.

예수님 오실 때는 큰 나팔 소리와 함께 오실 것이다(마 24:31).

혼인 잔치에 초대했어도 온갖 핑계로 초대를 거절하면(밭을 샀기 때문에 나가 보아야겠다, 소 다섯 겨리를 샀기 때문에 시험하러 가봐야겠다, 장가들어서 못 가겠다고 하며 양해해 달라 하면 벌여놓은 잔치를 망칠 수가 없기 때문에) 그 사람들 대신 가난한 자들, 몸 불편한 자들, 맹인들과 저는 자들이 그리고 강권하여 데리고 간 자들이 그 잔치를 맛보게 될 것이다(눅 14:16-24).

예수님이 다시 오시는 재림은 유대의 절기 행사에서 나팔절에 나팔을 부는 것으로부터 시작될 것이다. 천국 문은 마지막까지 열어둘 터인데 대 속죄일 마지막 큰 나팔을 불 때까지이다. 유대인들은 나팔절과 대 속죄일 열흘 동안 성전 문을 열어두며 그 열흘이 지나면 성전 문이 닫히게 되는데 성전 문이 닫히면 모든 것이 끝난다. 회개할 일도 없고 가라지는 불사르게 단으로 묶고 알곡은 곳간에 넣고(마 13:30)…예수 안에 자는 자들은 예수님 다시 오실 때 살아 있는 자들(진실한 크리스천으로서 살아가는 사람들)과 함께 구름 속으로 끌어올려져 공중에서 주를 영접하게 하시고 그리하여 우리가 항상 주와 함께 있을 것이다(살전 4:14-17).

예수님께서는 2023년 현재까지 오시지 않고 있으니 아마도 하나님 아버지 집에서 신부와 함께 살 집을 짓고 계실 것이다(요 14:2-3). 그 신부는 사도 베드로를 위시한 예수님의 열두 제자와 2023년을 살고 있는 하나님을 믿고 예수님을 우리 삶의 주인으로 받아들인 회개하고 진실한 그리스도인으로 살면서(성령을 받고) 예수 안에 잠들었거나 2023년 현재 성령을 받고 진실한 그리스도인으로 살아가는 예수님을 받아들인 유대교도, 정교회 신자, 가톨릭교도, 개신교 성도 등 크리스천들일 것이다.

예수님은 하나님 아버지께서 신부를 데려오라는 말씀이 2023년 현재까지도 없어서 궁금하지만 물어보시지 않고 신부와 함께 살 집을 마무리하면서 하늘나라에서 하나님과 함께 그 하나님 우편에 계실 것이다.

정혼(약혼)하시고 아버지 집에 거처를 준비하러 가셨는데 아직도 무언가 준비 덜 된 것이 있는지, 2023년 현재까지는 오시지 않았지만 곧 다시오셔서(요 14:3) 우리들(진실한 크리스천들과 진실한 크리스천으로 살다가 잠든)을 데리고 혼인 잔치집 즉 아버지 집으로 가게 될 것이고 그 곳에서 영원히 살게 될 것이다.

7.
하나님 존재에 대한 믿음에 대하여

가. 하나님에 대한 정의

하나님을 믿는다고 하는 것은 구체적으로 어떠한 믿음을 가지고 있는 것을 말하는가?

먼저 하나님에 대한 정의가 필요할 것 같다. 영어로는 대문자 G를 쓴 'God'으로 단수의 유일한 존재, 성경에서는 여호와 또는 야훼라고 말하고 있다. 그리고 모세가 이스라엘 백성들에게 말해 주려고 이름을 그 하나님께 여쭈어 보았을 때 "I am who I am(나는 스스로 있는 자), 자존하시는 분"이라고 대답하셨다. 성경 말씀 전체에서 찾아서 구체적으로 설명하면 영원 전부터 영원 후까지 스스로 계시는 분이다.[156] 우주 만물까지 포함한 모든 피조물은 영존할 수 없으므로 이와는 다르다. 하나님은 변하지 아니하시며,[157] 이 온 우주에 계

156) 영원성과 자존성. 영원성 : 창세기 21:33, 신명기 33:27, 역대상 16:34, 41, 자존성 : 출애굽기 3:14

157) 불변성 : 말라기 3:6, 야고보서 1:17

시지 않은 곳이 없이 충만해 계시며,[158] 유일한 존재[159]이시며, 어떠한 제약도 받지 않고 시공간을 초월해 계시며,[160] 전능하시며,[161] 모든 제한으로부터 자유하신 완전하심[162]과 모든 곳에 존재하심과 초월해 존재하심과 같은 무한성(無限性)을 갖고 계시며,[163] 인격적이며 거룩한 영으로 존재하신다. 그러면서 하나님께서 창조하신 피조물인 사람과도 같은 성품인 정의, 지식, 지혜, 선하심, 거룩하심, 의로우심, 성실, 진실하심, 공평하심, 사랑과 같은 성품[164]을 가지고 있는 영이시며, 영어로는 대문자 S를 쓴 'Spirit'인데, 하나님을 말할 때는 유일성을 나타내기 위해서 'The Spirit'이라고 영문으로는 대문자로 써야 한다.

다만 피조물인 인간들도 이러한 정의 지식, 지혜, 선하심, 거룩, 의로움, 성실, 진실, 공평, 사랑과 같은 품성을 가지고 있다. 하지만 하나님은 완전하시지만 피조물인 인간들은 불완전하다는 차이가 있다. 사랑하심도 하나님은 목숨까지 내어 줄 수 있는 거룩한 사랑(아가페 사랑)과 같이 하나님은 완전하신 성품을 가지고 있다.

158) 공간적으로 온 우주에 충만해 계신다는 것을 신학적인 용어로 편재성(偏在性)이라 한다(렘 23:24)

159) 단수의 유일한 존재. 유일성 : 신명기 4:35

160) 신학적인 용어로 초월성이라고 하며 하나님께서는 이사야에게 계시를 내릴 때부터 700여 년 뒤에 역사에 나타날 예수님의 초림을 이사야 9:6 "A child is born, 한 아기가 우리에게 났고" 이처럼 시간적으로 현재형으로 말씀하시고 공간적으로는 요한복음 20:26에서 보는 바와 같이 "문들이 닫혔는데 예수께서 오사 가운데 서서"로 피조물인 인간들은 문을 열어야 들어올 수 있는 것과는 다름

161) 전능성 : 여호수아 22:22

162) 완전성 : 신명기 32:4

163) 피조물인 인간과는 다른 절대 유일의 존재로서 가지는 속성이며 신학적으로는 비공유적 속성이라 하며 이와 같은 유일성, 자존성, 불변성 등을 말한다.

164) 인격적인 거룩한 영으로서의 하나님의 속성이며 피조물인 인간들도 불완전하지만 가지고 있으며 신학적으로는 공유적 속성이라 한다. 정의, 진실, 공의 : 신명기 32:4. 공평 : 시 45:6. 지식 : 사무엘상 2:3. 지혜 : 시 147:5. 성실 : 시 100:5. 사랑 : 요한일서 4:8. 거룩 시편 22:3, 의로우심 : 이사야 53:11, 선하심 : 시 135:3

구약성경의 창세기부터 시작해서 하늘에서 음성으로 아담에게 말씀하시는 존재, 4,000여 년 전 하늘에서 "아브라함아" 하고 부르는 존재, 3,500여 년 전에는 "모세야" 하고 하늘에서 부르는 존재가 있었다. 그분은 피조물인 인간 아담으로부터 2023년을 살고 있는 지구상에 존재하는 하나님을 믿거나 하나님을 믿지 않는 사람도 똑같이 불러 말씀하거나 TV 스크린에서처럼 영상 화면으로 나타내어 전하고자 하는 메시지를 보내는 완전체의 영(The Spirit)이 있다는 것을 믿는 것, 그것을 하나님을 믿는다고 할 수 있을 것이다.

영이시며(The Spirit), 전능하신 그 하나님은 2,000여 년 전에 예수 그리스도를 처녀의 몸에 하나님의 거룩한 성령으로 잉태시키어 태어나게 하시고 인류의 죄를 대속하기 위하여 이 땅에 보내어 몸 찢고 피 흘리시며 고난 받도록 인류 역사에 투영시킨 존재로서, 이것은 그분 하나님이 원하신 사건이라는 것이다.[165)]

그리고 그렇게 하신 존재가 하나님이시고 인간은 불가능한 일이지만 전능하신 완전체이신 하나님은 가능할 수 있다는 것이다. 그리고 부활하고 승천할 수 있고 그것이 가능하다는 것을 믿는 것이 하나님을 믿는다고 할 수 있다. 또 이 땅에 사는 사람들로 하여금 회개해서 죄를 용서받아 하나님을 믿고 성령을 받고 이 땅을 떠나 하나님 나라에 가게 할 수 있다. 그리고 예수님께서 다시 오실 때에는 예수 안에 잠자는 영혼을 홀연히 변화시켜 예수님의 재림을 맞이하게 할 수 있으며[166)] 예수님과 함께 천 년 왕국을 거쳐 영원히 새 하늘과 새 땅에서(계 21장, 22:1-5) 살 수 있게 할 수 있는 존재가 있다는 것을 믿는 것이 하나님을 믿는 것이라 할 수 있다.

---

165) 이사야 53장

166) 고린도전서 15:51-54, 데살로니가전서 4:13-17

실제로 하나님을 믿을 수 있게 되는 것은 교회에 다닌다고 해서, 설교를 듣는다고 해서, 십일조 등 헌금을 한다고 해서, 가난한 사람들을 구제한다고 해서, 심지어 선교를 한다고 해서 믿을 수 있는 것이 아니고 예수님께서 말씀하신 것처럼 거듭 태어나는 회개가 있어야[167] 하나님 나라를 볼 수 있고 또 들어갈 수 있다(요 3:3-5에서 예수님께서 물과 성령으로 난다고 하신 말씀은 사도 베드로가 행 2:38에서 말씀한 바와 같이 회개하여 예수 그리스도의 이름으로 세례를 받고 죄 사함을 받아 성령의 선물을 받으면 하나님 나라를 볼 수도 있고 들어갈 수도 있다는 말씀이다). 이와 같이 물과 성령으로 나는, 깨끗하게 하려고 할 때 물이 필요하듯이 영혼을 깨끗하게 하려면 거듭 태어나는 회개가 있어야 한다. 그래야 하나님을 믿을 수 있고 하나님을 믿으니 하나님께서 의롭게 여기시고[168] 선물로 성령을 폭포수처럼 부어주시는 것이다.[169] 다시 말하면 회개하고 하나님을 믿을 때 성령을 받고 하나님 나라에 들어간다는 것이다.

이것이 예수님께서 물과 성령으로 나지 아니하면 하나님의 나라에 들어갈 수 없다고 말씀하신 의미이다.[170] 구약성경 선지서에서 보는 것과 같이 선지자들에게 하늘에서 음성으로 그리고 TV 화면처럼 보여주시는 내용은 하나님께서 존재하신다는 증거가 된다.

만약 하나님이 존재하지 않는다고 한다면 구약성경에서 보는 인류의 조상 아담으로부터 예수님께서 이 땅에 오실 때까지 아담을 부르시며 그에게 말씀하신 것, 이스라엘 족장들에게 4,000여 년 전에는 아브람(나중에 하나님께서 아브라함으로 이름을 고쳐 부르게 하셨다)에게

---

167) 요한복음 3:3-5
168) 창세기 15:6
169) 사도행전 2:1-4, 2:38, 19:2
170) 요한복음 3:5

이르시며 "너는 너의 고향과 친척과 아버지의 집을 떠나 내가 네게 보여줄 땅으로 가라"고 말씀하신 것, 3,500여 년 전에는 "모세야, 모세야" 하시면서 떨기나무 가운데서 그를 부르시고 말씀하신 것,[171] 그리고 수많은 하나님의 종 선지자들을 부르시면서 음성으로 또는 TV 스크린 화면에서 보는 것처럼 그림으로 보여주시면서 말씀하시고 메시지를 전했던 것들을 기록한 구약의 선지서들의 기록들이, 만약 하나님이 계시지 않는다면 정신질환을 앓고 있던 것을 기록한 정신과 병원 진료기록들이 되게 하는 것이다.

하나님께서 선지자들에게 예언 계시한 것이 성취된 것은 또한 하나님께서 존재하신다는 증거가 된다.

이와 같이 음성으로 부르시거나 스크린 화면으로 보여주시면서 메시지를 전하고자 하시는 존재가 있다는 것은 하나님이 존재한다는 가장 강력한 증거가 되는 것 중의 하나라고 필자는 생각해왔다.

그래서 성경을 여러 번 읽으면서 곰곰이 묵상하면 성경 속에서 하나님을 발견할 수 있게 되는 것이다. 성경을 한 번도 읽어보지도 않고, 교회에 출석해서 하나님 말씀도 듣지 않는데, 그리고 요즘은 유튜브에 설교도 많이 나온다. 이러한 유튜브에 나오는 설교와 신앙 간증도 보지 않고 기독교 TV도 보지도 않고 말씀을 전파하는 전도자들의 말씀도 듣지 않는다면 어떻게 하나님을 발견할 수 있겠는가? 하나님은 하나님을 찾고 또 찾는 자에게 나타내 보이신다고 했는데 전혀 찾지를 않으니 나타내 보이시지 않는 것이다.[172]

171) 창세기 12:1, 출애굽기 3:4
172) 역대하 15:15, 잠언 8:17, 예레미야 29:12-13, 33:3

나. 하나님의 품성

필자는 성경 속에서 하나님의 품성은 피조물과는 다른 특징적인 두 가지 성품이 있다는 것을 발견하였다. 그 하나는 하나님은 거짓말을 하지 않는다는 것이고, 또 다른 하나는 농담을 하지 않는다는 것이다. 왜 하나님께서는 거짓말과 농담을 하지 않으실까? 필자는 피조물과 다른 창조주로서 절대 피조물과 공유할 수 없는 덕목이 바로 이 두 가지, 즉 거짓말을 하지 않는 것과 농담을 하지 않는 것이라고 생각한다. 이 두 가지마저 피조물인 인간들과 공유하게 되면 인간들은 창조주 하나님의 존재를 믿을 수 없기 때문이다.

인간들은 말을 해 놓고 불리해지면 "농담도 못 하나" 하면서 죄책감 없이 빠져나가려는 못된 습성을 꺼내기도 한다. 하나님마저 그렇게 한다면 하나님께서 선지자들에게 내리신 계시가 성취되어도 그만이고 성취되지 않아도 그만이 될 것이다. 그래서 참된 선지자들에게 내려진 모든 계시가 반드시 성취 되어져 왔다는 사실로 인하여 그 거짓 없으신 성품으로 말미암아 우리 피조물인 인간이 하나님의 존재를 명확히 인식할 수 있기 때문이다. 그래서 인간에게는 너무나 흔한 이 좋지 않은 고약한 품성을 하나님은 절대 공유할 수가 없는 것이다. 그렇기에 우리 피조물은 하나님의 존재하심을 믿을 수 있게 되는 것이다.

창세기 18장 1-15절을 보면 아브라함이 99세 되는 해에 부인 사라는 생리도 끊어져 있는 상태에서 여호와께서 세 사람으로 나타나 "내년 이맘때 사라에게 아들이 있으리라" 하시니 사라가 그 뒤 장막문에서 듣고 속으로 웃었다는 기록이 나온다. 물론 아브라함은 아니고 사라가 속으로 웃었다는 것인데, 아마도 농담으로 생각한 것이 아닌가 생각된다.

그리고 아브라함이 100세에 아들을 낳고 이름을 이삭이라고 하고 그 이삭이 상당히 컸을 때(이삭이 번제에 쓸 나무를 지고 갈 정도의 나이는 된 것) 하나님은 느닷없이 그 이삭을 번제로 드리라고 아브라함에게 명하셨을 때 아브라함은 한 번도 속으로 '하나님께서 농담하시겠지'라고 생각하지 않고 하나님께서 하라고 하시는 그대로 한 것을 보면 아브라함은 생리가 끊어진 아내 사라를 통해 이삭이 태어난 것도 그렇고 또 그 전에 하나님의 음성에 고향 친척, 아비 집을 떠나 메소포타미아를 거쳐 팔레스타인 땅으로 온 것 모두 하나님께서는 인간을 상대로 절대 농담하시지 않는다는 것을 너무나 잘 알고 있었기 때문에 이삭을 번제로 드리라는, 정말 믿기지 않는 음성에도 하나님의 그 음성에 그대로 반응한 것이다(창 22:1-13).

하나님은 인간이 가질 수 있는 사랑의 범주를 뛰어넘는 아가페적인 사랑의 품성을 가지고 있다. 즉 인간의 사랑은 완전하지 못하지만 하나님의 사랑은 거룩하시며 예수님의 초림을 통하여 보여주셨던 것처럼 우리 인류의 죄를 사하기 위하여 목숨까지 내어 주신 거룩한 사랑의 품성을 가지신 분이다.

다. 하나님과 예수 그리스도

예수님께서는 요한복음 15장 24절에서 "내가 아무도 못한 일을 그들 중에서 하지 아니하였더라면 그들에게 죄가 없었으려니와 지금은 그들이 나와 내 아버지를 보았고 또 미워하였도다"라고 말씀하셨다. 아무도 못 한 일은 죽은 자를 살리신 것, 각종 정신병자, 중풍병자, 맹인, 귀머거리, 절름발이 심지어 나면서부터 맹인 된 자, 벙어리 된 자, 나병환자, 손 마른 자, 꼬부라진 자, 귀신들린 자들을 고치신 것, 물 위를 걸으신 것, 가나 혼인 잔칫집에서 물이 포도주로 바

꿔게 한 것, 그리고 오병이어의 기적(떡 다섯 개와 물고기 두 마리로 오천 명을 먹이고도 남은 것)을 말씀하신 것인데, 이 말씀 중에는 중요한 사실 몇 가지를 내포하고 있다고 필자는 생각한다.

하나는 이러한 일들은 '사람으로서는 할 수 없는 일들'이라는 것(일부는 현대의 의술로 가능)이고, 따라서 이러한 일들을 하신 예수님은 하나님이시라는 것이다. 이러한 일들은 하나님과 예수님, 그리고 하나님과 예수님으로부터 보내어진 성령의 도움으로만 가능한 일이라는 것과 또 하나는 하나님과 예수님은 동일 본질이면서 하나라는 것을 함축하여 말씀하고 있다. 즉 하나님의 존재하심과 그 존재하심의 증거가 될 수 있는 일들을 하신 것, 그리고 예수님께서 하나님 되심을 말씀하고 있는 것이며, 나와 내 아버지를 보았고라는 말씀에서 예수님과 하나님은 하나이신 것을 나타낸다. 따라서 하나님과 예수님 그리고 성령 이 성삼위가 하나 됨을 말씀하는 것이다(요 10:30, 15:24).

라. 하나님의 계시 예언의 성취와 하나님 존재에 대한 믿음에 대하여(선지자들에게 계시된 예언의 성취와 관련하여)

하나님께서 이사야에게 말씀하신 것을 기록한 이사야서는 BC 740-700년 경 북 이스라엘이 멸망하기 전부터 남 유다 왕국의 왕들을 보좌하면서 선지자로 활동하였던 이사야에게 주신 하나님의 말씀이고 계시이다.

이사야서의 하나님의 말씀 중 상당 부분에서 하나님께서 존재하신다는 것을 믿을 수 있는 가장 강력한 증거들을 찾을 수 있다.

그 가운데서 예수님의 탄생이 처녀의 몸에서 아들로서 탄생하고 그 탄생의 의미가 임마누엘 즉 하나님이 우리와 함께하심과[173] 우리의 죄 때문에 하나님께서 예수님께 십자가의 고난을 지우셨다는 것[174], 그리고 그분 예수님이 하나님이며 전능하신 존재라는 것[175], 그리고 이새와 그 아들 다윗의 자손으로서 태어나고[176] 이스라엘 시온의 기초를 삼아 믿는 사람들은 다급하게 되지 않을 것[177]과 다급하게 되지 않는다는 의미는 믿는 사람들을 부끄럽지 않게 한다는 뜻이다(필자가 이렇게 해석하는 것은 사도 베드로가 이렇게 이야기하고 있으므로 사도 베드로의 설명을 따른 것이다, 벧전 2:6).

그는 이방에 정의를 베풀고 세상에 정의를 세우고[178], 우리의 죄악을 짊어지고 고난당하며 하나님의 뜻을 성취하실 것이라고[179] 기록하고 있다. 신약시대에 와서는 그 이름을 예수라 하라고 주의 사자가 현몽하여 다윗의 자손 요셉에게 알려주었다(마 1:18-21). 예수는 자기 백성을 죄에서 구원할 자라는 뜻이다. 하나님은 시공간을 초월해서 존재하시기 때문에 이사야가 지금 이 글을 쓰고 있는 2023년으로부터 보면 2,720여 년 전에 하나님으로부터 계시의 말씀을 받아서 기록한 것인데 실제 역사에서는 2,000여 년 전에 일어날 일들을 NIV 영어 성경에는 "A child is born"(한 아기가 태어났고)이라는 현재형으로 말씀하고 있다.

그리고 이어서 "To us a son is given"(한 아들을 우리에게 주셨다)라고 성별을 son으로[180] 그리고 우리의 죄로 인하여 속죄 제물로서 우리

173) 이사야 7:14
174) 이사야 53장
175) 이사야 9:6
176) 이사야 11:1-2, 11:10, 마태복음 1:6-16
177) 이사야 28:16
178) 이사야 42:1-4
179) 이사야 53장
180) 이사야 9:6

에게 주셨다는 것인데[181] 하나님은 시공간을 초월해서 계시므로 하나님께는 2,000여 년 전이나 2023년이나 언제나 현재로 계심으로 해서 2023년을 살고 있는 우리에게 우리의 죄악으로 인한 속죄 제물로서 주셨다는 것이다.

이러한 이사야서를 제외하고도 구약성경 곳곳에 선지서들과[182] 다윗의 시편 22편 등 시편 여러 곳에도 예수님에 관한 내용들이 많이 산재해 있다.

하나님께서는 135억 년 전에도 현재로, 2,720여 년 전에도 현재로, 2,000여 년 전에도 현재로, 2023년 지금도 현재로 존재하고 계신다. 10년 후에도 20년 후에도 현재로 존재하시는 것이다.

그렇기에 2,000여 년 전에 실제 역사에 투영될 사건이 인간들의 시제와는 상관없이 2,720여 년 전에 이사야에게 말씀하신 것이다. 우리 피조물인 인간은 시 공간의 제약을 받으며 살아가기 때문에 2,720여 년 전에 이사야에게 하셨던 하나님의 말씀이 말씀하신 후 700여 년이 지난 후에 예수님의 탄생과 십자가의 피 흘린 사건으로 그 예언이 성취되었다. 2,720여 년 전에 이사야에게 내린 계시(사 53장)의 성취를 위해 2,000여 년 전에 예수님께서는 이 땅에 고난받는 종으로 오셔서 우리들의 죄를 사하기 위해 십자가에 달려 피 흘리신 것이다.

인간에게 있어서는 이 계시 예언의 성취가 하나님의 존재하심을 믿을 수 있는 중요한 증거가 된다.

예언의 성취 사건들을 살펴보면 임박하게 다가오는 미래에 대한

181) 이사야 53장

182) 예레미야 23:5-6, 33:15, 미가 5:2-4, 스가랴 9:9

예언도 있다. 그 예로는 이스라엘 초대 왕 사울이 그 아들들과 함께 내일 죽는다는 것[183]을 그 이유와 함께 하나님께서 죽은 사무엘의 영을 통해서 말씀하신 것은 그 다음 날 팔레스타인과의 전쟁에서 패함으로써 실제로 실현되었다.

또한 상당한 기간을 두고 그 후에 일어날 사건을 그 이유 즉 상황 조건이 바뀌지 않으면 그 사건이 성취될 것을 말씀한 것[184]도 있다. 이러한 예를 들자면 유다 왕국 백성들에게 하나님의 종 선지자들을 끊임없이 보내어 하나님의 경고의 말씀을 전했는데 그 경고의 말씀은 유다 백성들에게 "하나님의 말씀 즉 경고의 말씀에 순종하고 그들의 악한 길과 악한 행위에서 돌이키라" 하시면서 "이방인과 고아와 과부를 압제하지 말고 무죄한 피를 흘리지 말라"[185] 등과 같이 말씀하셨으나 유다 백성들이 이를 듣지 않고 거역함으로써 남 유다 왕국이 바벨론에 의해 BC 586년 패망하고 70년 동안 바벨론에서 포로생활을 한 것과 같은 것도 있다.

BC 470여 년 전까지 계속해서 예레미야, 미가, 스가랴 선지자들을 통해서[186] 말씀하신 예수님의 초림에 관한 말씀들은[187] 2,000여 년 전 예수님께서 이 땅에 오심으로 성취된 것도 있다. 그리고 예수님께서 직접 다시 오시리라 말씀하신 재림과 같이 2,000여 년이 지난 지금까지도 그 말씀이 성취되지 않은 것도 있다.

예수님의 초림은 원시 복음이라고 일컫는 창세기 3장 15절 말씀

183) 사무엘상 28:18-19

184) 예레미야 25:4-5, 25:11-14

185) 예레미야 22:3, 23:22, 25:4-5, 26:5

186) 예레미야는 남 유다 왕국 요시야 왕의 통치 중반 무렵부터 마지막 시드기야 왕 때까지 BC 620-BC 586, 미가는 남 유다 왕국 요담, 아하스, 히스기야 시대 BC 750-BC 686년, 스가랴는 BC 520-BC 480년 활동

187) 이사야 7:14, 8:14-15, 9:6, 11:1-2, 10, 28:16, 42:1-4, 53장, 예레미야 23:5-6, 33:15, 미가 5:2-4, 스가랴 9:9

으로 보면 약 4,000여 년 이후가 되며 뱀을 향해(사탄 마귀) 하나님께서 "너로 여자와 원수가 되게 하고 네 후손도 여자의 후손과 원수가 되게 하리니 여자의 후손은(예수님은 남자로 인하여 이 땅에 오시지 않은 유일한 분이심) 네 머리를 상하게 할 것이요…", 욥기 19장 25-29절에서 보는 바와 같이 BC 2000년 경 족장 시대에 살았던 욥이 계시를 받은 이후 약 2,000년이 지나서 예수님께서 이 땅에 오셨고 모세 시대 때 받은 계시 즉 모세와 같은 선지자 하나를 일으키겠다 하신 말씀(신 18:15-20) 이후 약 1,500여 년이 지나서 그리고 이사야가 받은 계시 이후 약 700여 년의 세월이 흐른 시점에 예수님께서 오셨다. 이후에도 예수님 오시기 약 470여 년 전까지 예수님께서 이 땅에 오실 것이 여러 곳에 계시되어 있다(렘 23:5-6, 33:15; 미 5:2-4; 슥 9:9).

이와 같이 하나님과의 깊은 교감으로 하나님의 계시를 받아 기록한 예언들이 예수님의 재림을 제외하고는 모든 것이 다 성취되었다는 것은 다른 한편으로 말하면 그 마지막 하나 남은 미 실현된 예수님의 재림도 반드시 성취된다는 것을 의미하며 2023년 현재로 보면 예수님의 재림 전에 반드시 이루어지게 되는 상황 조건들이 상당히 성취되어 가고 있으므로 해서 구약 시대의 이사야 에스겔, 다니엘에게 내린 계시와 예수님의 말씀과 신약 시대 사도 베드로, 사도 요한, 사도 바울에게 내린 파편적이고도 상황 조건적인 계시들을 2023년 현재 상황에 비추어보아 퍼즐을 맞추어 보면 예수님의 재림이 멀지 않았음을 깨달을 수 있다. 예수님의 제자들이 모두 순교하였다는 사실은 하나님 존재 증명의 가장 강력한 증거가 된다. 이것은 예수님의 십자가 처형사건과 그 다음 이어지는 사흘 만에 부활하신 사건과 연관이 있다.

예수님은 부활하신 후에 자기가 살아난 것을 본 자들의 말을 믿고 세례를 받는 사람은 구원을 얻을 것이고 믿지 않는 사람은 정죄를 받으리라[188] 하시면서 가룟 유다를 제외한 11명의 제자들에게 "너희는 온 천하에 다니며 만민에게 복음을 전파하라"고 말씀하셨다.

왜 이 사실이 하나님이 계신다는 강력한 증거가 되는 것일까? 예수님께서 십자가에 달리실 때 예수님의 제자 베드로는 살기 위해 세 번에 걸쳐서 예수님을 모른다고 부인하면서 마지막에는 살기 위해 저주하며 맹세하며 부인했었고,[189] 예수님께서 십자가형에 처해지기 위해서 붙잡혔을 때 제자들은 다 도망가고 없었고 한 청년은 벗은 몸에 이불을 두르고 있다가 예수님을 잡아가는 무리에게 잡힐 때 얼마나 살기 위해 다급했던지 이불을 버리고 벗은 채로 도망하였다고[190] 기록되어 있다.

이와 같이 성령 받기 전의 예수님의 제자들은 삼 년 반씩이나 예수님을 따라 다녔지만 막상 생명이 위태로운 지경에 처해지니 베드로는 예수님을 모른다고 부인하고 또 다 도망 가버리고…이러한 부끄럽기 짝이 없는 행적들을 사실 그대로 기록해 놓은 것을 보면, 예수님의 십자가 처형 당시 기록들이 얼마나 사실에 가깝게 기록해 둔 것인지 잘 나타나 있다. 심히 부끄러운 기록 자체가 사실이라는 것이다.

이러했던 제자들이 예수님께서 십자가에서 돌아가시고는 다시 옛날로 돌아가 티베리아스 호숫가에서 고기를 잡고 있었을 때 예수님께서는 부활하신 후 세 번째로 나타나서 베드로에게 "네가 나를 사랑하느냐?" 하고 세 번 동일한 질문을 하시며 "내 양을 먹이라"고 부탁하셨다. 예수님께서는 제자들이 복음을 전파하는 것, 양을 먹이

188) 마가복음 16:14-18
189) 마태복음 26:69-74
190) 마가복음 14:50-52

는 것(복음을 받아들이는 사람들을 교육과 훈련 등을 통하여 돌보는 것)과 같은 사역을 하기 위해서는 당연히 3년 반 동안 예수님을 따라다니면서 보고 들은 것, 그 중에서는 부활하신 후 승천하신 것도 있는데 성령 받기 전의 예수님의 제자들이 그 사명을 감당하는 것이 자기들의 생각과 의지로써 되는 것이 아님을 잘 아시므로 아버지께서 약속하신 성령을 받을 때까지 예루살렘을 떠나지 말고 기다리라 하신 것이다.[191] 성령을 받아야 권능을 받고 땅끝까지 복음을 전할 수 있으므로 그러한 증인 된 삶을 살 수 있도록[192] 하시기 위해 오순절에 이르러서 예수님의 제자들이 다 한곳에 모여 있을 때 성령을 폭포수처럼 부어 주셨던 것이다.[193]

죽은 사람이 살아났다고 얘기하는 것은 사람들이 싫어한다는 것이다. 그것은 사람이 가히 생각지도 못할 풍속을 전하기 때문인데[194] 이 부활 승천은 제자들이 본 것을 얘기한 것[195]이고 이스라엘 백성들에게 이런 얘기들을 할 때 제사장들과 성전 맡은 자와 사두개인들은, 특히 그중에서 죽은 자의 부활은 없다고 믿고 있는 사두개인들을 포함해서 모두 이런 말을 하는 예수님의 제자들을 잡아 가두고[196] 핍박하고 심지어 죽이려 했던 것이다. 바로 예수님의 제자들이 듣고 본 것 중에 특히 예수님께서 십자가에 피 흘려 돌아가시고 사흘 만에 부활하셨다는 사실이 꾸며낸 이야기라면 예수님의 제자가 한두 명도 아니고 모든 제자들(예수님을 판 가룟 유다를 제외한 11명)이 순교한다는 것이 과연 가능한 일인가 하는 것이다.

191) 누가복음 24:49, 사도행전 1:4
192) 사도행전 1:8
193) 사도행전 2:1-4
194) 사도행전 4:2-4
195) 사도행전 1:9-11
196) 사도행전 4:1-3

사도 요한은 끓는 기름 가마솥에 던져지는 박해를 받았으나 죽지 않아서 밧모섬에 유배 가게 되었고 그 곳에서 요한계시록의 내용을 예수님으로부터 받았다. 비록 나이가 많을 때까지 살게 되었지만 이 역시 순교로 보는 것이 합당하다고 생각된다.

이것이 사실이 아니라고 한다면 3년 반 동안 따라 다니면서 잘 대해주셨고 사랑해 주셨으므로 꾸며 내어 떠들다가 예수님의 제자 11명 모두가 목숨을 잃게 되었다고 하는 것은 말도 안 되는 얘기가 되는 것이다.

그것도 살기 위해서 세 번씩이나 예수님을 모른다고 하고 나중에는 저주하고 맹세하면서 모른다고 했던 예수님의 수제자 베드로를 생각해 보면 알 수 있는 것이다. 예수님의 부활 승천 사건이 보고 들은 것을 사실 그대로 전한 것이지, 없는 얘기를 만들어서 떠들다가 목숨을 잃은 것이 아니라는 것이다.

사람이 죽었다가 다시 살아나는 것은 하나님이 존재하시지 않으면 불가능한 사건이고 예수님은 이사야 선지자가 이 글을 쓰고 있는 2023년 현 시점으로부터 2,720여 년 전 하나님의 말씀을 받을 때 계시로 예언한 바로 그 전능하신 하나님인 것이다.[197)]

그래서 예수님께서 행하신 많은 기적들 가운데 신약성경 마태복음, 마가복음, 누가복음, 요한복음에 나오는 물 위를 걸으신 것, 물을 포도주로 바뀌게 하신 것, 죽은 자를 살리신 것도 세 번이나 기록이 되어 있고 수많은 병자, 정신병자, 귀신들린 자를 고치신 사건 그리고 오병이어의 사건들은 전능자에게는 가능한 일이고 우리 인간들에게는 불가능한 것으로 생각되는 이러한 기적들을 사실대로 기록한 것이다. 그리고 모든 예수님의 제자들은 성령을 받은 이후에

---

197) 이사야 9:6

는 자기들이 보고 들은 것을 죽음도 두렵지 않게 여기면서 전하다가 모두 순교하게 된 것이다.

필자가 신학대학원에 다닐 때 이 예수님의 제자들 11명이 모두 순교한 사실 때문에 신약성경 4복음서에 기록된 예수님의 모든 행적이 꾸며낸 얘기가 아니라 사실임이 확실하다고 생각했었는데, 그것은 혼자만의 생각이 아니었다. 필자가 신학대학원에 다닐 때 당시 경북 경산시의 대신대학교 총장님으로 재직하셨던 분께서도 필자와 같은 생각을 갖고 계셨다. 그분이 쓰신 소책자를 읽어보고 그분도 필자와 같은 생각을 갖고 있어서 새삼 예수님의 부활 승천 사건이 믿어지게 되고 또한 동정녀 탄생도 이사야 선지자가 하나님으로부터 받은 계시 그대로 믿어지게 되었다.[198]

그 이사야는 고난받는 종으로 오시는 메시아의 모습을 계시받은(사 53장) 동일한 사람이기 때문에 더욱 더 그러하다.

이렇게 해서 연구하고 논리적으로 규명해서 믿어지는 것은 이성적인 방법인데 하나님 말씀인 성경 말씀을 수십 번 읽어보고 연구하고 분석하는 것은 참으로 많은 시간과 노력을 필요로 한다. 그렇게 하더라도 성령을 받아야 하나님의 깊은 것까지 통달하게 된다. 그리고 사실은 예수님 말씀대로 거듭나서 하나님 앞에 죄인임을 고백하고[199] 회개해서 물과 성령으로 거듭나서 현재 2023년 시점에서 보아 2,720여 년 전 이사야 선지자가 받은 말씀대로 고난받는 종의 모습으로 오시는 메시아 예수 그리스도께서 2,000여 년 전 실제 인류 역사에서 십자가에 달리시고 몸 찢고 피 흘리신 그 사건이 나의 죄를 속죄하기 위해 대속제물로 희생된 것임을 믿고 받아들여야 죄 사함

198) 이사야 7:14

199) 요한복음 3:5

을 받고 하나님 앞에 갈 수 있다. 하나님 나라는 회개하고 하나님을 믿어 성령을 받으면 갈 수 있다. 이렇게 하는 것을 예수님께서는 거듭난다고 말씀하시는 것이다.[200]

구약성경 이사야서에서 하나님의 계시를 받아 기록한 이사야는 주전 740여 년 경에서 주전 700년 경까지 남 유다 왕국의 히스기야 왕 때부터 히스기야 왕을 포함하여 4명의 왕을 보좌하며 하나님의 말씀을 전했던 선지자였다.

이 이사야서 45장 1절에 나오는 기름 부음을 받은 고레스는 페르시아 초대 왕으로서 세계 역사에서는 사이러스(키루스) 왕으로 기록되어 있다. 바벨론의 느부갓네살 왕에 의해서 BC 586년에 남 유다 왕국은 멸망되었고 많은 남 유다 백성들은 바벨론에 포로로 끌려갔다. 이 바벨론 왕국을 멸망시키고 그 백성들을 원래 그들이 살던 유대 땅, 지금의 팔레스타인으로 귀환시키고 예루살렘 성전을 재건하도록 한 인물이 페르시아 초대 왕인 사이러스이다.[201]

이 사건이 인류 역사에 성취된 것은 남 유다 백성들이 하나님 말씀에 불순종한 것 때문에 예를 들어 이방인과 고아와 과부를 압제하거나 학대하지 말며 무죄한 피를 흘리지 말라 한 것[202]과 악한 길과 악한 행위에서 돌이키라[203] 하면서 끊임없이 선지자를 보내어 경고의 말씀을 보내었어도 이를 무시하고 듣지 않고 거역한 것[204] 때문에 칠십 년 동안 바벨론 포로생활을 겪도록 하고 그 후에 바벨론을 그들의 죄악으로 말미암아 영원히 폐허가 되게 하겠다고 선지자

200) 요한복음 3:3-8
201) 에스라서 1:1-3
202) 예레미야 22:3
203) 예레미야 23:22
204) 예레미야 25:4

예레미야에게 말씀한 것[205]을 하나님께서는 페르시아의 초대 왕인 사이러스를 통하여 성취시켰다.

이 사건이 인류 역사에 성취된 것을 보면 이사야 선지자가 이사야서 45:1-13절의 말씀을 받았던 때(바벨론 포로로부터의 귀환할 것에 대한 계시)로부터는 약 160-170년 후쯤 바벨론이 페르시아에 의해 멸망 당하고(BC 539년) 페르시아 초대왕 사이러스의 칙령으로 유대 백성들이 유대 땅으로 귀환하게 됨으로서 성취되었다. 예레미야가 하나님의 말씀을 받았던 때(바벨론에 포로로 끌려갈 것에 대한)로부터는 말하자면 예레미야서 25장 1-12절의 말씀을 받은 이후 약 이십여 년 후쯤에 남 유다가 바벨론에 멸망 당함으로서(BC 586년) 역사에 성취되게 된다.

이사야서 45장에 기록된 페르시아 초대 왕 사이러스는 기름 부음을 받은 사람 즉 왕이나 제사장 신분이라는 것이며 이름은 사이러스이고 "그가 나의 성읍을 건축할 것이며 사로잡힌 내 백성을 값이나 갚음이 없이 놓으리라"는 말씀은 바벨론에 포로로 끌려온 유다 백성을 해방시키겠다는 뜻이다.[206]

하나님께서는 때로는 이와 같이 신분과 이름 그리고 상황을 특정하여 예언하고 예레미야 선지자의 경고 메시지(렘 25:1-12)의 말씀으로부터는 이십여 년 후 남 유다가 바벨론에 의하여 멸망함으로서 그리고 이사야 선지자의 예언 계시로부터는 160-170년 후 바벨론이 멸망함으로서(페르시아에 의하여) 인류 역사에 성취됨을 통하여 백성들이 하나님의 존재를 깨닫고 깨어 기도하며 선지자의 하나님 말씀 대언에 대하여 귀 기울이도록 하시는 것이다. 이와 같이 이십여 년 후 혹

---

205) 예레미야 25:11-12

206) 이사야 45:1, 45:13

은 160-170년 후에 일어나게 되는 일을 그 이유와 그 일을 이루어 낼 인물의 신분과 심지어 이름까지를 특정해서 예언 계시를 하고 그것이 성취되는 것은 전능자가 계신다는 것을 알 수 있는 확실한 증거가 된다고 생각한다.

남 유다 왕국은 바벨론의 느부갓네살 왕이 BC 605년, BC 597년, BC 586년 3차에 걸쳐 침공하여 멸망하였다. 초기에(1차 침략 때 BC 605년) 바벨론으로 끌려간 다니엘은 당시 두루마리 형태로 기록되어 내려오던 말씀을 즉 지금의 구약성경 예레미야서를 읽고 칠십 년이 채워질 때 즉 곧 멀지 않아서 바벨론에서 해방되어 고토 유대 땅으로 돌아갈 것을 깨달았다는 것이다.[207]

세계 역사에는 BC 539년 바벨론을 정복한 페르시아의 초대 왕 사이러스가 BC 538년 칙령으로 유대인들을 그들이 살았던 고토로 돌아가게 하고 예루살렘 성전을 건축하게 함으로써[208] 예레미야의 예언 계시와 이사야의 예언계시가 성취되었다.

이스라엘 민족이 타민족 지배를 받고 살게 된 것은, 이사야와 예레미야 이전에는 모세 시대 BC 1,500여 년 이전에 이집트에 거주할 때였는데 그것은 BC 1,900여 년 전 이스라엘 족장 야곱이 기근으로 말미암아 이집트로 이민 간 이후 430년 동안 이집트 종살이를 거쳐 BC 1,500여 년 전 모세가 이스라엘 백성들을 이끌고 이집트를 탈출한 이후에는 없었다. 그렇기 때문에 영이 깨어 있으면서 기도하며 곁에는 당시 두루마리 형태로 내려오던 하나님 말씀 즉 지금의 구약성경이 놓여 있으면서 이를 읽었을 다니엘과 같은 대 선지자들은 자기가 어렸을 때 바벨론에 포로로 끌려온 시점을 알고 있었기 때문에

---

207) 다니엘 9:2

208) 에스라 1:1-3, 6:3-5, 역대하 36:21-23

다가올 미래 즉 바벨론 포로생활이 곧 끝날 것임을 깨달을 수 있었다는 것이다.

이러한 사실은 한편으로는 2023년 현재를 살아가는 우리도 하나님의 존재하심을 믿고 깨어 있으면서 성경 말씀을 읽어야 하는 이유이고, 아직 성취되지 않은 인류 역사의 마지막 사건인 예수님의 재림을 깨어 있고 준비하면서 맞이해야 하는 이유인 것이다.

이와 같이 선자자가 하나님의 말씀을 예언하고 또 그 예언의 말씀이 성취되는 말씀 이 두 가지는 짝을 이루는데, 이것은 하나님 존재하심의 증거가 된다. 이것은 하나님께서 존재하시고 인류 역사를 주관하고 개입하셔서 이끌어가고 있다는 강력한 증거이고 이렇게 하시는 이유는 하나님은 하나님의 종 선지자들을 통하여 끝없이 경고하는 예언의 말씀들과 그리고 예언으로 계시하는 말씀들이 틀림없이 실현되므로 하나님의 말씀에 순종하라, 그리고 깨어 있어라, 준비하고 있으라는 뜻이 담겨 있다고 필자는 생각한다.

다만 인간의 시간으로 "몇 년 몇 월 며칠에 이 경고의 말씀이 실현되니까 그렇게 알고 단단히 마음먹고 대비해라" 하는 식으로, 예를 들어 계속 하나님의 경고의 예언 말씀을 무시하고 거역하면 정확하게 몇 년 몇 월 며칠 바벨론을 사용해서 유다 왕국을 멸망시키고 바벨론으로 포로가 되어 끌려가게 할 테니 그렇게 알라는 형태로 말씀하지 않는 것은 아마도 선지자들도 항상 깨어 있고 백성들도 깨어 있어 백성들은 선지자가 하나님 말씀을 전하는 것에 순종하도록 하고 백성들 스스로 깨어서 살아가도록 하려는 데 그 뜻이 있지 않나 생각된다. 또 이렇게 인간의 시간으로 시간을 특정해서 예언, 경고의 말씀을 하게 되면 참으로 고약한 인간들의 품성을 볼 때 주어진 그 시간까지는 하나님을 떠나 자기 마음대로 살면서 하나님을 경외하지 않을 것이기 때문이라는 생각이 든다.

즉 그 날 징벌의 날까지는 깨어 준비하지 않으면서 제멋대로 살아갈 것이다. 그리고 비록 하나님의 경고의 말씀일지라도 거듭거듭 경고의 예언의 말씀을 하는 것은 백성들이 자유의지로 스스로 하나님의 말씀에 순종하는 것을 선택하게 하는 의미가 내포되어 있다고 필자는 생각한다.

전능하신 하나님께서 단번에 겁을 주어 강압적으로 순종하게 할 수 있기 때문이다. 하나님께서 시공간을 초월하여 존재하시는 모습을 살펴보면 유대인들이 바벨론 칠십 년 포로생활에서 해방되는 것이 계시된 것은 BC 740-700년 경에 활동한 이사야에게(사 45:13) 그리고 그 말씀이 응한 것은 주전 539년 바벨론을 정복한 페르시아의 초대 왕 사이러스에 의해서였다. 그리고 바벨론으로 끌려갈 것에 대한 예언 계시는(BC 605년, BC 597, BC 586년 3차에 걸쳐 바벨론으로 끌려감) 이사야보다 130년 정도 늦은 시기에 활동했던(주전 620-590년 경) 예레미야에게 내려졌다. 이것은 바벨론 포로생활 기간 70년과 이사야는 예레미야보다 최소한 130년 이상 앞선 시대에 살았던 인물임을 감안할 때 하나님은 참으로 인간의 시간 개념과는 전혀 상관없이 항상 현재로 존재하시는 분임을 깨닫게 해준다.

필자가 하나님께서 거듭된 경고의 말씀을 하는 것은 자유의지로 하나님 말씀에 순종하게 하려는 뜻과 깨어 있고 준비하도록 하는 뜻이 담겨있다고 주장하고 있는데 이에 대하여 성경에서 따로 말씀한 부분이 없어서 성경 전체에서 하나님의 역사하시는 방법을 연구해 보고 매우 인격적으로 인류 역사와 개인 역사에 개입하여서 인간의 시간관념으로 지극히 구체적인 시간을 특정하여 예언의 말씀을 주시지 않는 것에 대하여 언급한 부분이 없기 때문에 깨닫게 된 것을 이야기하는 것이다. 그나마도 바벨론 포로생활 70년이 차면 고토로 돌아오게 할 것이라는 말씀[209]은 기한이 언급되어 있어서 비록 이스라엘 백성들이 하나님 말씀에 불순종하여 고난을 당하는 중에서라도 하나님은 이스라엘 백성들을 영원히 버리지 않으신다는 것을 알게 하도록 희망을 잃지 말고, 다시 말하면 불순종에 대한 징계는 하지만 낙담하지 말고 살라는 뜻이 담겨 있다고 본다.

이스라엘 백성 중에서 구약 시대에 영이 깨어 있었던 선지자들은 당시에는 두루마리 형태로 기록되었던 하나님의 말씀을 읽고 미래에 다가오는 일들을 깨닫게 되었을 것이다.

선지자 예레미야는 이스라엘의 남 유다 왕국에서 이스라엘 백성들이 하나님께 불순종함으로 말미암아 바벨론으로 포로로 끌려가기 전 수십 년에 걸쳐서 남 유다 왕국 요시아 왕의 통치 중반부터 예언 활동을 시작하여 여호아하스, 여호야김, 여호야긴 그리고 멸망 당시의 시드기야 왕 때까지 예언활동을 하였다(BC 620-590년 경 활동).

그는 하나님의 말씀을 전하면서 임박한 환난을 경고하는 파수꾼의 사명을 감당해야 했던 역할 때문에 특히 왕의 환심을 사기 위해 바벨론으로 끌려가지 않을 것이라 예언을 하는 거짓 선지자들의 미움을 사서 많은 고초를 겪기도 하였지만 끝내 사명을 감당해냈던 선지자였다.

구약 시대 이사야, 예레미야, 에스겔, 다니엘과 같은 대 선지자들과 호세아로부터 말라기까지의 많은 소 선지자들까지 예수님께서 이 땅에 오시기 전 선지자들의 예언의 말씀들을 세밀하게 살펴서 읽어보면 예수님께서 이 땅에 오시는 모습들이 시편 22편 등 시편

209) 예레미야 29:10

여러 곳과 선지서 이사야,[210] 예레미야,[211] 미가,[212] 스가랴[213]에 파편적으로 예언되어 있다.

그리고 신약시대에 들어와서 위대한 선지자 세례 요한은 잠시 의혹은 가졌었지만 자기보다 6개월 늦게 이 땅에 오신 예수님이 구약의 선지자들이 오시리라 예언한, 즉 선지서들에 파편적으로 예언되어 있는 하나님의 고난 받는 종으로 오시는 분으로, 특히 이사야서 53장의 말씀을 성취하기 위해 오신 메시아임을 알아보았다. 세례 요한은 영이 깨어 있었음을 말해 준다(마 3:3).

예수님은 장남이었고 동생들 야고보, 요셉, 시몬, 유다는 예수님이 하나님의 고난받는 종으로 오신 인류의 구세주 메시아 되심을 한 가족이었기 때문에 예수님께서 십자가에 달리시고 부활하시고 승천하시기 전에는 하나님이셨지만 또한 우리와 동일하게 육신을 입고 온 완전한 사람으로서 오셨기 때문에 더 믿기가 어려웠을 것이다.[214] 그 형제 중에서 야고보는 나중에는 형님이신 예수님이 보통의 사람들과는 전혀 다른 분임을 깨닫고 즉 하나님의 고난받는 종으로 오시는 이사야 53장을 이 땅에서 성취하기 위해 오셨다는 것을 깨닫고 야고보서를 남겼으며, 그 야고보서에서 "하나님과 주 예수 그리스도의 종 야고보"라고, 예수님을 형님이라 하지 않고 야고보 자신을 '예수님의 종'이라고 표현하고 있다.[215]

---

210) 이사야 7:14, 8:13-15, 9:1-2, 6-7, 11:1-2, 11:10, 28:16, 42:1-4, 53장
211) 예레미야 23:5-6, 33:15
212) 미가 5:2-4
213) 스가랴 9:9
214) 요한복음 7:3-5
215) 야고보서 1:1

또 다른 육신의 동생 유다도 같은 입장을 취하고 있다.[216] 다른 동생들은 기록이 없으므로 알 수 없고 어머니 마리아는 예수님이 열두 살 때 유월절이 되어 예수님 부모와 함께 예루살렘에 올라갔다가 예수님을 잃어버리고 찾은 후의 대화[217]를 보면 아들 예수가 보통 사람들과는 전혀 다르다는 것을 느꼈을 것이다. 누구보다도 어머니 마리아는 본인의 임신과 출생의 비밀을 아버지보다 더 잘 알 수 있었을 것이고, 잃어버렸을 때 찾으려면 예루살렘 성전으로 오면 되었을 것이라 하였는데, 이에 대한 표현을 '아버지 집'이라고 한 것을 보면 즉 예루살렘 성전을 '아버지 집'이라고 얘기한 것을 듣고 예수님이 열두 살 되었을 때였는데 예사로 듣고 넘겼을 리가 없다.

그래서 나중에 예수님께서 서른이 넘어 가나의 혼인 잔치에 어머니 마리아와 함께 초대를 받고 하신 말씀을 보면 마리아는 그 혼인집에서 포도주가 떨어지자 "예수님께서 무어라 하든지 그대로 하라"고 하셨다[218]. 즉 예수님은 인간이 상상하지 못할 정도로 불가능하게 여겨지는 것도 할 수 있는 전능하신 분이라는 것을 알았기 때문에 이렇게 말씀하셨을 것이다.

세례 요한은 구약의 선지자들로부터 내려오는 즉 예언의 성취로 오실 그 이가 예수님임을 알아본 대단한 선지자로서 다만 다른 사람을 기다려야 할지 물어본 것을 보면 백 퍼센트 확신은 갖지 못했으나[219] 이사야 53장의 고난 받는 종으로서 오시는 메시아임을 거

216) 유다서 1:1

217) 누가복음 2:41-51, 아버지 요셉은 아들 된 예수님에 대한 언급이 없지만 어머니 마리아는 마음에 두었다는 것이다.

218) 요한복음 2:1-5

219) 마태복음 11:3

의 감지했던 것이 확실한 것 같다. 그것은 예수님도 세례 요한을 "여자가 낳은 자 중에서 가장 큰 사람 즉 대단한 선지자"라고 말씀하신 것[220)]을 보면 알 수 있다.

우리 크리스천들은 예수님을 하나님과 동일시 하는데 그 이유 중에 하나가 이사야서 53장에서 고난받는 종으로 오시는 메시아의 말씀을 받은 이사야는 본인이 이사야서 9장 6절의 말씀을 하나님으로부터 받았기 때문이다.[221)] 그 태어나는 아기가 전능하신 하나님이라고 하나님으로부터 말씀을 받았기 때문이다. 그래서 하나님과 예수님을 동일시하는 것이다. 더 상세한 것은 본서 "삼위일체에 대하여"를 참고하면 좋을 것 같다.

마. 하나님의 존재하심에 대한 확실한 증거로서의 신약성경 4복음서

신약성경의 4복음서의 사실성은 하나님의 존재하심에 대한 확실한 증거가 된다.

신약성경의 4복음서인 마태복음, 마가복음, 누가복음, 요한복음에 나오는 예수님의 행적들을 살펴보면 세 명의 죽은 자를 살리신 사건, 물 위로 걸으신 것, 물을 포도주로 바뀌게 한 사건, 각종 병자, 정신병자, 귀신들린 자들을 고치신 사건 등의 사실성이 하나님의 존재 즉 전능자의 존재와 이와 같이 전능자가 아니면 할 수 없는 것을 하신 예수님이 바로 전능자이심을 말하고 있다.[222)] 아무도 하지 못

220) 마태복음 11:11
221) 이사야 9:6
222) 이사야 9:6, 요한복음 15:24

한 일을 한 것을 보고 '아버지를 보았다'고 하셨다. 즉 사람으로서는 불가능하게 보이는 일들을 한 사람인 예수님을 스스로 하나님이라 하신 것이다(요 15:24).

예수님이 이 땅에 오신 사건과 십자가에서 달려 죽으신 사건은 구약에서 언급된 많은 예언의 성취이기도 하지만 구약성경 이외에도 당시 로마에 귀순한 유대인 역사가 요세푸스의 기록에도 예수님의 십자가 처형사건이 기록되어 있으며 마태복음, 마가복음, 누가복음, 요한복음에는 같은 사건이 중복되어 거의 비슷하게 기록되어 있다. 동일한 사건이 두 번, 심지어 세 번에 걸쳐서 다른 사람의 손을 거쳐 기록되어 있는 것은 사건의 사실성과 정확성을 말해주고 있다.

누가복음의 저자 누가는 의사로서 고도의 정밀한 기능을 요하는 과학자의 관점에서 누가복음을 기록하면서 여러 사람이 기록하고(눅 1:1-2) 누가 자신도 근원부터 자세히 미루어 살펴서 쓴 기록이라고 하고 있다.[223] 즉 들은 것을 대충 기록한 것이 아니라는 것이다. 의사는 암 수술을 할 때 대충 칼로 적당히 잘라내는 것이 아니다. 최소한의 범위 내로 정밀하게 잘라내는 것이다.

이와 같이 여러 명의 기록과 자세히 살펴서 그것도 중복해서 동일한 사건이 조명되어 기록되어 있는 것[224]이 그 기록의 사실성과

---

223) 누가복음 1:1-3

224) 나병 환자를 고치심: 마태복음 8:1-4, 누가복음 5:12-14
안식일에 손 마른 사람을 고치심: 마태복음 12:9-13, 누가복음 6:6-10
맹인 바디매오가 고침 받음: 마태복음 9:27-31, 마가복음 10:46-52, 누가복음 18:35-43
중풍병자를 고치심: 마태복음 9:1-8, 누가복음 5:17-26
백부장의 종을 고치심: 마태복음 8:5-13, 누가복음 7:1-10
떡 5개, 물고기 2마리로 5,000명에게 먹이고 남은 것은 12광주리에 차도록 거둠:
마가복음 6:30-44, 누가복음 9:10-17, 요한복음 6:1-13
떡 7개, 작은 생선 두어 마리로 4,000명에게 먹이고 남은 것은 7광주리에 차도록 거둠:
마태복음 15:32-38, 마가복음 8:1-9

정확성을 말해주고 있고 믿을 수 있는 기록들임을 말하고 있다. 그리고 그 기록들은 그러한 기적을 행하신 예수님 자신이 하나님이시며 또한 하나님의 존재가 있음을 강력하게 뒷받침하고 있다.

바. 불교사상과 무슬림 신앙 그리고 중국 고대 철학 사상가들과 하나님

예수님은 30세쯤부터 공적인 사역을 시작하셨는데 그 전에 벌써 구약성경에 통달해 있었다. 예수님께서 말씀을 하실 때 구약성경 말씀을 인용하신 것이 4복음서에는 많이 나온다. 일부 불교도 가운데 예수님께서 12세 이후 30세 이전까지의 행적에 관한 내용이 성경에도 없고 다른 역사서에도 없어서 인도 나란다에서 유학을 했다고 주장하는 사람이 있는데 이는 전혀 근거가 없는 얘기이다. 이렇게 되면 인도 나란다에서 당시 두루마리 형태로 내려오던 하나님 말씀인 구약성경을 공부했다는 얘기가 되는데 이는 전혀 설득력이 없다. 다만 2,000여 년 전 인도에서 보아서는 서쪽 지방에서 온 이사라는 유학생이 있었는데 그 사람이 예수님이라고 주장하는 것 같다. 인도뿐만 아니라 중동 지역 가운데 터키 같은 곳에서도 예수님을 이사라고 부르는 곳이 있는데, 지역적으로 떨어져 있다 보니 발음이 비슷하게 바뀔 수도 있을 것이다. 중국까지 오게 되면 야소라고 발음하게 되는 것처럼 발음이 바뀔 수도 있다.

이 지점에서 필자가 생각하는 바가 있어 그동안 이 견해에 대하여 여러 가지 생각해온 것을 피력하고자 한다.

첫째, 4복음서에 예수님 3년 반 공 사역 활동 중에 인도라는 말이나 석가모니라는 인물에 관한 언급이 전혀 없다는 것이다. 만약 한국의 대학 교수가 미국에서 박사학위를 받고(예를 들어 물리학 교수라고 가정한다면) 한국에서 학생들을 가르칠 때 미국이라는 말과 아인슈타인이라는 인물에 대한 언급을 과연 한 번도 하지 않을 수 있을까. 이것은 거의 불가능할 것이다.

둘째, 4복음서에서 인도라는 말, 석가모니라는 말, 그리고 인도의 기후 생활 습관 등에 대한 한마디의 말도 없다는 것은 예수님께서 유학을 하지 않았거나 유학을 하고도 한 마디도 하지 않으셨다면 필자는 예수님은 '인간이 불가능한 것을 할 수 있는 하나님'이라는 것이 증명된다고 보는 것이다.

필자가 이해하고 있는 불교사상에 대하여 간략하게 피력하고자 한다. 필자가 30여 년 전 40대 초반에 당시 불교 조계종의 지금은 작고 하신 초우 스님(당시 총무원장)을 비롯한 스님들과 함께 인도를 방문한 적이 있었다. 2,300년 전 인도 아쇼카 대왕 때부터 북인도 나란다 지역에 세워진 나란다 불교대학 유적지와 그 근처 바이샬리를 지날 때 그 지방의 원숭이가 석가모니를 존경해서 꿀을 대접하였다고 불교 경전에 기록되어 있어 확인해 달라고 해서 당시 인도 가이드에게 물었더니 그런 사실이 없다는 것이었다. 그 가이드가 한참을 생각하더니 원숭이는 이기적인 동물이라 자기 먹을 것을 사람에게 절대 주지 않는다고 하면서 그런 사실이 없다는 것이다.

우리가 아는 대로 인도의 카필라바스투국의 왕자였고 왕비 야소다라 그리고 아들 라훌을 두고 있었던 석가모니를 생로병사의 문제를 수행을 통해서(본인이 알려고 추구했던 문제) 그 문제를 깨달은 사람으로 인식해야 한다는 것이다. 물론 하나님은 원숭이에게 위협을 가하지 않고도 스스로 자기가 먹을 꿀을 사람에게 바치게 하실 수 있다. 석가모니는 인간 삶의 근본적인 문제를 삶에 따르는 고통의 문제로 보았다. 그래서 인간에게 필수적으로 다가오는 생로병사(生老病死), 즉 태어나서 늙고 병들고 죽는 이 문제를 해결하고자 왕자의 신분을 버리고 수행에 들어가 6년의 각고의 수행 끝에 깨달음을 얻게 되었다고 하고 있다.

그 깨닫게 된 것 가운데 사성제 팔정도라 하여 사성제는 고집멸도(苦集滅道)라 해서 인간을 포함한 모든 존재는 불완전하고 괴로움이 있다(苦), 그 괴로움에는 원인이 있다(集), 그 원인을 알면 그 괴로움을 없앨 수 있다(滅)고 하면서 그 괴로움을 없애는 방법을 8가지로 들었다(道). 그 8가지는 정견(正見) 올바르게 보고 깨닫고, 정사유(正思惟) 올바르게 생각하고(탐욕과 어리석음과 번뇌를 버리고 불교에서는 이를 탐진치라 하여 이를 버려야 한다고 강조한다), 정어(正語) 올바르게 말하고(쓸데없는 말, 이간질, 욕, 거짓말 등을 하지 말고), 정업(正業) 올바르게 행동하고(불륜, 도둑질, 살생 등을 하지 말고), 정명(正命) 올바르게 돈을 벌고(기만, 사기, 점술 등 부정한 생활을 하지 말고), 정정진(正精進) 힘써 선(善)을 향해 용기를 가지고 나아가려고 노력하고, 정념(正念) 올바른 생각을 마음에 간직하고(반성하는 마음가짐을 가지고), 정정(正定) 올바르게 마음을 집중하고 선택해서 정신 통일하여 지속하는 이 여덟 가지이다.

1980년대와 1990년대에 걸쳐 우리나라에서 존경받는 불교계의 큰 스님으로 성철 스님을 들 수 있다. 비단 불교 신자가 아니더라도 우리나라 불교계의 가장 큰 종단인 조계종 종정을 지냈기 때문이 아니라 일제 강점기에 우리나라 산하의 큰 사찰을 점하고 있었던 대처승(아내가 있는 승려로서 일제강점기 36년 중에 일본의 영향 때문에 상당히 많은 사찰에 아내와 같이 살면서 생활하는 스님들이 많이 있었다)을 몰아내고 전국의 산문을 수행처로 되돌리는 노력을 한 것은 물론 본인 스스로도 8년 이상을 장좌불와라 하여 눕지 않은 상태에서 모든 사람과의 접촉을 끊고 수행을 한 유명한 일화 때문에 널리 알려졌다. 그리고 살아 있을 때 불교계에서 '살아 있는 부처'로 모두가 존경한 인물로 여러 사람이 그의 가르침을 듣고자 하였다.

그가 종정으로 취임할 때는 항간에서 모두가 다 아는 "산은 산이요 물은 물이로다"라는 말씀을 해서 더욱 유명해지게 되었다. 필자도 당시에는 회심하기 이전이라 반야심경을 외웠고, 성철 스님 전기와 청담 스님 전기를 읽었다.

성철 스님은 여러 사람으로부터 한 말씀 해주기를 부탁받은 자리에서 여러 번 자기 말에 속지 말라고 말씀하셨는데 이 인터뷰에서 하신 말씀은 필자도 유튜브에 떠도는 것을 보았기 때문에 알고 있는 내용이었다.

성철 스님이 열반송(불교계에서 큰 스님이 돌아가실 때 속세에 남아 있는 중생들에게 시나 산문 형태로 남기는 말씀)으로 남긴 시에는 이런 내용이 있다.

한평생 남녀의 무리를 속여서 미치게 했으니
하늘에 가득한 죄업이 수미산보다 더 크도다.
산 채로 무간지옥에 떨어지니 한이 만 갈래라
태양이 붉은 빛을 토하면서 푸른 산에 걸렸다.

수미산은 인도 북서쪽 끝에 있는 카일라스산(해발 6656m)을 말한다.

生平欺狂男女群 (생평기광남녀군)
彌天罪業過須彌 (미천죄업과수미)
活陷阿鼻恨萬端 (활함아비한만단)
一輪吐紅掛碧山 (일륜토홍괘벽산)

이 내용은 1993년 11월 5일자 조선일보 15면에 실린 글을 옮겨온 것이다. 그리고 성철 스님은 돌아가시기 전에 그는 자신이 본 영적 세계에 대하여 석가모니와 달마 그리고 석가모니를 따라다녔던 제자 가섭과 아난에 대한 말씀을 시로 표현한 바 있으나 내용이 당황스러워 본 책자에서는 싣지 않기로 하였다.

성철 스님이 시로서 이와 같이 묘사한 것은 보지 않고는 이러한 모습을 얘기할 이유도 없고, 또 묘사할 수도 없는 모습이기 때문에 이러한 모습은 지옥에서 본 모습을 설명한 것으로 볼 수밖에 없을 것이다.

성철 스님은 결혼해서 딸 하나를 두고 있었는데 돌아가시기 전에 자기가 잘못했다고 고백하였다는 기사를 읽어 본 일이 있었다. 육신의 아버지로서 너무나 당연한 고백이었을 것이고 딸의 행복을 챙겨주지 못하고 고통스러운 삶을 안겨주었고, 무엇보다도 영혼을 미몽으로 이끈 것에 대하여 회한이 컸을 것이다. 부인도 나중에 승려가 되었다고 하는데 부인에 대하여는 돌아가시기 전까지 아무런 얘기가 없었다. 하지만 출가한 이후 가까운 가족 즉 본인의 부모와 딸, 처가의 장인 장모님과 아내에 대한 죄송한 마음이야 오죽했었겠는가?

어쩌면 자기의 스승과 같이 극도의 고통스러운 수행과정을 통해서 끝없이 자기의 양심에 파고드는 죄송스러운 마음을 잊고자 했던 것이 아니었을까? 아무튼 그러한 수행을 위하여 인간적인 생각으로 하게 되는 온갖 육신적인 고통을 통해서는(수행이라 해도 좋고) 하나님께 나아갈 수가 없음이 다시 한번 성철 스님의 삶과 그가 본 지옥의 모습을 통해서 깨닫게 된다.

어쩌면 성철 스님은 돌아가시기 전에 그가 말한 대로 뭇 중생을 속여온 것을 임종을 앞두고 지옥에서 본 것을 솔직하게 그대로 전해줌으로써 마지막으로 그가 지은 죄업을 씻고자 했을 수도 있었을 것이다.

만약 한때 필자가 잘못 판단하여 결혼한 후 자녀가 있는 상태에서 출가한 후 수행과정에서 엄청난 양심의 고통을 받았다면 필자는 틀림없이 가족의 품으로 즉 양심이 이끄는 대로 돌아오지 않았을까 생각하게 된다.

석가모니와 성철 스님의 이와 같은 수행은 인간 지능의 수천억 배도 넘는 전지전능한 하나님의 존재를 인정하지 않음으로써 겪게 되는 크나큰 비극의 하나일 것이라는 생각이 든다. 하나님은 끝없이 너희 인간들의 힘과 지혜로서 할 수 있는 것이 아무것도 없으니 하나님께 의지해서 그 해답을 찾으라고 하는데도 어리석은 인간은 끝없이 자기가 그 해답을 찾으려고 하는 것이다. 이렇게 하게 되는 이유는 인간 삶의 근본 문제를 인간 삶에 따르는 고통으로 보고 이를 해결하고자 하는 데서 출발하였기 때문이다.

그래서 인간 삶의 근원적인 문제는 전능하신 하나님 앞에서 죄악된 삶을 살아가고 있는 죄의 문제로 보고 그 죄악 된 삶을 해결하기 위해 진실로 회개함을 통하여 하나님 앞에 나아가는 길이 진리를 따라가는 길이라고 하겠다. 그래서 예수님은 자신의 몸을 하나님 앞에 우리들의 죄사함을 위해 대속제물로 스스로 내어 놓았다.

근래에 들어와 중동 지역과 중앙아시아 지역에서 많은 무슬림 근로자들이 우리나라에 들어와 그들을 위한 예배처소가 곳곳에 세워져 있는 것을 보게 된다.

오래전 필자가 대구에 있는 개신교회 성도들과 터키 성지순례를 다녀올 때의 일이다. 터키에서 일행이 탄 대형 관광버스가 급브레이크를 밟는 바람에 하마터면 다른 차량과 충돌하여 큰 사고가 일어날 뻔했었다.

다행스럽게 다친 사람이 별로 없어 현지 가이드를 통해서 버스

기사가 우리 일행에게 사과를 했으면 좋겠다고 하였으나 묵묵부답이었다.

그래서 화도 좀 났고 해서 재차 다그쳤더니 그 버스 기사가 "인샬라"라고 한다는 것이다. 즉 '알라의 뜻'이라고 했다는 것이다. 너무 황당하고 기가 막혔다. 죄송하다고 말하고 좀 더 조심해서 운행하도록 하겠다고 얘기하면 될 것을…. 어쩔 수 없이 참고 넘길 수밖에 없었다.

그리고 가이드는 그들의 문화 속에는 사과를 하게 되면 배상책임이 따르기 때문에 그렇게 한다는 것이다. 이러한 문화는 참으로 옳지 않다는 생각이 들었다.

꾸란에는 구약성경에 나오는 많은 인물들과 그 행적들이 기록되어 있다. 그래서인지 마호메트교의 창시자가 받았다고 주장하는 그 계시의 말씀들은 계시를 받은 것이 아니라 그 당시의 많은 사람으로부터 구약성경을 베꼈다는 말을 들었던 것 같다. 꾸란의 몇몇 구절들은 우리 크리스천들은 물론 일반인들로서도 참으로 수긍하기 어렵다.

3. 이므란가의 장 〈메디나 계시 전 200절〉

47 그녀가 "주여, 아직 누구도 저를 다치질 않았는데 어찌 저에게 애가 생기겠습니까"라고 말하니…

59 알라의 눈으로 보면, 예수는 아담의 경우와 같다. 알라께서는 그를 흙으로 빚어 만들어 놓고 그것을 보고 '되라'고 말씀하셨더니 정말로 그는 그렇게 되었다.

84 말해 주어라. 우리들은 알라를 믿고 우리들에게 주어진 것 아브라함, 이스마엘, 이삭, 야곱 및 여러 종족에게 주어진 것, 또 모세, 예수 및 예언자들을 믿습니다. 우리들은 이들 중 누구도 차별을 하지 않습니다.

여기에서 이므란은 예수님의 어머니 마리아의 친정 아버지를 말한다.

4. 여인의 장 〈메디나 계시 전 176절〉

34 남자는 여자보다 우위에 있다.

57 그리고 믿음을 갖고 모든 일에 선을 행하는 사람들이라면 아래에 냇물이 흐르는 낙원으로 들어가 거기서 영원히 살게 할 것이다. 그곳에는 청순한 처가 몇이고 있다…

5. 식탁의 장 〈메디나 계시 전 120절〉

72 "신은 즉 마리아의 아들, 구세주이시다"라고 하는 자는 이미 믿지 않는 자이다. 그러나 구세주(메시아)는 말하고 있지 않는가. 이스라엘 자손들아, 내 주 이면서 너희들의 주 이신 알라를 숭배하라. 알라와 나란히 다른 어떤 것을 숭배하는 자에게 알라께서는 낙원으로 들어가는 것을 금하셨다. 그가 살 곳은 지옥의 불이다. 불의의 무리에게는 아무도 도울 자가 없다.

73 "참말로 알라는 세 분 중의 한 분이시다"라고 하는 자는 이미 믿지 않는 자이다. 한 분의 알라 이외에 딴 신은 없다…

75 마리아의 아들 메시아는 단지 사도에 지나지 않는다.

이처럼 삼위일체 개념과 예수님의 신성을 부인하고 있는 모습이 나타나 있다. 실제로 7세기 경에는 아라비아 반도에 기독교 이단들이 많이 살고 있었다.

7. 고벽의 방 〈메카 계시 전 206절〉

54 진실로 너희들의 주는 알라이시며 하늘과 땅을 6일 동안에 만드신 분, 옥좌에 올라 밤으로 낮을 둘러싸고 낮으로 하여금 서둘러 밤을

좇게 하며, 또 해도 달도 별도 명령대로 구사하시는 분이시다…

9. 회개의 장 〈메디나 계시 전 129절〉

5 그런데 신성월이 지났으면, 다신교도를 발견하는 즉시 죽여라. 잡아라. 억류하라…

이와 같이 폭력적인 모습도 나타난다.

30 유대교도는 '신의 아들인 에즈라'라고 말하며 그리스도 교도는 신의 아들인 그리스도라고 말한다…알라께서 그들을 토벌해 주시었으면 좋겠는데…

31그들은 알라를 따돌리고 자기들의 율법학자나 수도사를 또 마리아의 아들 그리스도를 주로 숭배하고 있다. 그들에게는 유일한 신을 숭배하라고 그렇게 명령하였는네노…

이 부분에서 유대교도나 그리스도 교도들에 대한 적대감이 나타난다.

11. 후드의 장 〈메카 계시 전 123절〉

7 알라께서는 하늘과 땅을 6일간에 만드신 분이시고, 그 옥좌는 너희들 중 누가 제일 훌륭한 행실을 하는가를 시험하기 위해 물 위에 있었다(구약성경 창세기 1:1-2 참조)

16. 꿀벌의 장 〈메카 계시 전 128절〉

103 그들이 "보통의 인간이 그에게 가르치는 것뿐이다"라고 말하고 있는 것을 우리들은 알고 있다…

꾸란은 긴 세월에 걸쳐서 그때의 정세에 따라 계시되었기 때문에 이전에 계시된 것을 후의 새로운 계시가 이를 전적으로 부정하는 모습도 나타난다. 메카 사람들 중에는 무함마드가 정말 알라로부터 계시를 받은 것이 아니고 성서를 잘 알고 있는 외국인의 가르침을 받았다고 하는 사람들이 많이 있었던 것 같다.

19. 마리아의 장 〈메카 계시 전 98절〉

19 그는 말하였다, '나는 단지 주께서 보낸 사람이다. 너에게 청정한 아들을 주기 위해서'

20 그녀는 말하였다. '누구도 저에게 손을 댄 일이 없고 음탕한 여자도 아닌데 어떻게 제가 아들을 갖게 되겠습니까?'

21 그는 말하였다. "그렇구나, 그러나 주께서는 내게는 쉬운 일…"

24. 빛의 장 〈메디나 계시 전 64절〉

45 알라께서는 모든 동물을 물로 창조하시었다.

29. 거미의 장 〈메카 계시 전 70절〉

48 그대는 이 경전(꾸란)을 받기까지 어느 경전을 읽거나 또 오른손으로 베낀 적도 없다.

그렇기 때문에 이 점을 거짓된 허황한 자들은 의심들을 한다고 기록된 부분이 있는데, 이것은 유대교인이나 기독교인의 흉내를 낸 것이 아니라는 뜻인 것 같다.

38. 사드의 장 〈메카 계시 전 88절〉

52 그들 옆에는 같은 나이 또래의 눈을 내리감은 처녀들이 시중을 든다.

53 이것이 청산의 날에 너희들에게 약속된 것이다.

44. 연기의 장 〈메카 계시 전 59절〉

54 이렇게 하여 우리는 그들에게 눈이 크고도 흰 살결의 처녀와 짝짓게 해준다.

52. 산의 장 〈메카 계시 전 49절〉

20 우리는 살결 희고 눈이 큰 처녀들을 그들의 아내로 삼아주리라.

55. 자비로운 어른의 장 〈메카 계시 전 78절〉

56 그 곳에는 그들 이전에 인간이나 영마도 범한 일이 없이 처녀가 눈길을 숙이고 있다.

70 그 곳에는 보기에 아름다운 처녀들이 있다.

72 천막 안에는 쌍꺼풀진 눈동자를 가진 아름다운 여인이 숨어 있다.

74 이제까지 인간이나 진도 다 같이 그녀들에게 손댄 일은 없다.

76 그들은 초록빛 요와 아름다운 주단 위에 몸을 뉘고 있다

56. 사건의 장 〈메카 계시 전 96절〉

22 눈이 크고 빛깔 흰 정숙한 처녀도 있다.

23 그녀들은 마치 감추어진 진주와 같다.

24 이것이 그들의 소업(所業)에 대해 상으로 주어진 것

35 우리는, 그녀들을 새로 배우자로 만들어 놓았고

36 순결한 처녀로 만들어 놓았다.

37 비슷한 나이 또래의 귀여운 여인으로 해 놓았다.

38 이것들은 오직 오른쪽에 있는 자에게 짝맞춰 주기 위해서다.

오른쪽에 있는 자들은 천국에 있는 자들을 말한다.

41 왼쪽에 있는 자들은 얼마나 불행한 자들이뇨!

42 지옥의 불길과 펄펄 끓는 열탕과

43 검은 연기 그늘 밑에 있어서

44 서늘함도 즐거움도 전혀 없다.

61. 대열의 장 〈메디나 계시 전 13절〉

6 마리아의 아들 예수가 "오 이스라엘의 아들들이여, 진실로 나는
너희 있는 곳에 파견된 알라의 사도인 것이다. 나보다 먼저 내려진 율법
을 확정하고, 또 나보다 나중에 아흐마드란 이름의 사도가 오는 걸 예
고하는 자다"라고 말하고…(여기서 아흐마드란 무함마드 즉 마호메트교 창
시자를 말한다.)

72. 진의 장 〈메카 계시 전 28절〉 23

알라와 그의 사도에 대한 내용으로 당혹스러워 본 책자에 싣지 않기로 하였다.

78. 소식의 장 〈메카 계시 전 40절〉

33 젖망울이 볼록한 비슷한 나이 또래의 처녀들도 있고,

34 술잔은 넘칠 만큼 채워진다.

36 이거야말로 알라의 상, 선물이다. 청산이다.

80. 미간을 찡그린 자의 장 〈메카 계시 전 42절〉

18 알라께서는 어떤 것으로부터 인간을 창조하셨는가?

19 한 방울의 정액으로 인간을 만드시고, 조화되도록 하셨으니…

사람을 흙으로 만들었다, 정액으로 만들었다, 모든 동물은 물로 만들었다 등 이와 같이 모순되는 내용들이 많이 나타난다.

93. 아침의 장 〈메카 계시 전 11절〉

10 고아를 괴롭히지 마라.

11 거렁뱅이를 꾸짖지 마라.

이와 같이 가난하고 힘든 자에 대한 좋은 메시지도 나타나 있지만 참으로 진실한 크리스천이 아니고 일반인이라 하더라도 받아들이기 힘든(특히 여성들에게는) 내용이 꽤나 많이 산재해 있다.

2022년 9월 이란에서 히잡을 쓰는 문제로 젊은 여성을 죽여서 온 나라가 시끄러운 상황은 참으로 다시는 이런 일이 일어나지 않아야 하겠다.

공자는 한 번은 제자들로부터 진지한 질문을 받게 되었다. 사람이 죽은 후에는 어떻게 되는지에 대한 것이었다. 공자가 이에 대하여 살아 있는 삶에 대하여도 다 모른다고 하시고 죽은 이후의 삶에 대하여 모르겠다고 솔직하게 털어 놓았다는 얘기는 많은 사람이 알고 있는 내용이다. 그리고 나이에 따라 살아가는 데 필요하고 중요한 덕목에 관하여 그의 저서 《논어》에서 다음과 같이 말했다.

나는 열다섯 무렵에 학문에 뜻을 두었다(吾十有五而志于學, 오십유오이지우학). 삼십의 나이에 뜻을 세웠다(三十而立, 삼십이립)(세상에서 무엇을 하며 살 것인지 뜻을 세웠다는 것이다. 즉 삶의 방향에 대하여 뜻을 굳혔다는 것이다.) 나이 사십이 되니 혹하지 않았다(四十而不惑, 사십이불혹). 나이 마흔이 되니 세상의 온갖 유혹에 마음이 흔들리지 않게 되었다. 나이 오십에서야 하늘의 뜻을 알게 되었다(五十而知天命, 오십이지천명). (즉 하늘의 이치, 세상살이의 이치 그리고 기독교적 관점에서 말하면 하나님의 뜻을 알았다는 것이다. 텅 빈 공간인 무생물의 존재로서의 하늘이 아니라, 의지를 가진 존재로서의 하나님을 염두에 두고서 한 고백일 것으로 생각된다.) 나이 육십이 되어서 귀에 들리는 것이 모두 순하게 들렸고 좀 껄끄러운 얘기를 들어도 시비를 하지 않고 순하게 소화해 낼 수 있었다(六十而耳順, 육십이이순). 나이 칠십이 되니 내 마음이 하고자 하는 대로 따라 했어도 법규에 어긋나지 않게 되었다(七十而從心所欲 不踰矩, 칠십이종심소욕 불유구).

명심보감 순명(順命) 편에 사람이 죽고 사는 것은 명에 달려 있고 부자가 되고 귀하게 되는 것도 하늘의 뜻에 달려 있다고 말씀한 바 있다(子曰死生有命富貴在天, 자왈사생유명부귀재천).

또한 맹자의 말씀 가운데에도 공자께서 하신 말씀과 비슷한 내용이 있다. 나이 오십이 되어서야 하늘의 뜻을 알게 되었다는 말씀과 흡사한 말씀을 하신 일이 있다. 《명심보감》에 나오는 맹자의 말씀 가운데 "순천자존(흥)역천자망"(順天者存(興)逆天者亡)이라고 하신 말씀이 있는데 이것은 하늘에(하늘의 뜻에) 순응하는 사람은 흥하고(살아남고) 하늘에(하늘의 뜻에) 거역하는 사람은 망한다는 말씀이다.

이 말씀 역시 무생물인 텅 빈 공간인 하늘을 말씀하신 것이 아니라 의지를 가진 존재로서의 하나님을 의식하면서 말씀하신 것으로 생각된다.

사도 바울은 로마서 1장 20-25절에서 "창세로부터 그의 보이지 아니하는 것들 곧 그의 영원하신 능력과 신성이 그가 만드신 만물에 분명히 보여 알려졌나니 그러므로 그들이 핑계하지 못할지니라 하나님을 알되 하나님을 영화롭게도 아니하며 감사하지도 아니하고 오히려 그 생각이 허망하여지며 미련한 마음이 어두워졌나니 스스로 지혜 있다 하나 어리석게 되어 썩어지지 아니하는 하나님의 영광을 썩어질 사람과 새와 짐승과 기어다니는 동물 모양의 우상으로 바꾸었느니라 그러므로 하나님께서 그들을 마음의 정욕대로 더러움에 내버려 두사 그들의 몸을 서로 욕되게 하게 하셨으니 이는 그들이 하나님의 진리를 거짓 것으로 바꾸어 피조물을 조물주보다 더 경배하고 섬김이라…"고 하였다.

공자와 맹자의 하늘에 관한 사상을 사도 바울의 말씀 가운데 하나님을 알고 영화롭게 하는 것 그리고 감사하는 것 그리고 새긴 형상을 경외하지 않고 이들을 창조한 하나님을 경외하는 것과 동성애의 더러운 정욕으로 몸을 욕되게 하지 않은 삶(롬 1:18-28)을 공자와 맹자가 살았는지는 우리가 명확히는 알 수 없으나 공자와 맹자의 하늘에 대한 생각은 사도 바울이 말씀하신 자연계시와 일반계시로서의 하나님에 대한 인식과 닿아 있다는 생각이 든다.

사도행전 14장 8-18절에도 보면 바울과 바나바가 루스드라에서 전도할 때 "루스드라에 발을 쓰지 못하는 한 사람이 앉아 있는데 나면서 걷지 못하게 되어 걸어 본 적이 없는지라 바울이 말하는 것을 듣거늘 바울이 주목하여 구원받을 만한 믿음이 그에게 있는 것을 보고 큰 소리로 이르되 네 발로 바로 일어서라 하니 그 사람이 일어나 걷는지라 무리가…신들이 사람의 형상으로 우리 가운데 내려오셨다 하여 바나바는 제우스라 하고 바울은 그 중에 말하는 자이므로 헤르메스라 하더라 시외 제우스 신당의 제사장이 소와 화환들을 가지고…제사하고자 하니 두 사도 바나바와 바울이…우리도 여러분과 같은 성정을 가진 사람이라 여러분에게 복음을 전하는 것은 이런 헛된 일을 버리고 천지와 바다와 그 가운데 만물을 지으시고 살아 계신 하나님께로 돌아오게 함이라 하나님이 지나간 세대에는 모든 민족으로 자기들의 길들을 가게 방임하셨으나 그러나 자기를 증언하지 아니하신 것이 아니니 곧 여러분에게 하늘로부터 비를 내리시며 결실기를 주시는 선한 일을 하사 음식과 기쁨으로 여러분의 마음에 만족하게 하셨느니라 하고…자기들에게 제사를 못하게 하니라" 하는 장면이 나온다.

이 역시 사도 바울이 자연계시와 일반계시를 말하면서 하나님을 알도록 복음을 전하는 모습이 나온다. 예수님께서 이 땅에 오시기 전 구약 시대 이스라엘에는 모세와 같이 하나님과 교감하면서 이스라엘 민족을 이끌었던 걸출한 선지자도 있었고 비록 윤리와 도덕적인 측면에서는 문제가 있었지만 자기의 잘못에 대하여는 하나님 앞에 진실한 회개를 통해 하나님과 교감하면서 이스라엘 민족을 통치했던 다윗 왕과 같은 하나님 마음에 합한 사람도 있었다.

공자와 맹자와 같은 중국의 고대 철학 사상가들은 윤리와 도덕적 측면으로 보아서는 훌륭한 삶을 살았을 것으로 추측된다. 그리고 하나님의 존재를 막연하게 인식을 했을지는 몰라도 모세나 아브라함 같이 구체적으로 자신들의 삶에 간섭하는 존재로서는 인식하지 않았을 것으로 보이며 예수님께서 이 땅에 오신 이후에 예수님께서 가르쳐 주셨고 일깨워 주셨던 육신의 아버지와 같은 느낌의 하나님(현재의 크리스천들이 느끼는 하나님)은 중국의 문화 속에는 존재하지 않았을 것으로 생각된다. 동양철학사상에서 하늘(天)에 대한 생각을 백성으로 보는 견해가 있으며 이것은 기독교의 구원과는 관련이 없다고 하겠다.

예수님께서는 인간 삶의 본질적인 문제를 하나님 앞에서의 인간의 죄 문제로 보고 이 인간에게 내재한 죄 문제를 해결함으로써 궁극적으로는 천 년 왕국을 거쳐 영원한 천국인 새 하늘과 새 땅, 새 예루살렘 성에 들어갈 수 있다고 하시고 그 해결책으로 하나님 되신 자신이 자신의 몸을 인간의 죄를 속죄하기 위한 대속제물로 피 흘려 희생하시고 그 피 흘리신 것이 모든 사람이 자신들의 죄를 해결하기 위해서 피 흘리신 것임을 받아들이고 믿음으로써 이를 이룰 수 있다고 말씀하신 것이다.

구약성경 말씀 중에서 욥기, 시편, 이사야서, 예레미야서, 미가서, 스가랴서 등의 선지서에 파편적으로 산재해 있으며 이사야서 53장의 고난받는 종으로 오시는 그 메시아 그리스도가 예수님 자신 이전까지 실현이 되지 않은 예언 계시임을 명확히 인식하면서 본인이 이루어 내야 한다는 생각을 언제부터인가 하셨을 것이다. 구약성경에 통달해 있으시면서 예수님 당시 이스라엘 민중들 사이에 퍼져 있었던 메시아가 오실 것이라는 생각들과 더 더욱 로마 식민 통치하에서 벗어나고 싶어 했던 이스라엘 민중들의 바램 사이에서 그들의 기대와는 선혀 동떨어진 자기 목숨을 사람들의 죄 때문에 대속물로 주어야 하는 예수님의 고민도 있었을 것이다(눅 22:42-44). 예수님 자신은 자신이 어느 순간부터 다른 사람과는 다른 몸의 DNA가 있다는 것을 느꼈을지도 모른다.

예수님은 언제인가부터는 하나님과의 교감, 지구 중력을 거스르며 물 위를 걸을 수 있다는 느낌, 물을 포도주로 바뀌게 할 수 있다는 믿음, 죽은 자들을 살게 할 수 있다는 믿음, 각종 병자, 정신병자, 귀신들린 자들을 고칠 수 있다는 믿음이 생겼을 것이고 그리고 그러한 상황에 부닥쳤을 때 실제로 4복음서에 나타나 있는 기록들처럼 기적처럼 그것이 이루어진 것을 생각하면서 이사야에게 내리신 계시를 생각하셨을지도 모른다.

8.

진리가 너희를 자유롭게 하리라 하신 말씀에 대하여(요 8:32)

가. 하나님의 계시와 진리

예수님께서 잡히시고 빌라도와 만났을 때 "진리에 속한 자는 내 음성을 듣는다"고 예수님께서 말씀하시자 빌라도가 진리가 무엇이냐고 물었다(요 18:37-38). 이에 대하여 예수님께서는 답변하지 않으셨다. 필자는 진리는 위대한 사상가나 철학자 그 누구도 연구결과로 혹은 사색의 결과로 얻어질 수는 없다고 생각한다. 그것은 인간은 아무리 위대한 사람이라 하더라도 어디까지나 불완전하기 때문이다. 그래서 진리는 하나님의 계시를 통해서 정립되어야 진리라고 할 수 있을 것이라 생각한다. 완전체인 하나님께서 주신 말씀이라야 된다는 것이다. 그래서 4복음서에 예수님께서 말씀하신 그 말씀에 보태지도 말고 빼지도 말고 그대로의 말씀이 진리라고 할 수 있다. 가끔 거짓 선지자들이 계시를 받았다고 사기 치는 것은 조심해야 할 것이다. 참된 선지자가 계시를 받은 것은 사람들이 이해하든 못하든 그것은 진리라고 보아야 한다.

오직 하나님으로부터 나온 계시와 말씀의 바탕 위에서 정립된 철학, 인생관, 사생관(死生觀)과 사상 등이라야 오류를 막을 수 있다는 것이다. 예수님은 자신이 진리라고 말씀하신 바가 있다(요 14:6).

그런 면에서 천국 복음 계시에서 보는 천국의 모습은 인간의 사고, 사상, 의식 등이 전혀 작동되지 않은 상태에서 하나님으로부터 받은 계시인 요한계시록 20장(천년왕국), 21장, 22:1-5(새하늘과 새 땅), 이사야 2:1-4, 4:2-6, 11:6-9, 25:1-8, 35장, 54:11-17, 60-62장, 65:17-25, 예레미야 31:31-40, 32:36-44, 에스겔 40-48장, 다니엘 2:44, 7:13-14, 12:1-3, 스가라 14:16-21, 베드로후서 3:12-13(새하늘과 새 땅)에 잘 나타나 있다. 흩어졌던 이스라엘 백성들이 유대 고토로 돌아 오는 모습이 에스겔서 37장에 나타난다. 마른 뼈와 같았던 이스라엘 백성들이 생기를 되찾아 고토로 돌아오고 예루살렘이 회복되면서 남 유다와 북 이스라엘도 통일되고(겔 37:15-23) 이스라엘 자손을 잡혀간 여러 나라에서 인도하며 그 사방에서 모아서 그 고국 땅으로 돌아가게 하고 그 땅 이스라엘 모든 산에서 그들이 한 나라를 이루어서 한 임금이 모두 다스리게 하리니…에스겔이 이 계시를 받을 때에는 남 유다 왕국이 바벨론의 느부갓네살 왕에 의해서 패망하고(BC 586년) 바벨론에 포로로 끌려와 있을 때였다.

그 이후 BC 539년에 페르시아 초대왕이었던 사이러스 왕이 바벨론을 함락하고 BC 538년 사이러스 왕의 칙령으로 유대 땅으로 돌아오는 것(스 1:1-3, 대하 36:20-23) 즉 멀지 않은 장래에 유대인들이 돌아오는 것과 또 하나는 주후 70-73년 로마 티투스 장군에 의해 예루살렘이 함락되고 난 뒤 전 세계에 흩어져 살고 있던 유대인들이 1948년 5월 서방 국가들의 배려로 이스라엘이 독립하고 나서 돌아오는 것, 이 두 가지 경우를 다 생각해 볼 수가 있다.

전자는 바벨론 한 나라에서 돌아오는 것이고, 후자는 여러 나라에서 돌아오는 것(바벨론 포로기 이후 전 세계에서 유대인들이 지금의 팔레스타인 땅으로 돌아오는 것을 알리야운동이라 한다)이므로 에스겔서 37장 21-22절의 말씀은 여러나라에서 돌아오는 것으로 마지막 때에 관한 말씀으로 1948년 5월 이후 돌아오는 알리야운동을 말하는 것으로 보아야 한다. 이것은 계시 예언의 중첩성과도 관련이 있다.

천국 복음 계시에서의 새 하늘과 새 땅은 지구 인류의 심판과 마지막 때 이후에 이루어지는 것이므로 다시 한번 예수님 재림 때에 일어나게 될 징조들을 살펴보는 것이 좋겠다.

요한계시록 6장에서 19장까지 마지막 예수님 재림 전에 나타나게 될 대환란(그 기간을 예수님께서 택하신 자들을 위해 감하실 것이라 하였음)을 일으키게 될 주요 나라들을 대략 살펴보면 미국, 러시아, 터키, 이란, 시리아, 이스라엘, 북한 정도로 보이는데 이들의 동향을 잘 살펴보고 재림의 때와 관련한 구약 선지서들의 말씀들과 예수님께서 말씀하신 것(4복음서 가운데에서)과 신약시대 사도 베드로, 사도 요한, 사도 바울에게 보이신 계시를 면밀히 대조하고 연구해 보아야한다.

마지막 때의 천국 복음 계시는 하나님이신 예수님께서 직접 말씀하신 것과 나머지도 전부 인간의 사상, 인식, 지혜와 전혀 관련 없는 하나님의 계시이기 때문에 반드시 이루어지는 것이다. 해와 달과 별은 사실은 하나님에게는 필요 없는 것이다. 하나님께서 인간들에게는 시공간이 필요하기 때문에 따뜻한 열과 물과 꿈과 거주할 수 있는 경계가 필요해서 지구에서 1억 5000만km 떨어진 곳에 태양을 현재의 크기로, 38만km 떨어진 곳에 달을 현재의 크기로 그리고 각종 별들을 만드신 것이다. 달도 38만km 떨어진 곳에 현재의 크기로 만들어야지 바닷물이 철석일 때 땅 깊숙이 들어오지 않는 것이다.

하나님께서는 징조와 계절과 날과 해(year)는 태양과 달과 별들로서 이루어 가신다.[225] 지구 너머 화성, 목성, 토성 등등 그리고 은하계…하나님은 자존하시기 때문에 이런 것들이 필요치 않으신 것이다. 1년도 365일, 1달도 28일이나 29일, 30일, 31일 딱 떨어지는 것이 아니고 365…일 1년, 한 달도 28…일이나 29…일 혹은 30…일, 31…일, 1개월, 이와 같이 소수점 이하 무한대로 계속 내려가도록 만들어야 정확하게 되는 것이다.

시간을 만드셔야 하나님의 존재를 인간들이 깨닫게 할 수 있는 것이다. 시초부터 종말을 알리고[226] 선지자들을 통해 인간의 관점으로 보아 미래의 일(하나님의 관점에서는 현재)을 예언하고 그 성취되는 것을 여러 번 반복하여 참 선지자의 예언(진짜 하나님이 주시는 계시 예언)이 성취되는 것을 통해 첫째 하나님이 계신 것과 참 선지자에게 계시로 예언된 것은 반드시 성취되니 술 취해 살지 말고 항상 깨어 있어서 본인 스스로 기도하면서 선지자의 말씀에 귀 기울이도록 하시는 것이다.

그리고 징조도 이러한 예언과 그 성취로써 하나님의 존재를 깨닫는 것에 더하여 하늘의 일월성신을 통하여 인간에게는 불가능한 해, 달, 별의 이상 징후를 만들어서 그 정상운행을 하는 가운데에서 지극히 예외적으로 인간의 기도에 반응하게 한 변칙운행을 통하여 하나님의 존재하심을 드러내고 믿도록 하신 것이다.

그 예로 이집트에서 종살이하던 이스라엘 민족을 모세가 이끌어 이집트를 탈출해서 팔레스타인 땅 가나안으로 들어갈 때 모세가 죽고 여호수아가 모세의 뒤를 이어 이스라엘 백성들을 이끌고 가나안에 입성하여 거기 거주하고 있었던 원주민들과의 전쟁을 통

---

225) 창세기 1:14
226) 이사야 46:10

해서 들어갈 때 여호수아가 "태양아, 너는 기브온 위에 머무르라 달아 너도 아얄론 골짜기에서 그러할지어다" 하매 그 대적들을 물리칠 때까지 태양이 중천에 머물러서 거의 종일토록 속히 내려가지 아니하였다.[227]

이스라엘의 남 유다 왕국의 히스기야 왕이 죽을병에 걸려 하나님께 눈물로 기도해서 15년을 더 살게 되었을 때 15년을 더 살게 되는 징표를 보여 달라 했을 때 해 그림자가 10도를 뒤로 물러가게 해 달라고 히스기야가 이사야 선지자를 통해 하나님께 간구하여 아하스의 해 시계 위에 나아갔던 해 그림자를 10도 뒤로 물러가게 하신 일이 있다.[228]

해 그림자가 10도 나아가는 것은 시간의 흐름에 따른 정상궤도 운행과도 일치할 수 있기 때문에 뒤로 물러가게 된 것은 인류 역사상 히스기야 왕 때를 제외하고는 없었던 일이다.

또한 예수님 탄생 때 동방 박사 세 사람이 별을 보고 유대 베들레헴으로 경배하러 온 것 등[229] 이러한 징조들을 가지고 인간들이 하나님이 존재하신다는 것을 믿도록 하기 위해서 하나님은 해, 달, 별들을 창조하시고 또 통상적인 운행궤도에서 때로는 인간의 기도에 대한 하나님의 응답으로 변칙적으로 운행되도록 만들어서 그것이 이루어지는 것을 보고 사람들이 하나님께서 존재하심을 믿도록 꾀하신 것이다.

인류의 마지막 때 예수님의 재림이 가까워오고 있는 시점을 살고 있는 지금은 참으로 하나님께서 구약의 여러 선지자들과 예수님께

227) 여호수아 10:12-13, 야살의 책에 이 내용이 기록되어 있다.

228) 열왕기하 20:5-11

229) 마태복음 2:2

서 직접 말씀하시고 신약의 사도들에게 계시하신 천국 복음 계시의 진리 위에 조금도 흔들리지 말고 앞에서 언급한 퍼즐들과 세계 강대국들과 이스라엘 백성들을 마지막으로 괴롭힐 몇몇 국가들의 동태를 잘 살펴서 퍼즐들을 꿰 맞추어 판단해 나가야 할 것이다.

멸망의 가증한 것이 거룩한 곳에 선 것을 보게 될 때는[230] 확실히 재림이 문 앞에까지 왔다고 인식해야 할 것이다. 멸망의 가증한 것이 거룩한 곳에 선 것을 보게 될 때는, 즉 마지막 때에 예루살렘에 하나님께서 진노할 만한 가증한 것이 설 때는 예수님께서 재림하시기 직전 7년 대환란에 들어가 있을 때로 보이며, 이 무렵은 인류 최후의 심판이 시작되는 아마겟돈 전쟁을 앞두고(계 16장 진노의 일곱 대접을 쏟을 때, 계 19:11-21) 마지막 예수님의 지상 재림(슥 14:5; 계 19:11-14)에 앞서서 일어날 것으로 보인다. 그리고 이 시점 이전의 어느 땐가에는 이 땅에 진실한 그리스도인으로 살았다가 예수 안에 잠들었거나 예수님께서 공중 재림하실 때 이 땅에서 진실한 그리스도인으로 살아가는(순결한 신부로서) 사람들이 공중에서 예수님을 맞이하는 공중 재림(휴거)이 있을 것으로 보인다.

세상에서는 지구의 중력이 통하지 않는 사람들이 있었고 앞으로도 마지막 때에 많이 있을 것이다. 창세기에 나오는 하나님과 동행했던 에녹, 이스라엘 왕정 시대 때의 엘리야, 예수님, 그리고 예수님 재림 때에 마지막 큰 나팔이 울려 퍼질 때의 참으로 진실한 크리스천들(Really Real Christian)이 그러할 것이다.

큰 나팔이 울려 퍼진 후 예수님의 공중 재림 시에 발이 지구 중력을 박차고 공중에 들려 올려지지 않으면 그 당시(어쩌면 우리가 살아

---

230) 마태복음 24:15, 다니엘 11:31, 12:11. 필자는 중첩된 계시로 본다. 즉 시점을 달리하면서 이와 거의 유사한 형태의 사건이 마지막 때에 또 다시 일어날 것으로 본다.

있을 때의 가능성도 전혀 없는 것은 아님) 살아 있는 사람들에게는 무시무시한 공포의 시간이 될 것이다.

계시가 인간의 바람이나 지혜와는 전혀 상관없이 IQ 1,000조의 1,000조 승 되시는 하나님으로부터 주어지는 것이라는 증거는 다니엘서 8장 27절에서 보면 알 수 있다. 바벨론 70년 포로생활이 곧 끝날 것을 깨달은(단 9:2) 다니엘도 다니엘서 8장에서 숫양과 숫염소의 환상이 나타나 그 환상으로 말미암아 놀랐고 그 뜻을 깨닫는 사람도 없었다고 하였다.[231] 예레미야에게는 살구나무 가지와 끓는 가마 환상을 보여주셨는데 그 뜻은 인간으로서는 알 수 없으므로 하나님께서 그 의미를 설명해 주셨다. 즉 살구나무 가지를 보여준 것이 하나님께서는 하나님께서 말씀한 것을 지켜서 그대로 이루려 함이라는 뜻이라는 것이다(렘 1:11-12).

이 말씀은 환상을 본 선지자가 전혀 의미를 알 수 없게 하여 설사 하나님의 신실한 종이라도 하나님께서 설명해 주시지 않으면 알 수 없는 방식으로 계시나 환상이 내려진다는 것이다. 북에서부터 기울어진 끓는 가마는 재앙이 북방에서 일어나 이 땅의 모든 주민들에게 부어지는 것을 의미한다고 설명해 주어야 깨닫게 되는 것이다.[232] 이를 통해 우리는 사람은 하나님 앞에 한없이 겸손해야 함을 알 수 있다. 따라서 거짓 선지자는 자신이 계시를 받은 것을 예언하는 것이 아니므로 하나님께서 함께하지 않는다는 것을 스스로 잘 알기 때문에 신변에 위험이 다가오면 꽁무니를 빼는 것이다. 이것은

---

231) 당시 두루마리 형태로 내려오던 구약성경의 예레미야에게 하신 예언의 말씀(렘 25:12, 29:10)을 읽고 깨달았다는 것. 다니엘은 바벨론 포로로 끌려 온 때를 알고 있으므로 언제쯤 해방될 것이라는 사실을 이를 통해 알 수 있었을 것이다. 다니엘 8:27

232) 예레미야 1:13-14

당연히 하나님께서 위험이 다가올 때 자신을 지켜주실 것이라는 믿음이 있을 리가 없기 때문이다.

다니엘서 12장에서 세상이 끝날 마지막 때에 대한 계시 가운데에 환난이 있고 "그 때에 네 백성 중 책에 기록된 모든 자가 구원을 받을 것이라 땅의 티끌 가운데에서 자는 자 중에서 많은 사람이 깨어나 영생을 받는 자도 있겠고…(이 말씀은 예수께서 재림하실 때 성도들이 부활하여 새 하늘과 새 땅에서 영원히 살게 되는 모습으로 보인다) 마지막 때까지 이 말을 간수하고 이 글을 봉함하라 많은 사람이 빨리 왕래하며 지식이 더하리라(단 12:1-4)는 이 말씀을 받은 다니엘은 듣고도 깨달을 수 없었을 것이며(단 12:8) 최근에 와서 사람들이 비행기를 타고 왕래하고 인공지능 등 지식의 엄청난 진보에 따라 자연적으로 봉함되어진 계시가 열려졌다.

그래서 투철한 사생관(死生觀), 인생관, 그 모든 것은 이 땅에 사람으로 태어난, 흔히 성인이라 불리더라도 어디까지나 불완전한 사람들이므로 그들의 사상으로부터 혹은 다른 어떠한 책으로부터 얻게 된 모든 관점들이 오류를 가져올 수 있으므로 해서 이러한 위대한 사상가나 서적들로부터 도출된 사생관, 인생관, 철학 모두 진리 위에 서 있다고 확실하게 단언할 수 없다는 것이다.

진리는 IQ 150 정도의 인간이 아니라 IQ 1,000조의 1,000조승 되시는 하나님으로부터 와야 한다는 것이다. 그래서 진리가 무엇이냐 하고 되물은 빌라도의 물음에 예수님은 답하지 않으셨지만 필자에게 물어보았다면 '진리는 하나님으로부터 온 가르침'이라 하였을 것이다. 하나님의 계시, 하나님이 보여주신 환상(그 의미도 하나님께서 설명해 주시고), 하나님의 영인 성령의 감동으로 기록한 성경과 예수님의 말씀(4복음서에 기록되어 있는 가르침)이라고 보면 될 것이다.

나. 성령 하나님과 진리이신 예수 그리스도

성령님의 인도로 보여주시는 환상과 계시는 무오류의 진리이다.[233)]

성령님은 하나님의 거룩한 영이시기 때문이다. 그래서 성령님은 진리이시다. 지극히 거룩하신 하나님의 영이 거짓일 수가 없다. 그리고 하나님 아버지의 말씀은 진리이다(요 17:17)

예수님은 "진리가 너희를 자유롭게 할 것이라"고 하셨다. 다시 말하면 하나님 아버지의 말씀 곧 성경 말씀이 우리를 자유롭게 할 것이라는 말씀도 되는 것이다. 따라서 당장은 아니더라도 성령을 받고 하나님 말씀 위에 굳게 서면 언젠가는 자유롭게 될 수 있을 것이다.

성령이 충만하게 되면 죽어도 다시 살 것이고(예수님 재림 전까지는 영으로 있다가 예수님 재림 시에는 부활하여 살 것) 살아도 살 것이다.

그러나 하나님을 믿지 않고 죽게 된다면 고통 속에 영원히 살 것이다. 하나님을 믿지 않는 사람이 만약 죽게 된 상황에서 다시 살게 되면 회개하고 하나님을 믿고 성령을 받을 기회를 얻게 되었으니 천만다행이다. 다시 살아서 회개할 수 있다는 보장은 없지만 기회를 다시 얻게 된 것일 뿐이다. 따라서 성령 충만한 삶을 살게 되면 자유로울 수 있을 것이다(삶과 죽음의 문제까지도). 다만 성령을 한 번 폭포수처럼 받았다 하더라도 항상 성령 충만하여 지내는 것은 아니다.

하나님께서는 아무튼 회개하고 하나님을 믿어야 비로소 그 사람을 의롭다 하고(칭의) 성령을 주시고 하나님 호적에 입적시키는 것이다(수양). 그리고 나중에 하나님의 품인 천국으로 새 하늘과 새 땅으로 인도하시는 것이다. 예수님 재림 후 예수님과 함께 천 년 왕국을 거쳐 새 하늘과 새 땅인 새 예루살렘 성에 들어가게 되는 것이다.

---

233) 요한복음 16:13

성령 받은 크리스천들이 성령의 인도하심으로 이 땅에서 살아 가다가 잠드는 것(세상을 떠나는 것)보다 더 복된 것은 이 세상에서는 사실상 없을 것이다. 곧 예수님과 예수님의 열두 제자(예수님을 판 가룟 유다를 대신한 맛디아를 포함 열두 제자)와 사도 바울을 만나볼 생각을 하면서 잠드는 것은 악한 영에 이끌려 공포에 질린 얼굴 모습으로 지옥을 가는 영혼들과 대비해 보면 지극히 평안한 모습으로 잠드는 것보다 더 큰 복은 없다. 심지어 스데반처럼 숨지면서 예수님께서 하나님의 오른편에 계시는 것을 보면서 천국 가는 것[234]이 이 세상을 떠나는 시점에서는 그것보다 더 나은 것은 없을 것이다.

진리 되신 성령이 임하는 자리는 어떤 곳일까?

하나님과의 깊은 교제의 기도, 하나님께 일방적 요구만 하고 '예수님 이름으로 기도합니다' 하는 식의 통보 같은 기도가 아니고 친구와 이야기하는 듯한, 신혼부부가 얘기하는 것과 같은 기도 가운데에서, 금식하며 부르짖는 기도 가운데에서, 깊은 묵상, 특히 예수님의 가르침 4복음서를 중심으로 소가 꼴을 먹고 난 후 되새김질하는 것과 같이 하나님 말씀을 깊이 묵상하는 가운데에서 성령이 임할 때가 많다. 은혜로운 찬송 부르기(찬송가를 부를 때도 가사에 담긴 의미를 마음에 새기면서 부를 때), 복음성가 부르기와 듣기, "Amazing Grace", "You Raise me up", "낮엔 해처럼 밤엔 달처럼 그렇게 살 순 없을까…", "나는 선한 주님을 믿네" 그리고 은혜가 넘치며 성령이 역사하는 집회 가운데에서, 예수님이 말씀하신 것과 당부하신 것을 실천(복음 전파, 구제를 은밀히 하는 것, 사람을 용서하는 것 등)하는 것 가운데서, 성령이 충만한 성도와의 교제 가운데에서 주로 성령이 임하게 된다.

---

234) 사도행전 7:54-60

따라서 이러한 기회를 자주 자주 가지게 될 때 성령이 임하는 기회가 많아질 것인데 이러한 생활은 세상과 벗하는 삶에서 멀어진 모습이고 위의 것을 사모하는 모습인 것이다.

선지서의 예언들은 하나님이 보여주셨고 들려주셨던 계시들이다. 음성으로 그리고 환상으로 그것은 무오류이기 때문에 반드시 인류 역사에 성취되어 왔다. 아직 성취되지 않은 것은 오직 예수님의 재림뿐이다.

예수님은 누구든지 말로 성령을 거역하면 이 세상과 오는 세상(예수님 재림 이후 천년왕국과 새 예루살렘 성 즉 새 하늘과 새 땅)에서도 사하심을 얻지 못한다고 하였다.[235)]

선지서를 보면 끊임없이 거짓 선지자들이 왕의 환심을 사기 위해 자기 마음대로 예언하여 목숨을 잃었다(렘 28장 거짓 선지자 하나냐의 죽음).

오늘을 사는 지금도 절대 성령 충만해서 복음을 전파하는 복음 전도자를 핍박하면 생명을 잃을 수 있을 뿐 아니라 영원한 지옥불에 떨어질 수도 있음을 명심해야 한다. 하나님과 예수님을 전혀 모르고 그런 경우에는 혹 하나님께서는 회개시켜 복음 전도자로 쓸 수도 있을 것이나 목숨을 잃거나 복음 전도자로 쓰는 것도 전적으로 하나님이 결정하시는 것이다. 이 점에서 석가모니의 가르침을 훼손하는 것과는 다르다. 석가모니는 사람이므로 이런 경우 불교 신자들로부터 공격을 받을 수 있을 뿐이다. 성령은 하나님으로부터 그리고 예수님으로부터 오는 것이고 하나님과 예수님은 동일 본질로서 성부 하나님과 성자 예수님 그리고 성령님은 일체 즉 성(聖) 삼위는

---

235) 마태복음 12:31-32

일체이기 때문이다.[236]

본 저서는 하나님을 믿는 사람은 물론 하나님을 믿지 않는 사람들에게도 순수하게 이성적인 입장에게 성경 말씀을 가지고 논리적으로 설득하기 위해 성경 전체를 가지고 하나님의 섭리하심에서 벗어나지 않게 설명한 것인데, 이 저서를 전혀 이해하지 못한다고 해도, 예를 들자면 문맹의 할머니도 하나님 말씀을 듣고 회개하고 하나님을 믿고 성령 받고(하나님 호적에 입적되어) 천국 가면 그것으로 족한 것이다.

즉 무학자라도 순종하는 마음으로 하나님 말씀을 듣고 회개하면 되는 것이다. 즉 성령을 폭포수처럼 받게 되면, 그리고 그 후 믿음 생활 잘하면서 성화, 견인(하나님 편에서 이끌어 가고, 인간 편에서 말씀을 지키고 인내하고 행하면서) 천국에 입성하면 되는 것이다. 천국 가는 길에서는 절대 공평하신 하나님께서 학습능력, 지능, 학업 정도, 재산, 십일조, 헌금, 구제, 봉사, 심지어 부부간에도 각자이고, 부자지간에도 동일하게 정해 놓으신 대로 각자의 회개와 믿음으로 성령 받는 것이 동일하다. 이 과정을 통과하는 것도 모든 사람에게 동일하며 또한 동등한 것이다.

하나님께서 주시는 계시와 환상이 확실히 인류 역사에 이루어지게 되는 것은 사람의 의도가 전혀 작동될 수 없는 상태에서 보여주고 들려주는 음성이고 환상이기 때문이다(죽기를 각오하거나 아니 죽는 줄도 모르고 자기 마음대로 하나님의 성령으로 오는 계시와 환상을 왜곡해서 전하는 거짓 선지자는 예외로 하고). 거짓 선지자는 하나님을 믿지 않는 사람들이므로 성령을 훼방하여 죽게 되었을 때 본인이 왜 죽는지도

236) 본서 "삼위일체에 대하여"를 참고

잘 모를 수 있다.

"간절히 찾는 자가 찾을 것이고 간절히 찾는 자에게 나타낼 것이다.[237] 너희들이 나에게로 돌이키면 나도 너희들에게 돌이킬 것이라"는 말씀은 선지서에서 많은 선지자들을 통해서 이스라엘 백성들에게 하신 하나님의 말씀이다.

사도행전 1장 9-11절을 보면 예수님은 부활한 육신으로 하늘로 올라가셨다. 한번은 예수님의 제자 도마가 하도 예수님의 부활을 믿지 못하자 제자들과 함께 있을 때 도마에게 부활하신 몸의 옆구리에 찔린 창 자국을 만져보게 하면서 믿는 자가 되라 하셨고(요 20:26-27), 부활하신 육신으로 올라가신 그대로 다시 오신다고 말씀하셨다(행 1:11).

간절히 찾는 자가 되어야, 마음을 열어야, 순종하는 마음으로 살아야 한다. 성경을 보고 듣고, 천국과 지옥에 대한 간증도 듣고, 보고 간증 서적과 유튜브 설교도 보고 듣고 성령 받기를 사모해야 한다.

성령을 받으면 설교를 들을 때, 성경을 읽을 때, 기도할 때, 참석한 집회(부흥성회 등)에서 하늘의 비밀인 천국 복음의 계시도 조금씩 깨닫게 된다. 그리고 성경을 보는 것이 습관화되고 기도하는 것도 습관화되면 점차 천국 복음의 어마어마한 계시도 점차 깨달아지게 된다. 그래서 성령을 받아야 한다. 진리 위에 서기 위해서 성령을 받아야 한다. 사람은 내일 일을 모르기 때문에 성령을 받아야 한다. 성령을 받는다고 내일 일을 안다는 것이 아니라 천국 가는 길이 보장되어 있으니(진리 위에 섰으므로) 죽고 사는 것에서도 자유로울 수 있다는 말이다. 즉 성령을 받고 난 이후 하나님을 온전히 믿는 진실한

237) 역대하 15:15, 잠언 8:17, 예레미야 29:12-13, 33:3

크리스천이 된 이후에는 죽어도 살 것이고(예수 안에 잠들었다가 예수께서 마지막 때에 오시면 그때 부활해서), 살아도 살 것이며 영원히 죽지 않을 것이기 때문이다(요 11:25-26). 성령이 진리이므로 "이 진리가 너희를 자유롭게 할 것"이라고 말씀하신 예수님 말씀대로 성령을 받으면 성령이 진리 가운데로 인도하여 죽고 사는 것에서도 자유로울 수 있을 것이다(요 8:32-36, 16:13).

9.

천성(天城)을 향해 가는 아홉 단계의 국면에 대하여

(천국 복음 계시 모형)

이 세상		오는 세상
모세가 이집트 파라오 밑에서 종살이했던 이스라엘 백성들을 이끌고 탈출 나그네의 삶 텐트 생활 임시 거처 땅의 것 하나님 믿지 않은 삶에서	홍해 거듭남 회개 성령을 받음 첫째 사망은 언급이 없다[238]	젖과 꿀이 흐르는 가나안 땅 어린양(예수님)의 생명책에 이름이 기록됨 새 하늘과 새 땅(새 예루살렘)영원한 안식처 위의 것 하나님을 믿는 삶으로
생명책에 기록되지 못한 사람들이 불못에 던져짐(계 20:15) 사망과 음부도 불못에 던져짐(계 20:14)		

238) 첫째 사망은 예수님 재림 전에 죽은 모든 사람의 육체의 죽음을 의미한다고 생각된다.

두려워하는 자들, 믿지 아니하는 자들, 흉악한 자들, 살인자들, 음행하는 자들, 점술가들, 우상 숭배자들, 거짓말하는 모든 자들은 불과 유황으로 타는 못에 던져짐. 둘째 사망(계 21:8)	예수를 증언함과 하나님의 말씀 때문에 목 베임을 당한 자들의 영혼들과 또 짐승과 그의 우상에게 경배하지 아니하고 그들의 이마와 손에 그의 표를 받지 아니한 자[239]들이 살아서 그리스도와 더불어 천 년 동안 왕 노릇 하니 이는 첫째 부활이라 이 첫째 부활에 참여하는 자들은 복이 있고 거룩하도다(둘째 사망이 그들을 다스리는 권세가 없다) (계 20:4 천 년 왕국) 어린 양의 생명책에 기록된 자들이 새 하늘과 새 땅(하늘에서 내려오는 거룩한 성 새 예루살렘)에 들어가 영원히 살게 된다.[240]

첫째, **소명**(召命 Calling), **하나님의 선택**, **부르심에 대하여**

예수님께서 누가복음 10장 22절에서 "내 아버지께서 모든 것을 내게 주셨으니 아버지 외에는 아들이 누구인지 아는 자가 없고 아들과 또 아들의 소원대로 계시를 받는 자 외에는 아버지가 누구인지 아는 자가 없나이다"[241]라고 하셨다. 이 예수님의 감사기도 내용의 일부 중에서 아들의 소원대로 계시를 받는 자는 하나님 아버지가 누구인지 안다는 뜻으로 말씀하셨는데, 이때 계시를 받는 자는 하나님의 선택을 받는 자라고 볼 수 있다.

요한복음에서 "아버지께서 내게 주시는 자는 다 내게로 올 것이요…나를 보내신 이의 뜻은 내게 주신 자 중에 내가 하나도 잃어버리지 아니하고 마지막 날에 다시 살리는 이것이니라"[242] 하신 말씀

239) 마지막 때에(7년 환난 기간 중) 거짓 선지자(땅에서 올라온 짐승)가 나타나 사람들을 미혹하여 적 그리스도(바다에서 나온 짐승)의 우상(형상)을 만들게 하여 이것이 말하게 하고 이것에(적 그리스도 이미지의 AI 인간 형상이 아닐까 생각한다) 경배하게 하고 사람들의 오른손이나 이마에 표를 받게 하고 이 표를 가지지 않으면 매매를 못하게 하는데(경제 활동을 못하게 한다)(계13장) 이 표를 받지 아니한 자를 말한다.

240) 요한계시록 21장, 22:1-5, 21:27

241) 누가복음 10:22

242) 요한복음 6:37-39

에서 '아버지께서 내게 주시는 자가 하나님의 선택을 받는 자'라고 할 수 있다.

하나님을 믿고 예수님을 믿는, 하나님이 선택하신 영혼을 예수님께서 재림하실 때 다시 부활시켜 궁극적으로는 천 년 왕국을 거쳐 새 하늘과 새 땅 새 예루살렘 성에 들어가게 한다는 것이다.

"나를 보내신 아버지께서 이끌지 아니하시면 아무도 내게 올 수 없으니 오는 그를 내가 마지막 날에 다시 살리리라"[243] 하고 말씀하신 것도 동일한 말씀을 하신 것이다. 또 "내 아버지께서 오게 하여 주지 아니하시면 누구든지 내게 올 수 없다 하였노라 하시니라"[244] 이 역시 같은 말씀을 하신 것이다. 하나님께서 선택한 영혼이라야 즉 소명을 받은 영혼이라야 예수님을 영접한다는 뜻이다.

"하나님께 속한 자는 하나님의 말씀을 듣나니 너희가 듣지 아니함은 하나님께 속하지 아니하였음이로다"[245], 즉 하나님의 말씀을 듣지 않는 사람은 하나님께 속하지 않은, 선택받지 못한 사람이라는 뜻이다.

"예수께서 이르시되 내가 심판하러 이 세상에 왔으니 보지 못하는 자들은 보게 하고 보는 자들은 맹인이 되게 하려 함이라 하시니"[246] 이때 보지 못하는 사람을 보게 하는 사람이 하나님의 선택을 받은 사람이다. 예수님은 양의 우리의 비유에서 "나는 양의 문이라…내가 문이니 누구든지 나로 말미암아 들어가면 구원을 받고 또

243) 요한복음 6:44
244) 요한복음 6:65
245) 요한복음 8:47
246) 요한복음 9:39

는 들어가며 나오며 꼴을 얻으리라"[247] 하고 말씀하셨는데, 이는 예수님을 통해야 구원을 얻을 수 있다는 말씀이며(요 14:6) 이때 양의 문을 들어가는 양, 즉 예수님을 믿고 받아들이는 영혼이 선택을 받은 사람이다.

"나는 내가 택한 자들이 누구인지 앎이라 그러나 내 떡을 먹는 자가 내게 발꿈치를 들었다 한 성경을 응하게 하려는 것이니라."[248] 이때 말씀하신 택한 자들은 문맥상 가룟 유다를 제외한 열한 제자를 말한 것이다(이 말씀을 예수님께서 제자들의 발을 씻어 주실 때 하셨기 때문이다.).

예수님의 기도 가운데 "세상 중에서 내게 주신 사람들에게 내가 아버지의 이름을 나타내었나이다 그들은 아버지의 것이었는데 내게 주셨으며 그들은 아버지의 말씀을 지키었나이다"[249]라고 하신 이 말씀 중에서 '세상 중에서 내게 주신 사람'은 하나님께서 선택한 영혼을 말한다. 예수님은 "내가 아버지의 말씀을 그들에게 주었사오매 세상이 그들을 미워하였사오니 이는 내가 세상에 속하지 아니함같이 그들도 세상에 속하지 아니함으로 인함이니이다"[250]라고 선택받은 영혼을 세상에 속하지 않았다고 말씀하고 있다.

에베소서 1장 4-5절을 보면, "곧 창세 전에 그리스도 안에서 우리를 택하사 우리로 사랑 안에서 그 앞에 거룩하고 흠이 없게 하시려고 그 기쁘신 뜻대로 우리를 예정하사 예수 그리스도로 말미암아 자기의 아들들이 되게 하셨으니"라고 말씀하고 있는데, 이때 자기의 아들들은 사도 바울이 복음을 전할 때 복음을 받아들인 사람들은

247) 요한복음 10:7-9
248) 요한복음 13:18
249) 요한복음 17:6
250) 요한복음 17:14

물론 오늘 현재를 살아가는 우리에게는 하나님을 믿고 예수님을 믿는 진실한 성령 받은 크리스천들을 말하며, 그 선택은 창세 전에 한 것이라고 말하고 있다(잠 8:22-31; 엡 1:4-5).

하나님의 선택과 인간의 선택이 만나는 지점을 필자는 '성령을 부어주실 때'라고 생각하고 있다. 그것은 하나님은 창세전부터 2023년 현재까지 항상 현재로 계시기 때문에 그렇게 생각하는 것이다.

소명(Calling)에 대하여 먼저 하나님과 인간의 속성의 차이 가운데 하나인 시공간의 필요성에 대해서 이를 명확히 인식해야 한다. 하나님은 사실상 시공간이 필요 없는 초월적 존재이시며 영이시다. 피조물인 인간이 시공간이 필요하고 따뜻함이 필요하고 거주의 경계가 필요하고 살아가면서 꾸는 꿈도 필요하고 하나님 존재에 대한 인식이 필요하기에 하나님께서 계시하고 실현되는 것을 보면서 깨닫도록 시간과 징조를 주기 위해 해와 달과 별들을 만드셨다(창 1:14-18). 자존하신 하나님은[251] 해와 달과 별들도 햇볕도 빛도 필요하지 않으시다. 하나님이 계신 곳인 천국, 즉 새 예루살렘 성(예수님 재림하신 후 궁극적으로 가게 되고 하늘에서 내려오는)은 해와 달의 빛이 필요가 없는 곳이다(계 21:22-23).

하나님은 첫째, 하나님을 찾고 성경을 읽고 교회에 출석해서 예배드리고 설교 듣고 하는 것을 선택하는 사람과 둘째, 성경을 읽지도 않고 교회에 가지도 않고 말씀도 듣지 않는 삶을 선택하는 사람

251) 스스로 모든 것을 갖추어 충족하여 계신다는 의미로 신학적인 용어로 하나님 성품 중 자존성을 말한다.

중에서 2,000여 년 전에도 지금도 첫째를 선택할 수 있다. 또 필요에 의해 둘째를 선택하여 하나님께 순종하게 하여 첫째와 같은 믿음의 길을 가게 할 수도 있다. 이것을 하나님의 절대주권이라 한다.

하나님은 보편적으로 인간이 자유의지로 하나님을 찾는 사람을 선택하시는 것 같다(대하 15:15; 잠언 8:17; 렘 29:12-13, 33:3). 어쨌든 인간 편에서 보면 현재를 살고 있는 입장에서 앞으로 예수님이 재림하실 때까지 살아 있으면서 하나님을 찾고 또 찾으면서 회개하고(하나님 앞에 죄인임을) 하나님을 믿고 성령을 선물로 받고 천국 백성으로 살다가 잠들거나 예수님 재림시까지는 회개하고 하나님을 믿어서 성령을 받은 후 다시 오시는 예수님을 맞이해야 할 것이다.

영혼 구원의 첫 번째 단계에서

창세 전에 하나님께서 선택하신 영혼이 누구인지 우리가 알 수 없기에 우리가 전도할 때 하나님을 믿지 않는 사람들 모두에 대하여 복음을 전파한다. 만약 하나님께서 선택한 영혼이 누구인지 안다면 그 사람들에게는 전혀 복음을 전파할 필요가 없게 된다(어차피 천국에서 만나게 되니까).

하나님을 믿고 있다는 증표는 교회에 나가는 것(교회에 다니는 모든 사람이 하나님을 믿는 것은 아니지만 보편적으로 말해서)과 그 증거는 성령을 받은 것인데 즉 성령 받은 성도인지 아닌지, 성령 받은 목사님인지 장로님인지 성도들 서로간에도 모르는 것이다. 그러나 성령 받은 것을 전혀 알 수 없는 것은 아니고 성령이 충만하게 임하면 사도행전 2장 1-4절과 같이 눈으로도 분별할 수 있다.

성령이 떠난 교회의 모습을 지금 영국을 포함한 유럽의 교회들에서 볼 수 있다. 한 때 '해가 지지 않는 나라'였던 대영 제국은 성령의 부흥이 교회의 부흥과 국가의 부흥과 함께 했다. 그러나 2023년 현재 성령이 떠난 영국 즉 하나님이 함께하지 않는 영국과 유럽 대신에 미국이 그 자리를 메꾸고 있다. 개신교 국가 중에서는 그나마도 한국과 미국과 캐나다, 호주, 뉴질랜드와 같은 국가가 교회도 건강하고 구성원인 국민들도 건강하다고 생각된다.

하나님은 피조물인 인간들이 자발적으로 창조주 하나님께 마음을 열고 찾기를 바라신다. 그러므로 구약의 선지자들을 통해서 이스라엘 백성들을 향해서 하나님께로 돌아오라고 외치게 하셨으나 거듭거듭 목이 뻣뻣하고 목이 곧고 완악하다 하면서 마음을 부드럽게 하여 하나님의 말씀에 순종해라, 들으라 했었지만 말씀에 순종하지 않았고 귀를 틀어막았다. 심지어 경고하면서 메시지를 전하는 선지자들을 핍박하기도 했다. 그래서 이방 민족의 압제하에 붙여졌고 그러자 다시 회개하고…이렇게 하는 것은 전능하신 하나님이 단번에 순종시킬 수도 있지만 스스로 마음을 열고 순종하고 하나님을 찾는 길을 선택하도록 하신 것이다. 그렇게 순종하고 찾는 사람에게는 하나님께서 나타내 보이시는 것이다.[252] 하나님은 보편적으로 그러한 사람을 선택해서 회개의 영을 보내 주시고 또 하나님의 영을 보내 주시는 것이다.

회개도 하나님께서 회개의 영을(회개의 마음을) 보내 주셔야 하는 것이고,[253] 회개해야 하나님을 믿을 수 있는 것이다. 회개하고 하나님을 믿을 때 하나님께서 성령을 폭포수처럼 부어주시는 것인데 이

252) 역대하 15:15, 잠언 8:17, 예레미야 29:12-13, 33:3

253) 디모데후서 2:25-26

것이 하나님께서는 시간이 정지된 분이니 태초가 되는 것이고 또한 창세전이 되는 것이다. 그 순종하는 사람을 선택하시는 것과 그 순종하는 사람이 하나님을 찾고 또 찾는 것을 선택(귀를 틀어막고 성경 말씀을 보지도 않고, 교회 가서 설교를 듣지도 않고, 기독교 TV는 보지도 않고 천국과 지옥에 대한 신앙 간증집회나 유튜브 설교 등을 보지도 듣지도 않는 것을 선택하는 사람 대신에)하여 만나는 지점을 필자는 '성령을 폭포수처럼 부어주시는 것'이라 믿는다. 성령을 받는 것은 하나님을 믿는 증거이고, 하나님은 하나님을 믿는 그 사람을 의롭다 여기시고 성령을 선물로 주시는 것이기 때문이다.

성경의 인물 가운데 하나님의 부르심을 입은 대표적인 인물을 들라면 단연 모세를 들 수 있다. 모세는 태어나서 석 달 동안 숨겨 길러지다가, 당시 이집트에서 노예생활을 하던 이스라엘 백성들이 점차 강성해지는 것을 두려워한 이집트의 파라오가 태어나는 아기가 남자이면 죽이도록 명령함으로서 이를 피하려고 모세는 나일강물 속으로 갈대 상자에 넣어 띄워 보내진다. 그때 그 강물에 목욕하러 나왔던 이집트의 파라오의 딸이 데려가서 자기의 아들로 키워 모세는 40세까지 이집트 왕궁에서 교육을 받으며 성장하게 된다. 모세는 자신이 히브리 민족임을 알고 노동하는 히브리 형제를 때리는 이집트인을 쳐 죽였고 이것이 탄로가 나서 미디안 땅으로 피신하여 미디안 제사장 집에서 딸과 결혼하여 장인의 양들을 치면서 생활하게 된다.

그는 나이 팔십이 되어서 하나님의 산 호렙에서 하나님을 만나 하나님으로부터 당시 이집트에서 종살이하던 히브리 민족 약 200만 명을 이끌어 내어 젖과 꿀이 흐르는 가나안 땅(지금의 팔레스타인)으로 가라는 소명을 받는다. 이 사명을 수행하는 과정에서 온갖 재앙을 내려도 굴복하지 않던 이집트의 파라오가 열 번째 재앙인 장자의 죽음을 통해서 항복함으로써 이집트를 탈출할 수 있었다.

가나안으로 가는 여정에서 홍해를 건너면서 바닷물이 갈라지는 기적을 보이며 하늘에서 공급해 주는 만나와 메추라기를 먹고 반석을 쳐 물을 내어 마시면서 가나안으로 가던 도중 시내산에서 돌판에 새겨진 십계명을 받고 시나이반도에서 사십 년의 광야 생활을 거친 후 가나안 땅에 들어가게 된다. 하지만 모세는 가나안을 바라보기는 했으나 들어가지는 못하고 그때까지 모세의 수종을 들던 여호수아에게 임무를 인계하고 백이십 세를 일기로 맡은 사명을 감당하고 눈을 감았다.

신약 시대에 와서는 하나님 되시는 예수님께서 이 땅에 육신을 입고 오셔서 이사야서 53장의 사명을 감당하시고 제자들을 가르쳐 교육하고 훈련시켜 복음을 전 세계에 전파하게 하셨다. 또한 사도 바울로 하여금 회심시켜(회심하기 전에는 사울) 전 세계 이방인 선교를 감당시켰다. 그리고 예수님께서 승천하시고 성령을 부어 주심으로 해서 현재까지 전 세계에 복음이 전파되어 가는 교회 시대를 연 것이다.

예수님과 열두 제자(가룟 유다를 제외하고 맛디아를 포함) 모두 복음 전파의 사명을 감당한 후 순교하였고 사도 바울은 "내가 달려갈 길과 주 예수께 받은 사명 곧 하나님의 은혜의 복음을 증언하는 일을 마치려 함에는 나의 생명조차 조금도 귀한 것으로 여기지 아니하노라"[254] 하고 고백한 것이다.

---

254) 사도행전 20:24

하나님께서 부르시는 자는 창세 전에 미리 정하신 그들을 부르시고…

이 땅에서 감당해야 할 사명이 있기에 때가 되어 부르시는 것이다(롬 8:30). 하나님께서는 때가 되어 어떤 사람에게는 완악한 마음을 주어 쓰기도 하시고(이스라엘 백성들이 이집트를 탈출하기 전에 이집트 파라오의 완악한 마음 때문에 열 번째의 장자의 죽음 재앙 이후에 탈출할 수 있었다. 출 11:10), 어떤 사람은 긍휼히 여기시고 부드러운 마음을 주시기도 하여 쓰시지만 우리 인간으로 보아서는 그렇게 쓰시는 이유를 전부 다 이해할 수는 없다. 이렇게 하시는 것도 전적으로 하나님의 뜻이다. 이를 신학적으로는 '하나님의 절대 주권'이라 한다(롬 9:18).

하나님을 믿는 성령 받은 크리스천이라면 하나님이 맡기시는 사명 앞에 온전히 순종하고 받아들이는 것 밖에 다른 길이 없다. 그 사명을 거역하게 되면 다른 사람을 통해 하나님께서는 원하는 계획을 이루어 가시겠지만 거역하는 그 사람을 하나님께서는 데려가실 수도 있기 때문이다.

그래서 우리 크리스천들은 이 땅에 남아 있는 사명이 있으면 죽지 않는다는 말을 한다. 아무쪼록 이 땅에 남아 있는, 사명이 있는 크리스천들은 순순히 그 사명을 감당하면서 사는 것이 가장 좋은 길이라는 것을 명심해야 할 것이다. 그 사명을 잘 모르는 분이 계시다면 맑은 마음으로 성경을 읽으면서 매일 빠뜨리지 않고 하나님과의 깊은 교제의 기도 속에서 문득 그동안 읽었던 성경 말씀 가운데에서 마음에 꽂히고 떠나지 않는 말씀들을 묵상해 보면 하나님께서 주신 마음이라는 것을 깨닫게 될 것이다. 그렇게 하면 앞으로 해야 할 사명을 발견하고 그 일에 전념할 수가 있을 것이다.

둘째, 중생(**重生** Born again), **거듭남에 대하여**

예수님께서 니고데모라 하는 유대인 지도자에게 "진실로 진실로 네게 이르노니 사람이 거듭나지 아니하면 하나님의 나라를 볼 수 없느니라…진실로 진실로 네게 이르노니 사람이 물과 성령으로 나지 아니하면 하나님의 나라에 들어갈 수 없느니라"[255] 하고 말씀하셨다. 이때 물은 깨끗이 씻을 때 물이 필요하듯이 우리의 영혼을 깨끗하게 하는 회개를 의미한다.

예수님 당시 세례 요한이 "나는 너희로 회개하게 하기 위하여 물로 세례를 베풀거니와…그는(예수님) 성령과 불로 너희에게 세례를 베푸실 것"[256]이라고 말씀한 것을 보면, 거듭남에 있어서, 영혼을 깨끗하게 함에 있어서 회개가 필요하고 성령이 필요함을 알 수 있다.

이어서 요한복음 3장 6절부터 12절까지 육으로 난 것, 영으로 난 것에 대하여 말씀하시면서 성령으로 난 사람 그리고 땅의 일과 하늘의 일에 대하여 말씀하셨다. 이 말씀을 보면 거듭나기 위하여 성령을 받아야 함을 알 수 있다. 그래야 육의 사람, 이 세상의 사람에서 영의 사람, 하늘에 있는 본향을 바라볼 수 있는 영의 사람으로 바뀌고 하늘의 일에 대하여 말하면 믿을 것이라는 취지의 말씀을 하신 것을 보면 이를 알 수 있다.[257]

예수님의 육신의 동생 야고보가 순교하기 전에 야고보서를 남기며 "세상과 벗이 되고자 하는 자는 스스로 하나님과 원수 되는 것이니라"[258] 하고 말씀하셨다. 육신으로는 형님 되시는 예수님이 거듭

255) 요한복음 3:1-5
256) 마태복음 3:11
257) 요한복음 3:6-12
258) 야고보서 4:4

님에 대하여 말씀하신 의미를 잘 알고 이렇게 야고보서에서 말씀했을 것이다. 그리고 그 자신이 거듭났기 때문에 "하나님과 주 예수 그리스도의 종 야고보"(약 1:1)라고 고백할 수 있었을 것이고 처음에는 믿지 않았지만(요 7:3-5 메시아로 믿지 않았다는 말씀임) 예수님께서 부활하시고 승천하신 이후 틀림없이 성령을 받은 후 성령께서 하나님의 깊은 것까지 통달하게(깨닫게) 해주셔서 형님 되시는 예수가 구세주 그리스도이신 것을 알게 되었을 것이다(고전 2:10). 특히 야고보는 행하는 믿음(죽은 믿음이 아니라 산 믿음)을 가져야 한다고 강조하였다.

사도 바울은 너희는 "유혹의 욕심을 따라 썩어져 가는 구습을 따르는 옛사람을 벗어 버리고 오직 너희의 심령이 새롭게 되어 하나님을 따라 의와 진리의 거룩함으로 지으심을 받은 새 사람을 입으라"[259] 하고 거듭나기 전의 사람과 거듭난 후의 사람을 이와 같이 내비해서 말하고 있다.

또 사도 바울은 "누구든지 그리스도 안에 있으면 새로운 피조물이라 이전 것은 지나갔으니 보라 새 것이 되었도다"[260]라고 하였고, 이와 같이 그리스도 밖에 있을 때와 달리 거듭난 후에 그리스도 안에 있는 것을 '새로운 피조물'이라고 표현하였다. 또 갈라디아서에서 육체의 일과 성령의 열매를 언급하면서 거듭나기 전의 육체의 일은 음행, 더러운 것, 호색, 우상 숭배, 주술, 원수 맺는 것, 분쟁, 시기, 분냄, 당 짓는 것, 분열함, 이단, 투기, 술 취함, 방탕함 이러한 것들을 예시하면서 성령의 열매를 사랑, 희락, 화평, 오래 참음, 자비, 양선, 충성, 온유, 절제 이러한 9가지를 들면서 대비하여 설명하고 있다.[261]

259) 에베소서 4:22-24
260) 고린도후서 5:17
261) 갈라디아서 5:19-24

또한 사도 바울은 "위의 것을 생각하고 땅의 것을 생각하지 말라"[262]고 말하면서 거듭난 후의 모습과 거듭나기 전의 모습(즉 세상을 사랑하는 모습)을 함축시켜 얘기하고 있다.

사도 요한은 세상에 있는 것들을 사랑하는, 거듭나기 전의 상태와 하나님의 뜻을 행하는 자(즉 거듭난 후의 상태)를 설명하고 있다.[263] 또 다른 예수님의 육신의 동생 유다는 거듭나기 전의 육에 속한 자를 '성령이 없는 자'[264]라고 말하고 있다.

이와 같이 사도들은 거듭나기 전의 사람을 성령이 없는 자, 세상과 벗 되고자 하면서 세상을 사랑하는 자, 땅의 것을 추구하는 자, 유혹의 욕심을 따라 썩어져 가는 구습을 따르는 옛 사람, 육체의 일 등으로 표현하고, 거듭난 사람을 성령이 있는 자, 그리고 성령으로 열매 맺는 아홉 가지의 품성, 세상을 사랑하지 않는 자, 위의 것을 사모하는 자(본향을 사모하는 자), 하나님의 뜻을 행하는 자라고 대비하여 말씀하고 있다. 오늘을 살아가면서 교회에 출석하며 믿음 생활을 이어가는 성도들이 자신이 어디에 속해 있는지, 즉 거듭난 사람인지 아니면 아직도 거듭나기 전의 사람인지를 스스로 위의 말씀으로 대비해 보면 잘 알 수 있을 것이다.

셋째, 회개(悔改), 회심(回心), 돌이킴(Repentance)에 대하여

하나님은 회개하지 않는 영혼을 대단히 싫어하신다. 다만 회개하지 않고 버티는 영혼 중에서도 창세 전에 선택한 영혼이 있을 수 있고 그 영혼이 회개해서 하나님 믿고 성령 받기까지 그가 살아 있는

262) 골로새서 3:2
263) 요한일서 2:15-17
264) 유다서 1:19

동안 내내 언제나 내버려 두시는 것은 아니다. 왜냐하면 그가 이 땅에서 살아 있는 동안 이루어야 하는 사명이 있기 때문이다.

창세 전에 하나님께서 선택하신 영혼은 때가 되어도 돌아오지 않으면, 스스로 복음 전도자의 복음의 말씀에 귀 기울이지 않으면, 회초리를 들어서라도 때가 되면 간섭하시는 것이다(흔히 '하나님께 매를 맞는다'고 표현을 한다). 매 맞기 전에 하나님 앞에 가는 것이 훨씬 나은 것은 물론이다.

하나님께서 복음 전도자나 영혼을 구원하며 양들을 돌보는 목회자로 쓰려고 생각하는 영혼이 돈 벌려고 많은 돈을 투자해서 사업을 하다가 사업에 몽땅 실패하고 또는 육신의 질병으로 고통을 받거나 해서 비로소 복음 전도자로서 또는 목회자의 길에 들어섰다고, (하나님께 매 맞고 돌아왔다고) 고백하는 사람들이 많이 있다. 탕자가 아버지의 집을 떠나 엄청나게 고생하고 빈손으로 아버지 집에 돌아와 아버지의 한없는 환대를 받는[265] 모습과 같은 것이다. 하나님 아버지로서 보면, 아니 육신의 아버지 입장으로 보아서도 마찬가지일 것으로 생각되지만 그 돌아온 탕자를 죽었다가 살아났다, 그리고 잃었다가 얻었다 하고 표현하고 있다(눅 15:32). 회개는 반성 혹은 뉘우침과는 다르다.

회개는 해도 되고 하지 않아도 되는 것이 아니다. 거룩하신 하나님 앞에 가기 위해서는 반드시 하지 않으면 안 된다. 회개하지 않고서 하나님 품으로 갈 수 있는 길은 없다.

회개하고 하나님 믿고 성령을 받는 것은 본인만 정확하게 알고 있는 것이며 주위 사람들을 속일 수도 있는 것이다. 정작 하나님은 진

265) 누가복음 15:11-24

실로 회개한 것이 아니면 성령을 당연히 보내 주지 않으신다. 성령님이 마음 가운데 내주(內住)해 계시지 않으면 나쁜짓을 하려 할 때 제지도 하지 않는 것이고…성령이 내주해 있으면 임박하게 다가오는 위험과 불의에 대하여 일깨워 주거나 제지하는 역할을 하게 된다[266)]

세상의 사법부에서도 더러 개전의 정이 있어 형량을 경감한다는 판결을 할 때가 있다. 이러한 뉘우침과 반성을 사람 앞에서 해도 상당한 고려함을 받을 수 있다. 그러나 하나님 앞에서는 통하지 않는 것이다. 근본적으로 거듭나서 하는 회개가 아닌 이상 반성하고 뉘우친다고 해서 하나님을 믿을 수도 없고 하나님도 성령을 부어주시지 않는 것이다. 사람은 속일 수 있어도 하나님은 속일 수 없기 때문이다.

회개는 본인이 해야 하겠다고 생각해서 마음 먹는다고 해서 회개하는 것은 아니다. 하나님께서 회개의 영을 보내 주어야 회개를 하게 되는 것이다.[267)]

성경의 인물 속에서 회개에 대한 인물로 예를 들자면 다윗을 그 대표적인 인물로 꼽을 수 있을 것이다. 그는 자신의 부하 장수의 아내 밧세바를 뺏으면서 그 남편 장수 우리아를 술수를 써서 죽이고 밧세바를 차지하고 우리가 아는 대로 그녀에게서 솔로몬 왕이 태어난다. 다윗은 나단 선지자가 여호와의 말씀으로 이것을 책망한 것에 대하여 금식하며 회개하였다.[268)]

예수님께서 하신 말씀 중에서 어떤 사람에게 두 아들이 있는데 맏아들에게 포도원에 가서 일하라 하니 가겠다 하고는 가지 않고, 둘째 아들에게 가서 또 그와 같이 말하니 싫다고 하고는 그 후에 뉘

---

266) 사도행전 20:23
267) 디모데후서 2:25-26
268) 사무엘하 12:1-17

우치고 갔으니 그 둘 중 누가 아버지의 뜻대로 하였는지 물으시는 내용이 있다. 즉 둘째가 하나님 아버지의 뜻에 따랐다고 하시고 뉘우치는 것과 회개함에 관한 말씀을 하신 일이 있다.[269] 그리고 이어서 뉘우치고 믿은 세리들(당시 유대인 중 대다수는 세금을 징수하는 직업에 종사했던 세리들이 세금을 거두어 로마에 바치고 그 중 일부를 자기가 착복하는 것에 대하여 멸시했었다)과 창녀들이 스스로 거룩하고 의롭다고 생각하는 대제사장들과 백성의 장로들보다 먼저 하나님의 나라에 들어갈 것이라 말씀하셨다.

사도 베드로가 이방인 백부장 고넬료의 집에서 복음을 전할 때 그들이 성령을 받는 것을 보고 "하나님께서 이방인에게도 생명 얻는 회개를 주셨도다"[270]라고 말하고 있다. 회개를 '생명을 얻는 길'이라고 하고 성령 받는 것과의 관련성을 이야기하고 있다. 이와 같이 회개는 생명을 얻는 길이며 성령 받는 것과 직결되어 있다.

하나님께 하는 회개는 불교의 참회 법회를 할 때 보는 것과는 근본적으로 다르다. 회개는 세상 사람들이 얘기하는 뉘우침과 후회와도 다르다. 회개는 하나님 앞에 하는 것이다. 불교의 참회 법회는 사람에게 보이기 위한 퍼포먼스라고 생각된다.[271]

가끔 법정에서 죄수들이 깊이 반성하거나 뉘우치는 모습을 판사 앞에서 보이는 경우가 있다. 사람은 판사라도 진실로 그가 뉘우치는지 정확하게는 알 수 없다.

회개는 하나님 앞에 하는 것이므로 진실로 회개하는지를 당연히 하나님은 알 수가 있다. 진실로 하나님 앞에 회개하면 회개하는 사람이 하나님을 믿을 수가 있고, 하나님을 믿게 되면 하나님은 선물

269) 마태복음 21:28-32
270) 사도행전 11:1-18
271) 마태복음 23:5

로서 그리고 그 증거로서 성령을 부어 주신다. 따라서 불교의 참회 법회를 하나님의 관점에서 바라본다면 어떻게 말씀하실까? 그런 퍼포먼스를 하지 말고 사람에게 보이려고 그렇게 하지 말라고 하실 것이다. 정말 참회하려면 그냥 아무도 보지 않는 곳에서 눈물로써 통곡하면서 자신이 정말 죄인이라고 고백하면 되는 것인데, 하나님을 믿지 않으니 그렇게 참회 법회를 하는 것이다. 다만 그 참회 법회는 그 행사를 통하여 회개의 필요성을 일깨워 주는 기회를 제공해 주는 역할은 할 것이다. 회개는 참으로 전능하신 하나님께로 나아가는 직통 코스인 것이다. 예수님께서 말씀하신 대로 사람이 거듭나지 않으면 하나님의 나라를 볼 수 없는 것이다.[272]

넷째, **신앙**(信仰), **믿음**(Faith), **하나님을 믿는 것**, **예수님을 믿는 것에 대하여**

하나님을 믿는 것은 무엇을 말하는 것일까?

이스라엘 백성들은 지금부터 4천 년 전부터 하나님의 존재를 인식했고 믿어왔다. 성경의 기록을 보면 하나님께서 인류의 조상 아담을 흙으로 창조하시고 아담의 갈빗대 하나를 빼서 여자를 만들어 돕는 베필을 삼으셨다. 그때부터 아담을 부르시며 그에게 이르시되 "네가 어디 있느냐"라고 하셨고, 여자에게 이르시되 "네가 어찌하여 이렇게 하였느냐"[273]라고 하셨다.

그리고 노아에게 이르시되 "너와 네 온 집은 방주로 들어가라"[274] 하셨고, 여호와께서 아브람(아브라함)에게 말씀하셨다. "너는 너의

272) 요한복음 3:3
273) 창세기 3:9-13
274) 창세기 7:1

고향과 친척과 아버지의 집을 떠나 내가 네게 보여 줄 땅으로 가라"[275] 그리고 "모세야, 모세야" 하시면서[276] 하늘에서 음성으로 또는 영상화면으로 말씀하시고 전하고자 하는 메시지를 보내시는 하나님의 존재를 이스라엘 백성들은 알고 그리고 믿고 있었다.

사람들이 하나님을 찾은 그 최초는 아담의 아들인 셋이 아들을 낳고 그의 이름을 에노스라 하였는데, 그때 사람들이 처음으로 여호와의 이름을 불렀다는 기록이 있다(창 4:26). 하나님은 전지전능하고 영원하고 불변하고 독립자존하고 무한 무변하고 유일한 존재이면서 사람과도 같은 지식, 지혜, 선(善), 사랑, 거룩함, 의로움, 긍휼함, 인내 등의 속성을 가진 존재로서 사람은 불완전하나 하나님은 완전한 지식, 지혜, 선(善), 사랑(아가페 사랑, 목숨까지 내어 줄 수 있는), 거룩함, 의로우신 성품을 가지고 있다.

이러한 하나님께서 하나님의 뜻에 따라 때가 차서 2천여 년 전에 육신을 입고 이 땅에 오셔서 우리들의 죄를 사하기 위해 십자가에 달려 피 흘리시고 돌아가신 것을 통해 우리가 이를 믿고 받아들임으로서 하나님으로부터 의롭다는 인정을 받고[277] 하나님의 아들이 되었다.[278] 그리하여 우리는 하나님과 예수님께서 부어주시는 성령으로 거룩함에 이르고 힘들어하면 하나님께서 이끄시고, 또 하나님의 은혜에 감사하며 하나님의 말씀(예수님의 말씀)을 읽고 듣고 지키며 인내하면서 이 땅을 살아가게 된다. 그리고 끝내 예수 안에 잠드는 복되고 영광스러운 삶을 살아가게 된다. 또한 그러한 삶이 승리하는 삶인 것이다.

275) 창세기 12:1
276) 출애굽기 3:4
277) 로마서 3:20-26
278) 갈라디아서 3:26, 4:4-7, 에베소서 1:4-5

예수님께서 이 땅에 오시기 전까지는 이스라엘 백성들이 하늘에서 내려오는 음성에 그리고 인간에게 보여주신 영상화면에 항상 두렵고 떨리는 마음으로 반응하다 보니 자신들이 살면서 지은 죄를 속죄하기 위해서 두렵고 떨리는 하나님 앞에 바로 나아가지 못하고 소 잡고 양 잡고 하면서 그 동물들에게 자기들이 지은 죄를 뒤집어씌워 대신 피를 흘려 하나님께 제사를 드림으로 속죄하고자 했다. 그리고 대 제사장을 통해서 일 년에 한 번 거룩한 곳이며 하나님을 만나는 성막의 지성소에 나아갔다.

그러나 하나님은 구약의 많은 선지자들을 통해서 그러한 동물 제사를 하지 말고, 고아와 과부와 나그네를 압제하지 말고, 가난하고 힘든 자들을 돌보라고 메시지를 계속해서 보내셨다. 하지만 이스라엘 백성들이 목을 곧게 하고 완악한 마음을 돌이키지 않아서 타민족 지배하의 포로생활도 겪게 하였다. 하지만 끝내 하나님 자신께서 육신을 입고 십자가에 매달리시고 피 흘리시며 성소 휘장을 위로부터 아래로 찢어 백성들이 대 제사장을 거치지 않고 직접 하나님께 나아오게 하였다. 그렇게 해서 이 동물 제사 제도도 폐지되었다.

이렇듯 모든 사람이 하나님께 직접 나아가는 것(죄의 고백, 잘못에 대해 용서를 구하는 것 등)을 신학적으로는 만인 제사장 주의라고 한다(이 점에서 개신교는 카톨릭의 신부 앞에 고해성사를 하는 것과는 다르다).

그로부터 이스라엘 백성들과 세계 모든 인류는 예수님께서 피 흘리신 것이 우리 죄를 사하기 위해 대속제물로 오신 것(사 53장의 성취)을 마음으로 믿어(입으로 시인하여) 구원을 받는(천국 백성이 되는) 믿음의 법, 은혜의 법이 만들어진 것이다.

예수님이 오시기 전 두렵고 떨리면서 반응했던 그 하나님이 주신 십계명 등 많은 계명을 지키는 것, 즉 율법 아래에서 신음하는 백성들을 예수님께서 속량해 내신 것이었다. 그 율법을 지켜야 하는 무거운 멍에를 벗겨내시고 믿음의 법, 은혜의 법을 마련하신 것이다. 그리고 이방인들인 우리 모두에게까지 확장시켜 오늘을 살아가는 우리에게까지 전 지구적인 교회 시대를 여신 것이다. 그리고 성령을 부어 주심으로 예수님께서는 하나님 나라를 확장시켜 나가신 것이다.

예수님께서 이 땅에 오시기 전까지 무거운 멍에인 율법을 지킴으로서 의롭고자 했던 이스라엘 백성들이 지켜야 하는 계명이 613개나 된다는데, 이를 벗겨내시고 이제는 이스라엘 백성과 모든 인류가 예수님의 피 흘리심이 우리들의 죄 사함을 위한 대속제물이라는 것을 믿는 믿음의 법, 은혜의 법을 주신 것이다. 오직 믿음으로 구원을 받는 것이다.

이것이 예수를 믿는다는 것이고 하나님을 믿는다고 하는 것이다. 이 믿음의 법은 예수님 재림 때까지 이어질 것이다. 근래에 와서 이스라엘 백성들에게까지 마치 수건으로 가려져 보이지 않던 그 믿음의 법, 은혜의 법을 깨닫는 예수 믿는 유대인들이 많이 생겨나고 있다고 한다. 그리하여 언젠가는 장자 되고 원가지 된 이스라엘 백성들의 구원도 점차 가까워지고 있는 것 같다. 검은 옷과 치렁치렁한 긴 옷을 입고 토라를 읊조리며 수건에 가려진 채 무거운 율법의 짐을 지고 살면서 하나님을 믿는다고 했던 유대 율법주의자들도 점차 수건이 벗겨져 자기들의 조상들이 십자가에 못 박았던 2,000여 년 전의 예수가 무거운 율법의 짐을 내려놓게 하고 진실을 가리고 있었던 수건을 벗겨 내려고 오신 하나님이심을 깨닫고 그들이 그토록 오시리라고 고대하였던 메시아로서 점차 받아들이게 될 것이다(고후 3:13-18).

사도 바울은 로마서(10:9)에서 입으로 예수를 주로 시인하며 또 하나님께서 그를 죽은 자 가운데서 살리신 것을 네 마음에 믿으면 구원을 받으리라 하고 말씀하셨는데 다시 말하면 예수께서 부활하신 것을 믿으면 구원을 받는다고 하였다. 이 예수님을 하나님께서 살리셨다고 하며, 따라서 예수께서 부활하신 것을 믿는 것 역시 하나님을 믿는 가장 확실한 증거가 될 것이다.

다섯째, 칭의(**稱義**, Rightousness), **의롭다고 하는 것에 대하여**

의롭다 하는 것에 대하여 필자는 한때 곰곰이 묵상하면서 하나님과 피조물인 인간이 판단 기준이 되는 잣대가 다르다는 것을 알았고, 또 설사 기준이 같다고 할지라도 그 느끼는 정도가 확연히 다르다는 것을 느꼈다. 즉 성경에서 의로운 사람이라고 하나님이 이야기할 때 하나님을 믿지 않는 사람을 의롭다고 말한 적이 한 번도 없다는 것을 알게 된 것이다. 그리고 하나님께서 사람에게 의롭다고 말씀하신 경우가 무척 드물다는 사실을 알았다. 또한 그것은 하나님을 믿는 사람이 무척 적다는 것을 알 수 있다.

의로운 사람을 예로 들자면 단연 먼저 예수님이 떠오를 것이다. "내가 다윗에게 한 의로운 가지를 일으킬 것이라."[279] 이사야서에서도 예수님에 대하여 '정의와 공의'라는 표현을 많이 쓰고 있다.[280] "공의로 가난한 자를 심판하며 정직으로 세상의 겸손한 자를 판단할 것이며[281]…내가 붙드는 나의 종, 내 마음에 기뻐하는 자 곧 내가 택한 사람을 보라 내가 나의 영을 그에게 주었은즉 그가 이방에 정의

---

279) 예레미야 23:5-6

280) 이사야 9:6-7

281) 이사야 11:4

를 베풀리라…"[282] "나의 의로운 종이 자기 지식으로 많은 사람을 의롭게 하며 또 그들의 죄악을 친히 담당하리로다"[283]라고 하였고, 예레미야 역시 하나님으로부터 계시를 받을 때 예수님에 대하여 공의로운 가지, 정의와 공의라는 표현으로 말씀을 받았다(렘 23:5-6, 33:15).

구약성경에 나오는 노아는 "의인이요 당대에 완전한 자라 그는 하나님과 동행하였으며"[284]라고 기록되어 있다. 하나님께서 그의 의로움을 보셨다(창 7:1)고 한 것은 세상을 물로 심판할 테니 노아와 그의 가족들과 혈육 있는 모든 생물을 각기 암수 한 쌍씩 방주로 이끌어 들여 생명을 보존하라는 말씀을 그대로 믿고 그대로 행한 것 때문이다.[285]

또 같은 행위에 대해서도 예를 들어 시기, 교만, 자랑, 부모를 거역하는 것, 우매한 것, 약속을 지키지 않는 것 등이 하나님과 사람 모두 옳지 않다고 생각은 하겠지만 성령의 감화로 고백한 사도 바울은 이 같은 일을 행하는 자는 사형에 해당한다고 하나님께서 정하셨다는 것이다.[286] 그러나 인간들에게는 옳지 않다고 생각은 들겠지만 사도 바울이 성령의 감동으로 고백한 사형에 해당하는 정도는 아닐 것이고 그저 조금 잘못된 것으로 느낄 것이다.

예수님의 육신의 아버지 요셉은 의로운 사람이라고 성경은 말하고 있다. 왜 그런 말씀을 하게 되었을까? 이것은 예수님의 모친 마리아와 정혼(약혼)한 후 결혼식을 하기 전에 임신하게 되었을 때 요셉이 생각한 것은 드러내지 아니하고 가만히 끊고자 하였다.[287] 그가

---

282) 이사야 42:1-4
283) 이사야 53:11
284) 창세기 6:9
285) 창세기 6:17-22
286) 로마서 1:29-32
287) Did not want to expose her to public disgrace(영어 성경 NIV). 마태복음 1:19

주의 사자가 현몽하여 알려줄 때까지 즉 성령으로 잉태된 것을 알게 될 때까지 아무튼 어떤 연유가 되었건 약혼했던 마리아와는 관계를 끊을 것을 생각하면서 그녀가 입게 될 상처 즉 여러 사람에게 알려지게 되면 불명예를 입을 테니까, 그야말로 소리 소문 없이 관계를 끊어 마리아에게 최대한 상처를 덜 주려고 생각했던 것이 하나님 앞에 의롭게 보였을 것이다.

하나님께서 아브라함을 의롭다 하신 것은 아브람이 여호와를 믿으니 여호와께서 이를 그의 의로 여기시고,[288] 즉 하나님으로부터 열국의 아비라는 뜻의 아브라함이라는 이름을 받기 전에 가졌던 존귀한 아버지라는 뜻의 옛 이름을 쓸 때 하나님을 믿음으로 의롭다 하신 것이다.

4복음서에서 예수님께서 하신 말씀을 가지고 살펴보면 구제를 은밀히 하는 것[289], 골방에 들어가 문을 닫고 은밀한 중에 계신 네 아버지께 기도하는 것[290], 사람의 잘못을 용서하는 것, 금식할 때에는 머리에 기름을 바르고 얼굴을 씻고 금식하는 것, 보물을 하늘에 쌓아두는 것, 하나님과 재물을 함께 섬기지 않는 것[291](두 주인을 섬기지 않는 것)을 의롭다 하신 것을 알 수 있다. 마태복음 6장 1-33절의 예수님의 말씀에서 예수님께서 어떤 것을 의롭다고 하시는 것인지 알 수 있다.

"너희는 먼저 그의 나라와 그의 의를 구하라, 그리하면 이 모든

288) 창세기 15:6
289) 마태복음 6:1-4
290) 마태복음 6:5-6
291) 마태복음 6:14-24

것을 너희에게 더하시리라"[292], 즉 사람이 이와 같이 하나님 나라와 하나님의 의를 추구하면 우리에게 필요한 것을 채워주신다는 말씀이다. 즉 염려하면서 무엇을 먹을까, 무엇을 마실까, 무엇을 입을까 하는 것은 하나님 믿지 않는 이방인들이 구하는 것이며 하나님을 믿는 너희들은 하늘 아버지께서 너희들에게 필요한 먹고 사는 문제는 있어야 할 줄을 아시므로[293] 구하지 말고 하나님 나라와 하나님의 의를 추구하며 살면 먹고 살아가는 것은 하나님께서 해결해 주신다는 뜻이다(마 6:1-33).

사도 바울은 사람이 의롭게 되는 것은 율법의 행위로 말미암음이 아니요 오직 예수 그리스도를 믿음으로 말미암는다[294]라고 하였다. 율법의 행위로는 하나님 앞에 의롭다 하심을 얻을 육체가 없다고 하였다. 그리고 예수님이 이 땅에 오심으로 해서 예수 그리스도를 믿음으로 말미암아 모든 믿는 자에게 미치는 하나님의 의(유대인과 이방인과의 차별도 없는 의, 이것은 이방인은 율법이 없으므로 율법이 있는 사람이건 없는 사람이건 차별 없이)가 있는데 그리스도 예수 안에 있는 속량으로 말미암아 하나님의 은혜로 값없이 의롭다 하심을 얻는 것(예수 믿는 자를 의롭다 하는 것)을 말한다. 무슨 법이나 행위로서가 아니라 오직 믿음의 법에 따른 하나님의 의를 말씀하고 있다.[295]

예수님은 재물이 많은 청년이 이 모든 것(계명들)을 다 지켰는데 아직도 무엇이 부족한 것이 있습니까 하고 물었을 때, "네 소유를 팔아 가난한 자들에게 주라, 그리하면 하늘에서 보화가 네게 있으리라 그리고 와서 나를 따르라"고 하셨다. 그러자 청년은 근심하면서

---

292) 마태복음 6:33
293) 마태복음 6:31-32
294) 갈라디아서 2:16
295) 로마서 3:19-28

갔다(마 19:16-22).

즉 계명들, 율법들이 613개나 된다고 하는데 다 지켰다고 한다 하더라도 하나님의 나라에 들어가려면 온전해야 한다. 그런데 이 계명을 다 지킨 부자 청년이 예수님의 말씀에 따르지 않으니 온전하지 않다는 말씀이다. 예수님은 "네 소유를 팔아"라고 하신 것이지, 다 팔아라고 한 것도 아니다. 그 청년이 삭개오처럼 "내 소유의 절반을 가난한 자들에게 주겠다"고만 했어도 예수님은 분명히 그 청년에게 옳은 사람이라고 했을 것 같다.[296] 즉 예수님의 말씀에 타협도 없이 전혀 따르지 않는 것을 계명을 다 지켰다고 해서 온전하다고 할 수 없는 것이다. 즉 계명을 다 지켰어도 옳다고 의롭다고 하지 않는 것이다. 그 부자 청년은 다시 말하면 하나님을 그리고 예수님을 온전히 믿은 것이 아니었기에 예수님의 말씀을 따르지 않았다고도 볼 수 있는 것이다.

갈라디아서 2장 21절에서도 사도 바울은 만일 의롭게 되는 것이 율법으로 말미암으면 그리스도께서 헛되이 죽으신 것이라 하였다.

성경에는 하나님께서 의인이라고 말씀하신 기록은 없지만 요즘 말로 하면 세평(세상의 평판)과 같은 평가로 사람들이 의인이라고 한 백부장 고넬료에 대한 얘기가 사도행전에 나오는데, 그는 하나님을 경외하는 자라고 하는 것을 보면 하나님께서도 의인이라고, 즉 옳다고 평가하실 것으로 생각된다.[297] 왜냐하면 그가 하나님을 믿지 않으면 하나님을 경외할 리가 없고 하나님을 믿는 것을 하나님께서 의롭다 하시기 때문이다(행 10:22; 마 8:10; 눅 7:9). 또한 고넬료는 경건한 사람이었고 하나님께 항상 기도하는 사람이었으며 고넬료가 말씀을

296) 마태복음 19:16-22, 누가복음 19:8-10

297) 사도행전 10:22

듣기 위해 베드로를 청할 때 보낸 사람들은 고넬료에 대하여 '의인'이라고 하고 또 '하나님을 경외하는 사람'이라 하고 베드로의 말씀을 들을 때 듣는 모든 사람에게 성령이 내려 오셨다고 하고 있기 때문이다(행 10:2, 10:22, 10:44-46).

여섯째, **수양**(收養 Adoption), **전능하신 하나님 아버지의 양자 됨에 대하여**

하나님을 믿는 크리스천들은 전능하신 하나님의 아들이 되는 특권을 부여받게 되는데 이것은 그야말로 횡재이고 너무나도 큰 축복이다.

전능하신 하나님이 나와 우리들의 아버지가 되신다는 것은 2,000여 년 전 이 땅에 오신 예수님께서 가르쳐 주신 것이다. 전능하신 하나님은 영원 전부터 계셨고 이스라엘 백성들은 이를 알았고 또한 하늘로부터 음성으로 불러 이러이러하게 하라는 말씀을 들었다. 인류의 조상 아담은 물론이고 실제로 4,000여 년 전의 아브라함 같은 경우는 현재의 이라크 영토인 갈대아인의 우르 지역에서 유프라테스강 하류에서 상류로 메소포타미아 지역을 거쳐 지금의 팔레스타인 땅에 이주했으며,[298] 그 후손들 또한 하나님의 음성을 들었고 하나님의 존재를 믿었다. 3,500년전 경에는 모세와 같은 걸출한 영적 지도자가 나타나 하나님과 친구와 대화하듯 친밀하게 교감하였다.[299]

그러나 대부분은 2,000여년 전 예수님이 이 땅에 오시기 전까지

298) 창세기 11:31, 12:1-5
299) 출애굽기 33:11

는 하늘에서 들리는 음성에 항상 두려운 마음으로 반응해왔다. 그러므로 이스라엘 백성들이 이 두려운 하나님의 존재 앞에 자기들의 죄악된 삶이 용서받기를 바라는 마음에서 소 잡고 양 잡고 피 흘려 자기들의 죄를 소와 양 등 동물들에게 덮어 씌워 희생시켜서 하나님께 제사를 지내고 하나님의 용서를 빌었다.[300]

그 두렵고 떨리는 마음으로 대면했던 전능하신 하나님이 예수님께서 이 땅에 오심으로 그 전능자 하나님이 우리의 아버지가 되신다고 가르쳐 주신 것이다. 사실은 예수님께서 이 땅에 오시기 전 주전 740-700년 경에도 선지자 이사야를 통해 주 하나님은 우리의 아버지라는 말씀을 받았으나 이스라엘 백성들은 깊이 깨닫지 못했던 것 같다(사 63:16, 64:8). 그리고 예수님께서 이 땅에 오실 때까지는 하나님을 육신의 아버지와 같이 친근하게 가까운 느낌으로 대하지는 못하였다. 그러나 지금은 예수님께서 가르쳐 주신 대로 교회에 출석하는 크리스천들은 하나님께 기도하면서 '하늘에 계신 아버지' 혹은 '하나님 아버지'로 시작하면서 기도하는 것이다.[301] 하나님을 믿는 그때부터 우리는 하나님을 아버지라 부를 수 있게 된 것이다.

전능하신 하나님이 아버지 되신 것이 우리에게 대단한 특권만 주어지는 것은 아니다.

세상 육신의 아버지가 우리가 잘못하면 징계하듯이 하나님도 똑같이 성령 받은 진실한 크리스천이라면 당연히 징계하시는 것이다.

하나님을 믿지 않는 사람들은 하나님이 징계를 안 하실 수도 있다. 그냥 내버려 두시는 것이다. 세상 육신의 아버지에게도 사생자가

300) 이스라엘 백성들이 알았든 몰랐든 오랜 세월에 걸쳐서 반복해 왔던 이 행위가 예수님께서 십자가에서 매달려 피 흘리신 사건의 모형이다(레위기)

301) 마태복음 6:6-9

있는 것처럼 하나님도 사생아처럼 그냥 내버려 두신다. 징계하지 않고 내버려 두시는 것이 그 사람에게 도움이 되는 것이 아니다. 나중에는 잘못된 길을 가게 되는 계기가 될 수 있는 것이다. 우리가 회개하고 하나님을 믿게 되면 그리고 예수를 믿게 되면 믿는 우리를 의롭다 하시고[302] 성령을 받고 하나님의 아들로서 하나님의 호적에 입적되도록 하시는 것이다.[303] 그리고 깊은 기도를 통해 아버지 되신 하나님과 교제와 교감을 가지면서 우리의 삶에서 마주하게 되는 대소(大小)의 문제들을 세상에서 육신의 아버지와 의논하듯이 기도하면서 그 해결책을 달라고 하는 것이다. 그 중에서는 우리 인간의 능력으로는 해결이 불가능한 것까지도 육신의 아버지는 해결해 줄 수 없지만 영의 아버지는 전능하시므로 해결해 주실 수 있기 때문에 진실로 하나님을 믿는 성령 받은 크리스천들은 포기하지 않고 아버지 되신 하나님이 해결해 주실 것을 믿고 끈질기게 기도하는 것이다.

더러 하나님을 믿지 않는 무신론자 중에서도 죽을병이 걸려 한두 곳 큰 병원에서 생존이 불가능하다는 판단을 받았을 때 그때는 하나님이 계시다면 살려 달라고 매달리고 살려주면 하나님을 잘 믿고 교회에 잘 다니면서 착하게 살 것이라고 하나님과 협상해서 살아나서는 교회에 잘 다니고 있는 사람들도 흔히 보게 된다.

하나님을 믿든 믿지 않든 개인의 생명과 길흉화복은 하나님에게 달려 있다. 그렇기에 우리는 하나님을 알고 하나님을 믿어야 하고 하나님 호적에 입적되어야 한다. 우리 속담에 "인명은 재천"(人命在天)이라는 말이 있다. 사람의 목숨은 하늘에 달려 있다는 말이지만 사람들의 의식의 밑바닥에는 하늘이라는 무생물의 텅 빈 공간을 의미한

302) 창세기 15:6, 로마서 3:22-28
303) 로마서 8:14-17, 갈라디아서 3:26

다기보다는 의지를 가진 존재로서의 하나님께 달려 있다고 느끼면서 생겨난 말이 아닐까 생각된다.

사도 바울은 "너희가 믿음으로 말미암아 그리스도 예수 안에서 하나님의 아들이 되었다"라고 하고 있다.[304] 그리고 "율법 아래에 있는 자들을 속량하시고 우리로 아들의 명분을 얻게 하려 하심이라. 너희가 아들이므로 하나님이 그 아들의 영을 우리 마음 가운데 보내사 아빠, 아버지라 부르게 하셨다"라고 하였다. "그러므로 네가 이 후로는 종이 아니요 아들이니 아들이면 하나님으로 말미암아 유업을 받을 자니라"[305] 하고 말씀하고 있다. 즉 세상의 아버지와 아들처럼 상속자가 된다는 뜻이다.

"창세 전에 그리스도 안에서 우리를 택하사 우리로 사랑 안에서 그 앞에 거룩하고 흠이 없게 하시려고 그 기쁘신 뜻대로 우리를 예정하사 예수 그리스도로 말미암아 자기의 아들들이 되게 하셨으니…"[306] 하나님 아버지의 아들 되는 것은 창세 전부터이고 또 예수 그리스도로 말미암은 것이라 하였다.

예수님께서 참 빛으로 세상에 오셔서 빛을 비추셨고 세상은 예수님으로 말미암아 지은 바 되었으되 세상이 예수님을 알지 못하였고 자기 땅에 오매 자기 백성이 영접하지 아니하였으나 영접하는 자 곧 그 이름을 믿는 자들에게는 하나님의 자녀가 되는 권세를 주셨으니….[307]

이와 같이 사도 요한은 예수님을 영접하는 자들은 하나님의 자녀

---

304) 갈라디아서 3:26
305) 갈라디아서 4:5-7
306) 에베소서 1:4-5
307) 요한복음 1:9-12

가 된다고 하였다. 하나님의 자녀가 된 성령 받은 진실한 크리스천들은 자녀가 된 특권만을 누려서는 안 될 것이다. 세상의 부모에게 효도하듯 아버지 되신 하나님이 원하시는 것(즉 하나님을 사랑하는 것, 계명을 지키고 우리 이웃을 내 몸과 같이 사랑하는 것) 등 구체적으로 복음서에서 예수님께서 말씀하신 것을 실천하며 좀 힘들 때가 있을지라도 견디고 인내하면서 천국 백성 된 기쁨을 항상 지니고, 힘들 때도 기도하면 아버지 되신 하나님께서 해결해 주실 것이라는 믿음으로 이겨내며 인내하며 살아가야 할 것이다.

일곱째, **성화**(**聖化** Sanctification), **거룩함으로 변화되는 것에 대하여**

하나님은 "내가 거룩하니 너희도 몸을 구별하여 거룩하게 하고…"[308]라고 하셨다. 이와 같이 우리 인간들도 거룩하게 살라고 말씀하신다. 사도 베드로도 "오직 너희를 부르신 거룩한 이처럼 너희도 모든 행실에 거룩한 자가 되라" 기록되었으되 내가 거룩하니 너희도 거룩할지어다 하고 구약성경에 기록된 말씀을 인용하여 권면하고 있다.[309]

이 거룩함의 표상은[310] 누가 뭐래도 단연 예수 그리스도, 즉 우리 삶의 주인 되시는 분이실 것이다. 우리 인류의 죄를 사하기 위해 자기 목숨을 대속제물로 주신 그 거룩한 사랑을 빼놓고 얘기를 할 수는 없을 것이다.

사도행전에서 보면 "스데반이 지혜와 성령으로 말함을 그들이(이

308) 레위기 11:44
309) 베드로전서 1:15-16
310) 상징성을 나타내는 것

른바 자유민들, 즉 구레네인, 알렉산드리아인, 길리기아와 아시아에서 온 사람들) 능히 당하지 못하여…"[311] 그는 천사의 얼굴과 같은 모습으로 설교를 한다. "스데반이 성령 충만하여 하늘을 우러러 주목하여 하나님의 영광과 예수께서 하나님 우편에 서신 것을 보고 말하되 보라 하늘이 열리고 인자가 하나님 우편에 서신 것을 보노라 한대 그들이 큰소리를 지르며 귀를 막고 일제히 그에게 달려들어 성 밖으로 내치고 돌로 칠새…". 그는 돌에 맞아 죽어 가면서도 이렇게 말했다. "주 예수여 내 영혼을 받으시옵소서…주여 이 죄를 그들에게 돌리지 마옵소서 이 말을 하고 자니라."[312]

이 스데반이 예수님을 삶의 주인으로 받아들이기 전에는 어떠한 성품이었는지는 모른다. 하지만 그가 예수님을 믿고 죽기 전의 모습은 그가 참으로 성령을 받고 변화되어 즉 성화되어 예수님의 발자취를 따라간 거룩한 모습을 사도행전 7장 55-60절의 말씀을 통해 살펴볼 수 있다. 그리고 성령은 변화되기 이전의 세상을 사랑했던 사람도 점차 자주 자주 성령이 임하여 하나님께 복을 받을 수 있는 거룩한 성품으로 변화되게 할 수 있는 것이다.

또 예수님의 12제자(가룟 유다를 대신한 맛디아를 포함)가 모두 순교함에 이른 것도 그들의 삶을 추적해 살펴보면 예수님 공사역 3년 반 기간 예수님을 따라다닐 때 즉 세상 사람들과 별로 구분을 할 수 없을 정도의 당시의 그들의 삶, 다시 말하면 예수님께서 부활하셔서 성령을 보내 주시기 이전의 삶과 그 이후 즉 부활하신 후 증인 된 삶을 살아가게끔 성령을 보내어 주신 이후의 삶을 살펴보면 성령께서 이 예수님의 제자들의 성품을 변화시켜 모두 순교의 자리까지 나아갈

311) 사도행전 6:8-10

312) 사도행전 6:15, 7:54-60

수 있는 거룩한 성품으로 바뀌도록 인도한 것을 우리는 알 수 있다.

예수님께서 십자가에 처형되기 직전까지도 사도 베드로는 "주는 그리스도시요 살아 계신 하나님의 아들이시니이다"라고 믿음의 신앙고백을 한 것을 제외하고는 아무 내세울 만한 행적이 없었다. 이 신앙고백도 이 고백을 할 수 있게 한 분은 하늘에 계신 하나님 아버지라고 예수님은 말씀하셨다.

순수하게 베드로가 예수님 따라다녀서 얻게 된 지혜나 지식이 아니라는 것이다. 그리고 예수님께서 십자가를 지기 위해 잡히시고 끌려가실 때 베드로는 세 번씩이나 그것도 세 번째는 저주하며 맹세하여 예수를 모르는 사람이라고 부인[313]하였으며, 다른 제자들은 모두 도망친 것을 보면[314] 성령받고 그 이후 성화되기 이전의 예수님의 제자들의 모습은 예수님을 3년 반이나 따라 다녔지만 우리 일반사람들의 모습과 전혀 다를 바 없이 위험이 닥치면 다 도망가는 것이다.[315]

그 제자들이 예수님께서 부활 승천하신 이후의 성령을 받고 사역을 한 기록을 살펴보면 그 이후의 삶이 확연히 변화되었음을 알 수 있다. 거룩한 삶에 이르기 위해서는 성령을 받는 것이 필요하고 또 중요하다는 것을 성경에서 찾아볼 수 있다.

사도행전에서는 사도 베드로의 설교에서도 성령에 관한 언급이 많이 나옴을 알 수 있다. "베드로가 성령이 충만하여 이르되…이 예수는 너희 건축자들의 버린 돌로서 집 모퉁이의 머릿돌이 되었느니라 다른 이로써는 구원을 받을 수 없나니 천하 사람 중에 구원을 받을 만한 다른 이름을 우리에게 주신 일이 없음이라…."(행 4:8-12)

---

313) 마태복음 26:70-74
314) 마가복음 14:50-52
315) 마가복음 14:50

"베드로와 요한이 담대하게 말함을 보고 그들을 본래 학문 없는 범인으로 알았다가…"[316] 즉 사도 베드로와 사도 요한이 담대하게 변화되었다는 것, 그리고 학문이 없는 보통사람이었는 줄 알았는데(실제로 두 사람 모두 어부 출신이었고 학문이 없었다.) 학문이 대단한 사람으로 그리고 치유의 은사를 받은 사람으로 바뀐 모습을 볼 수 있다.

이와 같이 성령을 받아 변화되어 나중에는 거룩하게까지 이르러 신약성경의 저작자가 되었고, 목숨까지 바쳐 순교한 거룩한 증인의 삶을 살았던 것이다. 다른 예수님의 제자들의 증인 된 삶의 기록이 없어서 구체적으로 잘 모르지만 예를 들어 의심 많은 도마 같은 경우도 인도 첸나이(구 마드라스) 지역 근처에서 사역하다 순교한 것을 포함해 모두 순교하였다는 것은 성령을 받은 후 담대하게 변화되었다는 것과 학문이 있는 사람(아마도 구약성경 내용과 예수님께서 말씀하신 것들이 대부분이었을 것)으로, 그리고 순교하기까지의 거룩한 모습으로 변화되었음을 미루어 짐작할 수 있다.

이와 같이 성령을 받으면 사람이 변화되므로 우리 크리스천들은 자주자주 성령의 충만함을 통하여 천국을 향해 가는 길에서 그 성품이 거룩함으로 변화되게 되는 것이다. 그래서 사도 바울은 성령을 소멸치 말도록 권면하는 것이다.[317] "너희도 성령 안에서 하나님이 거할 처소가 되기 위하여 그리스도 예수 안에서 함께 지어져 가느니라."[318] 즉 하나님이 거할 처소는 성전인데 성전은 거룩한 곳이며 우리 자신이 성령으로 말미암아 예수 그리스도 안에서 거룩한 성전이 되어가는, 즉 성화를 이루어 간다는 것을 말하고 있다.

---

316) 사도행전 4:8-14 '범인'이란 '보통사람'이라는 뜻이다.

317) 데살로니가전서 5:19

318) 에베소서 2:22

여덟째, **견인**(堅忍 Perseverance), **이끄심**, **인내**, **참을성**, **끈기로 이겨나감에 대하여**

성령 받은 성도들은 하나님으로부터 이끄심을 받고 있지만 그렇다고 해서 본인 자신은 성령 받기 이전처럼 손을 놓고 있어서는 안 된다. 천국에 가게 되는 엄청난 축복을 하나님으로부터 받게 되었는데 양심상 가만히 그냥 지내는 것은 너무 몰염치한 것이다. 크리스천들이 성령을 받았거나 받지 않았거나 상관없이 교회에 출석하여 예배를 드릴 때 먼저 고백하는 사도신경은 실제로는 성령 받은 크리스천이라야 믿어질 수 있는 내용의 고백이다. 처녀 잉태, 부활, 하나님 우편에 계신 것(좌편이 아니고), 다시 이 땅에 오셔서 심판하실 것(산 자와 죽은 자 모두를), 그리고 성령이 존재하는 것, 우리 죄가 용서받는 것, 몸의 부활과 그리고 영원히 사는 것, 이것이 실제로 믿어지는 것도 하나님을 믿지 않는 사람들에게는 아마도 신기할 것이다.

실제로 믿어지는 것은 바로 회개하고 하나님을 믿어 성령을 받게 되어야 가능한 것이다. 성령을 받은 진실한 크리스천이라 하더라도 세상을 살면서 낙담하지 않고 언제나 활기차게 살아가는 것만은 아니다.

엄청난 권세를 가진 세상의 권력자가 죽이겠다고 달려들면 겁이 나고 낙담이 되어 살기 위해 도망갈 수도 있다. 그 예를 구약성경에서 보게 되면 탁월한 하나님의 종 엘리야 선지자[319]에게서 찾아볼 수 있다. 그는 바알 선지자 450명 앞에서 홀로 기적을 보이고(그가 기도하여 여호와의 불이 하늘에서 내려와 번제물과 나무와 돌과 흙을 태우고 또 도랑의 물을 핥음) 백성들에게 명하여 바알 선지자 450명을 죽인 것에 대하여

319) 열왕기상 19:1-4

바알 선지자들의 후원자였던 아합 왕의 왕비 이세벨이 엘리야를 죽이겠다고 하니 낙담하여 로뎀나무 아래에서 죽기를 청하고 앉아 있었다.[320] 그런 엘리야에게 하나님은 엘리야가 세상에서 이루며 감당해야 할 사명을 감당시키기 위해 천사를 보내어 먹을 것을 주고 소생시켜서 감당해야 할 사명을 알려주셨다.

이것이 바로 하나님께서 성령 받은 사람이 이 땅에 소명 받아 태어나게 하신 것을 잊고 낙담했을 때 남아 있는 사명을 감당하도록 이끄시는 모습이다. 이렇게 이끄시는 모습을 견인이라 한다.

그뿐만 아니라 천국 백성으로 살아가게 되는 하나님의 아들 된 성령 받은 진실한 크리스천들이 가만히 그냥 그 엄청난 축복을 받아 누리기만 해서야 말이 안 되는 것이다. 그래서 스스로 자발적으로 하나님께서 나를 통해서 이 땅에서 이루고 싶어 하시는 것이 무엇이 있을지 살펴서 세상 육신의 아버지의 마음을 기쁘게 하듯이 행함으로 보여드려야 할 것이다. 그러한 것이 무엇이 있을까? 재정적인 탁월한 달란트를 부여받아 부자가 된 성도들은 돈으로써 많은 것을 할 수 있을 것이고, 목회자들은 자기의 양들을 잘 양육하거나, 전 세계의 복음이 전파되지 않은 오지에 선교사로 나가거나, 국내에서 자기 주변의 가족, 친지, 친구를 대상으로 전도하거나 일반 성도들도 복음을 전하는 복음 전도자로, 또는 자기 주변에 힘든 삶을 살고 있는 이웃에게 물질로 베푸는 삶을 살 수도 있을 것이다. 이러한 하나님께서 기뻐하시는 삶을 살아갈 때도 순탄한 것 만은 아니다. 힘들 때라도 위의 것을[321] 바라보면서, 어려움이 생기더라도 기도하면서 참고 이겨나가야 하는 것이다.

---

320) 열왕기상 19:4-5

321) 골로새서 3:2

성경 내용에서는 다 사도들의 손을 통하여 민간에 표적과 기사가 많이 일어나매…믿고 주께로 나아오는 자가 더 많으니…심지어 병든 사람을 메고 거리에 나가 침대와 요 위에 누이고 베드로가 지날 때 혹 그의 그림자라도 누구에게 덮일까 바라고…대제사장과 그와 함께 있는 사람 즉 사두개인의 당파가 다 마음에 시기가 가득하여 일어나서 사도들을 잡아다가 옥에 가두었더니 주의 사자가 밤에 옥문을 열고 끌어내어 이르되"[322] 이와같이 주의 사자가 이끌어 가는 모습이 나온다. 그리고 회개하기 전의 사울이 시리아 다마스커스로 예수를 믿는 자들을 잡으려고 갈 때 부활하신 예수님이 바울의 눈이 멀게 하고 회개시켜 이방에 복음을 전하는 전도자로 이끌어 가신 것[323], 사도 베드로가 이방인 백부장 고넬료의 집으로 설교하러 갈 때 베드로에게는 환상으로 그리고 고넬료에게는 거룩한 천사의 지시로 고넬료의 집에서 복음을 전파한 것[324] 등이 성령 하나님의 이끄심이다.

"보라 이제 나는 성령에 매여 예루살렘으로 가는데 거기서 무슨 일을 당할는지 알지 못하노라 오직 성령이 각 성에서 내게 증언하여 결박과 환난이 나를 기다린다 하시나"[325] "주께서 바울 곁에 서서 이르시되 담대하라 네가 예루살렘에서 나의 일을 증언한 것같이 로마에서도 증언하여야 하리라 하시니라"[326] 즉 이때까지는 바울은 로마를 방문한 일이 없었기 때문에 앞으로 어떠한 환난이 오더라도 최소한 죽지는 않을 것이라고 생각했을 것이다.

---

322) 사도행전 5:12-19
323) 사도행전 9:1-22
324) 사도행전 10:1-43
325) 사도행전 20:22-23
326) 사도행전 23:11

성령 받은 성도들에게는 하나님과 예수님께서 그 성도들을 고아와 같이 내버려 두시지 않고 환난이 다가오면 그 피할 길을 내어 보여주신다. 그 예로 기독교 TV 방송 설교 가운데 하신 말씀인데 여의도 순복음교회 고 조용기 원로목사님께서 오래전에 필리핀 대성회를 인도하러 갔을 때 마닐라의 어느 실내 큰 강당에서 집회를 하는데 거기에 가기 위해 호텔을 나서려는데 갑자기 성령이 제지하더라는 것이다.

그리고 그 순간 주최 측에서 사람을 보내어 모시러 와서 호텔 방문을 노크하고 있어서 호텔 방문을 열어주면서 조용기 목사님은 갑자기 배를 움켜잡고 고통스러운 표정으로 몸이 고통스러우니 좀 기다리라 하면서 화장실에 들어가 화장실 문을 닫고 간절히 기도하였더니 화장실 밖에서는 근심하면서 집회시간에 늦어진다고 재촉하는 가운데 성령님이 '이제 되었다, 따라나서라' 하는 마음을 주셔서 따라 나서서 집회장으로 갔다고 한다. 그랬더니 집회장에 도달하기 직전 그 집회 장소인 실내 강당 안에서 큰 폭발음이 들렸다는 것이다. 강당 안의 강사가 강연하는 테이블이 폭파되었는데 주최 측에서 서둘러 현장을 정리하고 집회에 좀 늦어서 죄송하다고 하고 집회를 인도하였다는 것이다. 나중에 북한 공작원의 소행으로 밝혀졌다고 한다.

또 다른 예는 설교 테이프로 들은 것 가운데 하셨던 말씀인데, 김진홍 목사님이 젊을 때 서울 청계천 빈민가에서 사역할 때 청계천 빈민들의 더 나은 삶을 위해 여러 군데 돈을 빌려 사업을 하면서 빚을 많이 지고 있었다. 당시 해외여행도 쉽지 않았던 때 재일 민단의 초청을 받고 일본에서 집회를 하게 되었다고 한다.

집회가 끝나고 민단 간부라 하며 자신을 소개하면서 한국에서 뜻있는 훌륭한 목회를 하고 있으니 좋은 일을 하시는 데 쓰라고 하면서 봉투를 내놓더라는 것이다. 그 봉투 안에는 거의 이때까지 청계천 빈민 사역하면서 진 빚을 갚을 정도의 큰 금액이 들어 있었다고 한다. 그 돈을 받을까 생각하고 있는데, 갑자기 성령께서 '스톱' 하면서 제지하므로 그래도 목사니까 성령님께서(하나님께서) 제지하시는 것을 깨닫고 정중히 거절하고 아쉬운 마음으로 귀국하게 되었다는 것이다.

그리고 옛날 김포공항으로(당시는 국제선이 김포공항에서 이착륙) 귀국하였더니 입국 카운터에서 두 사람이 양쪽에서 팔짱을 끼고 연행해서 중앙정보부(현재의 국정원)로 끌고 가서 다짜고짜 일본에서 받은 돈을 내놓으라 해서 하나님이 받지 말라고 해서 받지 않았다고 하니 그 말을 믿을 리 없는 수사관들이 그야말로 발가벗겨 수색하고서는 정말 잘 받지 않으셨다고 하면서 그 돈은 북한과 연계된 조총련 자금이라 하더라는 것이다.

또한 견인은 위로부터 이끄심 즉 성령 받은 성도들이 잘못되지 않도록 이끄심만을 기대하고 살아가기만 해서는 안 된다. 이러한 하나님의 선하신 이끄심에 보답해서라도 우리는 스스로 자발적으로 하나님이 원하시는 방향으로 나아가야 하는 것이다.

요한계시록에는 일곱 교회에 보내는 예수님의 말씀이 있는데, "성령이 교회들에게 하시는 말씀을 들으라" 하면서 "이기는 그에게는 내가 어떻게 하리라" 하신 말씀이 일곱 교회에 다 나온다. 인격적인 하나님과 예수님은 성령 받은 성도가 세파에 휘둘려 때로 낙심하면서 지쳐 있을 때 이끌어 가시기도 하지만 성령 받은 성도들이 하나님과 예수님과의 깊은 교제와 교감으로 기도함으로 하나님과 예수님이 바라시는 바를 스스로의 의지로서 자발적으로 행하기를 바라시는 것이다. 비록 좀 힘들더라도 스스로의 판단과 선택과 의지로 하나님의 뜻과 예수님의 뜻을 이 땅에 살면서 이루어 가기를 바라시는 것이다. 이기는 그에게 그에 합당한 상급을 마련하시고 힘을 내어 정진하라고 하시는 것이다.

이와 같이 견인 단계의 국면에서는 성화 단계의 국면을 넘어서 하나님의 절대 주권으로 이끄심과 또한 인간 편에서의 자발적인 선택과 판단으로 참고 견디면서 인내하면서 하나님의 뜻을 성취해가는 두 가지 측면에서, 살아 있는 동안에 성령 받은 크리스천들은 죽은 이후에 받을 하늘의 상급을 바라보면서 살면서는 천국 백성 됨에 합당하게 살고, 죽어서는 예수님께서 다시 오실 때까지는 예수 안에 잠들게 된다. 살아서 예수님의 재림을 맞이하게 되는 성도들도 마찬가지로 천국 백성으로서 합당하게 살면서 예수님께서 재림할 때 가지게 되는 영화(예수님 재림 때 예수 안에서 잠든 자는 부활해서 예수님을 맞이하고 살아서 예수님을 맞이하는 성도들은 홀연히 변화하여 예수님을 맞이하여 하나님과 예수님과 함께 새 하늘과 새 땅에서 영원히 살게 되는 것)를 누리게 될 것을 바라보면서, 즉 몸이 다시 살아서 혹은 산 채로 공중 재림하시는 예수님을 맞이하고 천 년 왕국을 거쳐 새 하늘과 새 땅(새 예루살렘)에 들어갈 것을 사모하면서 힘든 것도 이겨나가야 할 것이다.

아홉째, 영화(榮化 Glorification), **빛나는 승리를 쟁취해서 영광을 얻는 것에 대하여**

'영화'는 하나님 믿고 예수 믿고 예수께서 우리 죄를 사하기 위해 십자가에 달려 몸 찢고 피 흘려 돌아가신 것을 믿고 이 땅에서는 일시적인 임시 처소로 생각하며(그림자로 생각하고 텐트 치고) 살다가 회개하고 하나님 믿어, 하나님으로부터 의롭다고 인정받고 성령을 받고 하나님 호적에 입적되어 살아가면서 성령의 도움으로 거룩함에 이르기까지 되고 참고 이기며 견디면서 끝내 예수 안에 잠들었거나 예수님 재림 시에 살아 있는 그대로 죄와 사망으로부터 완전히 해방되는 구속(救贖)[327]의 최종 승리와 완성을 말한다. “내가 너희에게 비밀을 말하노니…마지막 나팔에 순식간에 홀연히 다 변화되리니 나팔 소리가 나매 죽은 자들이 썩지 아니할 것으로 다시 살아나고 우리도 변화되리라 이 썩을 것이 반드시 썩지 아니할 것을 입겠고 이 죽을 것이 죽지 아니함을 입으리로다 이 썩을 것이 썩지 아니함을 입고 이 죽을 것이 죽지 아니함을 입을 때에는 사망을 삼키고 이기리라고 기록된 말씀이 이루어지리라”[328]

즉 영화는 예수 안에 잠들었거나(예수님이 재림하시기 전에 예수 믿어 성령 받고 천국 백성에 합당한 삶을 살아가면서 이전 8단계의 국면을 거치면서 죽은 성도들과) 성도들이 살아 있으면서 회개하고 하나님을 믿어 성령 받고 천국 백성에 합당한 삶을 살아가는 중에 재림하시는 예수님을 공중에서 맞이하는 성도들이 예수님께서 재림하실 때 얻게 될 것이다.

“우리가 예수께서 죽으셨다가 다시 살아나심을 믿을진대 이와 같이 예수 안에서 자는 자들도 하나님이 그와 함께 데리고 오시리라 우리가 주의 말씀으로 너희에게 이것을 말하노니 주께서 강림하실 때까지 우리 살아 남아 있는 자도 자는 자보다 결코 앞서지 못하리라 주께서 호령과 천사장의 소리와 하나님의 나팔소리로 친히 하늘로부터 강림하시리니 그리스도 안에서 죽은 자들이 먼저 일어나고 그 후에 우리 살아 남은 자들도 그들과 함께 구름 속으로 끌어 올

---

327) Redemption, salvation, 죄의 속박에서 벗어나는 것

328) 고린도전서 15:51-54

려 공중에서 주를 영접하게 하시리니 그리하여 우리가 항상 주와 함께 있으리라."[329]

그리하여 영화는 예수님 재림 후에는 천 년 왕국을 거쳐 영원한 기쁨이 있는 곳인 새 하늘과 새 땅(새 예루살렘)에 들어가는 것을[330] 말한다. 죽어서 가는 천국 백성이 있고, 살아 있는 그대로 천국 가는 백성이 있는 것이다.

그 새 하늘과 새 땅은 천년왕국의 끝자락에서 사탄마귀도 불과 유황못에 던져지고(적 그리스도와 거짓 선지자도 이미 그곳에 있음) 악인들이 부활하여(하나님을 믿지 않고 교회시대에서는 예수 복음을 거절한) 크고 흰 보좌에서의 심판을 받고 불못에 던져지고(생명책에 기록되지 못한 자들) 사망과 음부도 불못에 던져진 후 하나님께서 창조하여 하늘에서 내려와 이 땅에 마련될 것으로 생각되며 어린양의 생명책에 기록된 의인들만(하나님 믿고 교회시대에서는 예수 복음을 받아들인 성령 받은) 들어가게 된다(계 11:15, 20:7-15, 21:2, 10, 27, 사 60:21, 65:17, 잠 2:21-22, 10:30, 시 37:22, 29, 104:35).

---

329) 데살로니가전서 4:14-17

330) 천 년 왕국 : 사 2:1-4, 4:2-6, 11:6-9, 65:17-25, 렘 31:31-40, 32:36-44, 겔 40-48장, 미 4:1-8, 슥 14:16-21, 계 20장
새 하늘과 새 땅 : 사 25:1-8, 35장, 54:11-17, 60-62장, 겔 47:12, 벧후 3:12-13, 계 21장, 22:1-5

맺음말

마지막으로 예수님께서 이 땅에 다시 오시겠다고 하신 약속의 말씀이 성취되는 조건들을 살펴보고자 한다. 예수님께서 마지막 때에 대하여 말씀하신 노아의 때와 롯의 때도 성취되었다(눅 17:26-30). 다니엘서 12장의 "많은 사람이 빨리 왕래하며 지식이 더하리라"(단 12:4)는 말씀도 이제는 성취되었다. 이 다니엘서 12장의 말씀은 마지막 때까지 봉함되어 있었던 계시이다.

30-40년 전까지만 해도 예수님 재림에 관하여 말씀이 선포되면 교회마다 아멘 아멘 하고 반겼었다. 그러나 이제는 재림에 대한 말씀을 성도들이 듣기 싫어해서 그런지 교회에서 잘 선포하지 않는 것 같다.

지식에 있어서 복제 양 돌리가 태어난 지도 오래되었고 인간이 유전자를 조작하여 태어나는 자녀들의 달란트(재능)도 조작하여 태어나게 하며 고장난 인간의 장기 대신에 세포를 돼지에 배양해서 떼어내어 인간의 장기에 이식하여 120년, 200년 그리고 영생에 도전하려고 하고 있다. 창조주 하나님의 영역에 도전할 정도가 되었다.

지금은 2600년 전 다니엘이 계시를 받을 때는 상상도 하지 못할 정도로 사람들이 비행기를 타고 빠르게 여행하게 되었다. 따라서 2000년이 되기까지 그 누구에게도 열리지 않았던 마지막 때의 다니엘의 계시도 봉함에서 해제되어 열리고, 예수님께서 말씀하신 노아의 때처럼 세상에 죄악이 가득하여 노아가 아무리 하나님께서 물로 심판한다고 외쳤어도 누구 하나 귀담아듣지 않았던 것처럼 2020년이 지난 지금 예수님의 재림이 임박했다고 아무리 얘기해도 귀담아듣는 사람도 없는 시대를 살고 있다. 40-50년 전까지 상상도 하지 못했고 듣지도 보지도 못했던 소돔과 고모라 성에나 있었던 동성애가 어느 틈에 창궐하여 처음에는 쉬쉬하면서 나타나던 그 모습들이 이제는 대규모 떼를 지어 축제까지 벌이며 하나님의 진노를 자초하기에 이르렀다.

필자가 생각할 때 아직 복음이 모든 민족, 온 세상에 전파되는 것(마 24:14)이 조금 남아 있다고 생각되고 이스라엘이 세계 곳곳에서 유대 땅으로 돌아오는 것(마지막 때에 관하여 에스겔 선지자에게 보여준 계시: 겔 37:19-22), 즉 마른 뼈와 같았던 이스라엘 백성들이(겔 37장) 1948년 5월 서방 진영의 도움으로 독립하여 전 세계 곳곳에 흩어져 살던 이스라엘 백성들이 유대 땅 지금의 팔레스타인 땅으로 돌아오는 것(이를 알리야운동이라 한다)이 아직은 좀 남아 있는 것 같다.

그리고 그들 중에서 최근 예수를 메시아로 받아들이는 유대인들이 빠르게 늘어나고 있다. 이 역시 예수님의 재림이 가까워 오고 있음을 의미한다. 2022년 2월 러시아의 우크라이나 침공으로 우크라이나와 러시아에 아직까지 남아 있던 유대인들의 상당수가 전쟁을 피하여 유대 땅으로 돌아가고 있다고 한다. 한국 부산의 사도행전 선교회에서는 여러 차례 단체로 미국에 있는 한인 교회들을 방문하여 미국에 있는 유대인들의 귀환(알리야 운동)을 위한 기도 운동을 계속 펼쳐왔다. 최근 전 세계적으로 확대되고 강도가 더해가는 반 유대주의 물결로 인하여 점점 더 전 세계에서 팔레스타인 땅 이스라엘로 돌아가는 유대인들이 더욱더 늘어나게 될 것으로 보인다.

그리고 깨어 있는 많은 한국 교회에서도 복음을 받아들이고 이스라엘로 돌아와 알리야 운동을 하고 있는 유대인 교회에 이를 지원하기 위해 헌금을 보내고 있고 BRAD TV에서도 유튜브를 통해 이를 지원하고 있다.

우리 인류의 삶의 모습들을 보면 참으로 옳지 않은 모습이 온갖 부분에서 아무렇지도 않게 행해지고 있음을 본다. 2019년 겨울 COVID19 코로나 바이러스가 창궐하기 시작하자 미 연준(연방준비제도이사회, FED라고도 한다)은 급한 대로 무한정 달러를 찍어내어(미국은 1971년 닉슨 대통령때부터 금본위제 폐지 이후 금 보유량과 상관없이 찍어낸다) 급격히 얼어붙는 경기를 되살리려고 하는 바람에 그 후유증으로 2021년 하반기 이후 계속 물가 폭등이 일어나고 있다. 그 찍어낸 달러는 미국에만 머물지 않고 다른 나라로도 흘러 들어감으로 해서 다른 나라들까지 유례없는 물가상승이 일어나고 있다.

이 와중에 전 세계의 자산가들은 오히려 자산 가격의 큰 폭 상승을 가져왔다. 최근에는 미국도 이곳저곳 병들어 가고 있는 모습이 보인다. 영적인 면에서 하나님께서 싫어하는 동성애를 허용하고 이를 넘어서 동성결혼을 합법화하는가 하면 실물경제면에서 보더라도 전기차 보급을 늘리려 하는 것은 어떻게 해서든 이산화탄소 배출량을 줄여 지구의 온도상승을 막아 다음세대가 살아갈 수 있는 환경을 물려주기 위해서인데 중국이 자국산 배터리 장착하는 것만 보조금을 주더니 미국도 인플레감축법(IRA)을 만들어 아무런 고민도 하지 않고 자국산 배터리를 장착하는 것에만 보조금을 주는 법을 통과시켜 우리나라를 포함 많은 정상적인 국가들을 실망시키고 있다. 미국 연준 FED가 엄청난 돈을 찍어 큰 폭의 물가상승으로 가뜩이나 없는 살림살이에 자산이 없는 사람들은 또 허리띠를 졸라매며 살아야 하는 상황이 되었다. 적어도 양심이 있다면 엄청난 달러를 찍어 내어 자산 가격을 폭등시켰으면 그 폭등된 부분의 반이라도 자산이 없는 사람들에게 나누어 주어야 옳은데 전혀 그렇게 하지 않는다. 참으로 미국 연준 관계자의 깊은 반성이 필요하다고 본다.

근래 AMERICA FIRST, 자국이기주의를 서슴없이 꺼내드는 것을 보면서 무척 실망이 크다. 이렇게 해서야 한국의 교회들이 미국을 위해 기도할 마음이 나겠는가?

이제는 참으로 마지막 때가 다 되어가는 것 같다. 예수님께서 말씀하신 대로 불법이 성한 때가 되었고 사랑이 식어졌다. 예수님께서 말씀하신 대로 이 세대가 다 지나가기 전에 심판이 시작될 수도 있다. 이 세대가 아이들인 경우 더더욱 그럴 것이라고 생각한다. 필자는 특별히 예수님께서 그 이유를 설명하시면서 비유로 말씀하신 것(예를 들면 복음서에서 씨 뿌리는 비유) 외에는 성경을 문자적으로 해석한다. 상징이나 은유로는 해석하지 않는다.

복음은 예루살렘에서 시작하여 온 유대와 사마리아와 땅끝까지 전파(행 1:8)되어야 끝이 온다고 했는데(마 24:14), 복음이 예루살렘을 벗어나 사도 바울이 아시아로 향할 때 예수의 영이 막으므로 터키로 로마로 그리고 전 유럽으로 서진하게 되었다. 복음의 한 줄기가 동서교회의 분리로 그리스, 동유럽, 우크라이나, 러시아와 카스피해 연안 국가들로 흘러들어 상당수의 국가들에서는 정교회 형태로 변천되어 갔다.

중세 유럽의 암흑기를 거치면서 콜럼버스의 신대륙 발견과 1517년 종교개혁을 거치면서 개신교는 가톨릭에서 분리되어 나왔고 영국에서는 개신교 신자들이 국교회(가톨릭 색채의 성공회) 교도들의 박해를 피하여 1620년 메이플라워호를 타고 미국으로 건너간 이후 아일랜드, 스코틀랜드, 프랑스, 독일 등지에서 개신교도들과 가톨릭교도들이 속속 미국과 캐나다에 상륙하였다.

덴마크, 북유럽 등지에는 개신교가 주로 전파되었고 종교개혁의 영향이 덜 미친 유럽의 남부 프랑스, 스위스, 제네바 지역, 이탈리아, 스페인, 포르투갈 지역은 가톨릭으로 남게 되었으며, 스페인, 포르투갈, 영국, 네덜란드가 주축이 된 대항해 시대를 거치면서 아프리카와 중남미, 중동, 서남아, 동남아 지역을 식민지로 삼아 지배를 하면서 함께 가톨릭과 개신교가 전파되게 되었다. 호주와 뉴질랜드는 영국 식민지의 영향으로 개신교 국가로, 중남미 지역은 주로 스페인과 포르투갈의 영향을 많이 받아 가톨릭 국가들로, 그리고 아프리카는 가톨릭과 개신교 그리고 7세기 사우디아라비아에서 마호메트가 등장하면서 지리적으로 중동과 이웃하게 된 영향으로 마호메트교도 함께 전파되었다.

인도는 사천 년 이전부터 내려온 힌두교와 힌두교에서 분파된 불교 그리고 지리적인 영향 등으로 회교(마호메트교)가 혼재하게 되었고 중동지역 대부분과 중앙아시아 지역은 중동지역과 인접해 있어서 회교 국가로, 동남아 지역에서는 인도네시아는 회교와 힌두교가 혼재하고, 말레이시아는 회교 국가로, 인도 남쪽 스리랑카는 불교와 회교, 힌두교, 기독교가 혼재하고, 일본은 우리나라보다 먼저 서양 문물을 받아들임으로써 가톨릭과 개신교가 함께 전파되었으나 국민들의 우상 섬김과 복음 거절로 무속적 다신교와 변질된 불교 국가로 변모하였다.

중국 역시 우리나라보다 먼저 서양으로부터 가톨릭이 서역을 통해 경교라는 이름으로 전파되었고 근세에 들어와 개신교도 함께 전파되었으나 공산화 이후 탄압받는 가운데서도 인구 수로는 1억에 가까운 성도들이 숨죽여 믿음생활을 하는 것으로 보인다. 필리핀은 스페인 식민지 영향으로 가톨릭 국가로, 태국과 베트남, 캄보디아, 미얀마 등지는 불교 발생국 인도와의 가까운 거리 등으로 불교가 전래되어 불교국가가 되었다.

우리나라는 2020년 기준으로 보면 240여 년 전에 중국으로부터 가톨릭이, 그리고 140여 년 전에는 미국, 캐나다, 호주 등으로부터 개신교 선교사들이 들어와 오천 년이나 지속되어 오던 봉건사회가 선교사들이 학교를 세우고 병원을 세우고 복음을 함께 전파함에 따라 백성들이 서양 문물을 받아들임과 함께 미몽에서 깨어나게 되었고, 구한말 어지러운 국제정세 속에서 절망에 허덕이던 민중들의 가슴에 깊숙이 파고 들었다. 그리고 일제강점기와 한국전쟁을 거치면서 일제의 탄압과 전쟁의 폐허 속에서도 그 뿌려진 씨앗이 살아남았다. 1960년대 이후 경제 발전과 도시화의 급속한 진행과 맞물려 대도시를 중심으로 성도들의 수가 폭발적으로 늘어나게 되었고, 지금은 미국을 뒤이어 우리나라가 세계 2위의 선교사 파견 국가가 되었다.

1980년 이후 국민소득이 증가함에 따라 동남아 각지와 중국과 불교권 국가들과 인도 그리고 중앙아시아와 중동 지역 무슬림 국가에 많은 선교사를 파송하여 열심히 복음 전파를 하고 있으나 강력한 불교권의 영향과 또 하나의 거대한 무슬림 세력에 막혀 있는데, 그들 무슬림들의 개종은 자기의 모든 기득권을 빼앗길 수밖에 없기 때문에 무슬림권에 대한 복음 전파는 태생적으로 들이는 노력에 비하여 성과를 낼 수 없는 현실에 부닥칠 수밖에 없는 형편이다. 어쩌면 이 강력한 아시아권의 불교와 인도의 힌두교권과 중동의 강력한 이슬람권 복음 전파는 마지막 때에 7년 환난에 들어가 하늘의 일월성신의 변동과 엄청난 지구환경의 변화를 겪으면서 회개를 통한 유대인들의 영혼을 깨우면서 함께 대규모의 회심이 일어날지도 모르겠다.

아시아와 중동을 지나 예루살렘으로 다시 복음이 회귀하여 이스라엘이 복음을 받아들이게 될 때 로마서 11장 25-26절의 말씀대로 이방인의 충만한 수가 들어온 후 온 이스라엘이 구원을 받게 될 것으로 보인다.

2000년대 이후 지구 기후 온난화는 예수님의 재림의 때와 맞물려 온갖 자연 재해를 일으키고 있다. 특히 2015년 이후에는 지구 곳곳에서 엄청난 재앙을 가져오고 있다. 그 대책으로 선진국만으로 꾸려가려고 했던 교토 의정서 체제 대신에 2015년에는 전 세계 모든 국가가 참여하여 195개국이 서명하면서 파리기후협약을 체결하고, 2023년 들어 8년이 흘렀지만 각 국가의 경제 발전 상황이 다르고 자유 진영과 공산사회주의 진영 간의 갈등 등으로 큰 성과를 내지 못하고 있다.

특히 최근에 와서 해마다 계속되는 미국 서부의 산불과 극심한 가뭄과 폭염, 호주 대륙에서의 6개월에 걸친 산불과 동토 시베리아가 여름이면 섭씨 35℃에 달하고, 여름이면 포르투갈, 스페인의 기온이 45℃ 이상 올라가고, 2021년 여름 캐나다 고위도권에서 49.6℃까지 기온이 올라가 700명이 사망하고, 독일은 폭우와 산사태로 150명의 사망자가 발생했으며 그리고 해마다 북극과 그린랜드의 얼음이 녹는 속도도 빨라지고 녹는 얼음의 양도 증가하며 최근에 히말라야와 알프스산맥의 만년설이 녹아내리는 속도도 점점 빨라지고 있다.

그 와중에 한국에서도 2018년 여름 여러 지역에서 섭씨 40-41°C까지 온도가 오르고 2022년 3월에는 사상 최대의 동해안 산불이 발생하였고, 4월 남아공에서는 폭우로 340명이 사망하였다. 2022년 3월에는 그동안 한 번도 3월 기온으로는 영상으로 올라온 적 없었던 남극이(평균 3월 기온 -14.2°C였던 기온이) 섭씨 8.8도에서 13.9°C까지 올라와 엄청난 양의 남극의 얼음이 녹고 있다고 하면서 IPCC(기후 변화에 관한 정부간 협의체)에서는 2030년까지 지구 온도를 산업화 이후 1.5도 상승 이내로 묶어둔다는 목표 아래 기상학자들은 온실 가스량을 앞으로 8년 이내 43%를 줄여야 그 목표치를 달성할 수 있다고 한다.

2023년 현재 지구온도는 산업화 이후 1.1°C가 상승해 있는 상태이나 만약 지구온도가 산업화 이후 1.5도 이상의 상승을 넘어 2도 이상으로 올라갈 경우 세계 곳곳의 해안가 대도시 상당수가 태풍이나 만조와 맞물리면 바닷물에 침수될 것이라고 경고하고 있다. 2022년 봄 49°C까지 상승한 파키스탄과 인도의 폭염, 여름 들면서 스페인, 포르투갈, 영국의 가뭄과 폭염 그리고 독일의 라인강이 마르고 중국의 양자강이 마르면서 주변 공장들에 전기마저 제대로 공급하지 못하는 지경에까지 이르렀다. 그리고 파키스탄에 내린 폭우로 국토의 1/3이 물에 잠기고 1200명 이상의 사망자를 내고 3000만 명 이상의 이재민들이 발생하였다. 사람들은 본인 주변이나 자국에서 이런 심각한 현상이 발생하지 않으면 남의 일로 그리고 남의 나라일로 생각한다.

러시아는 우크라이나와의 전쟁에서 열세에 몰리자 연일 핵전쟁 운운하고 있다. 이제 정말 예수님께서 다시 오셔야 이 모든 문제를 해결할 수 있을 것 같은 생각이 든다.

공산사회주의 진영과 자유시장경제 진영 국가들과의 갈등은 이번 러시아와 우크라이나 전쟁으로 더욱더 갈등의 골이 깊어질 것 같고, 미국과 중국의 정치 경제적 갈등, 북한과 미국의 갈등, 북한의 국제사회에 대한 위협, 이스라엘과 중동국가 특히 이란과의 갈등이 더욱 심해지는데 2019년 겨울에 발생한 COVID19 바이러스는 끈질기게 인류의 건강을 위협하고 있다.

그 와중에 도시봉쇄와 방역 패스 그리고 예방접종을 QR코드로 핸드폰에 삽입하여 사람들이 많이 모이는 곳에 출입할 때 제시하도록 하여 바이러스 확산을 통제하는 가운데 자연스럽게 교회에 예배하기 위해 모이는 것조차 정부가 간섭하게 되었다. 그 예방접종의 주사액의 성분(특히 RNA 방식으로 제조된 백신)에 대하여 수많은 크리스천들이 불신하는데도 전문가들이 TV에 나와서 그 성분에 대한 토론과정도 없이 국민들에게 예방접종을 독려하고 있는 것이다.

반도체 기술의 발전과 AI 인공지능 발달로 중국에서는 얼굴 안면인식시스템을 구축하였고 지금은 핸드폰이나 증서로서 방역검사확인(QR코드, PCR검사)을 하고 있으나 언젠가 초소형 칩으로 혹은 액체

하이드로젤 형태로 우리의 신체 안으로 삽입하도록 강요하는 적 그리스도가 나타나기에 충분한 토양이 조성되었다.

이와 같이 국가의 통제 활동을 통한 국민들 각자에 대한 간섭과 교회에 대한 예배 간섭은 마지막 때에 적 그리스도가 활동하기에 아주 적합한 토양을 마련해가고 있다.

지금은 바벨론 제국의 느부갓네살 왕이 신상을 세우고 절을 하게 하고 이를 거절하여 극렬히 타는 풀무불 가운데 던져진 다니엘의 세 친구나 하루에 세 번 무릎을 끓고 하나님께 기도한다고 사자굴에 던져진 다니엘처럼 하나님께 예배한다고 핍박을 받게 되는 상황이 올 수도 있는 환경이 무르익어가고 있다. 그래서 요한계시록 13장에서 보는 거짓 선지자가 (땅에서 올라오는 짐승) 짐승을 위하여(바다에서 나오는 짐승인 적 그리스도) 우상(형상)을 만들게 하고 그것이 말하게 하고 그것에 경배하지 아니하면 죽이고 모든 사람에게 그 오른손이나 이마에 표를 받게 하고 이 표를 가진 자 외에는 매매를 못하게 할 때가 머지않아 다가올지도 모른다. 이 시점 이전 어느 땐가 진실하게 하나님을 믿는 크리스천들은 휴거되었을 가능성이 크다.

깨어 있어야 할 때이고 준비하고 있어야 할 때이다. 이제는 언제 7년 환난에 들어가도 이상하지 않을 정도로 마지막 때에 도달한 것 같다. 하나님을 믿지 않는 사람들은 회개하여 하나님을 믿고 성령을 받고, 하나님을 온전히 믿는 성령 받은 성도들은 우리 주변의 믿지 않는 자녀들, 부모님, 형제들, 일가친척들, 친구들에게 복음을 전해주고 함께 깨어 있으면서 준비하면서 다시 오시는 예수님을 신부가 신랑을 맞이하기 위해 기다리는 것처럼 정결한 마음으로 맞이하도록 해야 할 것이다.

우리나라의 깨어 있는 교회의 목사님들의 다수가 하나님께서 예수님 재림 전 마지막 때에 한국(KOREA)을 불러 이스라엘을 돌아오도록 쓰신다고 한다. 작금의 한국의 많은 목사님들께서 이스라엘 백성들에게 복음을 전하는 것이 이것을 말한다고 하고 있다(사 55:5). 그 중에서는 마지막 때에 시온의 대로가 열린다고 하며 이집트, 이스라엘, 시리아가 하나님께 돌아올 것이라 하면서 그 사역을 위해 이집트와 시리아에 복음을 전파하는 목사님들도 여러 명 계신 것으로 알고 있다(사 19:19-25). 지금은 예수님 재림의 조건들이 다 충족되지 못한(복음이 모든 민족에게까지 다 전파되지 않았고 유대인들이 팔레스타인 땅으로 아직 충분히 돌아오지 않은 상태) 교회시대의 마지막 어느 시점을 지나고 있는 것으로 판단하고 있다.

지금은 유대인들의 알리야(유대 땅으로 돌아오는 것) 상황이 충분해지고 그들 중 많은 사람이 복음을 받아들이면 (유대인 지파별로 각 12,000명 이상이 성령을 받게 되면) 그리고 복음이 땅 끝까지 전파되면 예수님의 재림의 요건이 충족되는 것으로 판단하고 있다. 너무나 많은 목사님들이 재림에 대하여 얘기하지 않는 것은 30-40년 전까지 이장림 목사의 다미선교회의 휴거 소동으로(1992년 당시 돈 40억 이상 횡령 착복) 그리고 이와 비슷한 많은 거짓 선지자들의 사기 행각으로(사기꾼들이야 늘상 있는 것인데…) 입을 떼기에 마음이 쓰여 그러할 것이다. 그러나 필자는 이에 대해 침묵할 수가 없다. "예수님께서는 반드시 다시 오십니다." 필자가 이 세상을 떠난 후 하나님과 예수님을 만날 때를 생각하면 예수님 말씀대로 옳은 것은 옳다고 말씀할 수밖에 없다. 우리가 반드시 그리스도의 심판대 앞에 서야 하기 때문이다(고후 5:10 필자는 상급 심판으로 이해). 예수님은 지구 인류 역사가 시작된 이래 예수 믿음 때문에 흘린 수억의 진실한 그리스도인들의 피를 절대 외면하지 않을 것이라 믿기 때문이다.

필자가 본 책자에서 다니엘서와 요한계시록 해석에 나선 것도 예수님의 재림을 깨어서 준비하면서 맞이할 수 있도록 하는 데 큰 도움이 되고(설사 오류가 있을지라도) 또한 재림과 관련한 이단들의 주장의 잘못된 점을 명확하게 이해할 수 있도록 해주기 때문에 마음이 쓰임에도 해석을 하는 것이다.

이스라엘이 1948년 5월 독립하여 온 세계에서 유대인들이 팔레스타인 땅으로 돌아옴으로써 유대인들이 다시 팔레스타인 땅으로 돌아올 것을 꿈에도 생각지 못해서 일어난 대체 신학(교회가 이스라엘을 대체하였다고 하는)도 더 이상 주장할 수 없게 되었다.

언제부터인가 교회마다 그렇게 자주하던 부흥회도 가뭄에 콩나듯하고…2023년 현재에는 교회들마저도 예수님의 다시 오심을 사모하는지 사모하지 않는지조차 모를 정도로 희미해져 가고 있다(신부가 신랑을 기다리는 것처럼 깨어서 준비하고 있으라 했는데). 게다가 2019년 겨울부터 발생한 코로나 바이러스의 창궐로 교회 집회가 통제당하기 시작하면서 교회 출석도 수적으로 제한당하면서 점차 믿는 형제들의 실족마저도 걱정될 정도의 상황에 이르고 있다. 예수님께서 다시 오실 때 너희 믿음을 보겠느냐고 반문하신 말씀마저도 성취된 것이 아닌가 생각된다.

필자는 예수님의 다시 오심에 대하여 7년 환난에 들어가기까지 그리 오랜 기간이 남아 있는 것 같지 않다고 생각한다.

어쩌면 2023년 살아 있는 세대들은 진실한 그리스도인으로 살아가게 될 때 에녹과 엘리야처럼 죽음을 보지 않고 지구 중력을 떨쳐내면서 공중 재림하시는 예수님을 맞이하는 참으로 복된 그리스도인이 될 수도 있다고 필자는 생각하고 있다.

이제 본인이 크리스천이라고 생각하는 사람들은 참으로 깨어 있고 준비하고 있어야 될 것이라고 생각한다. 마태복음 25장에 나오는 슬기로운 다섯 처녀들처럼 등과 기름을 함께 준비하여 곧 우리를 데리러 오시는 신랑 되신 예수님을 맞이하여 혼인 잔칫집에 들어가서 하나님과 예수님과 함께 영원히 살아갈 수 있기를 소망한다(요 14:1-3).

아직 복음을 받아들이지 않으신 분은 지금이라도 필자의 주장이 믿기지 않는다면 이 책자에 기록된 내용들을 가지고 성경을 연구하여 7년 환난에 들어가기까지 복음을 받아들이고 회개하여 하나님을 믿고 성령을 받아서 진실한 크리스천들과 함께 예수님 오신 후 천 년 왕국을 거쳐 새 하늘과 새 땅에서 영원히 함께 살아갈 수 있기를 소원한다.

신구약에 걸쳐서 동일한 사건이 여러 번 계시된 것은 즉 마지막 심판의 때에 하나님을 믿는 진실한 크리스천들은 보호되고 건져지고 부활(휴거)하여 하나님과 예수님과 함께 새 하늘과 새 땅에서 영원히 사는 것은 반드시 성취된다. 크리스천들은 이 믿음에서 절대 떨어지지 않도록 하여야 하겠다.

7년 환난에 들어가면 성경 읽는 것도 쉽지 않을 수가 있을 것이다. 아직 시간이 조금 남아 있을 때 연구를 하고 성경을 읽도록 하는 것이 필요하다. 그것은 1,754페이지나 되는 신구약 성경을 최소한 다섯 번, 열 번은 읽어야 필자가 주장하는 이 내용들이 정말 성경 말씀에 비추어 옳은 주장인지, 아닌지를 분간할 수 있기 때문이다. 그렇게 읽으려면 시간이 필요하다. 최소한 5년, 10년이 필요할 수도 있다. 그래도 성령을 받아야 성경의 상당히 많은 부분을 깨닫게 될 것이다. 믿지 않는 분들은 이제라도 예수님께서 이 땅에 오셔서 말씀하신 내용과 행하신 일들을 살펴보기 바란다. 4복음서라도 최소한 읽어보고 연구해 보기를 권한다.

필자는 2017년 2월쯤 되어서 성경의 상당 부분을 깨닫게 되는 계기가 있어서 그때에서야 성경이 좀 깨달아져서 이 책을 집필하기 시작하였는데 2022년 3월에 들어서 또 깨닫는 것이 생긴 것을 보면(성령 받고 성경 읽고 성경 20독, 25독 해도 시간이 10년, 20년이 지나서 새롭게 깨닫는 것도 또 나타나곤 했다. 필자의 경우에는 새롭게 깨닫는 말씀은 대부분 예수님의 말씀과 선지서 말씀이었다) 2022년 들어와서야 성경 말씀을 어느 정도 이해하는 것 아닌가 생각한다.

다시 말하면 25년 이상을 교회에 다니면서 성령을 받고 성경을 읽고 연구하면서 이제서야 조금 알게 된 것 아닌가 보여진다.

그만큼 필자의 생각으로는 참으로 성경의 깊은 내용을 상당 부분 정도 이해하기 위해서는 참으로 여러 번 성경을 읽는 것은 물론 당연히 성령을 받고 오랜 시간 동안 성경을 읽고 기도하고 공부하고 연구해야 가능할 것이라고 생각된다. 그것은 성경이 태초부터 인류가 활동하여 온 6000년의 기간 동안 인류 구원과 심판의 역사를 하늘에서의 영들의 활동과 그 활동이 투영되는 지상에서의 인류의 활동의 모습과 하나님의 계시와 그 응함을 통해서 인류가 하나님을 알고 믿게 하고 인류 역사에 투영시켜 이끌어가고 인류 역사의 마지막 때까지 그 방대한 하나님의 섭리하심과 계획을 태초부터 마지막 때에 이르기까지 그리고 천 년 왕국을 거쳐 새 하늘과 새 땅에 이르기까지의 방대한 분량을 한 권으로 압축한 것이 성경이므로 성령 받고 성경을 읽고 하나님의 섭리와 계획을 읽어내고 이해한다는 것은 참으로 긴 시간이 필요하다는 것을 필자는 이 책을 마무리하면서 다시 한번 깨닫게 되었다.

마지막 때와 관련해서 필자는 크게 세 가지 부분에서 깊은 통찰력이 필요하다고 생각한다. 그것은 성경 말씀을 정확하고 깊이 있게 연구하여 깨닫고(이 부분에서는 특히 성령받고 성경을 연구하는 목사님들의 역할이 요구된다) 자유민주 국가와 공산사회주의 진영 국가 간의 갈등(인류는 열 번도 넘게 지구를 완전히 파멸시킬 정도의 많은 양의 핵무기를 가지고 있기 때문에)과 특히 이스라엘과 중동의 무슬림 진영 국가 간의 갈등을 주의깊게 살펴보고 그리고 또 하나 2015년 이후 점점 심해지는 지구 온난화로 인한 자연재해, 기상이변 등 자연 현상에 대한 깊은 연구와 통찰은 마지막 때를 깨어 있고 준비하기 위해 무엇보다 중요한 자세가 아닐까 생각한다.

인류는 과연 핵무기 사용 충동(선제공격)을 이성으로서 억제할 수 있을 것인가? 2차 세계대전 때 1945년 2번 사용하였던 것으로 과연 끝낼 수 있는가? 최근 핵 선제타격훈련을 한다는 뉴스를 잊을 만하면 또 듣게 된다. 핵 선제타격이란 말도 자주 듣게 되면 우리 마음과 생각에서 점차 무디어진다. 인류는 과연 합심하여 지구 기온상승을 저지하여 우리 다음 세대가 살아갈 수 있는 지구환경을 물려줄 수 있을 것인가? 안타깝지만 성경은 그렇게 긍정적으로 보지 않는 것 같다. 그래서 예수님께서는 반드시 이 땅에 다시 오셔야 한다.

하나님을 믿지 않는 분들은 필자의 주장이 옳은 말씀인지 아닌지를 연구하고 살펴 보아서 하나님을 알고 회개하여 하나님을 믿고 성령을 받고, 그리고 진실한 그리스도인이 되어 예수님께서 다시 이 땅에 오신 이후에 펼쳐질 궁극적인 새 하늘과 새 땅에서 이 땅을 살아가는 진실한 크리스천들과 함께 들어가서 영원히 살 수 있기를 소망한다.

문자 해석으로 본 성경 속의
천로역정(天路歷程)
The Way to the Heaven

1판 1쇄 인쇄 _ 2023년 9월 15일
1판 1쇄 발행 _ 2023년 9월 25일

지은이 _ 문강주
펴낸이 _ 이형규
펴낸곳 _ 쿰란출판사

주소 _ 서울특별시 종로구 이화장길 6
편집부 _ 745-1007, 745-1301-2, 743-1300
영업부 _ 747-1004, FAX 745-8490
본사평생전화번호 _ 0502-756-1004
홈페이지 _ http://www.qumran.co.kr
E-mail _ qrbooks@daum.net / qrbooks@gmail.com
한글인터넷주소 _ 쿰란, 쿰란출판사
페이스북 _ www.facebook.com/qumranpeople
인스타그램 _ www.instagram.com/qrbooks
등록 _ 제1-670호(1988.2.27)
책임교열 _ 최진희 · 최찬미

 ISBN 979-11-6143-865-8 93230

책값은 뒤표지에 있습니다.

파본(破本)은 구입처에서 교환해 드립니다.